TEUBNER-TEXTE zur Informatik   Band 32

G. Wechsung

Vorlesungen zur Komplexitätstheorie

TEUBNER-TEXTE zur Informatik

Herausgegeben von
Prof. Dr. Johannes Buchmann, Darmstadt
Prof. Dr. Udo Lipeck, Hannover
Prof. Dr. Franz J. Rammig, Paderborn
Prof. Dr. Gerd Wechsung, Jena

Als relativ junge Wissenschaft lebt die Informatik ganz wesentlich von aktuellen Beiträgen. Viele Ideen und Konzepte werden in Originalarbeiten, Vorlesungsskripten und Konferenzberichten behandelt und sind damit nur einem eingeschränkten Leserkreis zugänglich. Lehrbücher stehen zwar zur Verfügung, können aber wegen der schnellen Entwicklung der Wissenschaft oft nicht den neuesten Stand wiedergeben.

Die Reihe „TEUBNER-TEXTE zur Informatik" soll ein Forum für Einzel- und Sammelbeiträge zu aktuellen Themen aus dem gesamten Bereich der Informatik sein. Gedacht ist dabei insbesondere an herausragende Dissertationen und Habilitationsschriften, spezielle Vorlesungsskripten sowie wissenschaftlich aufbereitete Abschlußberichte bedeutender Forschungsprojekte. Auf eine verständliche Darstellung der theoretischen Fundierung und der Perspektiven für Anwendungen wird besonderer Wert gelegt. Das Programm der Reihe reicht von klassischen Themen aus neuen Blickwinkeln bis hin zur Beschreibung neuartiger, noch nicht etablierter Verfahrensansätze. Dabei werden bewußt eine gewisse Vorläufigkeit und Unvollständigkeit der Stoffauswahl und Darstellung in Kauf genommen, weil so die Lebendigkeit und Originalität von Vorlesungen und Forschungsseminaren beibehalten und weitergehende Studien angeregt und erleichtert werden können.

TEUBNER-TEXTE erscheinen in deutscher oder englischer Sprache.

Vorlesungen zur Komplexitätstheorie

Von Prof. Dr. Gerd Wechsung
Friedrich-Schiller-Universität Jena

 B.G.Teubner Stuttgart · Leipzig · Wiesbaden

Prof. Dr. Gerd Wechsung

Geboren 1939 in Berka, Thüringen. 1962 Diplom-Mathematiker an der Friedrich-Schiller-Universität Jena. 1966 Promotion „Zur Theorie der Polylogarithmen„ *summa cum laude* bei Wilhelm Maier. 1973 Dr. sc. nat. an der Humboldt-Universität Berlin über „Subrekursive Berechenbarkeit". 1970 Dozent, seit 1980 Professor mit Lehrstuhl und seit 1992 Universitätsprofessor im Dienste des Freistaates Thüringen.
Mitherausgeber von *Mathematical Logic Quarterly* (früher ZML), *Computers and Artifical Intelligence* und *TEUBNER-TEXTE zur Informatik*.
Seit 1990 Mitarbeit in mehreren Auswahlkommissionen des DAAD. Von 1991 bis 1994 Mitglied des Vorstands der Deutschen Informatik-Akademie bei der GI.
Forschungsgebiete: Polylogarithmen, formale Sprachen, endliche Automaten, Kellerautomaten, Komplexitätsmaße, Boolesche Hierarchien, untere Schranken, Häufigkeitsberechnungen, Kolmogorowkomplexität, Zählklassen, vollständige dünne Mengen.

Die Deutsche Bibliothek – CIP-Einheitsaufnahme
Ein Titeldatensatz für diese Publikation ist bei
Der Deutschen Bibliothek erhältlich.

1. Auflage Oktober 2000

Alle Rechte vorbehalten
© B. G. Teubner GmbH, Stuttgart/Leipzig/Wiesbaden 2000

Der Verlag Teubner ist ein Unternehmen der Fachverlagsgruppe BertelsmannSpringer.

Das Werk einschließlich aller seiner Teile ist urheberrechtlich geschützt. Jede Verwertung außerhalb der engen Grenzen des Urheberrechtsgesetzes ist ohne Zustimmung des Verlages unzulässig und strafbar. Das gilt besonders für Vervielfältigungen, Übersetzungen, Mikroverfilmungen und die Einspeicherung und Verarbeitung in elektronischen Systemen.

www.teubner.de

Umschlaggestaltung: Peter Pfitz, Stuttgart

ISBN-13: 978-3-519-00315-1   e-ISBN-13: 978-3-322-80024-4
DOI: 10.1007/ 978-3-322-80024-4

Vorwort

Das vorliegende Buch ist aus langjährigen Vorlesungen entstanden, die ich mit häufig wechselnden Inhalten an den Universitäten Jena, Greifswald, Pisa und Mailand gehalten habe. Es ist als eine Einführung in die Komplexitätstheorie gedacht, die auch für Nichttheoretiker noch lesbar ist. Gleichzeitig führt es auf ausgewählten Gebieten an den aktuellen Forschungsstand heran.
Die Komplexitätstheorie ist inzwischen so umfangreich geworden, daß es nicht möglich und auch gar nicht mehr wünschenswert ist, sie in ihrer Gesamtheit darzustellen. Sie hat sich seit den 60er Jahren durch die Frage nach der Qualität von Berechnungen aus der Berechnungstheorie heraus entwickelt, die ihrerseits als die elementare Grundlage der Rekursionstheorie aufgefaßt werden kann. Insofern ist die Komplexitätstheorie von Haus aus *strukturell* in dem Sinne, daß Begriffe und Methoden aus der Rekursionstheorie in natürlicher Weise auch hier fruchtbar werden, und ich verzichte deshalb darauf, von *struktureller Komplexitätstheorie* zu sprechen. Typische Beispiele sind die verschiedenen komplexitätsbeschränkten Reduzierungen mit den zugehörigen Vollständigkeitsbegriffen (vgl. z.B. die Hausdorffsche Hierarchie und die Polynomialzeithierarchie), ohne die die Komplexitätstheorie nicht vorstellbar wäre.
Einer der zentralen Leitbegriffe für dieses Buch ist der Begriff der *Reduktion*. Immer wieder werden *vollständige* Mengen in den verschiedenen Komplexitätsklassen identifiziert. Besondere Beachtung verdienen dabei NP-Probleme, von denen stark vermutet wird, daß sie nicht NP-vollständig sind, nämlich das Primzahl- und das Graphisomorphieproblem. Andererseits wird hier, wo eher theoretische Gesichtspunkte im Vordergrund stehen, nicht einmal ansatzweise versucht, die reiche Welt der unterschiedlichsten Arten vollständiger Probleme und ihrer approximativen Lösung zu dokumentieren.
Das Studium der *Polynomialzeithierarchie* entspringt der Frage nach der Abgeschlossenheit von NP bezüglich der nichtdeterministischen Polynomialzeit-Turingreduktion. Betrachtet man den Abschluß von NP bezüglich der beschränkten Polynomialzeit-tt-Reduktion, so kommt man zur *Hausdorffschen Hierarchie*. Weiter werden *Zählklassen* und als Sonderfälle davon die üblichen *probabilistischen Klassen* betrachtet. Eine schöne Querverbindung zwischen der Polynomialzeithierarchie und den probabilistischen Klassen ist das Resultat von S. Toda, daß PP für die Polynomialzeithierarchie $\leq_T^P$-hart ist.
Vollständige Mengen für NP werden erneut im Zusammenhang mit der Frage aufgegriffen, ob alle NP-vollständigen Mengen polynomialzeit-isomorph sind. Als Teilantwort auf dieses von J. Hartmanis und L. Berman aufgeworfene *Isomorphieproblem* ergibt sich die Einsicht, daß dünne Mengen bezüglich der un-

terschiedlichen Reduzierungsbegriffe nur dann vollständig in NP sein können, wenn die Polynomialzeithierarchie endlich ist. Diese Resultate können unter einem sehr viel allgemeineren Gesichtspunkt verstanden werden: Wenn eine Menge aus der low-Hierarchie in irgend einem Sinne vollständig für NP ist, muß die Polynomialzeithierarchie endlich sein. *Lowness* und *Highness* sowie die Einordnung wichtiger Klassen in die low-Hierarchie und eine Konsequenz für das Graphisomorphieproblem werden behandelt.

Während in der Komplexitätstheorie hauptsächlich von Akzeptierung von Mengen die Rede ist, wird doch gelegentlich auch vom *Zählen* und *Konstruieren* von Lösungen gesprochen. Dies führt im Gegensatz zu den üblichen Komplexitätsklassen, die Klassen von Mengen sind, zur Betrachtung verschiedener *Funktionenklassen*. Wieder erweist sich die Polynomialzeithierarchie als zentral, wenn es um die Beziehungen zwischen diesen Funktionenklassen geht.

Ein zweiter Leitbegriff ist der des *Akzeptierungstyps*, der in den *Blattsprachen* seine allgemeinste Ausprägung erfährt und, wenn auch nicht immer in der Terminologie der Blattsprachen, im gesamten Buch zur Geltung kommt.

Das Buch erhebt selbstverständlich nicht den Anspruch, die gut bekannten Lehrbücher und Mongraphien [Sch85a], [BDG90], [Rei90], [BC94], [Pap94], [Bör92] oder die etwas älteren, aber immer noch wichtigen Bücher wie [AHU74], [Meh77], [Pau78], [GJ79], [HU79] oder [PS82] ersetzen zu wollen. Am ehesten wird man in all diesen Fällen von gegenseitiger Ergänzung sprechen können. Denn einerseits betont dieses Buch gegenüber den anderen ganz besonders die Hausdorffsche Hierarchie, die Zählklassen und die Funktionenklassen, andererseits werden hier eine Reihe von Dingen nicht oder nur am Rande behandelt. Als Beispiele für letzteres seien genannt: Parallele Algorithmen und Maschinen mit Ausnahme der alternierenden Turingmaschinen (dies findet man in [BDG90], [Pap94],[Rei90]), interaktive Beweissysteme mit Ausnahme der Arthur-Merlin-Klassen (siehe ebenfalls [BDG90] und den Übersichtsartikel von O. Goldreich in [HS97]) sowie die modernen Entwicklungen über Quantenberechnungen und DNA-Berechnungen (vgl. dazu Übersichtsartikel in [HS97]). Nur am Rande werden Schaltkreise und Relativierungen berührt. Beides ist gut in [BDG90] behandelt. Den Schaltkreisen hat H. Vollmer ein schönes Buch gewidmet [Vol99a].

Für zahlreiche kritische und verbessernde Bemerkungen bin ich den Herren Dr. Jörg Rothe, Dr. Harald Hempel, Dr. Henning Blohm, Daniel Meister und André Große zu herzlichem Dank verpflichtet.

Jena, im Juli 2000   Gerd Wechsung

Inhaltsverzeichnis

Symbolverzeichnis	**10**
1 Hierarchien von Komplexitätsklassen	**13**
1.1 Komplexitätsmaße und -klassen	13
1.1.1 Komplexitätsmaße	15
1.1.2 Komplexitätsklassen	18
1.2 Existenz beliebig schwieriger Probleme	22
1.3 Kompression und Beschleunigung	25
1.4 Hierarchiesätze	28
1.4.1 Die Raumhierarchie	28
1.4.2 Die Zeithierarchie	32
1.5 Untere Schranken	33
2 Zwischen L und PSPACE	**39**
2.1 Einfache Inklusionsbeziehungen	39
2.2 Komplexitätsbeschränkte m-Reduktionen	43
2.3 Vollständige Probleme in NL	47
2.4 Vollständige Probleme in P	49
2.5 Das P-NP-Problem	53
3 Die Polynomialzeithierarchie	**61**
3.1 Weitere Reduktionsbegriffe	61
3.2 Die Polynomialzeithierarchie	64
3.3 Akzeptierungstypen für Δ_2^P und Θ_2^P	69
3.4 Alternierende Maschinen	73
3.5 Alternierende Komplexitätsklassen	77
3.6 Weitere Vollständigkeitsresultate	82
3.7 Blattsprachenklassen	85
3.8 Relativierungen	88

4 Einige besondere Resultate · 95
- 4.1 Der Satz von Savitch 95
- 4.2 coNSPACE-Klassen 97
- 4.3 Blockrespektierende Berechnungen 102
  - 4.3.1 Blockrespektierende Maschinen 102
  - 4.3.2 Graphen von blockrespektierenden Maschinen 104
  - 4.3.3 Segregatoren 105
  - 4.3.4 Ein Spiel auf Graphen 106
- 4.4 Raum ist besser als Zeit 107
- 4.5 DLINTIME $\subset$ NLINTIME 111

5 Dünne vollständige bzw. harte Mengen · 117
- 5.1 Dünne Mengen 117
- 5.2 Nichtuniforme Berechnungen 119
- 5.3 Das Isomorphieproblem 124
- 5.4 Dünne btt-harte Mengen für NP 127
- 5.5 Dünne T-harte Mengen für NP 131

6 Die Hausdorffsche Hierarchie über NP · 135
- 6.1 Der Boolesche Abschluß von NP 135
- 6.2 Akzeptierungstypen für die $BH_k(NP)$ 138
- 6.3 Erweiterung der Hausdorffschen Hierarchie 142
- 6.4 tt-Charakterisierung der $BH_k(NP)$ 144
- 6.5 Die Fragehierarchie 149
- 6.6 Vollständige Probleme 152
- 6.7 Kann die Hausdorffsche Hierarchie endlich sein? 156
- 6.8 Verschiedene Orakel 157

7 Zählklassen · 163
- 7.1 Zählklassen von endlichem Typ 163
- 7.2 Die einfachste Zählklasse 167
- 7.3 Die Klasse $\oplus P$ 170
- 7.4 Längenabhängige Akzeptierungstypen 175
- 7.5 Promise-Klassen 176

8 Probabilistische Klassen · 181
- 8.1 Die Klassen RP und ZPP 181
- 8.2 Die Klassen PP und $C_=P$ 183
- 8.3 Beschränkte Fehlerwahrscheinlichkeit 190
- 8.4 Der Mehrheitsquantor 193
- 8.5 Die Arthur-Merlin-Hierarchie 197

INHALTSVERZEICHNIS

    8.6 Operatoren 199
    8.7 Die Ergebnisse von Toda 206

9 Funktionenklassen   211
    9.1 Funktionen- und Relationenanaloga zu P und NP 211
    9.2 Verfeinerungen von Relationen 217
    9.3 Anzahl von Lösungen 220
            9.3.1 Abschlußeigenschaften von #P und GapP 225
            9.3.2 Der #-Operator 229
    9.4 Konstruktion von Lösungen 232
    9.5 Selbstreduzierbarkeit 239
    9.6 Optimale Lösungen 245

10 Lowness und Highness   251
    10.1 Die low- und die high-Hierarchie 251
    10.2 Einordnung konkreter Klassen 254
    10.3 Selektivität 258
    10.4 Graphisomorphie 263

A Mathematische Grundlagen   267
    A.1 Logische Grundbegriffe 267
    A.2 Mengen, Relationen, Funktionen 269
            A.2.1 Mengen 269
            A.2.2 Relationen 270
            A.2.3 Funktionen 270
            A.2.4 Asymptotisches Wachstum 271
    A.3 Formale Sprachen 273
    A.4 Turingmaschinen und Berechenbarkeit 274

Literaturverzeichnis   281

Autorenverzeichnis   305

Sachwortverzeichnis   309

Symbolverzeichnis

Acc_M, 163
acc_M, 163, 221
acc_M^i, 163
aeq, 268
$\asymp$, 272
AGAP, 83
$\succ$, 272
$\succeq$, 272
$\prec_{io}$, 272
$\preceq_{io}$, 272
AL, 81
AM, 197
AMA, 197
$\sqsubseteq$, 273
AP, 81
ASAT, 83
ASPACE(s), 75
ATIME(t), 75

BH(NP), 135
bin, 269
$blatt_M$, 86
BPP, 190

c_A, 269
$\langle\ \rangle$, 269
$card$, 269
$\mathfrak{L}$P, 175
$census$, 117
CF, 273
$\mathcal{C}/\mathcal{F}$, 121
χ_A, 270

C_k, 139
C_kP, 139
$co\mathcal{C}$, 273
CP, 163
$C\cdot$, 246
CS, 98, 273
CSAT, 164

Δ_i^P, 65
$\diamond$, 21
$\doteq$, 226
D_k, 139
$D_k CLIQUE$, 153
D_kP, 139
D_kSAT, 153
DP, 136
3SAT, 58
DSAT, 50
DSPACE(s), 18
DTIME(t), 18

E, 21
EASY, 234
EH_k, 253
EH_k^Δ, 254
EH_k^Θ, 254
1-DSPACE, 35
$\{1\}$P, 167
EL_k, 253
EL_k^Δ, 254
EL_k^Θ, 254
END, 275

SYMBOLVERZEICHNIS

end_M, *140*
$\oplus$, *entweder-oder*, *267*
EP, *184*
$\vee^{io}$, *268*
$\vee^p$, *53*
$\vee^+$, *193*
et, *268*
EXP, *21*

FEW, *175*
FEWP, *175*
Few, *177*
FewP, *177*
$\vdash_M$, *275*
$\vdash_M^i$, *275*
$\vdash_M^*$, *275*
FP, *43*
FPL, *87*
$F\Theta_2^P$, *211*
$\wedge^{ae}$, *268*
$\wedge^p$, *64*
Fun $\mathcal{C}$, *212*

GAP, *47*
GapP, *228*
GI, *60*
$G_{M,x}$, *104*
GP, *184*
$\geq_{ae}$, *271*
$\geq_{io}$, *271*

H_k, *251*

id, *271*
indeg, *107*
INIT, *274*

$<_{ae}$, *271*
$<_{io}$, *271*
$\circ$, *270*
$\circ$ bei Maschinen, *276*

Lin, *271*

LINTIME, *21*, *27*
$L(M)$, *15*
L, *21*
$\log^*$, *271*
L_k, *251*
L_k^Δ, *253*
L_k^Θ, *253*
$L(\text{SAT})$, *127*

$M^{()}$, *277*
MA, *197*
MAM, *197*
mcg, *153*
MEE, *156*
M_i, *274*
MOD_kP, *170*
$M(w)$, *275*

$\mathbb{N}$, *269*
$\mathbb{N}_+$, *269*
NE, *21*
NEXP, *21*
NL, *21*
non, *268*
NP, *21*
NPSPACE, *21*
NSPACE(s), *20*
NSPACE-TIME(s,t), *95*
NTIME(t), *20*
$Ntime_i$, *20*

OptP, *249*
ord, *140*
out_M, *249*

P, *21*
$\mathbb{P}$, *276*
$\mathfrak{P}$, *139*
$\parallel$ bei Maschinen, *276*
$\oplus$P, *170*
$\oplus$SAT, *173*
$P^{\mathcal{C}[1]:\mathcal{D}[1]}$, *158*

perm, *224*
PH, *65*
Π_i^P, *65*
Π_iSAT, *83*
Π_i^PTIME(t), *77*
$P^{NP[Cons]}$, *150*
$P^{NP[Lin(\log)]}$, *150*
$P^{NP[m]}$, *150*
Pol, *271*
PP, *183*
PRIME, *60, 180*
proj$_p$, *240*
P-Sel, *258*
PSPACE, *21*

QBF, *84*

$\mathbb{R}$, *21, 276*
RE, *273, 276*
REALTIME, *21, 25, 27, 38*
REC, *276*
$\leq_m^{\log}$, *45*
$\leq_T^{NP}$, *62*
$\leq_{sT}^{NP}$, *122*
$\leq_{\alpha tt}^P$, *63*
$\leq_{btt}^P$, *63, 279*
$\leq_c^P$, *280*
$\leq_d^P$, *280*
$\leq_m^P$, *44*
$\leq_{maj}^P$, *201*
$\leq_{mtt}^P$, *63*
$\leq_T^P$, *62*
$\leq_{tt}^P$, *63, 279*
$\leq_m^R$, *173*
$\leq_{pl}$, *87*
$\leq_{pol}$, *165*
REG, *35, 273*
Rel$\mathcal{C}$, *212*
RelNP, *212*
RP, *177*
$\mathcal{R}_{\alpha tt}^P$, *64*

$\mathcal{R}_{btt}^P$, *64*
$\mathcal{R}_{mtt}^P$, *64*
$\mathcal{R}_{tt}^P$, *64*

Sat, *221*
SAT, *55*
SAT-UNSAT, *153*
seq, *268*
#P, *221*
Σ_i^P, *65*
Σ_iSAT, *83*
Σ_i^PTIME(t), *77*
SIZE, *119*
size, *119*
space, *15*
Space$_i$, *15, 20*
space$_i$, *18*
SPARSE, *117*
S·, *246*
spur$(u:v)$, *34*

TALLY, *117*
Θ_k^P, *72*
Θ_2^P, *150*
time, *15*
Time$_i$, *15*
time$_i$, *18*
$\subseteq_c$, *217*

UP, *177*
U·, *231*

vel, *268*

wert, *74*

ZPP, *183*
2SAT, *49, 58*

Kapitel 1

Hierarchien von Komplexitätsklassen

1.1 Komplexitätsmaße und -klassen

Wie schwierig ist das Ausheben einer Baugrube einer vorgeschriebenen Größe? Die Antwort hängt davon ab, welche Geräte zur Verfügung stehen. Mit einem Bagger geht es leichter als mit Schaufel und Schubkarre. So ist es auch mit der algorithmischen Lösung von Problemen. Deren Schwierigkeit hängt von den verwendeten Algorithmen ab.

Was „Schwierigkeit" heißt, konnten wir im einführenden Beispiel getrost undefiniert lassen. Bei algorithmischen Problemen geht das nicht mehr. Ein mögliches Komplexitätsmaß für Berechnungen ist die Zahl der ausgeführten Rechenschritte. Wir betrachten zur Illustration die Entscheidung der Menge $D = \{w2^{|w|}w : w \in \{0,1\}^*\}$. Wenn man eine Turingmaschine mit einem Eingabeband und einem Arbeitsband hat, kann man die Entscheidung in Realzeit (in einer Schrittzahl, die der Eingabelänge entspricht) leisten: Die Maschine kopiert das Eingabewort so lange Buchstaben für Buchstaben auf das Arbeitsband, bis zum ersten Mal eine 2 auftaucht. Von da an geht sie auf dem Arbeitsband zurück, liest auf dem Eingabeband weiter und prüft dabei gleichzeitig, ob die Zahl der gelesenen Zweien genau der Länge des kopierten $\{0,1\}$-Präfix gleicht. Ist dies nicht der Fall, wird abgelehnt. Sonst wird das restliche Suffix mit dem auf dem Band stehenden Präfix verglichen. Spätestens dann, wenn die Eingabe zu Ende gelesen ist, steht die Antwort auf die Frage fest, ob das Eingabewort aus D ist. Dagegen kann nach Satz 1.32 eine Turingmaschine, die kein Eingabeband und nur ein Arbeitsband hat, die Menge D nicht schneller als in quadratischer Zeit (gemessen in der Länge der Eingabe) entscheiden. Alternierende Maschinen wiederum (s. Abschnitt 3.4) schaffen diese Entscheidung sogar in einer Zeit, die logarithmisch in der Länge der Eingabe ist. Diese kurze Betrachtung zeigt, daß am Anfang einer Theorie der Berechnungskomplexität, und nur diesem Zweig[1] der Komplexitätstheorie ist dieses Buch gewidmet, drei Fragen geklärt werden müssen:

1. Welche Algorithmenmodelle werden verwendet?

2. Welche Art von algorithmischen Problemlösungen sollen unter dem Gesichtspunkt ihrer algorithmischen Komplexität untersucht werden?

3. Was soll man unter Komplexität verstehen?

Die beiden ersten Fragen werden sofort beantwortet, der dritten Frage ist der folgende Unterabschnitt gewidmet, mit dem die eigentliche Komplexitätstheorie bereits beginnt. Ihre Anfänge werden im 1. Kapitel behandelt. Eine schöne historische Darstellung geben die beiden Artikel von R. Stearns und A. Borodin in [Sel90].

Als Algorithmenmodell dienen die **Turingmaschinen**[2]. Wenn nichts anderes ausdrücklich gesagt wird, bedeutet „Turingmaschine" oder „Maschine" stets eine Turingmaschine mit einem Zweiweg-Eingabeband und endlich vielen Arbeitsbändern. Ein Ausgabeband ist dann vorhanden, wenn die Maschine nicht als Akzeptor gebraucht wird. Alle Turingmaschinen haben dasselbe feste Eingabealphabet Σ, während Arbeitsalphabet Δ und Zustandsmenge Z von Maschine zu Maschine variieren.

Probleme sind hier immer Funktionsberechnungsprobleme. Der weitaus größte Teil der Theorie ist der Berechnung von Prädikaten, mithin der **Entscheidung** von Mengen, gewidmet. Ein Problem ist also in der Regel ein Entscheidungsproblem, das durch eine Menge A von Wörtern aus Σ^* oder durch die zugehörige charakteristische Funktion repräsentiert werden kann.

Wenn ein Problem $A \subseteq \Sigma^*$ algorithmisch gelöst werden soll, kann es entweder **entschieden** oder **akzeptiert** werden. Die Menge A zu entscheiden, heißt, die charakteristische Funktion c_A zu berechnen. Die Menge A zu akzeptieren, heißt, die partielle charakteristische Funktion χ_A zu berechnen. Selbstverständlich braucht die Ausgabe nicht auf ein Ausgabeband geschrieben zu werden, sondern sie kann durch einen **akzeptierenden** oder **ablehnenden Endzustand** angezeigt werden. Zu beachten ist, daß im Falle des Akzeptierens kein ablehnender Endzustand existiert. Denn Ablehnung einer Eingabe x durch die deterministische Maschine M ist im Akzeptierungsfalle im Unterschied zum

---

[1] Andere Zweige der Komplexitätstheorie werden z.B. in [Gru76, LV93] behandelt.

[2] Alle undefinierten Begriffe suche man im Anhang oder mit Hilfe des Sachwort- und Symbolverzeichnisses auf.

1.1. KOMPLEXITÄTSMASSE UND -KLASSEN

Entscheidungsfalle gleichbedeutend damit, daß die Berechnung $M(x)$ nicht endet. Ist M ein Akzeptor, so schreiben wir auch $L(M) = \{w : M \text{ akzeptiert } w\}$ für die von M akzeptierte Sprache. Akzeptierung von Mengen durch nichtdeterministische Maschinen wird im Unterabschnitt 1.1.2 behandelt.

1.1.1 Komplexitätsmaße

Am Anfang der Komplexitätstheorie stand die Beobachtung, daß unterschiedliche Algorithmen zur Lösung einunddesselben Problems A unterschiedliche Rechenzeiten haben können. Als Beispiel dafür ist soeben die Menge $D = \{w2^{|w|}w : w \in \{0,1\}^*\}$ betrachtet worden.

Die Rechenzeit ist nur ein Beispiel eines Komplexitätsmaßes. Man kann auch andere Aspekte der Komplexität, etwa den Speicherplatz, betonen. Allgemein ist ein Komplexitätsmaß eine Funktion Φ (vgl. Definition 1.4), die jeder Berechnung $M(w)$ jeweils eine Komplexität $\Phi_M(w) \in \mathbb{N}$ zuordnet.

Die Theorie der Berechnungskomplexität befaßt sich mit folgenden Problemen: Was sind Komplexitätsmaße? Welche Komplexität tritt bei der Entscheidung (oder Akzeptierung) konkreter Probleme auf? Welche Beziehungen bestehen zwischen den verschiedenen Maßen und zwischen den durch sie festgelegten Komplexitätsklassen?

Wir beschränken uns in diesem Buch auf die beiden Komplexitätsmaße *time* und *space*, auf die wir auch durch die deutschen Bezeichnungen **Zeit** und **Raum** Bezug nehmen. Weitere Maße werden ausführlich in [WW86] behandelt.

Definition 1.1
Die zu M_i gehörige **Zeitfunktion** $Time_i$ *ist definiert durch*

$$Time_i(w) = \begin{cases} m & \text{falls } M_i(w) \text{ genau } m+1 \text{ Konfigurationen hat,} \\ \text{undefiniert} & \text{falls } M_i(w) \text{ unendlich ist.} \end{cases}$$

Definition 1.2
1. Ist K eine Konfiguration einer k-bändrigen Turingmaschine und sind $m_1, \ldots, m_k$ die Zahlen der Felder, die bei K auf den k Bändern beschrieben sind, so bezeichnet $\max\{m_1, \ldots, m_k\}$ die **Größe** *von K.*

2. $M_i(w)$ sei eine abbrechende (d.h. endliche) Berechnung. Wir sagen, die **Berechnung $M_i(w)$ braucht m Felder**, *wenn m das Maximum der Größen der Konfigurationen von $M_i(w)$ ist.*

Definition 1.3
Die zu M_i gehörige **Raumfunktion** $Space_i$ *ist definiert durch*

$$Space_i(w) = \begin{cases} m & \text{falls } M_i(w) \text{ genau } m \text{ Felder braucht,} \\ \text{undefiniert} & \text{falls } M_i(w) \text{ unendlich ist.} \end{cases}$$

Während die zweite Zeile in der Definition von $Time_i$ sicherlich jedem einleuchtet, könnte man im Falle von $Space_i$ einwenden, daß ja eine nicht abbrechende Berechnung durchaus gänzlich innerhalb eines endlichen Bandbereichs ablaufen kann und daß man doch der Berechnung in einem solchen Falle einen endlichen Komplexitätswert zuordnen könnte. Wir wollen uns aber auf den Standpunkt stellen, daß eine Berechnung dann und nur dann eine Komplexität haben soll, wenn sie auch ein Ergebnis liefert.

Wenn man sich nur für die Raumkomplexität einer Berechnung interessiert, kann man sich auf Turingmaschinen mit nur einem Arbeitsband beschränken. Denn Turingmaschinen mit mehreren Arbeitsbändern können durch solche mit nur einem Arbeitsband simuliert werden, ohne daß sich dabei der Platzbedarf vergrößert.

Kann man nicht etwas verbindlicher sagen, was unter Komplexität zu verstehen ist? Von M. Blum [Blu67] gibt es einen axiomatischen Zugang zum Komplexitätsbegriff, der mit erstaunlich allgemeinen Forderungen auskommt.

Definition 1.4 Blumsche Axiome
Es sei $(\varphi_0, \varphi_1, \ldots)$ eine Gödelisierung aller einstelligen berechenbaren Funktionen. $\Phi : \mathbb{N} \times \Sigma^* \longrightarrow \mathbb{N}$ sei eine zweistellige berechenbare Funktion, und wir schreiben auch $\Phi_i(w) = \Phi(i, w)$.
*(φ, Φ) heißt **Blumsches Komplexitätsmaß** oder kurz **Blumsches Maß** genau dann, wenn die beiden folgenden Axiome erfüllt sind:*

(Axiom 1) Für alle $i \in \mathbb{N}$ ist $D_{\Phi_i} = D_{\varphi_i}$.
(Axiom 2) Die Menge $\{(i, w, m) : \Phi_i(w) = m\}$ ist entscheidbar.

$\Phi_i(w)$ nennt man dann die **Komplexität im Sinne von** Φ (Φ-*Komplexität*) der durch die i-te Maschine mit der Eingabe w geleisteten Berechnung.

Als charakteristisch für Komplexität werden also nur zwei Eigenschaften betrachtet, nämlich:

1. Eine Berechnung hat genau dann eine Komplexität, wenn sie ein Ergebnis liefert.

2. An Hand der Kenntnis des Algorithmus (sprich: der Nummer i des Algorithmus) und der Eingabe x ist es entscheidbar, ob die Komplexität der Berechnung der i-ten Maschine mit Eingabe x einen gegebenen Wert m hat.

1.1. KOMPLEXITÄTSMASSE UND -KLASSEN

Raum und Zeit sind offensichtlich Blumsche Maße, doch ist es nicht verwunderlich, daß unter diesen sehr allgemeinen Maßbegriff auch ziemlich pathologische Maße fallen. Deshalb hat man sich damit beschäftigt, „natürliche" Komplexitätsmaße wie etwa Raum oder Zeit zu charakterisieren (vgl. [Har73, Lis76, Lis77] und für eine Zusammenfassung [WW86]). Erstaunlich ist es aber doch, daß mit diesen wenigen scheinbar gar nicht komplexitätsspezifischen Eigenschaften eine sehr befriedigende, wenn auch sehr abstrakte, Theorie aufgebaut werden kann [Blu67]. Obwohl wir in diesem Buch darauf nicht näher eingehen wollen, soll doch wenigstens ein erstes sehr einfaches Resultat genannt werden, das auch zeigt, wie sinnvoll der Begriff des Blumschen Komplexitätsmaßes ist. Es sagt nämlich, grob gesprochen, aus, daß die Einteilung der Probleme in schwierige und weniger schwierige qualitativ nicht sehr von der Wahl des Komplexitätsmaßes abhängt.

Satz 1.5 [Blu67]
Es seien (φ, Φ) und (ψ, Ψ) zwei Blumsche Komplexitätsmaße. Ferner sei s eine allgemein-rekursive Funktion mit $\psi_{s(i)} = \varphi_i$, mit deren Hilfe also φ-Nummern in ψ-Nummern umgerechnet werden können.
Dann gibt es eine zweistellige allgemein-rekursive Funktion r, die im zweiten Argument streng monoton wachsend ist und für die gilt

$$\bigwedge_i \bigwedge_x^{ae} \Psi_{s(i)}(x) \leq r(x, \Phi_i(x)) \text{ und } \bigwedge_i \bigwedge_x^{ae} \Phi_i(x) \leq r(x, \Psi_{s(i)}(x)).$$

Beweis
Mit
$$f(u, j, v) = \begin{cases} v & \text{wenn } u = j, \\ 0 & \text{sonst} \end{cases}$$

sind $f(\Phi_i(x), j, \Psi_{s(i)}(x))$ und $f(\Psi_{s(i)}(x), j, \Phi_i(x))$ wegen der beiden Blumschen Axiome allgemein-rekursiv. Wir setzen

$$g(i, x, m) =_{df} m + \sum_{j=1}^{m} f(\Phi_i(x), j, \Psi_{s(i)}(x))$$

und symmetrisch dazu

$$h(i, x, m) =_{df} m + \sum_{j=1}^{m} f(\Psi_{s(i)}(x), j, \Phi_i(x)).$$

g und h sind allgemein-rekursiv und streng monoton im dritten Argument, und dies trifft auch noch zu auf

$$r'(i, x, m) =_{df} \max\{g(i, x, m), h(i, x, m)\}.$$

Ferner gilt (man beachte, daß $\Phi_i(x)$ genau dann definiert ist, wenn $\Psi_{s(i)}(x)$ definiert ist und daß im Falle undefinierter Funktionswerte die folgenden Ungleichungen als gültig betrachtet werden)

$$\Psi_{s(i)}(x) \leq g(i, x, \Phi_i(x)) \leq r'(i, x, \Phi_i(x))$$

und
$$\Phi_i(x) \leq h(i, x, \Psi_{s(i)}(x)) \leq r'(i, x, \Psi_{s(i)}(x)).$$
Die Funktion
$$r(x, m) =_{df} \max\{r'(i, x, m) : i \leq x\}$$
ist allgemein-rekursiv, streng monoton im zweiten Argument und erfüllt die Anforderungen des Satzes:

$$\Psi_{s(i)}(x) \leq r'(i, x, \Phi_i(x)) \leq r(x, \Phi_i(x)) \text{ für } x \geq i,$$

$$\Phi_i(x) \leq r'(i, x, \Psi_{s(i)}(x)) \leq r(x, \Psi_{s(i)}(x)) \text{ für } x \geq i. \blacksquare$$

1.1.2 Komplexitätsklassen

Es ist nützlich, alle Mengen, die innerhalb einer bestimmten Komplexität entschieden bzw. akzeptiert werden können, zu sogenannten **Komplexitätsklassen** zusammenzufassen, die zur Klassifikation konkreter Probleme nach ihrer Komplexität herangezogen werden. Dazu leiten wir aus den Komplexitätsmaßen, die als Funktionen von Σ^* in $\mathbb{N}$ gegeben sind, durch Maximumbildung Funktionen ab, die von $\mathbb{N}$ in $\mathbb{N}$ abbilden. Wir beginnen mit dem deterministischen Falle.

Definition 1.6
$$time_i(n) = \max\{Time_i(w) : |w| = n\}.$$
$$space_i(n) = \max\{Space_i(w) : |w| = n\}.$$

Das Maximum einer Menge ist selbstverständlich nur dann definiert, wenn alle Elemente der Menge, von der das Maximum zu nehmen ist, definiert sind.

Definition 1.7
Es sei $t : \mathbb{N} \longrightarrow \mathbb{N}$ eine allgemein-rekursive Funktion. Dann heißt

$$\text{DTIME}(t) = \left\{ A : \bigvee_i (c_A = \varphi_i \wedge time_i \leq_{ae} t) \right\}$$

die zu t gehörige **Zeitkomplexitätsklasse**.
Es sei $s : \mathbb{N} \longrightarrow \mathbb{N}$ eine allgemein-rekursive Funktion. Dann heißt

$$\text{DSPACE}(s) = \left\{ A : \bigvee_i (c_A = \varphi_i \wedge space_i \leq_{ae} s) \right\}$$

die zu s gehörige **Raumkomplexitätsklasse**.
Man beachte, daß diese Komplexitätsklassen Teilmengen der Potenzmenge von

1.1. KOMPLEXITÄTSMASSE UND -KLASSEN

Σ^* sind, wobei Σ beliebig, aber fest gewählt ist (vgl. Anhang). Die Funktion t (bzw. s) nennt man in diesem Zusammenhang auch die **Ressourcenfunktion** oder den **Namen** der Komplexitätsklasse. Anschaulich gesprochen besteht also beispielsweise DTIME(t) aus all jenen Mengen A, die sich durch passende Turingmaschinen so entscheiden lassen, daß bei Eingaben der Länge n nicht mehr als $t(n)$ Takte für die Berechnung von $c_A(w)$ gebraucht werden.
Umgekehrt halten wir fest, daß ein A genau dann nicht zu DTIME(t) gehört, wenn jede Turingmaschine zur Entscheidung von A für unendlich viele Längen n mehr als $t(n)$ Takte braucht. Analoges gilt für die Raumklassen und auch für die entsprechenden Klassen für nichtdeterministische Maschinen, die weiter unten noch eingeführt werden.
Auf den ersten Blick sieht es so aus, als wäre folgende Definition vernünftig: $L(M_i) \in$ DTIME(t) genau dann, wenn $time_i \leq t$. Man sieht aber leicht, daß das Zeitmaß die folgende Eigenschaft der **endlichen Invarianz** hat: Wenn $t \geq id$ und wenn es eine Maschine M_i gibt mit $time_i \leq_{ae} t$, dann gibt es eine zu M_i äquivalente Maschine M_j mit $time_j \leq t$. Dies ist so, weil man für jene endlich vielen n mit $time_i(n) > t(n)$ die Maschine M_i so abändern kann, daß M_i die Entscheidung direkt nach dem Lesen der Eingabe ohne weitere Rechnung fällen kann. Auch der Raum ist endlich invariant, und diese Eigenschaft postuliert man von allen natürlichen Maßen. Deshalb ist die adäquate Definition der Komplexitätsklassen jene, die auf $\leq_{ae}$ zurückgreift. Wir merken noch an, daß nicht jedes Blumsche Maß die Eigenschaft der endlichen Invarianz hat [Har73, Lis76, Lis77].
Es hat an dieser Stelle den Anschein, daß die Komplexitätstheorie eigentlich für praktische Belange wenig relevant ist, weil ihre Aussagen erst für hinreichend große Eingabelängen gelten. Dennoch gibt die Komplexitätstheorie entscheidende Einsichten in die Struktur von Berechnungen. Man denke nur an das P − NP-Problem (vgl. Abschnitt 2.5), um das sich letztlich dieses ganze Buch rankt.
Unsere Komplexitätsklassen beziehen sich auf die sogenannte **worst-case-Komplexität**. Denn die in Definition 1.6 vorgenommene Maximumbildung sorgt dafür, daß die höchste Komplexität, der schlechteste Fall, für die Einordnung eines Problems in eine Komplexitätsklasse ausschlaggebend ist. In vielen praktischen Beispielen wird eine hohe Komplexitätseinstufung nur durch einige wenige „ausgeartete" Eingaben mit großer Komplexität verursacht, während die durchschnittliche Komplexität viel geringer ist. Eine Übersicht über die Theorie der **average-case-Komplexität** wird im Artikel von J. Wang in [HS97] gegeben.
Vergleicht man Komplexitätsklassen deterministischer Maschinen mit denen nichtdeterministischer Maschinen, so fällt eine gewisse Unsymmetrie auf, die daher rührt, daß nichtdeterministische Maschinen im allgemeinen als Akzeptoren und nicht als Entscheidungsmechanismen von Sprachen gebraucht werden. Die entsprechenden Komplexitätsklassen werden daher ein wenig anders definiert. Wir gehen von einer Gödelisierung aller **nichtdeterministischen Turingmaschinen** (mit einem Zweiweg-Eingabeband und endlich vielen Arbeitsbändern) aus. Berechnungspfade in Berechnungsbäumen unterscheiden

sich in nichts von deterministischen Berechnungen: Sie sind Folgen von Konfigurationen. Deshalb können die Betrachtungen für deterministische Berechnungen auf Pfade angewendet werden. Insbesondere kann man von der Rechenzeit $Time_i(\alpha, w)$ und dem Platzbedarf $Space_i(\alpha, w)$ des Pfades α im Berechnungsbaum der nichtdeterministischen Maschine M_i bei Eingabe w sprechen[3]. Leicht sieht man ein, daß für die Klasse der nichtdeterministischen Turingmaschinen durch folgende Definition Blumsche Maße erreicht werden:

$$Ntime_i(w) = \min\{Time_i(\alpha, w) : M_i \text{ akzeptiert } w \text{ auf dem Pfad } \alpha\},$$
$$Nspace_i(w) = \min\{Space_i(\alpha, w) : M_i \text{ akzeptiert } w \text{ auf dem Pfad } \alpha\}.$$

Man beachte wieder, daß das Minimum der leeren Menge zu einem nichtdefinierten Komplexitätswert Anlaß gibt. Das entspricht gerade dem ersten Blumschen Axiom, denn Akzeptieren bedeutet Berechnen einer partiellen charakteristischen Funktion.

Definition 1.8
1. Die nichtdeterministische Turingmaschine M_i **akzeptiert** die Menge A in der Zeit t genau dann, wenn

$$\bigwedge_w (w \in A \longrightarrow Ntime_i(w) \leq t(|w|)) \wedge \bigwedge_w (w \notin A \longrightarrow M_i \text{ akzeptiert } w \text{ nicht}).$$

2. Die **nichtdeterministische Zeitklasse** mit dem Namen t ist definiert durch

$$\text{NTIME}(t) = \{A : \text{ es gibt eine NTM } M_i, \text{ die } A \text{ in der Zeit } t \text{ akzeptiert}\}.$$

Ganz analog definiert man NSPACE(s).
Nun können wir diejenigen Komplexitätsklassen definieren, die im wesentlichen den Untersuchungsgegenstand dieses Buches bilden. Für eine Funktionenklasse $\mathcal{F}$ wie etwa Lin oder Pol (vgl. Anhang) und ein Komplexitätsmaß Φ definieren wir die Komplexitätsklasse $\Phi(\mathcal{F})$ durch $\Phi(\mathcal{F}) = \bigcup_{t \in \mathcal{F}} \Phi(t)$.

$$
\begin{aligned}
\text{L} &= \text{DSPACE(log)}, & \text{P} &= \text{DTIME(Pol)}, \\
\text{NL} &= \text{NSPACE(log)}, & \text{NP} &= \text{NTIME(Pol)}, \\
\text{PSPACE} &= \text{DSPACE(Pol)}, & \text{E} &= \text{DTIME}(2^{\text{Lin}}), \\
\text{NPSPACE} &= \text{NSPACE(Pol)}, & \text{NE} &= \text{NTIME}(2^{\text{Lin}}), \\
\text{REALTIME} &= \text{DTIME(id)}, & \text{EXP} &= \text{DTIME}(2^{\text{Pol}}), \\
\text{LINTIME} &= \text{DTIME(Lin)}, & \text{NEXP} &= \text{NTIME}(2^{\text{Pol}}).
\end{aligned}
$$

---

[3]Die Verwendung der gleichen Bezeichnungen $Time_i$ und $Space_i$ wie im deterministischen Falle ist zwar formal nicht ganz berechtigt, aber suggestiv und kann nicht zu Verwechslungen führen.

1.1. KOMPLEXITÄTSMASSE UND -KLASSEN

Der Satz 1.5 nimmt für Raum und Zeit, die auf die gleiche Gödelisierung bezogen sind, eine besonders einfache Form an:

Satz 1.9
1. Für alle $i \in \mathbb{N}$ gilt $space_i \leq time_i$.

2. Für jedes $i \in \mathbb{N}$ gibt es ein $c > 0$ derart, daß gilt
$$\bigwedge_n (time_i(n) \leq 2^{\log n + c \cdot space_i(n)}).$$

Beweis
Die erste Aussage versteht sich von selbst, weil eine Turingmaschine in k Schritten höchstens k Felder erreichen kann.
Für den Beweis der zweiten Aussage nehmen wir eine Turingmaschine M_i mit k Zuständen, l Arbeitsbändern und m Arbeitsbuchstaben. Die Zahl der Takte kann offenbar nicht größer sein als die Zahl der verschiedenen Konfigurationen, die bei der gegebenen Bandbeschränkung möglich sind. Wenn M_i bei einer Eingabe der Länge n nur s Felder benützen kann, sind genau $ks^l n m^{ls}$ verschiedene Konfigurationen möglich, denn für den Zustand gibt es k Möglichkeiten, für die Kopfstellungen auf den Arbeitsbändern gibt es s^l Möglichkeiten, für die Stellung des Eingabekopfes gibt es n Möglichkeiten, und für die Beschriftung der Bänder gibt es m^{ls} Möglichkeiten. Wird $ks^l m^{ls}$ mit passendem $a > 0$ durch 2as abgeschätzt, so ergibt sich insgesamt mit geeignetem $c > 0$

$$time_i(n) \leq \sum_{s=1}^{space_i(n)} n 2^{as} \leq n 2^{a(space_i(n)+1)} \leq 2^{\log n + c \cdot space_i(n)}.$$

∎

Als unmittelbare Folgerung erhalten wir zwei Beziehungen zwischen Raum- und Zeitklassen.

Folgerung 1.10
1. $\text{DTIME}(t) \subseteq \text{DSPACE}(t)$.
2. Für $s > \log$ gilt $\text{DSPACE}(s) \subseteq \text{DTIME}(2^{\text{Lin}(s)})$. ∎

In diesem Zusammenhang wollen wir nochmals Satz 1.5 betrachten. Mit $\mathbb{R}$ bezeichnen wir die Menge der allgemein-rekursiven Funktionen von $\mathbb{N}$ in $\mathbb{N}$. Setzen wir für $r, t \in \mathbb{R}$

$$(r \diamond t)(x) =_{df} r(x, t(x)),$$

und definieren wir für die Maße (φ, Φ) und (ψ, Ψ) die Komplexitätsklassen

$$\Phi(t) = \{L(M_i) : \Phi_i \leq_{ae} t\}$$
$$\Psi(t) = \{L(N_i) : \Psi_i \leq_{ae} t\}$$

(hierbei sind M_i und N_i die den Gödelisierungen φ bzw. ψ zugrundeliegenden Maschinenklassen), so ergibt sich aus Satz 1.5 sofort:

Folgerung 1.11
Sind (φ, Φ) und (ψ, Ψ) zwei Blumsche Maße, so gibt es eine in der zweiten Stelle streng monoton wachsende allgemein-rekursive Funktion r, so daß für alle $t \in \mathbb{R}$ gilt

$$\Phi(t) \subseteq \Psi(r \diamond t) \text{ und } \Psi(t) \subseteq \Phi(r \diamond t). \qquad \blacksquare$$

Folgerung 1.12
Wenn ein Blumsches Maß (φ, Φ) die Eigenschaft hat, daß zu jedem $t \in \mathbb{R}$ ein $t' \in \mathbb{R}$ existiert mit $\Phi(t) \subset \Phi(t')$, so haben alle Blumschen Maße bezüglich der Inklusion echt aufsteigende unendliche Ketten von Komplexitätsklassen.

Beweis
(φ, Φ) habe die im Satz angegebene Eigenschaft, und (ψ, Ψ) sei ein beliebiges Blumsches Maß. Wenn t_1 eine beliebige allgemein-rekursive Funktion ist, so kann man wegen Folgerung 1.11 schreiben:

$$\Phi(t_1) \subseteq \Psi(r \diamond t_1) \subseteq \Phi(r \diamond (r \diamond t_1)).$$

Nach Voraussetzung gibt es ein t_2 mit $\Phi(r \diamond (r \diamond t_1)) \subset \Phi(t_2)$, und unter nochmaliger Anwendung von Folgerung 1.11 ergibt sich insgesamt

$$\Phi(t_1) \subseteq \Psi(r \diamond t_1) \subseteq \Phi(r \diamond (r \diamond t_1)) \subset \Phi(t_2) \subseteq \Psi(r \diamond t_2).$$

Diese Kette kann beliebig weit fortgesetzt werden. $\blacksquare$

1.2 Existenz beliebig schwieriger Probleme

Wir wenden uns zuerst der Frage zu, ob die Komplexitätsklassen eines gegebenen Komplexitätsmaßes eine unendliche Hierarchie bilden. Man kann sich leicht überlegen, daß die modifizierte Version des Halteproblems

$$B_t = \{0^i : M_i(0^i) \text{ akzeptiert nicht nach } t(i) \text{ Schritten}\}$$

1.2. EXISTENZ BELIEBIG SCHWIERIGER PROBLEME 23

nicht in der Klasse DTIME(t) liegt. Dies bedeutet, daß für jede Maschine M_j, die B_t akzeptiert, $time_j >_{io} t$ gilt. Dies schließt nicht aus, daß B_t von Maschinen akzeptiert werden kann, deren Komplexität an unendlich vielen Stellen beträchtlich kleiner ist als t. Deshalb ist der folgende Satz von M. Rabin eine deutliche Verschärfung der bisher gewonnen Aussage, daß $B_t \notin$ DTIME(t) für jedes $t \in \mathbb{R}$.

Satz 1.13 [Rab60]
Für jedes $t \in \mathbb{R}$ gibt es ein Prädikat $h \in \mathbb{R}$, so daß $time_i >_{ae} t$ für jede Maschine M_i, die h berechnet.

Bemerkung
Der Satz ist deswegen stark, weil er für ein Prädikat und nicht für eine beliebige Funktion formuliert ist, denn sonst könnte es sein, daß die große behauptete Komplexität darauf zurückzuführen ist, daß man allein zum Schreiben des Ergebnisses ungeheuer viel Zeit braucht. Hier ist es indessen so, daß das Schreiben des Ergebnisbits nur einen Takt benötigt und die ganze Komplexität von h daher tatsächlich darin liegt, dieses Ergebnisbit zu berechnen.

Beweis
Das Prädikat h wird durch Diagonalisierung so definiert, daß es von keiner Maschine an unendlich vielen Stellen n in weniger als $t(n)$ Schritten berechnet werden kann. Parallel dazu wird eine Liste G_n von Indizes (d.h. Maschinen) definiert, die im Laufe der Konstruktion „gestrichen" werden. Der Index i wird gestrichen, wenn M_i im weiteren Verlauf der Konstruktion nicht mehr betrachtet werden muß, weil die Verschiedenheit von h und φ_i bereits erreicht worden ist.

Schritt 0. Definition von h an der Stelle 0.

$$h(0) = \begin{cases} 1 \dot{-} \varphi_0(0) & \text{falls } time_0(0) \leq t(0) \\ 0 & \text{sonst,} \end{cases}$$

$$G_0 = \begin{cases} \{0\} & \text{falls } time_0(0) \leq t(0) \\ \emptyset & \text{sonst.} \end{cases}$$

Zur Erläuterung: Wenn $time_0(0) \leq t(0)$ gilt, muß befürchtet werden, daß $time_0 \leq_{io} t$ gilt. Deshalb wird vorsichtshalber gesichert, daß M_0 die Funktion h nicht berechnet. Das erreicht man, indem man h so festlegt, daß es von φ_0 verschieden ist. Dafür sorgt die modifizierte Differenz in der ersten Zeile der Definition von h.

Schritt n. Definition von $h(n)$.
Vorbereitend stellen wir die Menge

$$V_n = \{i : 0 \leq i \leq n \land i \notin G_{n-1} \land time_i(n) \leq t(n)\}$$

der „verdächtigen" Indizes bereit. Dann setzen wir

$$h(n) = \begin{cases} 1 \dotdiv \varphi_j(n) & \text{falls } j = \min V_n \text{ existiert} \\ 0 & \text{sonst,} \end{cases}$$

$$G_n = \begin{cases} G_{n-1} \cup \{j\} & \text{falls } j = \min V_n \text{ existiert} \\ G_{n-1} & \text{sonst.} \end{cases}$$

Zum Verständnis der Konstruktion sei gesagt, daß V_n die Menge jener Indizes i ist, die sich wegen $time_i(n) \leq t(n)$ dem Verdacht aussetzen, es könnte $time_i \leq_{io} t$ gelten. Wenn es solche Indizes gibt, wird der kleinste von ihnen in der Konstruktion gestrichen.

1. Behauptung: h ist allgemein-rekursiv.

Beweis: $h(0)$ existiert und ist effektiv bestimmbar, weil zunächst nach Voraussetzung $t(0)$ berechnet werden kann. Damit ist aber $time_i(0) \leq t(0)$ effektiv entscheidbar. Ist die Antwort positiv, wissen wir, daß $M_i(0)$ nach höchstens $t(0)$ Schritten anhält und den Wert $\varphi_0(0)$ liefert, womit auch $1 \dotdiv \varphi_0(0)$ berechnet werden kann. Ist die Antwort negativ, braucht nur 0 ausgegeben zu werden. Damit ist auch G_0 effektiv angebbar.

Induktiv nehmen wir nun an, daß G_{n-1} effektiv bestimmt ist. Dann ist mit analogen Argumenten einzusehen, daß V_n als Teilmenge von $\{0, \ldots, n\}$ effektiv bestimmt werden kann. Ist diese Menge nicht leer, so kann man leicht ihr Minimum j angeben und wie im vorigen Falle einsehen, daß $h(n)$ berechnet werden kann. Ist sie aber leer, ist $h(n) = 0$ zu setzen, was natürlich effektiv zu machen ist.

2. Behauptung: Für jedes i gilt: Ist $\varphi_i = h$, so ist $time_i >_{ae} t$.

Beweis: Sei $\varphi_i = h$ und $time_i \leq_{io} t$.
Diese Annahme bedeutet die Existenz von unendlich vielen n_m mit $n_1 < n_2 < \ldots$ und $time_i(n_m) \leq t(n_m)$. Damit ist i in jedem der Schritte $n_1, n_2, \ldots$ „verdächtig". Wenn es nicht bereits im Schritt n_1 gestrichen wird, dann nur deshalb nicht, weil es in diesem Schritt noch einen kleineren Index zu streichen galt. Ein solcher Aufschub kann aber nur endlich oft (höchstens i-mal) vorkommen. Dann ist i der kleinste noch nicht gestrichene Index unter den verdächtigen und muß demnach gestrichen werden. Wenn dies geschieht, wird aber $h \neq \varphi_i$ erreicht, was der Voraussetzung $\varphi_i = h$ widerspricht. Also muß die Annahme doch falsch sein, und die Behauptung ist bewiesen. ∎

Man kann leicht einsehen, daß der Satz von Rabin für alle Blumschen Maße gilt.

Folgerung 1.14
Es gibt bezüglich der Inklusion eine unendliche aufsteigende Kette von Zeitkomplexitätsklassen.

Auch diese Folgerung gilt für alle Blumschen Maße. Das ergibt sich mit Hilfe von Folgerung 1.12 aus Satz 1.13.

1.3 Kompression und Beschleunigung

Der Satz von M. Rabin (Satz 1.13) gibt keine Auskunft darüber, wie stark eine Ressourcenfunktion vergrößert werden muß, damit man eine größere Komplexitätsklasse erhält. Wir wollen dieser Frage jetzt nachgehen. Man könnte erwarten, daß eine Verdopplung des zur Verfügung stehenden Raums bzw. der zur Verfügung stehenden Zeit bereits eine Vergrößerung der Berechnungsfähigkeit zur Folge hat. Daß dies nicht der Fall ist, zeigen die beiden folgenden Sätze.

Satz 1.15 [HS65, SHL65]
Für jedes $s \in \mathbb{R}$ gilt DSPACE(s) = DSPACE(Lin(s)).
Beweis
Es reicht, DSPACE($2s$) $\subseteq$ DSPACE(s) zu zeigen. Sei $A \in$ DSPACE($2s$), und sei M eine einbändrige Maschine, die A im Raum $2s$ entscheidet. Die Felder des Arbeitsbandes seien mit den ganzen Zahlen durchnumeriert. Von M wollen wir annehmen, daß der Arbeitskopf zu Beginn auf Feld 1 steht, niemals das Feld 0 betritt und nur auf Feldern mit gerader Nummer nach links umkehrt. Es ist leicht, M gegebenenfalls so zu modifizieren, daß diese Bedingungen erfüllt sind, ohne daß sich dadurch der Raumbedarf erhöht.
Wenn M das Arbeitsalphabet Σ hat, so sei M' eine einbändrige Maschine mit dem Arbeitsalphabet $\Sigma \times \Sigma$ und einer geeignet gewählten Zustandsmenge, die die Arbeit von M wie folgt simuliert: Wir denken uns das Arbeitsband von M in Blöcke von je zwei benachbarten Feldern eingeteilt. Der Kopf des Arbeitsbandes von M' macht nur dann einen Schritt nach rechts (oder links), wenn der Kopf des Arbeitsbandes von M einen solchen Block nach rechts (oder links) verläßt. Die anderen Schritte von M werden durch M' im inneren Gedächtnis simuliert. Es ist klar, daß M' nur die Hälfte des Arbeitsraums von M benötigt. Der Preis, um den dies zu haben ist, ist eine Vergrößerung des Arbeitsalphabets und der Zustandsmenge gegenüber M. ■

Die in diesem Satz zum Ausdruck kommende Invarianz der Raumklassen gegenüber linearen Änderungen der Ressourcenfunktion drückt man auch so aus, daß die Raumklassen **lineare Kompression** gestatten. Im Falle der Zeit spricht man besser von **linearer Beschleunigung**. Diese gilt in der Tat, allerdings mit der Einschränkung, daß sie auf die kleinste Klasse, nämlich REALTIME, nicht zutrifft.

Satz 1.16 [HS65]
Ist $\liminf_{n \to \infty} \frac{t(n)}{n} > 1$, *so gilt* DTIME($t$) = DTIME($Lin(t)$).

Beweis
Die Beweistechnik des Satzes 1.15 kann schon deshalb nicht unmittelbar angewandt werden, weil sich diejenigen Schritte, in denen auf dem Eingabeband eine Kopfbewegung gemacht wird, nicht beschleunigen lassen. Diese Schwierigkeit wird umgangen, wenn die Eingabe in komprimierter Form auf ein gesondertes Arbeitsband kopiert wird und dieses in der weiteren Rechnung als Eingabeband verwendet wird.

Es sei $A \in \text{DTIME}(t)$, und M sei eine k-bändrige TM, die A in der Zeit t entscheidet. Wir wählen eine natürliche Zahl $m > 1$ und konstruieren eine $(k+1)$-bändrige TM N, die ebenfalls A entscheidet. Wie M hat auch N die Eingabe $x_1 \ldots x_n$. Zu Beginn ihrer Rechnung kopiert die Maschine N die Eingabe $x_1 \ldots x_n$ in kodierter Form auf ihr $(k+1)$-tes Band. Wir beschreiben zuerst die verwendete Kodierung: Je m Buchstaben von M werden durch einen neuen Buchstaben von N kodiert. Auf diese Weise möge dem Eingabewort

$$x_1 \ldots x_m x_{m+1} \ldots x_{2m} \ldots x_n$$

das neue Wort $y_1 \ldots y_{s+1}$ entsprechen, wobei y_1 die Kodierung von $x_1 \ldots x_m$ etc. ist. Das s ist so gewählt, daß $|y_{s+1}| < m$ ist (wenn m ein Teiler von n ist, ist y_{s+1} leer). Die Maschine N liest $x_1 \ldots x_n$ von links nach rechts durch und schreibt gleichzeitig das Wort

$$(y_1, y_2, y_3)(y_2, y_3, y_4)(y_3, y_4, y_5) \ldots (y_{s-2}, y_{s-1}, y_s)$$

auf ihr $(k+1)$-tes Band, wobei ein Tripel (y_i, y_j, y_l) als ein Buchstabe von N gilt und y_{s+1} im inneren Gedächtnis von N gemerkt wird. Es dauert $(1 + \frac{3}{m}) \cdot n$ Schritte[4], bis die n Eingabesymbole in dieser komprimierten und etwas redundanten Form auf das neue Arbeitsband geschrieben und der Kopf wieder an den Anfang dieses komprimierten Wortes zurückgegangen ist. Von jetzt an verwendet die Maschine N das $(k+1)$-te Band als Eingabeband, und die eigentliche Simulationsphase beginnt. Auch für die Arbeitsbänder von N wird die soeben eingeführte komprimierte Darstellung angewendet. Das heißt insbesondere: Hat M auf einem Band in einem bestimmten Takt das Wort $c_1 \ldots c_l$ stehen, so wird diese Bandinschrift auf dem entsprechenden Band von N in der Form

$$(b_1, b_2, b_3)(b_2, b_3, b_4)(b_3, b_4, b_5) \ldots (b_{r-2}, b_{r-1}, b_r)$$

dargestellt, wobei $b_1 = c_1 \ldots c_m$ etc. gilt. Ein Restwort b_{r+1}, das kürzer als m ist, wird wieder im inneren Gedächtnis gemerkt. Diese redundante Form der Speicherung hat folgenden Sinn: Es kann vorkommen, daß M mehrfach zwischen den Feldern, die c_m und c_{m+1} enthalten, hin und her pendeln muß. Dann

---
[4]Ist die angegebene Schrittzahl nicht ganz, ist immer die nächste ganze Zahl gemeint.

1.3. KOMPRESSION UND BESCHLEUNIGUNG

müßte, wenn die einfache Notation $b_1 \ldots b_r$ angewendet würde, der Kopf von N auf dem entsprechenden Band ebenso oft hin und her gehen. Damit kann aber keine Beschleunigung erreicht werden. Bei der redundanten Speicherung können die Köpfe wegen ihres größeren „Sichtfeldes", das aber jeweils in ein einziges Feld hineingepreßt worden ist, immer mindestens m Takte von M abwarten, bevor sie eine Bewegung ausführen. Dies bedeutet, daß die eigentliche Simulationsphase m-mal schneller ausgeführt werden kann als die Arbeit von M.

Als Gesamtrechenzeit ergibt sich $\frac{t(n)}{m} + (1 + \frac{3}{m}) \cdot n$. Dies kann für Funktionen t, die stärker als linear wachsen, durch $\frac{2t(n)}{m}$ nach oben abgeschätzt werden. Indem man m geeignet wählt (womit auch N neu gewählt wird), kann man nun jede beliebige lineare Beschleunigung erreichen.
Ist $t(n) = cn$, so ergibt sich die Rechenzeit $\frac{cn}{m} + (1 + \frac{3}{m}) \cdot n = (1 + \frac{c+3}{m}) \cdot n$. Ist $c > 1$, so braucht man also nur $m > \frac{c+3}{c-1}$ zu wählen, um eine echte Beschleunigung zu erreichen. Man sieht aber, daß für $c = 1$ keine Beschleunigung mehr erreichbar ist. ∎

Satz 1.16 kann, wie bereits bemerkt, nicht auf $t = \text{id}$ ausgedehnt werden. Dies folgt aus dem nächsten Satz.

Satz 1.17 [Ros67]
$$\text{REALTIME} \subset \text{LINTIME}.$$

Beweis
Wir greifen auf Satz 1.37 vor, der im Abschnitt über untere Schranken bewiesen wird. Danach liegt die Menge

$$R = \{0^{n_1}\# \ldots \#0^{n_s} *^j 0^{n_{s-j+1}} : s, n_1, \ldots, n_s \geq 1 \wedge 1 \leq j \leq s\}$$

nicht in REALTIME. Es ist aber sofort zu sehen, daß $R \in \text{LINTIME}$ gilt. Dies zeigt, daß die Inklusion $\text{REALTIME} \subseteq \text{LINTIME}$ echt ist. ∎

Kompression und Beschleunigung gelten auch für nichtdeterministische Maschinen, im Falle der Zeit sogar auch für $t = \text{id}$. Dieses letztere ist im wesentlichen ein keineswegs triviales Resultat von R. Book und S. Greibach.

Satz 1.18 [BG70]
1. *Für beliebiges s gilt* $\text{NSPACE}(s) = \text{NSPACE}(\text{Lin}(s))$.
2. *Für beliebiges $t \geq \text{id}$ gilt* $\text{NTIME}(t) = \text{NTIME}(\text{Lin}(t))$. ∎

Ein stärkeres Beschleunigungsresultat gilt nicht, aber man kann für jedes Blumsche Maß ein Problem finden, so daß jede Maschine zur Lösung dieses Problems eine beliebige vorgegebene Beschleunigung besitzt. Wir formulieren das Resultat der Anschaulichkeit halber nur für die Zeit.

Satz 1.19 [Blu71]
Für beliebiges (noch so stark wachsendes) $g \in \mathbb{R}$ und für beliebiges (noch so stark wachsendes) zweistelliges $h \in \mathbb{R}$ gibt es ein entscheidbares A mit den Eigenschaften:

1. Für jede Maschine M_i, die c_A berechnet, gilt $time_i \geq_{ae} g$.

2. Für jede Maschine M_i, die c_A berechnet, gibt es eine Maschine M_j, die ebenfalls A entscheidet und für deren Zeitfunktion gilt $\bigwedge_n^{ae} h(n, time_j(n)) < time_i(n)$.

Man mache sich diese geradezu ungeheuerliche Behauptung klar. Es gibt zum Beispiel eine Menge A mit der Eigenschaft, daß jede sie entscheidende Maschine durch eine äquivalente ersetzt werden kann, die eine exponentielle Beschleunigung aufweist. Geht man also von einer Maschine M_{i_1} für A aus, so kann man zunächst zu einer exponentiell beschleunigten Maschine M_{i_2} für A gelangen. M_{i_2} läßt sich aber ebenfalls durch eine exponentiell schnellere Maschine ersetzen, und dies läßt sich beliebig oft wiederholen!

1.4 Hierarchiesätze

1.4.1 Die Raumhierarchie

Wenn man von einer Raumklasse DSPACE(s) zu einer größeren aufsteigen möchte, muß man nach Satz 1.15 mehr tun, als s nur um einen konstanten Faktor zu vergrößern. Das mindeste, was man danach tun muß, ist, von s zu einem s' mit $s \prec_{io} s'$ überzugehen. Wie der folgende Satz zeigt, reicht dies auch, sofern s' noch die Bedingung der sogleich zu definierenden Raumkonstruierbarkeit erfüllt. Er zeigt außerdem, daß Satz 1.15 nicht verbessert werden kann.

Definition 1.20
Eine rekursive Funktion s heißt **raumkonstruierbar** genau dann, wenn es eine Turingmaschine gibt, die (für jedes n) bei Eingabe eines beliebigen Wortes der Länge n das Wort $\sharp 0^{s(n)-2}\flat$ auf das Arbeitsband schreibt, ohne dabei mehr als $s(n)$ Zellen zu benötigen. Wir sagen auch, daß diese Maschine bei unärer Eingabe von n den Raum $s(n)$ markiert.
Hierbei sind $\sharp$ und $\flat$ besondere Zeichen, mit deren Hilfe Anfang und Ende des markierten Raums erkannt werden können.

Man überlegt sich leicht, daß beispielsweise die Logarithmusfunktion, alle Polynome und alle Exponentialfunktionen raumkonstruierbar sind. Wir werden sehen, daß die konstruierbaren Funktionen (auch zeitkonstruierbare Funktionen werden noch eingeführt) eine ganz besonders wichtige Rolle in der Komplexitätstheorie spielen.

Satz 1.21 [SHL65]
Es sei s_2 raumkonstruierbar und $s_1 \prec_{io} s_2$. Dann gilt
$$\text{DSPACE}(s_2) \not\subseteq \text{DSPACE}(s_1).$$

1.4. HIERARCHIESÄTZE 29

Beweis
Wir geben einen Beweis an, der nur für $s_1 \geq \log$ gültig ist. Unter Verwendung eines Satzes von M. Sipser [Sip80] kann auf diese Voraussetzung verzichtet werden.
Der Beweis konstruiert eine Menge A durch Diagonalisierung, in deren Verlauf gesichert wird, daß keine Maschine, die im Raum s_1 arbeitet, die Menge A entscheiden kann. Andererseits wird es aber so eingerichtet, daß A im Raum s_2 entscheidbar ist.
Wir gehen von einer Gödelisierung $M_0, M_1, \ldots$ aller Turingmaschinen aus und beschreiben eine Maschine M, die drei Arbeitsbänder haben soll. Bei einer Eingabe $w \in \{0,1\}^n$ tut M folgendes:

1. Auf allen drei Arbeitsbändern wird der Raum $s_2(n)$ markiert. Dies ist möglich wegen der Voraussetzung über die Raumkonstruierbarkeit von s_2.

2. w habe die Form $w = 0^i v$, wobei v entweder leer ist oder mit 1 beginnt. M interpretiert i als Maschinennummer bezüglich der fixierten Gödelisierung und versucht, das Programm von M_i auf das erste Band zu schreiben, ohne dabei den markierten Raum zu verlassen. Wenn dies nicht möglich ist, lehnt M die Eingabe w ab.

3. Wenn das Programm von M_i vollständig auf dem ersten Band zur Verfügung steht, wird nun versucht, dieses Programm auf die Eingabe w anzuwenden. Dies geschieht auf dem zweiten Band. Gleichzeitig wird auf dem dritten Band bei jedem Schritt von M_i, der simuliert wird, ein anfangs auf 0 gesetzter binärer Zähler um 1 erhöht. Gelingt die Simulation von $M_i(w)$, ohne daß der auf Band 2 markierte Raum verlassen wird und ohne daß der Zähler auf Band 3 „überläuft", so akzeptiert M das Wort w genau dann, wenn M_i das Wort w nicht akzeptiert. Andernfalls wird w von M abgelehnt.

Dadurch ist M definiert, und wir setzen $A =_{\text{df}} L(M)$. Nach Konstruktion von M gilt $A \in \text{DSPACE}(s_2)$.
Zur Erläuterung:

1. Bei der Simulation unter Punkt 2 muß man daran denken, daß eine beliebige Maschine M_i beträchtlich mehr Arbeitsbuchstaben und Zustände als M haben kann. Diese müssen dann etwa in binärer Blockkodierung gegeben sein. O.B.d.A. wollen wir uns bereits die Gödelisierung so denken, daß Zustände und Arbeitsbuchstaben in binärer Blockkodierung gegeben sind.

Dies heißt konkret: Hat M_i gerade m_i Zustände und l_i Arbeitsbuchstaben und sind μ_i und λ_i die kleinsten natürlichen Zahlen mit $m_i \leq 2^{\mu_i}$ und $l_i \leq 2^{\lambda_i}$, so sollen die Zustände und Arbeitsbuchstaben von M_i in der Befehlsliste von M_i durch binäre Wörter der Längen μ_i bzw. λ_i dargestellt (kodiert) sein.

Es gibt also eine Konstante $k_i \in \mathbb{N}$ derart, daß der Raum, den M auf dem zweiten Band zur Simulation von $M_i(w)$ braucht, durch $k_i \cdot space_i(n)$ gegeben ist.

2. Die Zählung der Schritte auf dem dritten Band hat den Sinn zu garantieren, daß M immer anhält, und zwar auch dann, wenn $M_i(w)$ in einen Zyklus gerät.

Behauptung $\qquad A \notin \text{DSPACE}(s_1)$.
Beweis
Nach Voraussetzung gilt $s_1 \prec_{io} s_2$, d.h. $\liminf_{n \to \infty} \frac{s_1(n)+1}{s_2(n)+1} = 0$. Das heißt, daß eine Folge natürlicher Zahlen $n_1 < n_2 < n_3 < \ldots$ existiert mit

$$\bigwedge_k (k(s_1(n_k)+1) < s_2(n_k)+1).$$

Es sei angemerkt, daß selbst dann, wenn s_1 die konstante Funktion 0 ist, die Folge der $s_2(n_k)$ unbeschränkt wächst. Wir nehmen nun an, daß es ein i gibt mit

$$A = L(M_i) \text{ und } space_i \leq s_1 \prec_{io} s_2.$$

Wir wählen n_k aus dieser Folge so groß, daß die folgenden Bedingungen alle gleichzeitig erfüllt sind:

1. Das Programm von M_i läßt sich im Raum $s_2(n_k)$ bestimmen.

2. $M_i(0^i 1^{n_k-i})$ läßt sich im Raum $s_2(n_k)$ berechnen.

3. $time_i(n_k) \leq 2^{s_2(n_k)}$.

Die erste Bedingung läßt sich in konstantem Raum und damit also für hinreichend großes n_k erfüllen, denn die Folge der $s_2(n_j)$ ist unbeschränkt.
Die Simulation von $M_i(0^i 1^{n_k-i})$ erfordert den Raum $k_i \cdot s_1(n_k)$. Für hinreichend große n_k ist aber wegen $s_1 \prec_{io} s_2$ die Bedingung

$$k_i s_1(n_k) < k_i(s_1(n_k)+1) < s_2(n_k)+1 \leq s_2(n_k)$$

erfüllt.
Bedingung 3 ist für hinreichend großes n_k erfüllbar, denn es gilt mit passendem

1.4. HIERARCHIESÄTZE

$c > 0$ (siehe Satz 1.9) unter der Voraussetzung $s_1 \geq \log$ (dies ist also die Stelle, an der offenbar wird, warum dieser Beweis nur für $s_1 \geq \log$ gilt)

$$time_i(n) \leq 2^{c \cdot space_i(n)} \leq 2^{c \cdot s_1(n)}.$$

Wenn n_k so gewählt wird, daß $c \cdot s_1(n_k) < s_2(n_k)$ ist[5], gilt $time_i(n_k) < 2^{s_2(n_k)}$. Für eine derartige Eingabe $w = 0^i 1^{n_k - i}$ gilt nach Konstruktion von M

$$w \in A \longleftrightarrow M \text{ akzeptiert } w$$
$$\longleftrightarrow M_i \text{ akzeptiert } w \text{ nicht.}$$

Dies bedeutet aber $A \neq L(M_i)$, was der obigen Annahme widerspricht. ∎

Eigentlich haben wir mehr bewiesen, als im Satz ausgesagt wird, nämlich:

Satz 1.22
Für jedes raumkonstruierbare s_2 gilt

$$\text{DSPACE}(s_2) \not\subseteq \bigcup_{s_1 \prec_{io} s_2} \text{DSPACE}(s_1).$$

Als unmittelbare Folgerung aus Satz 1.21 erhalten wir:

Folgerung 1.23
Ist $s_1 \leq s_2$, $s_1 \prec_{io} s_2$ und ist s_2 raumkonstruierbar, so gilt

$$\text{DSPACE}(s_1) \subset \text{DSPACE}(s_2).$$

Daß die Voraussetzung der Raumkonstruierbarkeit im Satz 1.21 unentbehrlich ist, zeigt der folgende Satz von B. Trachtenbrot und A. Borodin (ein schärferes Resultat geht auf R. Constable zurück [Con72]).

Satz 1.24 Lückensatz [Tra67, Bor72]
Für jedes rekursive g gibt es beliebig große t mit der Eigenschaft
$$\text{DSPACE}(t) = \text{DSPACE}(t \circ g).$$ ∎

Wenn zur Illustration dieses Satzes $g(n) = 2^n$ gewählt wird, so gilt für jedes t, das den Satz erfüllt, offensichtlich $t \prec t \circ g$. Die Funktion $t \circ g$ kann nun nicht raumkonstruierbar sein, weil dann nach Folgerung 1.23 die echte Inklusion $\text{DSPACE}(t) \subset \text{DSPACE}(t \circ g)$ gelten müßte, was dem Satz 1.24 widersprechen würde.

---

[5]Es ist $c \cdot s_1(n) \leq (c+1)s_1(n) < (c+1)s_1(n) + c \leq s_2(n)$, letzteres gilt nach Voraussetzung für hinreichend großes n.

1.4.2 Die Zeithierarchie

Es ist nicht zu erwarten, daß Satz 1.21 ungeändert auf das Zeitmaß übertragen werden kann. Zwar kann auch im Falle der Zeit eine Diagonalisierung gemacht werden, aber im Gegensatz zum Raum, der „wiederverwendbar" ist, benötigt man etwas mehr Zeit.[6] Wir brauchen hier einen anderen Konstruierbarkeitsbegriff als bei Satz 1.21.

Definition 1.25
*Die Funktion f ist **in der Zeit g konstruierbar** oder **g-zeitkonstruierbar** genau dann, wenn es eine Turingmaschine gibt, die (für jedes n) bei Eingabe eines beliebigen Wortes der Länge n das Wort $\natural 0^{f(n)-2} \flat$ auf ein Arbeitsband schreibt und dazu höchstens $g(n)$ Takte benötigt.*
*Die Funktion f heißt **zeitkonstruierbar** genau dann, wenn f in der Zeit f konstruierbar ist.*

Bezüglich der Bedeutung der Zeitkonstruierbarkeit sei auf das nach der Definition der Raumkonstruierbarkeit Gesagte verwiesen. Man überzeugt sich leicht davon, daß viele gut bekannte Funktionen wie Polynome oder Exponentialfunktionen zeitkonstruierbar sind.

Satz 1.26 [HS66]
Ist $t_2 \geq id, t_1 \prec_{io} t_2$ und ist t_2 in der Zeit $t_2 \log t_2$ konstruierbar, so gilt
$$\text{DTIME}(t_2 \log t_2) \not\subseteq \text{DTIME}(t_1).$$

Beweis
Wir beschränken uns hier auf eine Beweisskizze. Wenn die Idee des Beweises von Satz 1.21 angewendet werden soll, ist zu bedenken, daß die diagonalisierende Maschine M nur eine feste Bänderzahl hat, aber gegen alle Mehrbandmaschinen aufkommen muß. Das ist eine Schwierigkeit, die man leicht durch den Satz 2.1 beheben kann. Es reicht also, M so zu konstruieren, daß sie sich von jeder in der Zeit $t_1 \log t_1$ arbeitenden Zweibandmaschine unterscheidet, selbst aber in der Zeit $t_2 \log t_2$ arbeitet. Dazu kann man M als vierbändrige Maschine wählen, die (im i-ten Schritt der Diagonalisierung) auf dem ersten Band einen Zähler der Länge $t_2(n) \log t_2(n)$ konstruiert, auf dem zweiten Band den Kode von M_i (i-te Maschine einer Gödelisierung aller Zweibandmaschinen) bereitstellt und auf dem dritten und vierten Band die Berechnung $M_i(0^i v)$ höchstens $t_2(n) \log t_2(n)$ Schritte lang verfolgt, wobei n die Länge des Wortes $0^i v$ ist. M lehnt die Eingabe $0^i v$ genau dann ab, wenn der Kode von M_i nicht in der Zeit $t_2(n) \log t_2(n)$ beschafft werden kann, oder wenn die Simulation von $M_i(0^i v)$

---
[6]Für k-Bandmaschinen mit festem $k \geq 2$ gibt es jedoch ein Resultat von M. Fürer, das so scharf ist wie Satz 1.21 [Für82].

nicht in der Zeit $t_2(n) \log t_2(n)$ gelingt, oder wenn zwar diese Simulation gelingt, aber M_i das Wort $0^i v$ akzeptiert.
Der Beweis wird wie der Beweis des Satzes 1.21 zu Ende geführt. ∎

Auch hier kann man schärfer wie folgt formulieren:

Satz 1.27
Ist $t_2 \geq id$ und ist t_2 in der Zeit $t_2 \log t_2$ konstruierbar, so gilt

$$\mathrm{DTIME}(t_2 \log t_2) \not\subseteq \bigcup_{t_1 \prec_{io} t_2} \mathrm{DTIME}(t_1).$$

Folgerung 1.28
Ist $t_2 \geq id, t_1 \prec_{io} t_2, t_1 \leq t_2 \log t_2$ und ist t_2 in der Zeit $t_2 \log t_2$ konstruierbar, so gilt

$$\mathrm{DTIME}(t_1) \subset \mathrm{DTIME}(t_2 \log t_2). \;\blacksquare$$

Die im Beweis von Satz 1.26 letztlich gewonnene Menge A hat die Eigenschaft, daß jede sie berechnende Maschine M_i eine Zeitkomplexität $time_i$ hat mit $time_i >_{io} c \cdot t$ für jedes $c > 0$. In [GHS91] wird dieses Resultat dahingehend verschärft, daß für alle $c > 0$ für fast alle Eingabewörter w (nicht nur für unendlich viele Eingabelängen) $time_i(w) > c \cdot t(w)$ gilt. Nach [BS85] sind Mengen mit dieser Eigenschaft genau die Mengen, die bi-immun bezüglich $\mathrm{DTIME}(t)$ sind.

Für weitere Hierarchiesätze, insbesondere auch für nichtdeterministische und alternierende Maschinen sowie für andere Maße vergleiche man [WW86]. Das beste bekannte Resultat für nichtdeterministische Zeitklassen stammt aus [SFM78], das analog zu dem beschriebenen Resultat von [GHS91] in [ABHH93] verschärft wird.

Es ist verhältnismäßig leicht, folgendes Strukturresultat über die **Raumhierarchie**, d.h. die Halbordnung der Raumklassen bezüglich der Inklusion, zu beweisen.

Satz 1.29 [MM69]
Jede abzählbare Halbordnung ist isomorph in die Raumhierarchie einbettbar.

Bemerkungen:
1. Noch schärfere Resultate dieser Art werden in [Alt76, Mol76] gezeigt.
2. Die Aussage des Satzes 1.29 kann auf jedes Blumsche Maß ausgedehnt werden.
3. Über das untere Ende der Raumhierarchie macht der Satz 1.36 bzw. der Satz 1.35 eine interessante Aussage.

1.5 Untere Schranken

Die Komplexität eines konkreten Problems A zu bestimmen, heißt, dieses Problem so weit unten wie möglich in die Hierarchie der Komplexitätsklassen eines bestimmten Maßes, etwa der Zeit oder des Raums, einzubetten. Ist

$A \in \text{DTIME}(t)$, so ist damit t eine **obere Schranke** für A, genauer für die Zeitkomplexität von A. Die Funktion t' heißt **untere Schranke** für die Zeitkomplexität von A, wenn für jede Maschine M_i, die A entscheidet, $time_i \geq_{io} t'$ gilt. Dies ist zu $A \notin \text{DTIME}(t')$ äquivalent.

Obere Schranken anzugeben ist vergleichsweise leicht, weil jeder Algorithmus, der das Problem löst, mit seiner Laufzeit eine obere Schranke liefert. Untere Schranken lassen sich weit schwieriger bestimmen, weil man bei diesen immer alle das Problem lösenden Maschinen im Auge haben muß. Aus den zahlreichen Methoden zum Beweis unterer Schranken wählen wir die **Spurenmethode** aus. Sie geht auf Arbeiten von F. Hennie und von J. Barzdin zurück [Hen65, Bar65]. Wir wenden sie zunächst auf Turingmaschinen mit einem Arbeitsband und ohne Eingabeband an.

Definition 1.30
Die Zustandsfolge $\text{spur}(u:v) = (z_1, \ldots, z_n)$ heißt die **Spur** der Berechnung der Turingmaschine M bei Eingabe von uv an der Feldgrenze zwischen u und v, wenn diese Feldgrenze in der Berechnung $M(uv)$ genau n-mal überschritten wird, wobei die i-te Überschreitung im Zustand z_i erfolgt ($i = 1, \ldots, n$).

Das folgende Lemma ist offensichtlich.

Lemma 1.31 Spurenlemma
Sind $uv, pq \in L(M)$ und ist $\text{spur}(u:v) = \text{spur}(p:q)$, so gehören auch uq und pv zu $L(M)$.

Beweis
Wegen der vorausgesetzten Spurengleichheit kann in uv das Teilwort v durch q ersetzt werden, ohne daß M auf dem Teilwort u sein Verhalten ändert. Ebenso verhält es sich, wenn in pq das Teilwort q durch v ersetzt wird. ∎

Wir betrachten nun die Menge

$$D = \{w2^{|w|}w : w \in \{0,1\}^*\},$$

für die wir eine quadratische untere Zeitschranke beweisen können.

Satz 1.32 [Hen65, Bar65]
Für jede einbändrige Turingmaschine M (ohne Eingabeband), die D entscheidet, gibt es eine Konstante $c > 0$ derart, daß $time_M(n) \geq_{io} cn^2$ gilt.

Beweis
Wir zeigen, daß jede D entscheidende Maschine bei Eingaben, die zu D gehören, hinreichend viele hinreichend lange Spuren haben muß. Nur so ist sie in der Lage, ein hinreichendes Unterscheidungsvermögen aufzubringen und keine Wörter zu akzeptieren, die nicht zu D gehören.

Sei also M eine Maschine, die D akzeptiert. Wir überzeugen uns leicht davon, daß das Spurenlemma die folgende Aussage liefert:

1.5. UNTERE SCHRANKEN

(1) Wenn M die Menge D entscheidet, müssen für $w_1 \neq w_2$ die Berechnungen $M(w_1 2^{|w_1|} w_1)$ und $M(w_2 2^{|w_2|} w_2)$ auf ihren Mittelstücken paarweise verschiedene Spuren haben.

In einem vorbereitenden Schritt fixieren wir ein n, wählen ein beliebiges $\lambda \in \mathbb{N}$ und bestimmen die Zahl der möglichen Spuren, die höchstens die Länge λ haben, wenn M genau q Zustände hat. Es gibt eine Spur der Länge 0, q Spuren der Länge 1, q^2 Spuren der Länge 2 etc., insgesamt also genau

$$1 + q + q^2 + \ldots + q^\lambda = \frac{q^{\lambda+1} - 1}{q - 1} < q^{\lambda+1}$$

Spuren, die höchstens die Länge λ haben. Wir definieren λ_0 durch die Forderung $q^{\lambda_0+1} = 2^n$, woraus sich $\lambda_0 = \frac{n}{\log q} - 1$ ergibt. Wir nennen eine Spur **kurz**, wenn ihre Länge durch λ_0 beschränkt ist. Offensichtlich ist die Zahl der kurzen Spuren kleiner als 2^n.

Dies bedeutet, daß so wenig kurze Spuren existieren, daß nicht einmal jede der 2^n Berechnungen $M(w2^n w)$ mit $w \in \{0,1\}^n$ auf ihrem Mittelstück eine kurze Spur haben kann. Denn nach (1) darf dort jede Spur nur einmal auftauchen. Daraus folgt aber, daß es wenigstens ein Wort der Länge $3n$ geben muß, dessen Berechnung auf seinem Mittelstück nur Spuren hat, die länger sind als $\frac{n}{\log q} - 1$. Diese Berechnung muß daher mindestens $(n+1)\frac{n}{\log q}$ Takte dauern. Dies beweist den Satz. ∎

Die Spurenmethode ist sehr vielseitig anwendbar. Der nächste Satz betrifft ein Resultat über Raumklassen von Turingmaschinen mit Einweg-Eingabeband. Die Raumklassen für diese Maschinen bezeichnen wir mit 1-DSPACE(s) mit rekursiven Funktionen s. Es ist sofort klar, daß 1-DSPACE(0) = REG, wobei REG die Menge der regulären Mengen (über Σ) ist. Zwischen REG und 1-DSPACE(log) gibt es keine Klassen, wie der folgende Satz zeigt.

Satz 1.33
Für jedes $s \in \mathbb{R}$ mit $s \prec \log$ ist 1-DSPACE(s) = REG.
Genauer gilt die bemerkenswerte Aussage, daß außer beschränkten Funktionen (sie liefern alle die Klasse REG) keine Funktion $s \prec \log$ als Raumfunktion für Turingmaschinen mit Einweg-Eingabeband überhaupt in Frage kommt.

Satz 1.34 [SHL65]
Für jede Turingmaschine M mit Einweg-Eingabeband ist $space_M$ beschränkt oder $space_M \succeq_{io} \log$.

Beweis
Sei M eine TM mit Einweg-Eingabeband und unbeschränktem $space_M$. Dann gibt es für jedes $j \in \mathbb{N}$ eine kürzeste Eingabe w_j einer Länge n_j derart, daß

$M(w_j)$ den Raum j wirklich braucht. Das heißt insbesondere, daß bei jeder kürzeren Eingabe weniger Raum als j benötigt wird.

Unter Spuren verstehen wir hier Folgen von **Konfigurationen** (nicht mehr von Zuständen) beim Übertritt des Lesekopfes über eine Feldgrenze des **Eingabebandes**. Dabei brauchen die Konfigurationen die Eingabekopfstellung nicht mehr zu enthalten. Wir betrachten nun die Berechnung $M(w_j)$ und interessieren uns für die Spuren auf den Feldgrenzen des Eingabebandes. Da es sich um ein Einweg-Eingabeband handelt, sind diese Spuren einelementig. Die Berechnung erzeugt $n_j - 1$ Spuren.

Behauptung: *Keine Spur in der Berechnung $M(w_j)$ kann mehr als zweimal vorkommen.*

Beweis: Gäbe es eine Spur, die dreimal vorkommt, so würde dadurch das Eingabewort als Verkettung von vier Wörtern $u_1, \ldots, u_4$ darstellbar.

1.Fall: Der Raum j wird bereits beim Lesen von u_1 oder erstmals beim Lesen von u_3 oder u_4 gebraucht.

Dann hat M bereits bei der Eingabe des Wortes $u_1 u_3 u_4$, das kürzer ist als w_j, den Raumbedarf j. Dies widerspricht der Wahl von w_j als einem kürzesten Wort, das den Raumbedarf j erfordert.

2.Fall: Der Raum j wird erstmals beim Lesen von u_2 gebraucht.

Dann hat M bereits bei der Eingabe des Wortes $u_1 u_2 u_4$, das kürzer ist als w_j, den Raumbedarf j. Dies widerspricht der Wahl von w_j als einem kürzesten Wort, das den Raumbedarf j erfordert. □

Ist z die Zahl aller möglichen Spuren bei Eingaben der Länge n_j, so folgt hieraus, daß $2z \geq n_j - 1$ gelten muß, weil sonst mindestens eine der z Spuren unter den $n_j - 1$ auftretenden dreimal vorkommen müßte. Da z nach Satz 1.9 für ein passendes $c > 0$ durch 2^{cj} nach oben beschränkt ist, ergibt sich $2 \cdot 2^{cj} \geq n_j - 1$, woraus $1 + cj \geq \log(n_j - 1)$ folgt. Dies heißt $space_M(n_j) \geq Space_M(w_j) = j \succeq \log n_j$, oder, anders gesagt $space_M \succeq_{io} \log$.

∎

Dieses Resultat kann nicht dadurch verbessert werden, daß log durch eine größere Funktion ersetzt wird, weil die nichtreguläre Menge $\{0^n 1^n : n \in \mathbb{N}\}$ offensichtlich zu 1-DSPACE(log) gehört.

Wir beweisen nun noch ein analoges Resultat über Raumklassen von Turingmaschinen mit Zweiweg-Eingabeband.

Satz 1.35
Für jedes $s \in \mathbb{R}$ mit $s \prec \log \log$ ist $\mathrm{DSPACE}(s) = \mathrm{REG}$.

Genauer zeigt es sich, daß, abgesehen von den beschränkten Funktionen, keine Funktion $s \prec \log \log$ als Raumfunktion von Turingmaschinen mit Zweiweg-

1.5. UNTERE SCHRANKEN

Eingabeband in Frage kommt.

Satz 1.36 [SHL65]
Für jede Turingmaschine mit Zweiweg-Eingabeband ist $space_M$ beschränkt, oder es gilt $space_M \succeq_{io} \log\log$.

Beweis
Der Beweis verläuft ganz genau wie bei Satz 1.34. Auch hier sind Spuren Folgen von Konfigurationen, wobei die Konfigurationen die Stellung des Eingabekopfes nicht enthalten, wohl aber dessen Bewegungsrichtung. Der wesentliche Unterschied zum vorigen Beweis ist der, daß jetzt die Spuren länger sein können. Die Maximallänge der Spuren bestimmt sich daraus, daß keine Konfiguration in einer Spur doppelt vorkommen darf, weil andernfalls die Maschine in einen Zyklus geraten würde. Wenn k die Zahl der verschiedenen Konfigurationen bedeutet, so ist deshalb die Spurenlänge durch k beschränkt, und für die Zahl z der Spuren gilt $z = 1 + k + k^2 + \ldots + k^k = \frac{k^{k+1}-1}{k-1} < k^{k+1}$. Nun gilt $k \leq 2^{cj}$ für geeignetes $c > 0$, was sich wie in Satz 1.9 ergibt, wobei die spezielle Gestalt der hier betrachteten Konfigurationen berücksichtigt werden muß. Daraus folgt $z \leq 2^{2^{dj}}$ für passendes $d > 0$. Aus der Ungleichung $2z \geq n_j - 1$, die wie im vorigen Beweis begründet wird, folgt $dj \geq \log\log \frac{n_j-1}{2}$. Dies bedeutet $space_M(n_j) \geq Space_M(w_j) = j \geq \frac{1}{d}\log\log \frac{n_j-1}{2}$ oder $space_M \succeq_{io} \log\log$. ∎

Daß dieses Resultat nicht verbessert werden kann, zeigt die Menge $H = \{bin(1)bin(2)\ldots bin(n) : n \in \mathbb{N}\}$ [SHL65]. Diese Menge ist nicht regulär (nicht einmal kontextfrei), aber es ist leicht einzusehen, daß $H \in DSPACE(\log\log)$ gilt.

Der Satz bleibt richtig für nichtdeterministische Turingmaschinen mit Zweiweg-Eingabeband [HU69].

Am unteren Ende der Raumhierarchie für Turingmaschinen mit zweidimensionalem Arbeits- und Eingabeband gibt es die von REG und auch untereinander paarweise verschiedenen Klassen mit den Namen $\log^*$ und $\underbrace{\log\ldots\log}_{k}$ [Sze92].

Die Spurenmethode gehört zu den sogenannten **Abzählmethoden**. Um diesen Begriff zu erklären, gehen wir von der intuitiv einsichtigen Vorstellung aus, daß Berechnungen hinreichend kompliziert sein müssen, wenn sie der „inneren" Komplexität eines gegebenen Entscheidungsproblems gerecht werden wollen. Diese hinreichend große Komplexität einer Berechnung drückt sich darin aus, daß gewisse wesentliche Bestimmungsstücke der Berechnung, z.B. Spuren, in hinreichend großer Anzahl vorhanden sein müssen. Nur dies garantiert, daß die Maschine über ein ausreichendes Unterscheidungsvermögen verfügt. Untere Schranken ergeben sich dann aus der auf Wörter der Länge n bezogenen Forderung, daß *die „innere" Komplexität von A das Unterscheidungsvermögen von M nicht übersteigen darf*. Beispiele hierfür haben die Beweise der Sätze

1.32, 1.34 und 1.35 geliefert, wobei das Unterscheidungsvermögen durch die Anzahl der verschiedenen vorhandenen Spuren ausgedrückt worden ist.
Wir werden ein weiteres Beispiel angeben, bei dem Konfigurationen die bisherige Rolle der Spuren übernehmen werden. Wir betrachten die Menge

$$R = \{0^{n_1} \# 0^{n_2} \# \ldots \# 0^{n_s} *^j 0^{n_s-j+1} : s, n_1, \ldots, n_s \geq 1 \wedge 1 \leq j \leq s\}.$$

Satz 1.37 [Ros67]

$$R \notin \text{REALTIME}.$$

Beweis

Wir nehmen an, daß M eine Turingmaschine ist, die R in Realzeit entscheidet. Diese Maschine habe l Bänder, k Zustände und b Arbeitsbuchstaben. Das von M zu fordernde Unterscheidungsvermögen ergibt sich aus der Beobachtung, daß die Maschine, wenn sie den ersten $*$ der Eingabe liest, so viel Information in ihrer gerade erreichten Konfiguration gespeichert haben muß, daß sie das bisher gelesene Anfangsstück der Eingabe von allen möglichen anderen unterscheiden kann. Um dies quantitativ auswertbar zu machen, betrachten wir die Eingabewörter $0^{n_1} \# 0^{n_2} \# \ldots \# 0^{n_s} *^j 0^{n_s-j+1}$ mit festem s, festem m und $n_1, \ldots, n_s \leq m$. Unter diesen gibt es m^s verschiedene Anfangsstücke (bis ausschließlich zum ersten $*$). Die Maschine muß diese voneinander unterscheiden können, und zwar in der noch verbleibenden Zeit von höchstens $m+s$ Takten. In einem solchen Zeitraum sind pro Band höchstens $2(m+s)+1$ Felder erreichbar (je $m+s$ rechts und links von dem Feld, wo augenblicklich der Kopf steht). Daher kann M höchstens $kb^{2l(m+s+1)}$ verschiedene Situationen auseinanderhalten. Nun wächst aber für große s die Zahl der verschiedenen Eingaben wie $2^{s \log m}$, während die Zahl der relevanten Teile der Konfigurationen nur wie $2^{c(s+m)}$ mit passendem c wächst. Dies ist für große m nicht genug, die Maschine ist also in Realzeit nicht in der Lage, ein ausreichendes Unterscheidungsvermögen aufzubringen. ∎

Kapitel 2

Zwischen L und PSPACE

2.1 Einfache Inklusionsbeziehungen

Wenn wir uns im folgenden fast ausschließlich dem Bereich jener Komplexitätsklassen widmen, die unterhalb von PSPACE liegen, so mag das im Lichte der Hierarchiesätze (vgl. Abschnitt 1.4) wie eine kaum zu rechtfertigende Einschränkung wirken. Für das, was für menschliche Belange von Bedeutung ist, ist es viel zu viel. In einem drastischen Vergleich könnte man sagen, daß das etwa so ist, als würde ein Reisebüro die gesamte Milchstraße in ihren Angebotskatalog aufnehmen. Zu Beginn ihrer Monographie [GJ79] geben die Autoren eine Tabelle an, die sehr deutlich zeigt, was damit gemeint ist. Daraus seien nur drei Beispiele zitiert: Wenn ein Computer eine Million Befehle pro Sekunde ausführen kann, braucht er bei Eingaben der Länge 60

bei einem n^3-Algorithmus 0,216 Sekunden,
bei einem n^5-Algorithmus 13 Minuten und
bei einem 3^n-Algorithmus $1,3 * 10^{13}$ Jahrhunderte!

Da, wie wir gleich sehen werden, bei PSPACE-Berechnungen exponentielle Rechenzeiten auftreten können, zeigt dieses Zitat deutlich, daß PSPACE für uns in der Tat so etwas wie die Milchstraße für den Urlaubsreisenden ist.
Was dieses Zitat andeuten soll, ist der rasante Wachstumsunterschied, der zwischen Polynomen und Exponentialfunktionen besteht. Der Leser möge sich dies noch weiter vergegenwärtigen, die Angabe je eines einzigen Funktionswerts kann natürlich noch kein ausreichendes Bild geben.
Im Anschluß an A. Cobham und J. Edmonds [Edm65, Cob64] hat man sich daran gewöhnt, **Polynomialzeitalgorithmen** als noch vernünftig, vertretbar, ausführbar zu betrachten. Dies ist in aller Strenge nicht aufrechtzuerhalten, weil Rechenzeiten, die durch Polynome mit sehr großem Exponenten beschrie-

ben werden, in der Praxis eben auch nicht brauchbar sind. Trotzdem wollen wir uns dem allgemeinen Sprachgebrauch anschließen und P als die Klasse der vernünftigen (engl.: *tractable*) Probleme betrachten.

Es sei darauf hingewiesen, daß alle natürlich auftretenden Probleme, die in polynomialer Zeit lösbar sind, mit Polynomen 2. oder 3. Grades auskommen, seltener kommen der 4. oder der 5. oder ein höherer Grad vor. Eine vernünftige Erklärung dafür gibt es offenbar nicht.

Daß P eine bedeutsame Klasse ist, wird auch dadurch unterstrichen, daß sie weitgehend unabhängig von der Wahl des Maschinenmodells ist. Man kann sich leicht davon überzeugen, daß die Polynomialzeitklasse der einfachen Turingmaschinen (ohne Eingabeband und mit nur einem Arbeitsband) übereinstimmt mit der Polynomialzeitklasse der Turingmaschinen mit beliebig vielen beliebig dimensionalen Bändern mit beliebig vielen Köpfen pro Band. Leicht überlegt man sich zum Beispiel, daß jede Mehrbandmaschine, die in der Zeit t arbeitet, durch eine äquivalente einbändrige Maschine ersetzt werden kann, die in der Zeit t^2 arbeitet. Bemerkenswert ist in diesem Zusammenhang, daß eine Simulation durch zwei Bänder wesentlich schneller vorgenommen werden kann:

Satz 2.1 [HS66]
Zu jeder mehrbändrigen Turingmaschine, die in der Zeit t arbeitet, gibt es eine äquivalente zweibändrige Turingmaschine, die in der Zeit $t \log t$ arbeitet. ∎

Auch die Polynomialzeitklassen von gewöhnlichen random access machines und von zellularen Automaten (iterative arrays) stimmen mit P überein (siehe z.B. [WW86]).

Es gibt jedoch zahlreiche praktische Probleme aus sehr vielen unterschiedlichen Gebieten wie Algebra, Mengenlehre, Logik, Kombinatorik, Graphentheorie, Operationsforschung, Automatentheorie, Theorie der formalen Sprachen etc. [GJ79], für die bis heute keine Polynomialzeitalgorithmen gefunden werden konnten, die aber in polynomialer Zeit lösbar sind, sobald man zu nichtdeterministischen Algorithmen übergeht, sobald man also den Algorithmen das Raten von Lösungen ermöglicht. Diese Beobachtung, auf die wir im Anschluß an Satz 2.25 genauer zu sprechen kommen, rechtfertigt die Betrachtung nichtdeterministischer Klassen, insbesondere der Klassen NL und NP.

Wir beginnen mit einem systematischen Studium der Beziehungen zwischen L, NL, P, NP und PSPACE und beweisen dazu zunächst eine Reihe von Inklusionsresultaten.

Satz 2.2
$$L \subseteq NL \subseteq P \subseteq NP \subseteq PSPACE.$$

Beweis
Die erste und die dritte Inklusion sind trivial.

2.1. EINFACHE INKLUSIONSBEZIEHUNGEN

Zur Inklusion NP ⊆ PSPACE:

Sei $A \in$ NP. Dann gibt es eine nichtdeterministische Turingmaschine M, die A in Polynomialzeit, etwa in der Zeit p, akzeptiert. Wir zeigen, daß $A \in$ PSPACE ist, indem wir eine deterministische Turingmaschine N beschreiben, die A in polynomialem Raum akzeptiert. Bei Eingabe eines Wortes w der Länge n wird der Berechnungsbaum $M(w)$ bis zur Tiefe $p(n)$ von N durchforscht, was am besten Pfad für Pfad geschieht. Die Pfade von $M(w)$ können länger als $p(n)$ sein, aber sie brauchen nur bis zur Länge $p(n)$ betrachtet zu werden. Man kann diese Pfade in eineindeutiger Weise durch binäre Wörter der Länge $p(n)$ beschreiben, wenn man etwa eine Linksverzweigung in $M(w)$ durch 0 und eine Rechtsverzweigung durch 1 codiert.

Die Maschine N arbeitet nun bei Eingabe von w wie folgt. Zuerst wird der Raum $p(n)$ markiert, was möglich ist, da Polynome raumkonstruierbar sind. Dann werden $p(n)$ Nullen auf dieses markierte Bandstück geschrieben, womit der Linksaußenpfad von $M(w)$ in codierter Form angegeben ist. Auf einer zweiten Spur wird nun dieser Pfad von $M(w)$ simuliert. Akzeptiert er, so akzeptiert auch N und beendet die Berechnung. Andernfalls wird der Pfadname durch binäre Addition einer 1 erhöht, und anschließend wird dieser Pfad von $M(w)$ simuliert und so weiter. Die Maschine N lehnt die Eingabe w nur dann ab, wenn auch nach Simulation des letzten Pfades $1^{p(n)}$ noch immer keine Akzeptierung von w durch M festgestellt worden ist. Da die einzelnen Simulationen im Raum $p(n)$ gelingen (gleiches Argument wie beim Beweis der ersten Behauptung von Satz 1.10), arbeitet N insgesamt in polynomialem Raum. Da N genau dieselben Wörter akzeptiert wie M, gehört A zu PSPACE.

Zur Inklusion NL ⊆ P:

Die Beziehung L ⊆ P folgt sofort aus der Folgerung 1.10. Daß sogar NL ⊆ P gilt, erfordert etwas mehr Überlegung. Sei $A \in$ NL und M eine Maschine, die A in logarithmischem Raum akzeptiert. Der Beweis kann nicht dem Vorbild des Beweises der Inklusion NP ⊆ PSPACE folgen. Denn nach der Argumentation im Beweis von Satz 1.9 können die logarithmisch raumbeschränkten Pfade des Berechnungsbaums $M(w)$ eine polynomiale Länge, etwa die Länge $q(n)$ haben (wieder soll $n = |w|$ sein). Es gibt daher $2^{q(n)}$ verschiedene Pfade, und beim pfadweisen Durchmustern von $M(w)$ müßte man daher auf eine exponentielle Rechenzeit gefaßt sein.

Deshalb verfahren wir etwas anders. Wir konstruieren eine Maschine N, die bei Eingabe von w zunächst den Raum $\log n$ markiert und dann den Baum $M(w)$ Konfiguration für Konfiguration etwa nach dem Prinzip der Tiefensuche durchgeht. Zur Aufrechterhaltung der Orientierung bei der Tiefensuche wird auf einem gesonderten Band der jeweils erreichte Knoten im Baum $M(w)$ in binärer Darstellung notiert, was mit $c \log n$ Bit möglich ist. Ein Pfad wird nur dann weiter in die Tiefe verfolgt, wenn die jeweils erreichte Konfiguration im bisherigen Simulationsprozeß noch nicht aufgetaucht ist und nicht mehr als $\log n$ beschriebene Felder hat. Man beachte, daß die Prüfung dieser Bedingung deshalb möglich ist, weil $\log n$ in polynomialer Zeit konstruierbar ist und deshalb von jeder erreichten Konfiguration festgestellt werden kann, ob sie die Länge $\log n$ überschreitet. Zu diesem Zwecke muß N eine Liste all derjenigen Konfigurationen führen, die sie bereits angetroffen hat, damit sie jede neu angetroffene Konfiguration daraufhin überprüfen kann, ob sie neu ist, oder ob sie schon da gewesen ist. Da bei logarithmischer Bandbeschränkung nur eine polynomiale Anzahl von Konfigurationen existieren können (vgl. den Beweis von 1.9), wird auf diese Weise nur ein polynomialer Anteil des Baums $M(w)$ durchsucht. Das Wort w wird nun von N akzeptiert genau dann, wenn N auf eine akzeptierende Konfiguration von M stößt, und w wird abgelehnt, wenn die Durchmusterung des Baumes keine neuen Konfigurationen mehr liefert und keine akzeptierende Konfiguration aufgetreten ist.

Man macht sich leicht klar, daß das Führen der Liste insgesamt nur polynomial viele Takte erfordert. Denn sie kann insgesamt nur eine polynomiale Länge erreichen, und das Vergleichen einer neuen Konfiguration mit denen, die schon auf der Liste stehen, kostet auch nur eine polynomiale Zahl von Takten. Damit arbeitet N in polynomialer Zeit. Da N genau dieselben Wörter akzeptiert wie M, liegt A in P. ∎

Bemerkung. Es gilt natürlich trivialerweise PSPACE $\subseteq$ NPSPACE, aber wir haben diese Aussage nicht explizit in die Formulierung des Satzes einbezogen, weil sich im Abschnitt 4.1 zeigt, daß beide Klassen zusammenfallen (s. Folgerung 4.5).

Der Beweis von Satz 2.2 zeigt, daß Folgerung 1.10 folgendermaßen verschärft werden kann.

Satz 2.3

1. Ist t raumkonstruierbar, so gilt NTIME(t) $\subseteq$ DSPACE(t).

2. Ist s in der Zeit $2^{\text{Lin}(s)}$ konstruierbar, so gilt
$$\text{NSPACE}(s) \subseteq \text{DTIME}(2^{\text{Lin}(s)}).$$ ∎

Satz 2.2 läßt offen, ob die angegebenen Inklusionen echt sind oder nicht. Nach Folgerung 1.23 gilt zwar L $\subset$ PSPACE, und daraus folgt sofort, daß mindestens eine der vier Inklusionen des Satzes echt sein muß. Wir können dies aber von keiner einzigen dieser Inklusionen zeigen. Es bleiben somit folgende Probleme ungelöst:

Gilt L = NL? (*logspace-Problem*)

2.2. KOMPLEXITÄTSBESCHRÄNKTE M-REDUKTIONEN   43

$$\begin{array}{lll}\text{Gilt} & P = NP? & (P-NP\text{-}Problem) \\ \text{Gilt} & NL = P? & (Raum\text{-}Zeit\text{-}Problem) \\ \text{Gilt} & NP = PSPACE? & (Raum\text{-}Zeit\text{-}Problem)\end{array}$$

Die beiden ersten Probleme betreffen das Verhältnis von Determinismus und Nichtdeterminismus, die beiden letzten Probleme sind zwei Spezialfälle der beiden *Raum-Zeit-Probleme*, die sich im Anschluß an Satz 2.3 ergeben.

Da die hier angesprochenen Klassen auf vielfältige Weise anders charakterisiert werden können, können auch die genannten Probleme auf ganz unterschiedliche Weise formuliert werden. Wenn beispielsweise 2:multi-DFA (2:multi-NFA, 2:multi-DPDA) die Klassen der durch deterministische endliche Zweiweg-Mehrkopfautomaten (nichtdeterministische endliche Zweiweg-Mehrkopfautomaten, deterministische Mehrkopfkellerautomaten) akzeptierten Mengen bedeuten, so gelten folgende Charakterisierungen:

Satz 2.4
 1. 2:multi-DFA= L.

 2. 2:multi-NFA= NL.

 3. 2:multi-DPDA= P.

Beweise, Literaturhinweise und viele weitere Ergebnisse finden sich in [WW86]. Das logspace-Problem ist also gerade die Frage danach, ob endliche nichtdeterministische Zweiweg-Mehrkopfautomaten durch endliche deterministische Zweiweg-Mehrkopfautomaten simulierbar sind. (Die entsprechende Frage kann für einköpfige Automaten positiv beantwortet werden, denn nach einem Resultat von J. Shepherdson, das im Sammelband [Moo64] nachgelesen werden kann und bei dessen Beweis im übrigen der Spurenbegriff verwendet wird, sind einköpfige Zweiweg-Automaten durch einköpfige Einweg-Automaten simulierbar. Ferner ist bekannt, daß nichtdeterministische Einweg-Automaten mit einem Kopf durch deterministische der gleichen Sorte simuliert werden können.) Für den Beweis von NL = P würde es reichen, ein $\leq_m^{\log}$- vollständiges Problem in P (s. Abschnitt 2.4) durch einen passenden nichtdeterministischen Zweiweg-Mehrkopfautomaten zu akzeptieren. Für den Beweis von NL ⊂ P würde es reichen, in polynomialer Zeit eine Diagonalisierung gegen alle nichtdeterministischen endlichen Zweiweg-Mehrkopfautomaten zu schaffen.

2.2 Komplexitätsbeschränkte m-Reduktionen

Ein wichtiges Anliegen der Komplexitätstheorie ist es, unterschiedliche Probleme hinsichtlich ihrer Komplexität zu vergleichen. Selbst wenn man die genaue Komplexität zweier Probleme nicht kennt, gelingt es oft, sie zu vergleichen. Das geschieht in der Regel dadurch daß man das eine Problem auf das andere **reduziert**. Die einfachsten Reduktionsbegriffe sind solche, die sich aus der klassischen **m-Reduzierung** durch Beschränkung der Berechnungskomplexität der reduzierenden Funktionen ergeben. Mit FP soll die Menge aller in polynomialer Zeit berechenbaren Funktionen bezeichnet werden.

Definition 2.5
Für Mengen A und B schreibt man $A \leq_m^P B$ abkürzend für

$$\bigvee_{f \in \text{FP}} \bigwedge_x (x \in A \longleftrightarrow f(x) \in B).$$

Man sagt auch, daß A durch f auf B in polynomialer Zeit **many-one-reduziert** oder einfach **m-reduziert** wird.

Diese Einschränkung der aus der Rekursionstheorie bekannten m-Reduzierung auf polynomialzeitberechenbare Funktionen geht auf [Kar72] zurück.

Definition 2.6
Eine Komplexitätsklasse $\mathcal{C}$ heißt **abgeschlossen bezüglich** $\leq_m^P$ oder $\leq_m^P$**-abgeschlossen** genau dann, wenn

$$\bigwedge_{X,Y} (X \leq_m^P Y \wedge Y \in \mathcal{C} \longrightarrow X \in \mathcal{C}).$$

Satz 2.7
P und NP sind $\leq_m^P$-abgeschlossen.

Beweis
Die Funktion $f \in \text{FP}$ reduziere A auf B, und B sei in P. Dann kann man A wie folgt entscheiden. Für eine Eingabe x berechnet man zuerst $f(x)$ und entscheidet anschließend, ob $f(x) \in B$ gilt. Die Antwort, die man dabei erhält, ist die gesuchte Antwort auf die Frage „$x \in A$?". Dieser soeben beschriebene Algorithmus arbeitet in polynomialer Zeit, denn die Entscheidung, ob $f(x)$ zu B gehört, kann in einer Schrittzahl, die polynomial in $|f(x)|$ ist, geleistet werden. Aber $|f(x)|$ ist polynomial beschränkt durch $|x|$. Insgesamt ist also die Rechenzeit polynomial in $|x|$.
Die $\leq_m^P$-Abgeschlossenheit von NP beweist man genau so. Der einzige Unterschied ist der, daß am Ende keine Entscheidung, sondern eine nichtdeterministische Akzeptierung steht, die dafür sorgt, daß der Algorithmus insgesamt ein NP-Algorithmus wird. ∎

In den Klassen L, NL und P ist $\leq_m^P$ nicht hilfreich. Der Grund dafür ist der, daß diese Reduzierung in diesen Klassen nicht mehr das erforderliche „Unterscheidungsvermögen" besitzt. Wir erklären dies genauer am Beispiel von P. Dort gilt nämlich das folgende Lemma.

Lemma 2.8
Für beliebige nichttriviale (d.h. von $\emptyset$ und von Σ^* verschiedene) Menge B aus P und für beliebiges $A \in$ P gilt $A \leq_m^P B$.

2.2. KOMPLEXITÄTSBESCHRÄNKTE M-REDUKTIONEN

Beweis
Wir wählen Elemente $b_1 \in B$ und $b_2 \notin B$. Dies ist möglich, weil B nichttrivial ist. Setzt man
$$f(x) = \begin{cases} b_1 & \text{falls } x \in A \\ b_2 & \text{sonst,} \end{cases}$$
so gilt $x \in A \longleftrightarrow f(x) \in B$. Wegen $A \in P$ ist $f \in FP$, und daher gilt $A \leq_m^P B$.
∎

Damit kann aber mittels der $\leq_m^P$-Reduzierung keinerlei interessante Aussage für die Klassen L, NL und P erreicht werden.
Einen Ausweg für NL und P bietet die **logspace-Reduzierung**, die von $\leq_m^P$ verschieden ist, wenn $P \neq L$ (siehe Satz 2.12).

Definition 2.9
$A \leq_m^{\log} B$ *gilt genau dann, wenn eine in logarithmischem Raum berechenbare Funktion f existiert mit $\bigwedge_x (x \in A \longleftrightarrow f(x) \in B)$.*

Für L ist auch $\leq_m^{\log}$ zu grob, weil für beliebige nichttriviale Mengen $A, B \in L$ beide Beziehungen $A \leq_m^{\log} B$ und $B \leq_m^{\log} A$ gelten. Das beweist man genau so wie das Lemma 2.8. Für NL und P dagegen ist $\leq_m^{\log}$ ein brauchbares Instrument.

Satz 2.10
$\leq_m^{\log}$ *ist transitiv.*

Beweis
Wir gehen von $A \leq_m^{\log} B$ und $B \leq_m^{\log} C$ aus und nehmen an, daß diese Reduzierungen von Funktionen f bzw. g geleistet werden, die von den TM M und N in logarithmischem Raum berechnet werden. Man hat sofort die Idee, die Maschinen derart zusammenzuschalten, daß das Ausgabeband von M als Eingabeband von N fungiert. Hierdurch erhält man eine Maschine K, die als Eingabeband das Eingabeband von M verwendet, die das Arbeitsband von M als erstes, das Ausgabeband von M als zweites und das Arbeitsband von N als drittes Arbeitsband und das Ausgabeband von N als Ausgabeband benützt. Diese Maschine berechnet zwar eine reduzierende Funktion für eine m-Reduktion von A auf B, nämlich $f \circ g$, aber diese Berechnung ist im allgemeinen keine Berechnung in logarithmischem Raum. Das liegt daran, daß die Ausgabe von M eine in der Eingabelänge polynomiale Länge erreichen kann (vgl. Satz 1.9).
Man kann diese Idee aber retten, indem man dafür sorgt, daß von der Ausgabe von M immer nur ein einziges Bit auf dem zweiten Arbeitsband steht. Genauer: Man läßt M das erste Bit seiner Ausgabe berechnen. Dann unterbricht man diesen Prozeß und läßt N so lange rechnen, bis N das nächste Bit braucht. In diesem Moment unterbricht man die Arbeit von N und läßt M das nächste

Bit seiner Ausgabe berechnen.
Die allgemeine Situation ist die, daß N ein neues Bit der Ausgabe von M braucht, das links oder rechts vom aktuell auf Band 2 stehenden Bit liegen kann. M muß nun dieses Bit berechnen, damit die Maschine N ihre Arbeit fortsetzen kann. Damit M das erforderliche Bit finden kann, muß auf einem vierten Band binär mitgezählt werden, welches Bit aktuell auf Band 2 steht. Wird das rechte Nachbarbit gebraucht, nimmt M einfach die unterbrochene Arbeit wieder auf und rechnet so lange weiter, bis dieses Bit bestimmt ist. Soll dagegen das linke Nachbarbit bestimmt werden, muß man den Zähler (d.h. Band 4) um 1 erniedrigen und dann die Maschine M von Anfang an rechnen lassen. Dabei wird jedesmal, wenn sie ein Ausgabebit auf Band 2 schreiben will, auf Band 4 eine 1 subtrahiert und gleichzeitig ein anfangs leeres weiteres Zählerband (Band 5) um 1 erhöht. Das berechnete Bit wird nur dann auf das zweite Band geschrieben, wenn das vierte Band leer ist. Bevor N mit ihrer Arbeit fortfährt, wird Band 5 auf Band 4 kopiert.
Da die Ausgabe von M höchstens eine in der Eingabelänge polynomiale Länge erreichen kann, brauchen die Bänder 4 und 5, die ja bis zur Länge $|f(x)|$ zählen müssen, nur logarithmischen Raum. Dies zeigt, daß $f \circ g$ in logarithmischem Raum berechenbar ist. ∎

Die **Abgeschlossenheit** einer Komplexitätsklasse kann für jeden Reduzierungsbegriff in der gleichen Weise wie oben definiert werden. Als eine unmittelbare Folgerung aus dem Beweis von Satz 2.10 notieren wir damit:

Folgerung 2.11
L und NL sind abgeschlossen bezüglich $\leq_m^{\log}$.

Wir greifen die oben angesprochene Frage auf, ob $\leq_m^{\log}$ von $\leq_m^P$ verschieden ist. Wie üblich gebrauchen wir das Relationszeichen $\leq_m^{\log}$ auch zur Bezeichnung der Relation selber: $\leq_m^{\log} = \{(A,B) : A \leq_m^{\log} B\}$. Ebenso für $\leq_m^P$. Wegen Folgerung 1.10 haben wir natürlich $\leq_m^{\log} \subseteq \leq_m^P$. Ob die beiden Reduktionsbegriffe auf P verschieden sind, ist nicht bekannt. Es gilt aber folgender Satz:

Satz 2.12
$$P \neq L \longrightarrow \vee_{A,B \in P}(A \leq_m^P B \wedge A \not\leq_m^{\log} B).$$

Beweis
Wir zeigen die Kontraposition und nehmen $\leq_m^P = \leq_m^{\log}$ auf P an. B sei eine nichttriviale Menge aus L. Für beliebiges $A \in P$ gilt $A \leq_m^P B$ nach Lemma 2.8 und damit nach Voraussetzung auch $A \leq_m^{\log} B$. Da L nach Folgerung 2.11 abgeschlossen bezüglich $\leq_m^{\log}$ ist, folgt $A \in L$. Damit ist $P \subseteq L$. ∎

Es ist typisch für die Komplexitätstheorie, daß sich sehr viele Fragen nach der Gleichheit von Komplexitätsklassen (noch) nicht beantworten lassen. In sehr vielen Fällen (Ausnahmen bilden die sogenannten Promise-Klassen, s.

Abschnitt 7.5) kann man das Problem auf die Frage zurückführen, ob eine ausgezeichnete Menge der einen Klasse in der anderen liegt.

Definition 2.13
*Eine Menge A heißt **vollständig bezüglich der Reduzierung** $<$ in $\mathcal{C}$ genau dann, wenn $A \in \mathcal{C} \land \bigwedge_{X \in \mathcal{C}} X < A$.*

Ein vollständiges Problem muß in dem Sinne universell für die Klasse sein, daß jedes Problem der Klasse sich in dieses Problem „hineinkodieren" läßt. Beispielsweise kann Satz 2.27 (s.u.) so interpretiert werden, daß jedes Problem aus NP in polynomialer Zeit in die Ausdrucksweise der Erfüllbarkeit Boolescher Ausdrücke übersetzt werden kann. Die vollständigen Probleme müssen dementsprechend auch die schwierigsten der jeweiligen Klasse sein. Aus den Definitionen ergibt sich sofort der folgende Satz, von dem natürlich nur die Richtung von rechts nach links interessant ist.

Satz 2.14
Ist $\mathcal{C}$ abgeschlossen bezüglich einer Reduzierung $<$ und ist A vollständig bezüglich $<$ in $\mathcal{D}$, so gilt $\mathcal{D} \subseteq \mathcal{C} \longleftrightarrow A \in \mathcal{C}$. ∎

Die wichtige Richtung dieses Satzes bleibt auch noch richtig, wenn man die Vollständigkeit durch die Eigenschaft der Härte (hardness) ersetzt: Eine Menge A heißt **hart** für $\mathcal{D}$ bezüglich der Reduzierung $<$ genau dann, wenn sich jede Menge aus $\mathcal{D}$ im Sinne von $<$ auf A reduzieren läßt. Auf $A \in \mathcal{D}$ wird verzichtet. In den folgenden Abschnitten wird Satz 2.14 sehr viele Anwendungen erfahren.

2.3 Vollständige Probleme in NL

Die erste Anwendung des Satzes 2.14 ergibt sich einfach durch die Konkretisierung $\mathcal{C} = \text{L}, \mathcal{D} = \text{NL}, < \; = \; \leq_m^{\log}$.

Satz 2.15
Ist $A \leq_m^{\log}$-vollständig in NL, so gilt $\text{L} = \text{NL} \longleftrightarrow A \in \text{L}$. ∎

Der Satz beschreibt, daß das Problem der Gleichheit von L und NL äquivalent ist zu der Frage, ob eine bestimmte Menge zu L gehört.
Als Beispiel eines $\leq_m^{\log}$-vollständigen Problems in NL dient uns das im folgenden definierte Problem GAP [Sav73].

Definition 2.16
$\text{GAP} = \{(V, E, a, e) : (V, E) \text{ ist endlicher gerichteter Graph } \land a, e \in V$
$\land \text{ es gibt einen (orientierten) Weg von } a \text{ nach } e \text{ in } (V, E)\}$.
*heißt das **Erreichbarkeitsproblem** in Graphen (graph accessibility problem).*

Nun ergibt sich:

Satz 2.17 [Sav73]
GAP ist $\leq_m^{\log}$-vollständig in NL.

Beweis
Zu 1. GAP $\in$ NL.
Folgende NTM M akzeptiert GAP in logarithmischem Raum. Wir denken uns den Graphen (V, E) durch die Liste seiner Kanten gegeben, und die Knoten selbst mögen als $x_1, \ldots, x_N$ gegeben sein. Bei Eingabe von (V, E, a, e) rät M einen Weg von a nach e, indem Knoten für Knoten dieses Weges auf das Band geschrieben werden. Dabei reicht es, den Index der jeweiligen Knoten in binärer Darstellung zu notieren. Dazu reichen $\log N$ Zellen des Bandes, und da N nicht größer als die Eingabelänge ist, arbeitet M damit in logarithmischem Raum. Zu jeder Zeit stehen nicht mehr als zwei Knoten auf dem Band. Immer, wenn zwei Knoten, etwa x_i und x_j, auf dem Band stehen, sieht M in der Kantenliste nach, ob eine Kante von x_i nach x_j führt. Ist dies nicht der Fall, bricht der betreffende Ratepfad erfolglos ab. Andernfalls wird x_i gelöscht , ein neuer Knoten x_k geraten und überprüft, ob (x_j, x_k) eine Kante des Graphen ist. Gibt es einen Weg von a nach e, so findet M einen solchen Weg in logarithmischem Raum und akzeptiert. Andernfalls wird die Eingabe nicht akzeptiert.

Zu 2. GAP ist $\leq_m^{\log}$-vollständig in NL.
Sei $A \in$ NL und sei M eine NTM, die A in logarithmischem Raum akzeptiert. Wir zeigen $A \leq_m^{\log}$ GAP.
Die Idee ist, die Reduzierung so einzurichten, daß eine Eingabe x auf den Berechnungsbaum $M(x)$ abgebildet wird. Da dies mit der Mühe verbunden ist, von einer beliebigen Konfiguration feststellen zu müssen, ob sie in $M(x)$ vorkommt, greifen wir auf den größeren Graphen $B(x) = (V, E)$ zurück, der wie folgt definiert ist: V ist die Menge aller Konfigurationen von M, die eine Bandinschrift einer Länge haben, die nicht größer als $\log |x|$ ist. E ist die Menge aller Paare (K_1, K_2) mit $K_1 \vdash_M^1 K_2$.
Man sieht leicht, daß $f(x) =_{df} (B(x), INIT(M, x), END)$ in logarithmischem Raum aus x durch folgende Maschine N berechnet werden kann: N markiert den Raum $\log |x|$ und erzeugt systematisch (der lexikographischen Ordnung folgend) alle Konfigurationen aus V. Immer, wenn eine solche Konfiguration K erzeugt ist, wird M auf K angewendet und rechnet einen Schritt, wodurch die beiden unmittelbaren Folgekonfigurationen von K, etwa K_1 und K_2, die sich in einem nichtdeterministischen Schritt ergeben, bestimmt werden. Die Maschine N gibt nun die beiden Kanten (K, K_1) und (K, K_2) aus und erzeugt auf diese Weise nach und nach E. Es ist klar, daß N nur logarithmischen

2.4. VOLLSTÄNDIGE PROBLEME IN P

Raum braucht. Die abschließende Ausgabe von $INIT(M,x)$ und END kann sogar ohne Arbeitsband erfolgen.
Folgende Kette von Äquivalenzen liegt auf der Hand:

$x \in A \longleftrightarrow M$ akzeptiert x
$\longleftrightarrow M(x)$ hat einen akzeptierenden Pfad
$\longleftrightarrow$ ein akzeptierender Pfad von $B(x)$ beginnt mit $INIT(M,x)$
$\longleftrightarrow (B(x), INIT(M,x), END) \in$ GAP
$\longleftrightarrow f(x) \in$ GAP.

Dies zeigt $A \leq_m^{\log}$ GAP. ∎

Wegen der $\leq_m^{\log}$-Abgeschlossenheit von L (Folgerung 2.11) ergibt sich aus den Sätzen 2.17 und 2.14 unmittelbar:
Folgerung 2.18
$$L = NL \longleftrightarrow GAP \in L.$$

Einige Modifikationen des Erreichbarkeitsproblems, die ebenfalls noch in NL vollständig sind, finden sich in [Sud75]. Von den vielen Arbeiten, die vollständige Probleme für NL enthalten, seien wenigstens noch [Jon75, Gal76] genannt. Mehr findet sich in [WW86].

Im Hinblick auf Satz 2.27 und die daran anschließenden Bemerkungen betrachten wir noch das Problem 2SAT.

Definition 2.19
2SAT *ist die Menge aller erfüllbaren Booleschen Ausdrücke, die als Konjunktion von Klauseln mit höchstens zwei Literalen gegeben sind.*

Einen Beweis für den folgenden Satz findet man in [Pap94].
Satz 2.20
2SAT *ist* $\leq_m^{\log}$-*vollständig in* NL.

2.4 Vollständige Probleme in P

Ein vollständiges Problem für P erhalten wir, indem wir deterministische Polynomialzeitberechnungen durch Boolesche Ausdrücke beschreiben.

Definition 2.21
1. *Ein* **deterministischer Boolescher Ausdruck** $H(Y_0, \ldots, Y_k)$ *ist wie folgt definiert:*

   (a) $Y_0, \ldots, Y_k$ *sind paarweise disjunkte Mengen von Aussagenvariablen.*

   (b) *H ist eine Konjunktion von Klauseln folgender Art:*

- Für jedes $y \in Y_0 \cup Y_k$ ist entweder y oder $\sim y$ eine Klausel von H.
- Für jedes $i > 0$ und für jedes $y \in Y_i$ gibt es Konjunktionen $C_1, \ldots, C_{s_i}$ und Konjunktionen $D_1, \ldots, D_{t_i}$ von Literalen aus Y_{i-1} derart, daß
  $C_1 \longrightarrow y, \ldots, C_{s_i} \longrightarrow y$ und $D_1 \longrightarrow \sim y, \ldots, D_{t_i} \longrightarrow \sim y$
  Klauseln von H sind. Die Konjunktionen $C_1, \ldots, C_{s_i}, D_1, \ldots, D_{t_i}$ nennen wir die y-Konjunktionen von H.
- Jede H erfüllende Belegung macht für jedes $y \in Y_i$ genau eine y-Konjunktion wahr.

2. Das **deterministische Erfüllbarkeitsproblem** DSAT ist wie folgt definiert:
DSAT = {H : H ist erfüllbarer deterministischer Boolescher Ausdruck}.

Beispiele:
$x \wedge \sim y \wedge z \wedge w \wedge (x \wedge y \longrightarrow u) \wedge (\sim y \wedge z \longrightarrow w)$ gehört, obwohl erfüllbar, nicht zu DSAT, weil keine u-Konjunktion erfüllbar ist.
$x \wedge \sim y \wedge z \wedge w \wedge (x \wedge \sim y \longrightarrow u) \wedge (x \wedge z \longrightarrow u) \wedge (\sim y \wedge z \longrightarrow w)$ gehört auch nicht zu DSAT, weil zwei u-Konjunktionen erfüllt sind.
$x \wedge \sim y \wedge z \wedge w \wedge (x \wedge \sim y \longrightarrow u) \wedge (\sim y \wedge z \longrightarrow w)$ gehört zu DSAT.

Satz 2.22
DSAT ist $\leq_m^{\log}$-vollständig in P.

Beweis
1. DSAT$\in$ P.
Bei Vorgabe eines $H(Y_1, \ldots, Y_k)$ prüft man zunächst, ob für jede Variable y aus Y_1 entweder y oder $\sim y$ als Klausel in H vorkommt. Ist dies der Fall, so belegt man die positiv vorkommenden Literale aus Y_1 mit 1 und die negativ vorkommenden mit 0. Denn anders kann H nicht erfüllt werden. Nun prüft man für jedes $y \in Y_2$, ob bei dieser Belegung jeweils genau eine der y-Konjunktionen von H wahr wird. Ist das der Fall, so bestimmt man die einzige Belegung der Variablen aus Y_2, die alle Klauseln der Form $C \longrightarrow y$ und $D \longrightarrow \sim y$ von H mit $y \in Y_2$ wahr macht. Nur so kann H erfüllt werden. So verfährt man weiter. Zum Schluß hat man nur zu prüfen, ob die auf diese Weise eindeutig berechenbare Belegung der Variablen aus Y_k genau die in H vorkommende Konjunktion der Literale aus Y_k erfüllt. Fällt eine der vorzunehmenden Prüfungen negativ aus, so gehört H nicht zu DSAT, andernfalls ist $H \in$ DSAT. Dieses Verfahren kann offensichtlich durch eine geeignete Turingmaschine implementiert werden, die in Polynomialzeit arbeitet.
2. Vollständigkeit von DSAT.

2.4. VOLLSTÄNDIGE PROBLEME IN P

Sei $X \in P$, und sei M eine Maschine, die X in der Zeit p entscheidet, wobei p ein Polynom ist. Zur Vereinfachung soll angenommen werden, daß die Turingmaschine M kein Eingabeband und nur ein rechtsseitig unendliches Arbeitsband hat. Wir wollen ferner annehmen, daß die Maschine $k+1$ Zustände (0 ist der Anfangs-, k der Endzustand) und $m+1$ Arbeitsbuchstaben (0 ist das Leerzeichen) hat. Ohne Beschränkung der Allgemeinheit hält sie im Falle einer positiven Entscheidung in einer normierten Endkonfiguration an.
Wir geben nun eine in logarithmischem Raum berechenbare Funktion f an, die $X \leq_m^{\log}$ DSAT realisiert. Sei x mit $|x| = n$ gegeben. Dann soll $f(x)$ die Berechnung $M(x)$ beschreiben. Zur Beschreibung von $M(x)$ durch den Ausdruck $f(x)$ benötigen wir eine Reihe von Aussagenvariablen: $k_{t,i}, z_{t,j}, b_{t,i,l}$ mit $0 \leq t \leq p(n), 1 \leq i \leq p(n), 0 \leq j \leq k, 0 \leq l \leq m$. Mit diesen Variablen sollen im folgenden Sinne die Kopfstellung, der Zustand und die Feldinhalte der Berechnung $M(x)$ beschrieben werden: Die Variable $k_{t,i}$ hat genau dann den Wahrheitswert 1, wenn der Kopf im Takt t im Feld i steht. $z_{t,j}$ hat genau dann den Wahrheitswert 1, wenn im Takt t der Zustand j vorliegt. Und $b_{t,i,l}$ hat genau dann den Wahrheitswert 1, wenn im Takt t im Feld i der Buchstabe l steht. Für jedes $t = 0, \ldots, p(n)$ ist $Y_t = \{k_{t,1}, \ldots, k_{t,p(n)}, z_{t,0}, \ldots, z_{t,k}, b_{t,1,0}, \ldots, b_{t,p(n),m}\}$.
Gemäß der Definition wird $f(x)$ die Form $H_0 \wedge H_1 \wedge \ldots \wedge H_{p(n)} \wedge H_{p(n)+1}$ haben. H_0 hat zu beschreiben, daß M richtig beginnt. Sei $x = x_1 \ldots x_n$:

$$H_0 = k_{0,1} \wedge z_{0,0} \wedge b_{0,1,x_1} \wedge \ldots \wedge b_{0,n,x_n} \wedge b_{0,n+1,0} \wedge \ldots \wedge b_{0,p(n),0} \wedge \bigwedge_{y \in Y_0'} \sim y,$$

wobei Y_0' die Menge aller restlichen Variablen aus Y_0 ist. Ebenso einfach läßt sich $H_{p(n)+1}$ angeben, der Teilausdruck, der zu beschreiben hat, daß M richtig aufhört:

$$H_{p(n)+1} = k_{p(n),1} \wedge z_{p(n),k} \wedge \bigwedge_i b_{p(n),i,0} \wedge \bigwedge_{y \in Y_{p(n)}'} \sim y,$$

wobei $Y_{p(n)}'$ die Menge der restlichen Variablen aus $Y_{p(n)}$ ist.
Für $0 < t \leq p(n)$ hat H_t die Form $H_t = \bigwedge_{y \in Y_t} Impl(y)$, wobei

$$Impl(y) = (C_1 \longrightarrow y) \wedge (C_2 \longrightarrow y) \wedge \ldots \wedge (D_1 \longrightarrow \sim y) \wedge (D_2 \longrightarrow \sim y) \wedge \ldots$$

gilt. Hierbei sind die C_j und die D_j die Konjunktionen genau jener Variablen, deren Erfülltsein das Erfülltsein von y bzw. $\sim y$ impliziert. Dies heißt genauer:

1. Steht der Kopf im Takt $t-1$ nicht auf dem Feld j, so steht im Takt t in diesem Feld derselbe Buchstabe wie im Takt $t-1$. Dies drücken wir so aus:
   $(\sim k_{t-1,j} \wedge b_{t-1,j,l}) \longrightarrow b_{t,j,l}$. Diese Implikation ist ein Konjunktionsglied des Ausdrucks $Impl(b_{t,j,l})$, der für jede Möglichkeit, wie $b_{t,j,l}$ aus dem

vorangehenden Takt entstehen kann, ein entsprechendes Konjunktionsglied enthalten muß.
Ebenso ist $(\sim k_{t-1,j} \wedge \sim b_{t-1,j,l}) \longrightarrow \sim b_{t,j,l}$ eine Konjunktion von $Impl(b_{t,j,l})$.

2. Steht im Takt $t-1$ der Kopf auf Feld j, steht in diesem Takt auf Feld j der Buchstabe l, herrscht in diesem Takt der Zustand s und ist $sl \longrightarrow s'l'+$ der entsprechende Befehl von M (wenn die Kopfbewegung nach links erfolgt, sind analoge Implikationen aufzuschreiben), so drücken wir die Aktion der Maschine in diesem Takt durch die folgenden Implikationen aus:
$(k_{t-1,j} \wedge z_{t-1,s} \wedge b_{t-1,j,l}) \longrightarrow k_{t,j+1}$,
$(k_{t-1,j} \wedge z_{t-1,s} \wedge b_{t-1,j,l}) \longrightarrow z_{t,s'}$,
$(k_{t-1,j} \wedge z_{t-1,s} \wedge b_{t-1,j,l}) \longrightarrow b_{t,j,l'}$.
Diese Implikationen sind Konjunktionsglieder von $Impl(k_{t,j+1})$, $Impl(z_{t,s'})$ bzw. $Impl(b_{t,j,l'})$.

3. Unter den gleichen Voraussetzungen sind die Implikationen
$(k_{t-1,j} \wedge z_{t-1,s} \wedge b_{t-1,j,l}) \longrightarrow \sim k_{t,j'}$ für $j' \neq j+1$,
$(k_{t-1,j} \wedge z_{t-1,s} \wedge b_{t-1,j,l}) \longrightarrow \sim z_{t,s''}$ für $s'' \neq s'$ und
$(k_{t-1,j} \wedge z_{t-1,s} \wedge b_{t-1,j,l}) \longrightarrow \sim b_{t,j,l''}$ für $l'' \neq l'$
Konjunktionsglieder von $Impl(k_{t,j'})$, $Impl(z_{t,s''})$ bzw. $Impl(b_{t,j,l''})$.

Damit beschreibt der konstruierte Ausdruck genau die Berechnung $M(x)$. Er entspricht den Anforderungen der Definition und ist genau dann erfüllbar, wenn $M(x)$ akzeptiert. Dies bedeutet $x \in X \longleftrightarrow f(x) \in$ DSAT. Selbstverständlich ist f in logarithmischem Raum berechenbar, denn man kann $f(x)$ hinschreiben, wenn man bis $p(n)$ zählen kann. Dies ist aber im Raum $\log |x|$ möglich. ∎

Das Resultat dieses Satzes kann man auch in der verwandten Ausdrucksweise der Booleschen Schaltkreise ausdrücken. Dazu verhilft das circuit-value-Problem

CV = $\{(C, \varphi) :$ C ist ein Schaltkreis, und φ ist eine Belegung mit $\varphi(C) = 1\}$.

Offensichtlich ist CV $\in$ P.

Der Beweis von Satz 2.22 kann in folgender Weise modifiziert werden: An Stelle eines Ausdrucks $f(x) \in$ DSAT konstruiert man in naheliegender Weise ein $g(x)$, bestehend aus einem Schaltkreis, der genau dem Ausdruck $f(x)$ entspricht, und einer Belegung φ, die genau der Anfangssituation der Berechnung $M(x)$ entspricht. Letzteres bedeutet in der Sprechweise des Beweises von Satz 2.22 $\varphi(k_{0,1}) = \varphi(z_{0,0}) = \varphi(b_{0,1,i_1}) = \ldots = \varphi(b_{0,n,i_n}) = \varphi(b_{0,n+1,0}) = \ldots =$

2.5. DAS P-NP-PROBLEM

$= \varphi(b_{0,p(n),0}) = 1$ und für alle $y \in Y_0'$ ist $\varphi(y) = 0$. Nun sieht man sofort zweierlei ein:

1. Es gilt $x \in X \longleftrightarrow g(x) \in CV$.

2. g ist in logarithmischem Raum berechenbar.

Dies beweist folgenden Satz.

Satz 2.23 [Lad75a]
CV ist $\leq_m^{\log}$-vollständig in P. ∎

Von den vielen Arbeiten, die $\leq_m^{\log}$-vollständige Probleme in P betreffen, seien wenigstens [Coo74], [Hun76] und [JL76] genannt. Verwiesen sei noch auf Abschnitt 3.6, wo durch die Charakterisierung von P als alternierende logspace-Klasse neue Möglichkeiten zur Angabe von $\leq_m^{\log}$-vollständigen Problemen in P eröffnet werden.

Folgerung 2.24
  1. $P = NL \longleftrightarrow DSAT \in NL$.

  2. $P = L \longleftrightarrow DSAT \in L$.

Ein analoges Resultat gilt selbstverständlich auch für CV statt DSAT.

2.5 Das P-NP-Problem

Im Abschnitt 2.1 sind wir auf das P − NP-Problem gestoßen, nämlich auf die noch immer ungelöste Frage, ob P = NP gilt. Wir wollen zunächst einsehen, wie sich aus dem klassischen **Projektionssatz**, demzufolge eine Menge genau dann rekursiv aufzählbar ist, wenn sie die Projektion einer entscheidbaren Menge ist, durch polynomiale Beschränkung der Rechenzeit eine Charakterisierung der Mengen von NP durch Mengen aus P ergibt.
Wir vereinbaren die folgende Schreibweise, wobei p ein Polynom ist:

$$\bigvee_{y}^{p} A(x,y) \longleftrightarrow \bigvee_{y}\Big(|y| \leq p(|x|) \wedge A(x,y)\Big).$$

Satz 2.25
A gehört zu NP genau dann, wenn es ein B aus P und ein Polynom p gibt mit
$$x \in A \longleftrightarrow \bigvee_{y}^{p}(x,y) \in B.$$

Beweis

1. $\longrightarrow$

Sei $A \in$ NP. Dann gibt es eine NTM M, die A in einer Zeit p ($p \in$ Pol) akzeptiert. Wir setzen $B =_{df} \{(x,y) : M$ akzeptiert x auf dem Pfad $y\}$. Dieses B gehört zu P, und es gilt offenbar $x \in A \longleftrightarrow \bigvee_y^p(|y| \leq p(|x|)) \wedge (x,y) \in B)$.

2. $\longleftarrow$

A sei durch $x \in A \longleftrightarrow \bigvee_y^q(|y| \leq q(|x|)) \wedge (x,y) \in B)$ definiert, wobei $B \in$ P. Die NTM N arbeite bei Eingabe von x wie folgt: Zuerst wird $q(x)$ berechnet. Dann wird nichtdeterministisch ein y mit $|y| \leq q(|x|)$ geraten. Für jedes geratene y wird anschließend deterministisch geprüft, ob $(x,y) \in B$ gilt. Die Maschine N erreicht genau dann einen akzeptierenden Endzustand, wenn diese Prüfung positiv ausfällt. Es ist klar, daß N in polynomialer Zeit arbeitet und genau A akzeptiert. Also ist $A \in$ NP. ∎

Der Satz legt es nahe, den Nichtdeterminismus als die adäquate algorithmische Interpretation des Existenzquantifikators aufzufassen. Wenn die NTM M die Menge A in polynomialer Zeit akzeptiert und wenn y ein akzeptierender Pfad der Berechnung $M(x)$ ist, so nennt man y auch einen **Beweis** für $x \in A$. Es ist nicht schwierig, einen Beweis y für $x \in A$ zu *verifizieren*. Dazu braucht man nur M auf die Eingabe x anzuwenden und den Pfad y zu verfolgen, was in polynomialer Zeit getan werden kann. Schwieriger ist es, einen Beweis zu *finden*. Aus dieser Sicht kann man sagen, daß der Unterschied zwischen Nichtdeterminismus und Determinismus, wenn es ihn überhaupt gibt, der Unterschied zwischen *Raten* und *Verifizieren* eines Beweises ist.

Für die typischen Probleme aus NP weiß man nichts Besseres, als einen Beweis für $x \in A$ durch **Durchmustern** aller $2^{q(|x|)}$ möglichen Pfade von $M(x)$ zu suchen, wie es im Beweis der Inklusion NP $\subseteq$ PSPACE geschehen ist. Das kostet eine in der Länge von x exponentielle Zeit. Der Nichtdeterminismus überwindet diese Schwierigkeit, indem alle möglichen Beweise einfach geraten werden.

Die Vermutung P $\subset$ NP bedeutet im Hinblick auf diese Überlegungen, daß das Durchmustern bei NP-vollständigen Problemen prinzipiell nicht zu vermeiden ist. Dazu vergleiche man [Tra84]. In [KF79] werden zwischen P und NP Klassen mit geringerem Grad an Nichtdeterminismus betrachtet. Für die darin befindlichen Probleme wäre der Durchmusterungsaufwand entsprechend geringer. Leider ergibt sich eine echte (unendliche) Hierarchie solcher Klassen nur bei geeigneten Relativierungen (Relativierungen werden in Abschnitt 3.8 behandelt).

Wie bereits beim logspace-Problem wollen wir auch hier von Satz 2.14 Gebrauch machen. Dazu brauchen wir den Begriff der NP-Vollständigkeit. Ei-

2.5. DAS P-NP-PROBLEM

ne Menge $A \in$ NP nennen wir **NP-vollständig** genau dann, wenn $A \leq_m^P$-vollständig in NP ist. Wegen der Abgeschlossenheit von P (Satz 2.7) kann Satz 2.14 für das P – NP-Problem in der folgenden Form konkretisiert werden:

Satz 2.26
Ist A NP-vollständig, so gilt P = NP $\longleftrightarrow A \in$ P. ∎

Die ersten vollständigen Mengen haben unabhängig voneinander S. Cook und L. Lewin [Coo71, Lew73] angegeben. Unter den frühesten Arbeiten über NP-Vollständigkeit ist auch die Arbeit von R. Karp [Kar72] zu nennen. Eine beeindruckende Aufzählung NP-vollständiger Probleme findet sich in [GJ79], die in [Joh1] fortgesetzt worden ist. Über NP-Vollständigkeit ist so vielfältig in anderen Büchern geschrieben worden (man vergleiche dazu z.B. [AHU74, GJ79, PS82, Rei90, Pap94]), daß wir hier auf weitere Ausführungen verzichten. Wir behandeln lediglich einige Aspekte des aussagenlogischen Erfüllbarkeitsproblems

SAT = $\{H : H$ ist erfüllbarer aussagenlogischer Ausdruck$\}$.

Den Beweis der NP-Vollständigkeit von SAT lehnen wir im Hinblick auf spätere Bezugnahme (für den Beweis von Satz 3.28) an den Beweis von Satz 2.22 an.

Satz 2.27 [Coo71]
SAT *ist NP-vollständig.*
Beweis
1. SAT $\in$ NP, weil zu gegebenem H nur eine Belegung geraten und verifiziert zu werden braucht. Dies gelingt nichtdeterministisch in einer Zeit, die höchstens quadratisch in $|H|$ ist.
2. Sei $A \in$ NP. Dann ist zu zeigen, daß $A \leq_m^P$ SAT gilt. Die Menge A werde durch die NTM M in der Zeit p akzeptiert, wobei p ein Polynom ist. Wir konstruieren ein $f \in$ FP mit der Eigenschaft, daß $f(x)$ die Berechnung $M(x)$ so beschreibt, daß es eine eineindeutige Zuordnung zwischen den akzeptierenden Pfaden von $M(x)$ und den erfüllenden Belegungen von $f(x)$ gibt. Insbesondere gilt dann

$$\begin{aligned} x \in A &\longleftrightarrow M(x) \text{ hat einen akzeptierenden Pfad} \\ &\longleftrightarrow f(x) \text{ hat eine erfüllende Belegung} \\ &\longleftrightarrow f(x) \in \text{SAT}. \end{aligned}$$

Das Eingabewort x habe die Länge n. Zur Beschreibung von $M(x)$ durch den Ausdruck $f(x)$ benötigen wir eine Reihe von Vereinbarungen. Ohne Beschränkung der Allgemeinheit wollen wir von M verlangen, daß jeder Pfad genau die Länge $p(n)$ hat. Außerdem soll jeder nichtdeterministische Schritt eine nur zweifache Verzweigung des Berechnungsbaums bewirken. Ansonsten ist M wie im Beweis von Satz 2.22 beschaffen. Wir verwenden auch die dort erläuterten Variablen $k_{t,i}, z_{t,j}, b_{t,i,l}$ mit $0 \le t \le p(n), 1 \le i \le p(n), 0 \le j \le k$ und $0 \le l \le m$. Ferner verwenden wir die Variablen $v_1, \ldots, v_{p(n)}$. Sie sollen die Pfade in einem Berechnungsbaum beschreiben. Dazu legen wir für jeden nichtdeterministischen Befehl $za \longrightarrow \{z'c'b', z''c''b''\}$ ein für allemal einen linken Teil $za \longrightarrow z'c'b'$ und einen rechten Teil $za \longrightarrow z''c''b''$ fest. Wir setzen $v_t = 0$ genau dann, wenn im Takt t der linke Teil des anwendbaren Befehls angewendet wird.

Wir konstruieren nun wie im Beweis von Satz 2.22 den Ausdruck $f(x)$, der die Form $f(x) = H_0 \wedge H_1 \wedge \ldots \wedge H_{p(n)+1}$ haben wird. Der Ausdruck H_0 beschreibt, daß zu Beginn der Berechnung die Anfangskonfiguration $INIT(M, x)$ vorliegt, H_{t+1} beschreibt, daß die Konfiguration im Takt $t+1$ gemäß dem Programm von M aus der Konfiguration im Takt t entsteht, und $H_{p(n)+1}$ beschreibt, daß die Berechnung mit dem akzeptierenden Endzustand aufhört.

Sei Y_t die Menge aller Variablen, deren erster Index den Wert t hat. Dann ist H_0 eine Konjunktion, in der jede Variable aus Y_0 entweder negiert oder unnegiert vorkommt. Ist $x = x_1 \ldots x_n$, so ist

$$H_0 = k_{0,1} \wedge z_{0,0} \wedge b_{0,1,x_1} \wedge \ldots \wedge b_{0,n,x_n} \wedge b_{0,n+1,0} \wedge \ldots \wedge b_{0,p(n),0} \wedge \bigwedge_{y \in Y_0'} \sim y,$$

wobei Y_0' die Menge aller restlichen Variablen aus Y_0 ist.

Ebenso leicht läßt sich der Ausdruck $H_{p(n)+1}$ angeben, der zu beschreiben hat, daß die Berechnung mit dem akzeptierenden Endzustand aufhört:

$$H_{p(n)+1} = z_{p(n),k}.$$

Für $0 < t \le p(n)$ hat H_t die Form

$$H_t = [\sim v_t \longrightarrow \bigwedge_{y \in Y_t} Impl_t^0(y)] \wedge [v_t \longrightarrow \bigwedge_{y \in Y_t} Impl_t^1(y)],$$

wobei $Impl_t^0(y)$ und $Impl_t^1(y)$ die Form

$$(C_1 \longrightarrow y) \wedge (C_2 \longrightarrow y) \wedge \ldots \wedge (D_1 \longrightarrow \sim y) \wedge (D_2 \longrightarrow \sim y) \wedge \ldots$$

haben. Hierbei sind die C_j und D_j in $Impl_t^0(y)$ (bzw. $Impl_t^1(y)$) die Konjunktionen genau solcher Variablen aus Y_{t-1}, deren Erfülltsein das Erfülltsein von y bzw. $\sim y$ impliziert, vorausgesetzt, daß der jeweils linke (rechte) Teilbefehl angewendet worden ist. Dies heißt genauer (wir betrachten hier nur die linken Teilbefehle; $Impl_t^1$ wird analog mit den rechten Teilbefehlen gebildet):

2.5. DAS P-NP-PROBLEM

1. Steht der Kopf im Takt $t-1$ nicht auf dem Feld j, so steht im Takt t in diesem Feld derselbe Buchstabe wie im Takt $t-1$. Dies drücken wir so aus: $(\sim k_{t-1,j} \wedge b_{t-1,j,l}) \longrightarrow b_{t,j,l}$. Diese Implikation ist dann ein Konjunktionsglied des Ausdrucks $Impl_t^0(b_{t,j,l})$.

2. Ebenso ist
$$\sim k_{t-1,j} \wedge \sim b_{t-1,j,l} \longrightarrow \sim b_{t,j,l}$$
ein Konjunktionsglied von $Impl_t^0(b_{t,j,l})$.

3. Ist $sl \longrightarrow s'l'+$ ein linker Teilbefehl von M (wenn die Kopfbewegung nach links erfolgt, sind analoge Implikationen aufzuschreiben), so sind die Implikationen
$(k_{t-1,j} \wedge z_{t-1,s} \wedge b_{t-1,j,l}) \longrightarrow k_{t,j+1}$,
$(k_{t-1,j} \wedge z_{t-1,s} \wedge b_{t-1,j,l}) \longrightarrow z_{t,s'}$ und
$(k_{t-1,j} \wedge z_{t-1,s} \wedge b_{t-1,j,l}) \longrightarrow b_{t,j,l'}$
Konjunktionsglieder von $Impl_t^0(k_{t,j+1}), Impl_t^0(z_{t,s'})$ bzw. $Impl_t^0(b_{t,j,l'})$.

4. Unter der gleichen Voraussetzung sind die Implikationen
$(k_{t-1,j} \wedge z_{t-1,s} \wedge b_{t-1,j,l}) \longrightarrow \sim k_{t,j'}$ für $j' \neq j+1$,
$(k_{t-1,j} \wedge z_{t-1,s} \wedge b_{t-1,j,l}) \longrightarrow \sim z_{t,s''}$ für $s'' \neq s'$ und
$(k_{t-1,j} \wedge z_{t-1,s} \wedge b_{t-1,j,l}) \longrightarrow \sim b_{t,j,l''}$ für $l'' \neq l'$
Konjunktionsglieder von $Impl_t^0(k_{t,j'}), Impl_t^0(z_{t,s''})$ bzw. $Impl_t^0(b_{t,j,l''})$.

Damit ist $f(x)$ konstruiert. Es ist klar, daß $|f(x)|$ polynomial in n beschränkt ist. Ferner ist ohne weiteres einzusehen, daß $f(x)$ in einer in n polynomialen Zahl von Schritten aufgeschrieben werden kann. Hierbei ist zu berücksichtigen, daß statt der verwendeten Quantifikatoren die Ausdrücke ausgeschrieben werden müssen.
Wir überzeugen uns nun noch davon, daß ein akzeptierender Pfad von $M(x)$ eine erfüllende Belegung von $f(x)$ induziert, und umgekehrt zeichnet eine erfüllende Belegung von $f(x)$ einen akzeptierenden Pfad von $M(x)$ aus.
$M(x)$ habe einen akzeptierenden Pfad. Dann entspricht diesem Pfad genau eine Belegung sämtlicher Variablen. Diese Belegung macht alle Konjunktionsglieder von $f(x)$ wahr. Sei umgekehrt eine erfüllende Belegung β von $f(x)$ gegeben. Dann sind alle Konjunktionsglieder von $f(x)$ erfüllt. Wir zeigen durch Induktion über t, daß für $t = 0, \ldots, p(n)$ die Belegung der Variablen aus Y_t eine Konfiguration K_t beschreibt und daß die Folge dieser Konfigurationen gerade einen Berechnungspfad aus $M(x)$ darstellt. Da auch $H_{p(n)+1}$ erfüllt ist, handelt es sich dann sogar um einen akzeptierenden Pfad.
Induktionsbeginn: Für $t = 0$ ist die Behauptung bewiesen, denn H_0 ist gerade so konstruiert, daß es nur so erfüllt werden kann, daß dadurch die Anfangskonfiguration $INIT(M, x)$ beschrieben wird.

Induktionsannahme: Die Variablen aus Y_{t-1} sind bei β so belegt, daß dadurch gerade eine Konfiguration K_{t-1} von M beschrieben ist.
Induktionsschluß: Bei β ist auch H_t erfüllt. Damit sind die Ausdrücke [$\sim v_t \longrightarrow \bigwedge_{y \in Y_t} Impl_t^0(y)$] und [$v_t \longrightarrow \bigwedge_{y \in Y_t} Impl_t^1(y)$] beide erfüllt. Ist $v_t = 0$ bei der Belegung β, so muß für jedes $y \in Y_t$ die Konjunktion $Impl_t^0(y)$ erfüllt sein. Die Konjunktionsglieder von $Impl_t^0(y)$ sind aber Implikationen. Genau jene Implikationen, deren Prämissen erfüllt sind, erzwingen das Erfülltsein der entsprechenden Konklusionen. Es sind genau jene Prämissen erfüllt, die die Situation in der Konfiguration K_{t-1} beschreiben. Nach Konstruktion von $Impl_t^0(y)$ werden damit die Variablen aus Y_t so belegt, daß die linke Folgekonfiguration von K_{t-1} beschrieben wird. Ist $v_t = 1$, so wird gerade die rechte Folgekonfiguration von K_{t-1} beschrieben.
Damit ist $x \in A \longleftrightarrow f(x) \in$ SAT bewiesen. ∎

Bemerkungen. 1. SAT ist sogar $\leq_m^{\log}$-vollständig in NP. Denn man kann die Berechnung von f in logarithmischem Raum leisten. Die f berechnende Maschine braucht nur bis $p(n)$ zählen zu können, was in logarithmischem Raum möglich ist.
2. Wir merken an, daß man $f(x)$ im Beweis dieses Satzes auch als Konjunktion von Disjunktionen angeben könnte, wobei $f(x)$ nach wie vor in polynomialer Zeit und sogar in logarithmischem Raum berechenbar ist. Damit ist sogar die Einschränkung von SAT, bei der die Ausdrücke in konjunktiver Normalform vorliegen, $\leq_m^{\log}$-vollständig in NP.
Es läßt sich sogar noch mehr zeigen: Auch das Erfüllbarkeitsproblem für konjunktive Normalformen, bei denen die Disjunktionen höchstens dreigliedrig sind, ist noch NP-vollständig. Dieses Problem ist als 3SAT bekannt. Das analoge Problem 2SAT liegt dagegen in P, sogar in NL (vgl. Satz 2.20). Auch das Erfüllbarkeitsproblem für disjunktive Normalformen gehört offensichtlich zu P.
Da 3SAT als Ausgangspunkt für NP-Vollständigkeitsbeweise so wichtig ist, beweisen wir hier noch die NP-Vollständigkeit von 3SAT, obwohl dies in jedem Lehrbuch zur Komplexitätstheorie zu finden ist.

Satz 2.28
3SAT *ist NP-vollständig.*
Beweis
Wir zeigen SAT $\leq_m^P$ 3SAT. Sei dazu $H \in$ SAT ein Boolescher Ausdruck in konjunktiver Normalform, und sei $K = y_1 \vee \ldots \vee y_m$ eine Klausel von H mit $m \geq 4$ Literalen $y_1, \ldots, y_m$. Wir wählen die neuen (nicht in H vorkommenden) Variablen $z_2, \ldots, z_{m-2}$ und bilden den Ausdruck

$$K' = (y_1 \vee y_2 \vee z_2) \wedge (\overline{z}_2 \vee y_3 \vee z_3) \wedge \ldots \wedge (\overline{z}_{m-3} \vee y_{m-2} \vee z_{m-2}) \wedge (\overline{z}_{m-2} \vee y_{m-1} \vee y_m).$$

2.5. DAS P-NP-PROBLEM

Wir zeigen: K ist genau dann erfüllbar, wenn K' erfüllbar ist. Ist nämlich K erfüllt, etwa dadurch, daß das Literal y_i mit $1 < i < m$ mit 1 belegt ist, so setze man $z_2 = \ldots = z_{i-1} = 1$ und $z_i = \ldots = z_{m-2} = 0$. Ist $i = 1$, werden alle neuen Variablen 0 gesetzt, und wenn $i = m$ ist, werden alle neuen Variablen 1 gesetzt. Damit erhält man in jedem Falle eine erfüllende Belegung von K'. Ist umgekehrt K' erfüllt, so können nicht alle y_i mit 0 belegt sein. Denn sonst müßte $z_2 = 1$, damit $z_3 = 1$ etc. und damit schließlich $z_{m-2} = 1$ sein. Dann wäre aber die letzte Klausel von K' und damit K' nicht erfüllt.
So konstruiert man zu jeder Klausel K von H eine neue Klausel K', wobei die für die einzelnen Klauseln neu hinzuzunehmenden Variablenmengen paarweise disjunkt gewählt werden. Die Funktion f, die jedem H die Konjunktion aller neuen K' zuordnet, gehört zu FP und leistet die gewünschte Reduktion. ∎

Die Probleme SAT und 3SAT werden gern als Ausgangspunkt für weitere NP-Vollständigkeitsbeweise gewählt. Um nämlich von einem Problem $A \in$ NP zu zeigen, daß es NP-vollständig ist, reicht es wegen der Transitivität von $\leq_m^P$ zu zeigen, daß SAT $\leq_m^P A$ oder 3SAT $\leq_m^P A$ gilt. Dies ist zwar für jedes NP-vollständige Problem richtig, aber SAT und insbesondere 3SAT sind ganz besonders „schmiegsam". P. van Emde Boas hat darauf aufmerksam gemacht, daß sich auch das Dominoproblem sehr gut als Ausgangspunkt für NP-Vollständigkeitsbeweise eignet [vEB83].
Nach T. Schaefer sind die Probleme DSAT, 2SAT und 3SAT Spezialfälle einer allgemeinen Klasse SAT($\mathcal{S}$) von Erfüllbarkeitsproblemen. Eine (k-stellige) **logische Relation** ist eine Teilmenge von $\{0,1\}^k$. Es sei $\mathcal{S} = \{\rho_1, \ldots, \rho_n\}$ eine endliche Menge logischer Relationen. Wir verwenden R_i als syntaktisches Formelzeichen für die Relation ρ_i. Atomare $\mathcal{S}$-Ausdrücke sind Ausdrücke der Form $R_i(x_1, \ldots, x_k)$ mit $\rho_i \in \mathcal{S}$, wobei k die Stellenzahl der Relation ρ_i ist und die x_j Aussagenvariablen sind. Unter $\mathcal{S}$-Formeln verstehen wir Konjunktionen von atomaren $\mathcal{S}$-Ausdrücken. Das Erfüllbarkeitsproblem SAT($\mathcal{S}$) ist die Menge aller erfüllbaren $\mathcal{S}$-Formeln. Dabei ist $R_i(x_1, \ldots, x_k)$ genau dann erfüllbar, wenn es eine Belegung β von $x_1, \ldots, x_k$ gibt mit $(\beta(x_1), \ldots, \beta(x_k)) \in \rho_i$.
Beispiel. $\mathcal{S}$ soll nur die eine Relation $R = \{(1,0,0), (0,1,0), (0,0,1)\}$ haben. Dann ist $R(x,x,x)$ nicht erfüllbar, aber $R(x,y,y) \wedge R(y,z,x)$ ist durch die (einzige) Belegung β mit $\beta(x) = 1, \beta(y) = \beta(z) = 0$ erfüllt.
In [Sch78] wird gezeigt, daß für jedes $\mathcal{S}$ entweder SAT($\mathcal{S}$) in P liegt oder NP-vollständig ist. Wenn P $\neq$ NP ist, muß es Probleme geben, die in NP\P liegen, ohne NP-vollständig zu sein. Es ist merkwürdig, daß unter den Problemen der Form SAT($\mathcal{S}$) nachweislich keins dieser Art vorkommt. Diejenigen $\mathcal{S}$, für die SAT($\mathcal{S}$) in P liegt, sind in [Sch78] genau charakterisiert worden.
Bis jetzt kennt man nur solche NP-Mengen, die entweder zu P gehören, oder die NP-vollständig sind. Es gibt einige wenige Probleme, die in NP liegen und

für die es starke Indizien gibt, daß sie nicht NP-vollständig sind. Dazu gehören das Primzahlentscheidungsproblem PRIME (Abschnitt 7.5) und das Graphisomorphieproblem GI (s. Abschnitt 10.4).

Wenn diese Probleme nicht in P liegen und die Polynomialzeithierarchie endlich ist, müssen sie zu gewissen $\leq_m^P$-Graden (Polynomialzeitgraden) gehören, die echt zwischen P und dem Grad der NP-vollständigen Mengen liegen. Genauer: Die Mengen A und B heißen $\leq_m^P$-**äquivalent**, in Zeichen $A \equiv_m^P B$, genau dann, wenn $A \leq_m^P B \wedge B \leq_m^P A$ gilt. Wir nennen $[A] = \{B : B \equiv_m^P A\}$ den $\leq_m^P$-Grad von A. Der Grad [SAT] enthält genau alle NP-vollständigen Mengen, während der Grad [{0}] genau alle von $\emptyset$ und Σ^* verschiedenen P-Mengen enthält. Man definiert $[A] \leq [B] \longleftrightarrow A \leq_m^P B$ und verifiziert leicht, daß hierdurch eine Halbordnung auf der Menge aller Grade gegeben ist. R. Ladner hat versucht zu zeigen, daß zwischen [{0}] und [SAT] weitere Grade von NP-Mengen liegen. Damit wäre P $\neq$ NP bewiesen. Im unrelativierten Falle ist das bisher noch nicht gelungen. Aber R. Ladner hat in [Lad75b] eine relativierte Welt angegeben, in der eine unendliche aufsteigende Kette von Graden von NP-Mengen existiert. Weitere Untersuchungen über Polynomialzeitgrade finden sich in [Sch82, BD82, Sch84, AS92].

Kapitel 3

Die Polynomialzeithierarchie

3.1 Weitere Reduktionsbegriffe

Im vorigen Kapitel haben sich Reduktionsbegriffe als ganz besonders wichtig für die Untersuchung der Feinstruktur von Komplexitätsklassen erwiesen. Ihre Fruchtbarkeit für die Komplexitätstheorie geht noch weit über das hinaus, was wir bisher gesehen haben, denn auch die anderen aus der Rekursionstheorie (vgl. z.B. [Rog67]) bekannten Reduktionsbegriffe können mit Gewinn in die Komplexitätstheorie übertragen werden. Die erforderlichen Grundbegriffe sind im Anhang zusammenfassend dargestellt. Man findet dort insbesondere Ausführungen über die Turingreduktion und die damit eng zusammenhängende Orakelberechnung.

Als typisches Beispiel einer Orakelberechnung betrachten wir **binäres Suchen**: Gegeben sei eine nichtdeterministische Turingmaschine M, die in polynomialer Zeit arbeitet und deren Anfangszustand nicht der akzeptierende Zustand ist (so daß das leere Wort e keinen akzeptierenden Pfad beschreibt). Wir wollen eine Funktion f berechnen, die wie folgt definiert ist: $f(x)$ ist der lexikographisch größte akzeptierende Pfad von $M(x)$, wenn ein solcher Pfad existiert, und $f(x) = e$ im anderen Falle.

Wir betrachten die Menge A, die durch

$$(x,y) \in A \longleftrightarrow \bigvee_w (M(x) \text{ akzeptiert auf dem Pfad } yw)$$

definiert ist. Nach Satz 2.25 ist $A \in \text{NP}$, da M in polynomialer Zeit arbeitet. Wir überzeugen uns, daß f mit dem Orakel A, und zwar sogar in polynomialer Zeit, berechnet werden kann. Die Maschine $N^{(A)}$ arbeitet bei Eingabe von x wie folgt: Zuerst wird die Frage (x,e) gestellt. Ist die Antwort darauf negativ, so wird x von M nicht akzeptiert, und $N^{(A)}$ kann e ausgeben. Andernfalls verhält sich $N^{(A)}$ nach dem folgenden Algorithmus:

```
1. w := e;
2. while (x, w1) ∈ A do
      w := w1;
3. if (x, w0) ∈ A then
      begin
         w := w0;
         goto 2
      end
   else
      f(x) := w.
```

Es ist offensichtlich, daß f von dieser Maschine in polynomialer Zeit berechnet wird.

Definition 3.1
A heißt **Turing-reduzierbar** auf B, genau dann wenn $A = L(M^{(B)})$. Dafür schreibt man auch $A \leq_T B$.
Wenn $M^{(B)}$ sogar in polynomialer Zeit arbeitet, schreiben wir $A \leq_T^P B$ und sprechen von Turing-Reduzierung in polynomialer Zeit.

Es liegt nahe, auch nichtdeterministische Orakelmaschinen zuzulassen. Wir definieren die **nichtdeterministische Turing-Reduktion in polynomialer Zeit**.

Definition 3.2
$A \leq_T^{NP} B$ genau dann, wenn es eine nichtdeterministische Orakelmaschine $M^{()}$ derart gibt, daß $A = L(M^{(B)})$ ist.

Leicht überzeugt man sich davon, daß folgendes gilt.

Satz 3.3
1. $\leq_T^P$ ist reflexiv und transitiv.

2. $\leq_m^{\log} \subseteq \leq_m^P \subseteq \leq_T^P \subseteq \leq_T^{NP}$. ∎

Bemerkung: Die zweite Aussage bedeutet, daß von den vier bisher betrachteten Reduktionen $\leq_m^{\log}$ die feinste und $\leq_T^{NP}$ die gröbste ist. $\leq_T^{NP}$ ist nicht transitiv [LLS75]. Damit ist $\leq_T^P \subset \leq_T^{NP}$. Nach [LLS75] ist auch $\leq_m^P \subset \leq_T^P$ bekannt. Man weiß jedoch nicht, ob diese Reduzierungen, eingeschränkt auf NP, wirklich alle voneinander verschieden sind. In Analogie zu Satz 2.12 kann man zeigen:

3.1. WEITERE REDUKTIONSBEGRIFFE

Satz 3.4
$$\bigwedge_{A,B \in \mathrm{NP}} (A \leq_m^{\log} B \longleftrightarrow A \leq_T^{\mathrm{NP}} B) \longrightarrow \mathrm{NP} \subseteq \mathrm{L}.$$ ∎

Ist $\mathcal{C}$ eine beliebige Komplexitätsklasse, so setzen wir
$$\mathrm{P}^{\mathcal{C}} = \{X : \bigvee_{Y \in \mathcal{C}} X \leq_T^P Y\} \text{ und } \mathrm{NP}^{\mathcal{C}} = \{X : \bigvee_{Y \in \mathcal{C}} X \leq_T^{\mathrm{NP}} Y\}.$$

Für die Behandlung der polynomialzeitbeschränkten truth-table-Reduzierung $\leq_{tt}^P$ ist es entscheidend, *wie* die Booleschen Funktionen dargestellt werden, ob durch Schaltkreise, durch Boolesche Formeln oder durch Wahrheitswerttabellen. Man vergleiche dazu [LLS75, BH91, Wag90, KSW87].
Wir entscheiden uns hier für die Darstellung von Booleschen Funktionen durch Schaltkreise.

Definition 3.5
$A \leq_{tt}^P B$ genau dann, wenn es eine Funktion $f \in \mathrm{FP}$ gibt, so daß für alle x gilt:
Ist $f(x) = \langle \alpha, x_1 \ldots x_n \rangle$, so ist n gleich der Stellenzahl von α und
$x \in A \longleftrightarrow \alpha(c_B(x_1), \ldots, c_B(x_n)) = 1$, d.h. $c_A(x) = \alpha(c_B(x_1), \ldots, c_B(x_n))$.

Man beachte, daß bei gegebener tt-Reduktion $A \leq_{tt}^P B$ jedes x ein eigenes α erforderlich machen kann. Geschieht die Reduktion $A \leq_{tt}^P B$ so, daß für jedes x dasselbe α gebraucht wird, so schreiben wir auch $A \leq_{att}^P B$. Ist die Menge der Stellenzahlen aller vorkommenden Booleschen Funktionen durch m beschränkt, so schreiben wir auch $A \leq_{mtt}^P B$. Wir schreiben $A \leq_{btt}^P B$ genau dann, wenn es ein $m \in \mathbb{N}$ gibt mit $A \leq_{mtt}^P B$ und nennen dies die **beschränkte (bounded) tt-Reduktion**.
Eine truth-table-Reduktion von A auf B kann man sich von einer polynomialzeitbeschränkten Orakelmaschine ausgeführt denken, die die Fragen an das Orakel zuerst alle bestimmt, bevor sie auch nur eine stellt. Dann werden die Fragen beantwortet und ausgewertet. Man spricht hier im Gegensatz zu Turingreduktionen, wo die Fragen in Abhängigkeit von eventuell vorausgegangenen gestellt werden, von einem **parallelen Zugriff** auf das Orakel. Man macht sich leicht klar [Wag90], daß $\leq_{tt}^P$ die allgemeinste Art und Weise des parallelen Zugriffs auf ein Orakel beschreibt.
In Erweiterung von Satz 3.4 halten wir den folgenden einfachen Satz fest:

Satz 3.6
1. $\leq_{btt}^P$ und $\leq_{tt}^P$ sind reflexiv und transitiv.

2. $\leq_m^P \subseteq \leq_{btt}^P \subseteq \leq_{tt}^P \subseteq \leq_T^P$. ∎

Bemerkung In [LLS75] wird gezeigt, daß auf EXP diese Relationen voneinander verschieden sind. Es ist jedoch offen, ob dies bereits auf NP gilt.

Für späteren Gebrauch führen wir bereits hier folgende Bezeichnungen ein:
$\mathcal{R}_{tt}^P(\mathcal{C}) = \{X : \bigvee_{Y \in \mathcal{C}} X \leq_{tt}^P Y\}$. Analog definiert man die Klassen $\mathcal{R}_{btt}^P(\mathcal{C})$, $\mathcal{R}_{mtt}^P(\mathcal{C})$ und $\mathcal{R}_{att}^P(\mathcal{C})$ für Boolesche Funktionen α.

3.2 Die Polynomialzeithierarchie

Der Projektionssatz (Satz 2.25) ist das Polynomialzeit-Analogon des klassischen Projektionssatzes, demzufolge eine Menge genau dann rekursiv aufzählbar ist, wenn sie die Projektion einer entscheidbaren Menge ist. Dies ist der erste Schritt zum Aufbau der arithmetischen Hierarchie, deren Mengen sich durch wiederholte Anwendungen von Projektionen und Komplementbildungen aus den entscheidbaren Mengen erzeugen lassen [Rog67]. In diesem Abschnitt beschreiben wir das Polynomialzeit-Analogon der arithmetischen Hierarchie, die **Polynomialzeithierarchie,** von der der erwähnte Satz 2.25 nur eine einzige Stufe betrifft. Sie geht auf A. Meyer und L. Stockmeyer zurück [MS72].
Zunächst stellen wir fest, daß unbekannt ist, ob coNP mit NP zusammenfällt. Für einen Beweis von NP = coNP reichte es, NP $\subseteq$ coNP zu zeigen. Dazu müßte man zu gegebener NPTM M eine NPTM finden, die genau dann akzeptiert, wenn M ablehnt, d.h. keinen akzeptierenden Pfad hat. Es ist aber nicht klar, wie man eine solche Maschine zu konstruieren hätte.
Da P komplementabgeschlossen ist, gilt die Implikation

$$P = NP \longrightarrow NP = coNP.$$

Die Umkehrung muß nicht gelten. Man vergleiche dazu auch den Abschnitt über Relativierungen und insbesondere den Satz 3.37.
Im folgenden machen wir neben $\bigvee^p$ noch von dem polynomial längenbeschränkten Quantifikator $\bigwedge^p$ Gebrauch, der so definiert ist:

$$\bigwedge_y^p A(x,y) \longleftrightarrow \bigwedge_y \Big(|y| \leq p(|x|) \longrightarrow A(x,y)\Big).$$

Das genannte Analogon zur arithmetischen Hierarchie wäre so zu definieren: $\Sigma_0^P = \Pi_0^P = P, \Sigma_1^P = NP, \Pi_1^P = coNP$, und für $i > 1$

$$A \in \Sigma_i^P \longleftrightarrow \bigvee_{B \in P} \bigvee_{p_1,\ldots,p_i \in \text{Pol}} \Big(\bigwedge_x (x \in A \longleftrightarrow \bigvee_{y_1}^{p_1} \bigwedge_{y_2}^{p_2} \ldots Q_{y_i}^{p_i}(x, y_1, \ldots, y_i) \in B)\Big)$$

und $\Pi_i^P = \text{co}\Sigma_i^P$. Hierbei ist $Q = \bigwedge$ oder $Q = \bigvee$ je nachdem, ob i gerade oder ungerade ist.
Wir werden diese Klassen jedoch auf andere Weise definieren und dies dann

3.2. DIE POLYNOMIALZEITHIERARCHIE

als Satz beweisen.
Im vorigen Abschnitt sind die Urbilder einer Komplexitätsklasse $\mathcal{C}$ bezüglich $\leq_T^P$ und $\leq_T^{NP}$ definiert worden. Insbesondere haben wir

$$P^P = \{X : \bigvee_{Y \in P} X \leq_T^P Y\},\ NP^P = \{X : \bigvee_{Y \in P} X \leq_T^{NP} Y\},$$
$$P^{NP} = \{X : \bigvee_{Y \in NP} X \leq_T^P Y\} \text{ und } NP^{NP} = \{X : \bigvee_{Y \in NP} X \leq_T^{NP} Y\}.$$

Man sieht sofort ein, daß $P^P = P$ und $NP^P = NP$ gilt, weil eine Polynomialzeit-Orakelmaschine, die ein Orakel aus P hat, auf den Orakelmechanismus verzichten und die Antworten auf die gestellten Fragen direkt berechnen kann, was insgesamt in polynomialer Zeit gelingt. Weniger leicht wird man mit P^{NP} und NP^{NP} fertig. Bei oberflächlicher Betrachtung scheint es so, als könne man auch hier die Orakelbefragung durch direkte Simulation ersetzen und dadurch insgesamt noch eine NPTM erhalten. Diese Idee scheitert jedoch. Zwar könnte man positive Antworten auf akzeptierenden Pfaden der simulierenden Maschine für die weitere Arbeit der Grundmaschine verwenden, wodurch die gesamte Berechnung nichtdeterministisch würde. Aber negative Antworten führen dazu, daß kein Pfad der das Orakel simulierenden Maschine akzeptiert. Damit hat die Grundmaschine keine Möglichkeit, diese negative Antwort zu übernehmen. Überlegungen dieser Art führen schnell zu der Implikation $NP = coNP \longrightarrow P^{NP} = NP$, die in Satz 3.11 enthalten ist.
Wir halten fest, daß wir damit rechnen müssen, daß P^{NP} und NP^{NP} neue Klassen sind.
Dem wird in der folgenden Definition entsprochen.

Definition 3.7 [MS72]
$\Delta_0^P = \Sigma_0^P = \Pi_0^P = P,$
$\Sigma_1^P = NP, \Pi_1^P = coNP,$
$\Delta_{i+1}^P = P^{\Sigma_i^P}, \Sigma_{i+1}^P = NP^{\Sigma_i^P}, \Pi_i^P = co\Sigma_i^P$ und $PH = \bigcup_{i=0}^{\infty} \Sigma_i^P.$

Tatsächlich lassen sich die Σ- und Π-Klassen in der oben angegebenen Weise durch polynomial längenbeschränkte Quantifikatoren charakterisieren, ein Ergebnis, das den Projektionssatz (Satz 2.25) als Spezialfall enthält.

Satz 3.8 [SM73]
Für jedes $i \in \mathbb{N}$ gilt

$$A \in \Sigma_i^P \longleftrightarrow \bigvee_{B \in P} \bigvee_{p_1,\ldots,p_i \in Pol} \Big(\bigwedge_x (x \in A \longleftrightarrow \bigvee_{y_1}^{p_1} \bigwedge_{y_2}^{p_2} \ldots Q_{y_i}^{p_i}(x, y_1, \ldots, y_i) \in B)\Big),$$

wobei die Folge der Quantifikatoren alterniert und folglich genau dann mit einem Existenzquantifikator endet, wenn i ungerade ist.

Beweis
1. $\longrightarrow$ (Induktion über i)
Induktionsbeginn: Für $i = 0$ ist die Behauptung erfüllt. Wir kennen sie im übrigen auch für $i = 1$ (Satz 2.25).
Induktionsannahme: Die Behauptung sei für i erfüllt.
Induktionsschritt: Sei $A \in \Sigma_{i+1}^P$. Dann können wir eine NPOM $M^{()1}$ und ein Orakel $C \in \Sigma_i^P$ so wählen, daß $A = L(M^{(C)})$ ist. Die Rechenzeit von $M^{()}$ sei p. Wir wollen noch das Prädikat D bereitstellen. Es ist so definiert:
$D(u,v,x,y) \longleftrightarrow$
u hat die Form $u = u_1\#\ldots\#u_k$, und v hat die Form $v = v_1\#\ldots\#v_l$, und y ist akzeptierender Pfad der Berechnung $M^{()}(x)$, und auf y werden genau die Fragen $u_1,\ldots,u_k,v_1,\ldots,v_l$ gestellt, und genau die Fragen $u_1,\ldots,u_k$ werden bejaht, und genau die Fragen $v_1,\ldots,v_l$ werden verneint.
Damit können wir schreiben:

$$x \in A \longleftrightarrow M^{(C)} \text{ akzeptiert } x$$
$$\longleftrightarrow \bigvee_y^p (y \text{ ist akzeptierender Pfad der Berechnung } M^{(C)}(x))$$
$$\longleftrightarrow \bigvee_y^p \bigvee_u^p \bigvee_v^p (D(u,v,x,y) \text{ und } u_1,\ldots,u_k \in C \text{ und } v_1,\ldots,v_l \in \overline{C}).$$

Entscheidend ist, daß die Prädikate $u_1,\ldots,u_k \in C$ und $v_1,\ldots,v_l \in \overline{C}$ in Σ_i^P bzw. in Π_i^P liegen. Man beachte, daß k und l durch $p(|x|)$ beschränkt sind. Deshalb können nach Induktionsannahme Mengen $E, F \in P$ und Polynome $p_1,\ldots,p_i$ und $q_1,\ldots,q_i$ derart gefunden werden, daß gilt

$$u_1,\ldots,u_k \in C \longleftrightarrow \bigvee_{y_1}^{p_1} \bigwedge_{y_2}^{p_2} \ldots Q_{y_i}^{p_i}(u, y_1,\ldots,y_i) \in E)$$

und

$$v_1,\ldots,v_l \in \overline{C} \longleftrightarrow \bigwedge_{z_1}^{q_1} \bigvee_{z_2}^{q_2} \ldots Q'^{q_i}_{z_i}(v, z_1,\ldots,z_i) \in F).$$

Man beachte daß die rechter Hand auftretenden Prädikate in Abhängigkeit von u statt von $u_1,\ldots,u_k$ und von v statt von $v_1,\ldots,v_l$ geschrieben worden sind. Wir erhalten damit

$$x \in A \longleftrightarrow \bigvee_y^p \bigvee_u^p \bigvee_v^p \Big[D(u,v,x,y) \wedge \bigvee_{y_1}^{p_1} \bigwedge_{y_2}^{p_2} \ldots Q_{y_i}^{p_i}(u, y_1,\ldots,y_i) \in E$$
$$\wedge \bigwedge_{z_1}^{q_1} \bigvee_{z_2}^{q_2} \ldots Q'^{q_i}_{z_i}(v, z_1,\ldots,z_i) \in F \Big].$$

---

[1]$M^{()}$ ist eine nichtdeterministische Polynomialzeitmaschine (NPOM) genau dann, wenn es ein Polynom p gibt, so daß für jedes x alle Pfade des potentiellen Berechnungsbaums $M^{()}(x)$ der Länge nach durch $p(|x|)$ beschränkt sind.

3.2. DIE POLYNOMIALZEITHIERARCHIE

Zieht man nun abwechselnd je einen Quantifikator vom vorletzten und vom letzten quantifizierten Teilausdruck aus der eckigen Klammer, so entsteht ein Präfix von Wortquantifikatoren, das nach Zusammenfassung gleichartiger benachbarter Quantifikatoren zu jeweils einem der gleichen Art aus genau $i+1$ Quantifikatoren besteht und mit einem Existanzquantifikator beginnt. Damit ist der Induktionsschluß gelungen und die erste Richtung der Behauptung bewiesen.

2. $\longleftarrow$ (Induktion über i)
Induktionsbeginn: Für $i = 0$ ist die Behauptung offensichtlich richtig.
Induktionsannahme: Die Behauptung sei für i richtig.
Induktionsschluß: Sei für Polynome $p_1, \ldots, p_{i+1}$ und für $B \in P$

$$A = \{x : \bigvee_{y_1}^{p_1} \bigwedge_{y_2}^{p_2} \ldots Q_{y_{i+1}}^{p_{i+1}}(x, y_1, \ldots, y_{i+1}) \in B\}.$$

Wir setzen

$$C = \{(x, y_1) : \bigwedge_{y_2}^{p_2} \ldots Q_{y_{i+1}}^{p_{i+1}}(x, y_1, \ldots, y_{i+1}) \in B\}$$

und erhalten

$$x \in A \longleftrightarrow \bigvee_{y_1}^{p_1}((x, y_1) \in C).$$

Dies bedeutet, daß A durch eine NPOM $M^{()}$ mit Orakel C akzeptiert werden kann: Bei Eingabe von x rät die Maschine y_1 und befragt das Orakel C über (x, y_1). Nach Induktionsannahme gehört C zu Π_i^P. Damit ist $A \in \Sigma_{i+1}^p$, denn an Stelle von C kann natürlich auch das Orakel $\overline{C}$ verwendet werden. ∎

Es ist jetzt an der Zeit, eine Übersicht über die Struktur der Hierarchie zu gewinnen.

Satz 3.9
Die Inklusionen zwischen den Π-, Σ- und Δ-Klassen sind so, wie in Figur 3.1 angegeben.

Beweis
Für jede Klasse $\mathcal{C}$ gilt $\mathcal{C} \subseteq P^{\mathcal{C}}$, also auch $\Sigma_i^P \subseteq P^{\Sigma_i^P} = \Delta_{i+1}^P$, und wegen $\Delta_{i+1}^P = co\Delta_{i+1}^P$ auch $\Pi_i^P \subseteq \Delta_{i+1}^P$.
Es gilt $\Delta_{i+1}^P = P^{\Sigma_i^P} \subseteq NP^{\Sigma_i^P} = \Sigma_{i+1}^P$, woraus sich $\Delta_{i+1}^P = co\Delta_{i+1}^P \subseteq co\Sigma_{i+1}^P = \Pi_{i+1}^P$ ergibt. Durch Induktion über i beweist man leicht (man wendet die Idee des Beweises von NP $\subseteq$ PSPACE an, Satz 2.2, und simuliert die Orakelbefragungen direkt, was nach Induktionsvoraussetzung in polynomialem Raum geht), daß $\Sigma_i^P \subseteq$ PSPACE für alle i gilt. Damit folgt PH $\subseteq$ PSPACE. ∎

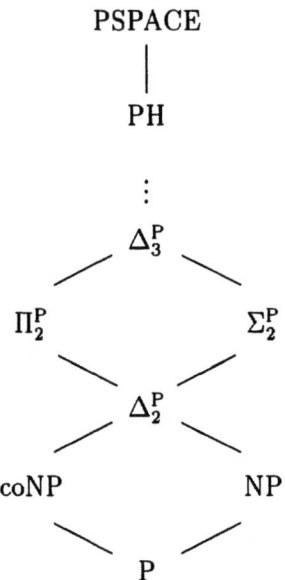

Abbildung 3.1: Die Polynomialzeithierarchie

Ob PH = PSPACE gilt, ist unbekannt. Wenn die Gleichheit gilt, ist die Hierarchie endlich, wie der nächste Satz aussagt.

Satz 3.10 [Wra77]
Wenn PH = PSPACE gilt, gibt es ein i mit $\Sigma_i^P = \Pi_i^P$ = PSPACE.

Beweis
Wir greifen auf Satz 3.28 vor und wissen damit, daß ASAT $\leq_m^{\log}$-vollständig in PSPACE ist. Wäre nun PH = PSPACE, so gäbe es ein kleinstes i derart, daß ASAT $\in \Sigma_i^P$ gilt. Da Σ_i^P abgeschlossen bezüglich $\leq_m^{\log}$ ist, folgt PSPACE $\subseteq \Sigma_i^P$. Da PSPACE abgeschlossen bezüglich Komplementbildung ist, folgt hieraus $\Sigma_i^P = \Pi_i^P$. Daß die Hierarchie auf der Stufe i endet, folgt aus PSPACE = Σ_i^P = $\Pi_i^P \subseteq \Sigma_j^P \subseteq$ PSPACE für alle $j \geq i$. ∎

Schließlich bleibt noch die Frage, ob die Hierarchie endlich oder unendlich ist. Dies ist zwar nicht bekannt, aber es gibt hinreichende Bedingungen dafür, daß die Hierarchie endlich ist.

Satz 3.11 [Sto77]
1. Aus $\Sigma_i^P = \Pi_i^P$ folgt, daß die Hierarchie nur bis zur i-ten Stufe reicht.
2. Aus $\Sigma_i^P = \Sigma_{i+1}^P$ folgt, daß die Hierarchie nur bis zur i-ten Stufe reicht.

Beweis
Zu 1. Sei $\Sigma_i^P = \Pi_i^P$ und sei $A \in \Sigma_{i+1}^P$. Nach Satz 3.8 gibt es dann ein $B \in P$ und Polynome $p_1, \ldots, p_{i+1}$ derart, daß gilt

$$x \in A \longleftrightarrow \bigvee_{y_1}^{p_1} \bigwedge_{y_2}^{p_2} \ldots Q_{y_{i+1}}^{p_{i+1}}(x, y_1, \ldots, y_i) \in B.$$

Die Menge

$$D = \left\{ (x, y_1) : \bigwedge_{y_2}^{p_2} \ldots Q_{y_{i+1}}^{p_{i+1}}(x, y_1, \ldots, y_i) \in B \right\}$$

gehört nach Satz 3.8 zu Π_i^P und deshalb nach Voraussetzung auch zu Σ_i^P. Daher muß es ein $C \in P$ und Polynome $q_2, \ldots, q_{i+1}$ geben mit

$$D = \left\{ (x, y_1) : \bigvee_{y_2}^{q_2} \ldots Q'^{q_{i+1}}_{y_{i+1}}(x, y_1, \ldots, y_i) \in C \right\}.$$

Damit folgt

$$x \in A \longleftrightarrow \bigvee_{y_1}^{p_1} \bigvee_{y_2}^{q_2} \ldots Q'^{q_{i+1}}_{y_{i+1}}(x, y_1, \ldots, y_i) \in C.$$

Die beiden ersten Quantifikatoren können nun zu einem zusammengefaßt werden. Damit entsteht ein Präfix, das zeigt, daß A zu Σ_i^P gehört. Auf diese Weise kann durch Induktion gezeigt werden $\Sigma_i^P = \Sigma_{i+1}^P = \ldots$, und damit fallen alle Klassen oberhalb von $\Sigma_i^P = \Pi_i^P$ mit Σ_i^P zusammen.

Zu 2. Aus $\Sigma_i^P = \Sigma_{i+1}^P$ folgt $\Pi_i^P \subseteq \Sigma_{i+1}^P = \Sigma_i^P$, also $\Pi_i^P = \Sigma_i^P$, womit der zweite Fall auf den ersten zurückgeführt ist. ■

Ob die Hierarchie wirklich unendlich ist, ist ein offenes Problem.
Im Gegensatz dazu ist die sogenannte starke Exponentialzeithierarchie endlich. Sie besteht nach [Hem89] aus den Klassen $\Sigma_0^{SE} = E, \Sigma_1^{SE} = NE$ und $\Delta_{k+1}^{SE} = P^{\Sigma_k^{SE}}, \Sigma_{k+1}^{SE} = NP^{\Sigma_k^{SE}}$ für $k \geq 1$. L. Hemachandra hat gezeigt, daß $P^{NE} = NP^{NE}$ gilt, woraus sich leicht ergibt, daß die gesamte starke Exponentialzeithierarchie auf P^{NE} zusammenfällt.

3.3 Akzeptierungstypen für Δ_2^P und Θ_2^P

Man kann Δ_2^P als Polynomialzeitklasse nichtdeterministischer Maschinen mit einem besonderen Akzeptierungstyp auffassen. Dies ist im wesentlichen eine Umformulierung von Untersuchungen von M. Krentel [Kre88] über Optimierungsprobleme (vgl. auch die Ausführungen über OptP in Abschnitt 9.6). Dazu betrachten wir NTM, deren Pfade ablehnend oder akzeptierend sind und die gleichzeitig noch Ausgaben aus $\{0,1\}^*$ haben. M. Krentel nennt solche Turingmaschinen **metrische** Turingmaschinen. Die Ausgaben interpretieren wir als natürliche Zahlen, indem wir führende Nullen ignorieren und ansonsten jede natürliche Zahl mit ihrer Binärdarstellung identifizieren. Mit $out_M(x)$ bezeichnen wir die Menge aller Ausgaben der Berechnung $M(x)$. Wir beschränken uns auf solche NTM, für die ein Polynom p existiert, so daß für Eingaben x der Länge n immer $out_M(x) \subseteq \{0,1\}^{p(n)}$ gilt.

Definition 3.12
Die NTM M habe die Eigenschaft, daß Pfade mit gleicher Ausgabe das gleiche Akzeptierungsverhalten haben. M akzeptiert x im Sinne von MAX genau dann, wenn die Pfade von $M(x)$, auf denen $out_M(x)$ maximal ist, akzeptieren.
$L_{\text{MAX}}(M)$ ist die Menge aller x, die von M im Sinne von MAX akzeptiert werden.
MAXP $= \{L_{\text{MAX}}(M) : M$ ist eine NTM, die in Polynomialzeit arbeitet$\}$.

Satz 3.13
$$\text{MAXP} = \Delta_2^P.$$

Beweis
1. MAXP $\subseteq \Delta_2^P$.
Sei $A \in$ MAXP. Die NTM M akzeptiere A im Sinne von MAX. Ist p die Rechenzeit von M, so kann das Maximum von $out_M(x)$ den Wert $2^{p(n)}-1$ mit $n = |x|$ erreichen. Wir definieren die Menge $C = \{(x,z) : \bigvee_y (y \in out_M(x) \wedge y > z)\}$. Offenbar ist $C \in$ NP. Das Orakel $D = \{(x,z) : \bigvee_y (M(x)$ akzeptiert x auf dem Pfad y und hat auf diesem Pfad die Ausgabe $z)\}$ liegt ebenfalls in NP. Durch höchstens $p(n)$ Fragen an das Orakel C kann $z = \max out_M(x)$ durch binäres Suchen bestimmt werden. Durch eine weitere Frage an D kann geprüft werden, ob ein *akzeptierender* Pfad existiert, auf dem z ausgegeben wird. Damit ist $A \in \Delta_2^P$.

2. $\Delta_2^P \subseteq$ MAXP.
Sei $A \in \Delta_2^P$, und es sei $A = L(M^{(B)})$ mit $B \in$ NP. Wir betrachten eine NTM N. $N(x)$ arbeitet wie $M^{(B)}(x)$, aber $M^{(B)}$ beantwortet alle Fragen an B durch Anwendung einer Maschine T für B. Bei einer positiven Antwort arbeitet N wie $M^{(B)}$ so weiter, als hätte das Orakel mit JA geantwortet, und bei einer negativen Antwort arbeitet N wie $M^{(B)}$ so weiter, als hätte das Orakel mit NEIN geantwortet. Auf jedem Pfad erreicht N auf diese Weise einen akzeptierenden oder einen ablehnenden Endzustand, und gleichzeitig soll auf jedem Pfad ein Wort aus $\{0,1\}^*$ ausgegeben werden, das die Folge der auf diesem Pfad gefundenen Antworten beschreibt: eine 0, wenn T abgelehnt hat und eine 1, wenn T akzeptiert hat.
Es ist leicht einzusehen, daß zwei Pfade, die die gleiche Ausgabe haben, auch das gleiche Akzeptierungsverhalten haben. Es ist offensichtlich, daß die Pfade

3.3. AKZEPTIERUNGSTYPEN FÜR Δ_2^P UND Θ_2^P

mit der größten Ausgabe das richtige Ergebnis erreichen. Damit ist $x \in A$ genau dann, wenn $N(x)$ einen akzeptierenden Pfad besitzt, auf dem $\max out_M(x)$ ausgegeben wird. ∎

Bemerkung Der zweite Teil des Beweises lehrt, daß es sich hierbei nur scheinbar um eine promise-Klasse handelt.
Die Auffassung von Δ_2^P, die in Satz 3.13 zum Ausdruck kommt, führt sehr leicht zu vollständigen Mengen. Nach [Kre88] definieren wir ODDMAXSAT als die Menge aller erfüllbaren Booleschen Ausdrücke, für die die lexikographisch größte[2] erfüllende Belegung (als Binärzahl unter Ignorierung eventuell führender Nullen aufgefaßt) ungerade ist. Das folgende Resultat stammt aus [Kre88], ist dort aber anders bewiesen worden. Dort sowie in [Wag90] finden sich weitere vollständige Probleme in Δ_2^P. Das erste derartige Problem ist von C. Papadimitriou angegeben worden, nämlich das Entscheidungsproblem, von einem bewerteten Graphen festzustellen, ob er eine eindeutig bestimmte optimale travelling-salesman-Tour hat [Pap84].

Satz 3.14
ODDMAXSAT ist $\leq_m^P$-vollständig in Δ_2^P.
Beweis
Sei $X \in \Delta_2^P$ und M eine Maschine, die X im Sinne von MAXP akzeptiert. Sie arbeite in der Zeit p, wobei p ein Polynom ist. Das Ausgabeband von M kann man sich o.B.d.A. so vorstellen, daß darauf nur (und nur in einer Richtung) geschrieben wird. Die Ausgabe soll auf den Feldern $1, \ldots, q(n)$ stehen, wobei auf Feld $q(n)$ das Bit mit der niedrigsten Ordnung steht.
Wir zeigen $X \leq_m^P$ ODDMAXSAT und definieren eine reduzierende Funktion f wie im Beweis von Satz 2.27 mit den folgenden Besonderheiten:

1. Wir verwenden weitere Variablen $a_{t,1}, \ldots a_{t,q(n)}$ für $t = 0, \ldots, p(n)$ mit der Bedeutung, daß $a_{t,i} = b$ genau dann gilt, wenn im Takt t im Feld i des Ausgabebandes das Bit b steht.

2. Zu H_0 wird die Konjunktion aller Literale $\sim a_{0,i}$ konjunktiv hinzugenommen. Dies heißt, das das Ausgabeband zu Anfang leer ist.

3. Die einzelnen H_t werden so ergänzt, daß die Ausgabe dabei richtig beschrieben wird. Pro Takt kann sich höchstens eine der Variablen $a_{t,i}$ ändern. Für alle anderen ist $a_{t-1,i} \longleftrightarrow a_{t,i}$ konjunktiver Bestandteil von H_t, der besagt, daß das Ausgabefeld i im Takt t denselben Inhalt hat wie im Takt vorher.

---
[2]Die lexikographische Ordnung der Belegungen wird induziert durch eine fixierte Ordnung $x_1 < x_2 < \ldots$ der Aussagenvariablen. Eine Belegung b von H wird in der normierten Form $b(x_1)b(x_2)\ldots b(x_n)$ geschrieben, wobei $x_1, \ldots, x_n$ alle in H vorkommenden Variablen sind.

4. Auf das Konjunktionsglied $H_{p(n)+1}$ verzichten wir hier ganz. Damit beschreibt der konstruierte Ausdruck $f(x)$ nicht nur die akzeptierenden Pfade von $M(x)$ einschließlich ihrer Ausgabe, sondern überhaupt alle Pfade.

Schließlich ordnen wir die Variablen so (es sei daran erinnert, daß der akzeptierende Endzustand von M mit k bezeichnet worden ist):

$$a_{p(n),1}, \ldots, a_{p(n),q(n)}, \ldots, z_{p(n),k}.$$

Die Punkte deuten an, daß die restlichen Variablen beliebig, aber fest geordnet werden sollen. Wir halten fest:

1. Es gibt eine eineindeutige Beziehung zwischen der Menge der erfüllenden Belegungen von $f(x)$ und der Menge der Pfade von $M(x)$.

2. Ein Pfad ist genau dann akzeptierend, wenn die zugehörige Belegung, aufgefaßt als Binärzahl gemäß der festgelegten Reihenfolge der Variablen unter Nichtbeachtung eventuell führender Nullen, ungerade ist.

3. Gibt es mehrere Pfade, deren zugehörige Belegung mit dem gleichen Präfix $a_{p(n),1}, \ldots, a_{p(n),q(n)}$ beginnt, so haben diese Pfade nach Voraussetzung das gleiche Akzeptierungsverhalten.

Damit ergibt sich unmittelbar $x \in X \longleftrightarrow f(x) \in \text{ODDMAXSAT}$. ∎

In [PZ83, Kre88] wird die Klasse $\Theta_2^P = P^{NP[Lin(\log)]}$ studiert, die Bezeichnung Θ_2^P stammt von K. Wagner. Dies ist die Klasse derjenigen Mengen, die sich in polynomialer Zeit mit einem Orakel aus NP so entscheiden lassen, daß für jede Eingabe x höchstens $c \cdot \log |x|$ Fragen mit von x unabhängigem $c > 0$ gestellt werden. In [Wag90] wird gezeigt, daß Θ_2^P eine außerordentlich große Zahl verschiedener Definitionen zuläßt, was man als ein Indiz dafür begreifen kann, daß diese Klasse sehr natürlich ist. Zusammen mit den weiteren Klassen $\Theta_k^P = P^{\Sigma_{k-1}^P}$ spielt sie eine wichtige Rolle in der Komplexitätstheorie.

Hier geht es darum festzustellen, daß Satz 3.13 in natürlicher Weise auf Θ_2^P ausgedehnt werden kann: Eine Menge A ist genau dann in Θ_2^P, wenn es ein $c > 0$ und eine metrische Turingmaschine M gibt, die A im Sinne von MAXP akzeptiert, wobei $\max out_M(x) \leq c \log |x|$ gilt.

Auch in Θ_2^P gibt es $\leq_m^P$-vollständige Mengen. Die Beweismethode von Satz 3.14 läßt sich leicht so modifizieren, daß sich die $\leq_m^P$-Vollständigkeit der Menge ODDMAXSAT'=
$= \{(H,c) : c \in \mathbb{N} \wedge \max\{\beta \bmod 2^{\lceil c \log |H| \rceil} : \beta(H) = 1\} \equiv 1(2)\}$ beweisen läßt. In Worten: ODDMAXSAT' enthält genau jene Paare (H,c), für die das Maximum

der auf $2^{\lceil c\log|H|\rceil}$ reduzierten erfüllenden Belegungen von H ungerade ist. Man beachte: $\max\{\beta \bmod m : \beta(H) = 1\} \neq \max\{\beta : \beta(H) = 1\} \bmod m$.
Der Beweis für die Vollständigkeit von ODDMAXSAT' $\in \Theta_2^P$ ist fast identisch mit dem Beweis von Satz 3.14. Unterschiede sind die folgenden: Zu M gibt es ein $c \in \mathbb{N}$ derart, daß $\max out_M(x) \leq c \cdot \log|x|$ ist. Wir setzen $s(n) = c\lceil \log n \rceil$ und benötigen die Variablen $a_{t,1}, \ldots, a_{t,s(n)}$ für $t = 1, \ldots, p(n)$. Zum Schluß ordnen wir sämtliche Variablen von $f(x)$ so an:

$$\ldots, a_{p(n),1}, \ldots, a_{p(n),s(n)}, z_{p(n),k}.$$

Werden die Belegungen modulo $2^{s(n)+1}$ betrachtet, findet man in den ersten $s(n)$ Bits die Ausgabe auf dem zur Belegung gehörigen Pfad und im letzten Bit die Information darüber, ob die Belegung akzeptierend ist.
Weitere Beispiele für $\leq_m^P$-vollständige Probleme in Θ_2^P, zum Beispiel

ODDCLIQUE $= \{(V, E) : (V, E)$ ist endlicher Graph mit $mcg(G) \equiv 1(2)\}$,

finden sich in [Kre88] und [Wag87a]. In diesem Zusammenhang sei auch auf Satz 6.25 verwiesen.

3.4 Alternierende Maschinen

Die eigentliche Rechtfertigung für die Einführung von nichtdeterministischen Turingmaschinen liefert der Projektionssatz (im Polynomialzeitfall Satz 2.25), der zeigt, daß der Nichtdeterminismus genau als eine algorithmische Entsprechung des Existenzquantifikators aufgefaßt werden kann. Daher ist es naheliegend, den allgemeineren Satz 3.8 zum Anlaß zu nehmen, neuartige Turingmaschinen so einzuführen, daß die Klassen der Polynomialzeithierarchie gerade die Polynomialzeitklassen von Turingmaschinen mit jeweils passendem Akzeptierungsmodus sind (Satz 3.19). Diese sogenannten alternierenden Turingmaschinen sind auch deshalb interessant, weil sie ein vollwertiges Modell für Parallelrechner darstellen. Sie sind in den unabhängig voneinander erschienenen Konferenzbeiträgen [CS76, Koz76] eingeführt worden. Die Autoren haben sich später auf einen gemeinsamen Zeitschriftenartikel geeinigt [CKS81].

Definition 3.15
Eine NTM nennen wir **alternierende Turingmaschine** *(ATM), wenn ihre Zustandmenge Z als disjunkte Vereinigung $Z = E \cup U \cup A \cup R$ dargestellt werden kann. Die Zustände aus E, U, A, R heißen* **existentiell, universell, akzeptierend** *bzw.* **ablehnend**. *Die Zustände aus $A \cup R$ sind Endzustände.*

Um das Akzeptierungsverhalten von ATM's definieren zu können, brauchen wir eine Funktion *wert*, die jeder Konfiguration eines Berechnungsbaumes einen Booleschen Wert zuordnet. Sei M eine ATM und $M(x)$ der Berechnungsbaum von M bei Eingabe von x. Eine Konfiguration K nennen wir existentiell, universell, akzeptierend oder ablehnend, je nachdem, ob der Zustand, der in dieser Konfiguration herrscht, existentiell, universell, akzeptierend oder ablehnend ist. K_1 und K_2 seien die Nachfolgekonfigurationen von K. Wir definieren die **Wertfunktion** *wert* durch

$$wert(K) = \begin{cases} 0 & \text{falls } K \text{ ablehnend ist,} \\ 1 & \text{falls } K \text{ akzeptierend ist,} \\ wert(K_1) \vee wert(K_2) & \text{falls } K \text{ existentiell ist,} \\ wert(K_1) \wedge wert(K_2) & \text{falls } K \text{ universell ist.} \end{cases}$$

Definition 3.16
Die ATM M akzeptiert die Eingabe x genau dann, wenn $wert(INIT(M,x)) = 1$ gilt.
Mit $L(M)$ bezeichnen wir die Menge der von M akzeptierten Wörter.

Die Definition umfaßt den Sonderfall solcher Maschinen, die außer den Endzuständen nur existentielle Zustände haben. Das sind gerade die üblichen nichtdeterministischen Maschinen.

Wir betrachten nun komplexitätsbeschränkte ATM's. Einen Teilbaum von

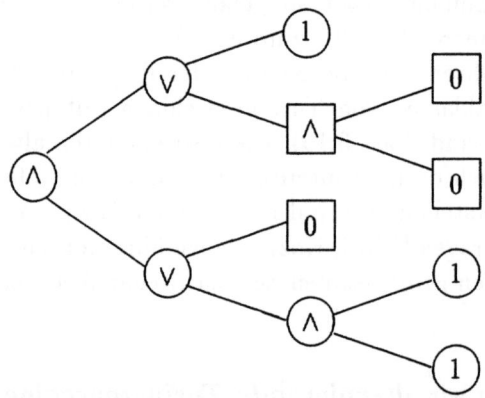

Abbildung 3.2: Ein akzeptierender Teilbaum

$M(x)$ nennen wir **akzeptierend**, wenn er die Wurzel von $M(x)$ enthält und wenn die Wertfunktion *wert* bereits auf diesem Teilbaum für die Wurzel den

3.4. ALTERNIERENDE MASCHINEN

Wert 1 liefert. Ein Beispiel möge dies verdeutlichen: Im Baum der Abbildung 3.2 ist der Teilbaum, der aus den rund dargestellten Knoten besteht, akzeptierend. In den Knoten ist angegeben, ob sie akzeptierend (1), ablehnend (0), existentiell ($\vee$) oder universell ($\wedge$) sind.

Definition 3.17
Die ATM M akzeptiert x in der Zeit k genau dann, wenn es einen akzeptierenden Teilbaum von $M(x)$ der Tiefe k gibt.
Die ATM M akzeptiert die Sprache L in der Zeit t genau dann, wenn M die Sprache L akzeptiert und wenn jedes $x \in L$ in der Zeit $t(|x|)$ akzeptiert wird.
Die ATM M akzeptiert x im Raum k genau dann, wenn es einen akzeptierenden Teilbaum von $M(x)$ gibt, dessen sämtliche Konfigurationen die Größe k (vgl. Def.1.2) nicht überschreiten.
Die ATM M akzeptiert die Sprache L im Raum s genau dann, wenn M die Sprache L akzeptiert und wenn jedes $x \in L$ im Raum $s(|x|)$ akzeptiert wird.

Diese Definition ermöglicht nun auch die Einführung von alternierenden Komplexitätsklassen:

$$\text{ATIME}(t) = \{L(M) : M \text{ ist eine ATM, die in der Zeit } t \text{ akzeptiert}\},$$

$$\text{ASPACE}(s) = \{L(M) : M \text{ ist eine ATM, die im Raum } s \text{ akzeptiert}\}.$$

Ein tieferes Verständnis für die alternierenden Turingmaschinen gewinnt man, wenn man ihre Arbeitsweise unter dem Gesichtspunkt der **Parallelität** sieht. Anschaulich gesprochen zeichnen sich parallele Maschinen dadurch aus, daß sie von Zeit zu Zeit verschiedene Unteraufgaben „in Auftrag geben" und diese gleichzeitig bearbeiten lassen. Die „Unterauftragnehmer" können ihrerseits Unteraufträge parallel bearbeiten lassen etc. Wenn schließlich die Lösungen von den Unteraufträgen zum Auftraggeber zurückkommen, werden diese von ihm in der vorgesehenen Weise für die Lösung seiner Aufgabe verwendet. ATM's können nun genau dieses Verhalten simulieren. Angenommen, eine parallele Maschine hat zu prüfen, ob eine Eingabe x akzeptiert werden kann, und sie will dazu zwei Aufgaben parallel bearbeiten lassen, um die Resultate r_1 und r_2 für ihren Entscheidungsprozeß zu verwenden.
Eine ATM würde dieses Vorgehen wie folgt simulieren: Sie würde zunächst alle denkbaren Resultate (r_1, r_2) raten. Nach jedem Rateschritt würde sie in einen universellen Zustand übergehen. In diesem Zustand würde sie einerseits mit dem Rateergebnis weiterrechnen, als sei es das richtige. Parallel dazu würde sie das Rateergebnis kontrollieren. Was hier fehlt, ist die Rückgabe der Ergebnisse an den „Auftraggeber". Dies wird aber gerade durch die Art der Akzeptierung

geleistet. Denn nach der Art, wie wir das Akzeptierungsverhalten von alternierenden Turingmaschinen definiert haben, wird x genau dann akzeptiert, wenn es ein Rateergebnis (r_1, r_2) gibt, das zur Akzeptierung von x führt und das gleichzeitig auch richtig ist. Nur wenn beides stimmt, erhält eine der existentiellen Konfigurationen der Ratephase der gedachten Berechnung den Wert 1, und nur dann kann x akzeptiert werden.

Die Parallelität erlaubt es, logarithmische Rechenzeit zuzulassen, weil alle n Bit einer Eingabe der Länge n in der Zeit $\log n$ parallel gelesen werden können. Dies wird durch ein spezielles **Adressenregister** A erreicht, das einen unmittelbaren Zugriff auf die Zellen des Eingabebandes ermöglicht und das wie ein Arbeitsband behandelt werden kann: Steht k in Binärdarstellung in A, so kann das k-te Bit der Eingabe direkt, d.h. in einem Takt, gelesen werden. Bei paralleler Arbeit kann damit in der Zeit $\text{Lin}(\log n)$ jedes Wort der Länge n gelesen werden.

Beispiel. Wir betrachten eine alternierende Turingmaschine, die das Problem $\{0^n 1^n : n \in \mathbb{N}\}$ in logarithmischer Zeit akzeptiert. Zuerst wird die Länge des Eingabewortes festgestellt, indem dem Adressenregister der Reihe nach 1,10,100,... eingegeben werden. Damit kennt man eine Einschachtelung von n zwischen 2^k und 2^{k+1}, und nun wird n durch binäres Suchen vollends bestimmt. Ist n ungerade, wird die Eingabe abgelehnt, andernfalls wird universell jedes $bin(i)$ berechnet und daraus $bin(n-i)$ bestimmt. Für jedes $i \leq \frac{n}{2}$ wird universell nach dem i-ten und dem $(n-i)$-ten Eingabebit gefragt. Diese Fragen enden in einer akzeptierenden Endkonfiguration, wenn die Antworten übereinstimmen. Andernfalls wird abgelehnt.

Wir knüpfen wieder an den Beginn dieses Abschnitts an. Nach Satz 3.8 sind die alternierenden Maschinen so definiert worden, daß die Klassen der Polynomialzeithierarchie als Polynomialzeitklassen geeigneter alternierender Turingmaschinen erscheinen.

Definition 3.18
Ein Pfad einer Berechnung $M(w)$ einer ATM M hat i Alternierungen genau dann, wenn in der Folge der Konfigurationen längs dieses Pfades $i-1$ Wechsel von einer existentiellen in eine universelle Konfiguration oder umgekehrt vorkommen.

Ein Teilbaum von $M(w)$ hat höchstens i Alternierungen genau dann, wenn jeder Pfad dieses Teilbaums höchstens i Alternierungen hat.

Die ATM M akzeptiert w in der Zeit t mit i Alternierungen genau dann, wenn es einen akzeptierenden Teilbaum von $M(w)$ der Tiefe höchstens t mit höchstens i Alternierungen gibt.

Damit definieren wir die Klassen $\Sigma_i^P \text{TIME}(t)$ und $\Pi_i^P \text{TIME}(t)$ wie folgt:
$\Sigma_i^P \text{TIME}(t)$ ist die Klasse der Mengen, die von einer ATM in der Zeit t mit i

Alternierungen akzeptiert werden, wobei die Wurzel des akzeptierenden Teilbaums mit einer existentiellen Konfiguration belegt ist.

$\Pi_i^P\text{TIME}(t)$ ist die Klasse der Mengen, die von einer ATM in der Zeit t mit i Alternierungen akzeptiert werden, wobei die Wurzel des akzeptierenden Teilbaums mit einer universellen Konfiguration belegt ist.

Man beachte daß es nicht möglich ist, ein Komplexitätsmaß „Alternierungszahl" zu definieren. Denn jede entscheidbare Menge läßt sich deterministisch, also, wenn man will, mit einer Alternierung, akzeptieren. Folglich gibt es keine echt aufsteigende Kette von Alternierungszahlklassen, weshalb die Alternierungszahl nach Folgerung 1.12 kein Blumsches Maß sein kann.

Der folgende Satz ist eigentlich auf der Hand liegend.

Satz 3.19
Für jedes $i \in \mathbb{N}$ gilt $\Sigma_i^P = \Sigma_i^P\text{TIME}(\text{Pol})$ und $\Pi_i^P = \Pi_i^P\text{TIME}(\text{Pol})$. ∎

3.5 Alternierende Komplexitätsklassen

Es gibt eine Reihe interessanter Beziehungen zwischen alternierenden und deterministischen Komplexitätsklassen, die in diesem Abschnitt behandelt werden sollen. Der erste Satz dehnt die erste Aussage von Satz 2.3 von NTM auf ATM aus, wobei hier auch Funktionen $t \geq \log$ zugelassen sind.

Satz 3.20 [CKS81]
Ist $t \geq \log$ und ist t raumkonstruierbar, so gilt $\text{ATIME}(t) \subseteq \text{DSPACE}(t)$.

Beweis
Die ATM M akzeptiere die Menge A in der Zeit t. Wir konstruieren eine DTM N, die ein Arbeitsband mehr hat als M, das sie als Zähler verwendet. Bei einer Eingabe w der Länge n markiert N zunächst auf dem Zählerband $t(n)+1$ Felder, was im Raum $t(n)$ wegen der Raumkonstruierbarkeit von t möglich ist. Durch Tiefensuche wird nun festgestellt, ob $M(w)$ einen akzeptierenden Teilbaum einer durch $t(n)$ beschränkten Tiefe hat. Dazu wird unter Verwendung des markierten Raumes der Pfadname $0^{t(n)}$ in die oberste Spur des in zwei Spuren eingeteilten Zählerbands geschrieben, wobei das nullte Feld frei bleibt. Dann wird die Berechnung von M bei Eingabe von w längs dieses Pfades simuliert, wobei für alle $i \geq 0$ nach dem i-ten Schritt in die zweite Spur des i-ten Feldes ein $\wedge$ oder ein $\vee$ geschrieben wird, je nach dem, ob die i-te Konfiguration, die auf diesem Weg erreicht wird, universell oder existentiell ist. Insbesondere steht in der zweiten Spur des nullten Feldes die Information darüber, ob die Anfangskonfiguration universell oder existentiell ist. Erreicht N auf diese Weise eine Endkonfiguration, so schreibt die Maschine in die zweite

Spur des dieser Konfiguration entsprechenden Feldes den Wert dieser Konfiguration. Erreicht die Maschine die $t(n)$-te Konfiguration und ist diese keine Endkonfiguration, so wird in die zweite Spur des $t(n)$-ten Feldes eine 0 geschrieben. Man mache sich klar, daß dies im folgenden nicht zu einer fälschlichen Akzeptierung der Eingabe durch N führen kann.

Hat N eine 0 oder eine 1 in der zweiten Spur erreicht, etwa im Feld mit der Nummer i, so werden die Felder $i-1$ und i verändert, und zwar nach folgenden Regeln:

$$\begin{aligned} \vee,1 &\longrightarrow 1,\square \\ \vee,0 &\longrightarrow (\vee,0),\square \\ \wedge,1 &\longrightarrow (\wedge,1),\square \\ \wedge,0 &\longrightarrow 0,\square. \end{aligned}$$

Dies beschreibt die Berechnung der *wert*-Funktion. Im ersten und letzten Fall kann diese Berechnung einen Schritt weiter nach links getrieben werden, im zweiten und dritten Fall dagegen hat man für den linken Nachfolger K_1 der zum Feld i gehörigen Konfiguration K den Wert $wert(K_1)$ ermittelt. Um aber $wert(K)$ berechnen zu können, muß auch noch $wert(K_2)$ für den rechten Nachfolger K_2 von K berechnet werden. Zu diesem Zweck setzt N die Tiefensuche fort, indem zunächst von Feld i an in die obere Spur das Wort $10^{t(n)-i-1}$ geschrieben wird. Dann wird die Konfiguration K bestimmt, indem die Berechnung gemäß dem in der oberen Spur stehenden Pfadnamen von Beginn an erneut ausgeführt wird, denn K war nirgends gespeichert. Und danach wird von K aus die Berechnung längs des Restwegs $10^{t(n)-i-1}$ ausgeführt. So kann auch $wert(K_2)$ bestimmt werden. Den obigen Regeln müssen nun noch die beiden folgenden hinzugefügt werden:

$$\begin{aligned} (\vee,0),a &\longrightarrow a,\square \\ (\wedge,1),a &\longrightarrow a,\square. \end{aligned}$$

N akzeptiert w genau dann, wenn in der zweiten Spur des nullten Feldes des Zählerbandes eine 1 erreicht wird. Dieser Berechnungsprozeß von $N(w)$ benötigt nur den Raum $t(n)$ und akzeptiert offensichtlich genau dann, wenn auch $M(w)$ akzeptiert. ∎

Satz 3.21 [CKS81]
Wenn $s \geq \log$ in der Zeit s^2 konstruierbar ist, gilt
$$\text{DSPACE}(s) \subseteq \text{ATIME}(\text{Lin}(s^2)).$$

3.5. ALTERNIERENDE KOMPLEXITÄTSKLASSEN

Beweis
Die DTM M akzeptiere die Menge A im Raum s. Wir konstruieren eine ATM N, die A in der Zeit s^2 akzeptiert. Nach Satz 1.9 gibt es ein c so, daß die Rechenzeit von M bei Eingaben der Länge n durch $2^{cs(n)}$ beschränkt ist. Wir wählen k als kleinste natürliche Zahl derart, daß $2^{cs(n)} \leq 2^k$ gilt. Damit gilt dann für Wörter w der Länge n genau wie beim Beweis des Satzes von Savitch (Satz 4.1):

$$w \in A \longleftrightarrow INIT(M,w) \vdash_M^{2^k} END$$
$$\longleftrightarrow \bigvee_K (INIT(M,w) \vdash_M^{2^{k-1}} K \land K \vdash_M^{2^{k-1}} END).$$

Diese rekursive Beziehung legt es nahe, die ATM N so zu konstruieren: Bei Eingabe von w rät N in einer existentiellen Ratephase aus $s(n)$ Takten die Konfiguration K. Anschließend werden in einem universellen Schritt die beiden Beziehungen $INIT(M,w) \vdash_M^{2^{k-1}} K$ und $K \vdash_M^{2^{k-1}} END$ geprüft. Dazu wird die rekursive Beziehung ein weiteres Mal ausgenützt, was zu einer weiteren existentiellen Ratephase und einem anschließenden universellen Schritt führt. Nach insgesamt k-maliger Anwendung dieses Gedankens hat man im universellen Schritt nur noch Paare von Konfigurationen daraufhin zu prüfen, ob sich die eine von ihnen aus der anderen in einem Schritt der Maschine M ergibt. Dies kann direkt getan werden und erfordert keine weiteren parallelen Unteraufrufe. Die Berechnung von N dauert insgesamt $s(n)$ Phasen zu je $s(n)$ Rateschritten und einem universellen Schritt. Das sind insgesamt $\preceq (s(n))^2$ Schritte. ∎

Der nächste Satz dehnt die zweite Aussage des Satzes 2.3 von NTM auf ATM aus.

Satz 3.22 [CKS81]
Wenn $s \geq \log$ in der Zeit $2^{\text{Lin}(s)}$ konstruierbar ist, gilt
$$\text{ASPACE}(s) \subseteq \text{DTIME}(2^{\text{Lin}(s)}).$$

Beweis
Der Beweis beruht im wesentlichen auf der Idee des Beweises von NL $\subseteq$ P von Satz 2.2. Die ATM M akzeptiere A im Raum s. Wir konstruieren eine DTM N, die A in der Zeit $2^{\text{Lin}(s)}$ akzeptiert.
Bei Eingabe eines Wortes x der Länge n arbeitet N wie folgt. Zuerst wird der Raum $s(n)$ markiert. Die Maschine N durchläuft nun Pfad für Pfad den Baum $M(x)$ und legt dabei eine Liste aller gefundenen Konfigurationen an. Diese denken wir uns so organisiert, daß unter jeder Konfiguration, die in die Liste aufgenommen wird, die beiden Nachfolgerkonfigurationen in zwei weitere Spuren geschrieben werden. Für jede neu gefundene Konfiguration K wird mit Hilfe des markierten Raums geprüft, ob sie noch mit dem Raum $s(n)$

auskommt. Ist das der Fall und ist sie noch nicht auf der Liste, wird sie in die Liste aufgenommen. Sonst wird die Suche auf diesem Pfad abgebrochen, und K wird nicht in die Liste aufgenommen. Unter ihrer Vorgängerkonfiguration K' wird an Stelle von K eine 0 eingetragen. Nach Satz 1.9 ergeben sich auf der Liste höchstens $2^{bs(n)}$ Konfigurationen, und diese Liste ist in einer Zeit $2^{cs(n)}$ mit passenden $b, c > 0$ herstellbar.

Nun wird für die Elemente dieser Liste die Wertfunktion *wert* ausgerechnet. Genau dann, wenn $wert(INIT(M, w)) = 1$ ist, wird x von N akzeptiert. Diese Auswertung geschieht wie folgt: In einem ersten Durchlauf wird *wert* für alle Endkonfigurationen bestimmt. Danach werden die Endkonfigurationen in der zweiten und dritten Spur durch die berechneten Werte ersetzt. Damit werden neue Konfigurationen auswertbar, deren Werte man wiederum in die zweite und dritte Spur überträgt etc. Dies kann in einer Zeit, die polynomial in der Länge der Liste ist, erledigt werden. Nach $2^{ds(n)}$ Schritten mit passendem $d > 0$ kennt man also $wert(INIT(M, w))$ und damit die Antwort von N. Es ist vollkommen klar, daß N genau A akzeptiert. ∎

Der Beweis des folgenden Satzes macht am radikalsten vom Gedanken der Parallelität Gebrauch.

Satz 3.23 [CKS81]
Ist $s \geq \log$, so gilt $DTIME(2^{Lin(s)}) \subseteq ASPACE(s)$.

Beweis
Die DTM M akzeptiere die Menge A in der Zeit $2^{Lin(s)}$. Dabei können wir annehmen, daß M einbändrig ist. Denn eine mehrbändrige TM M' kann durch eine einbändrige ersetzt werden, deren Zeitbedarf durch das Quadrat der Rechenzeit von M' abgeschätzt werden kann. Dies ist aber im Rahmen der Zeitressource $2^{Lin(s)}$ unproblematisch. Aus dem gleichen Grunde wollen wir auf ein Eingabeband verzichten. Wir konstruieren eine ATM, die A im Raum s akzeptiert.

Jeder Schritt von M ist durch ein Tripel (t, z, x) bestimmt, wobei t die Taktnummer, z den Zustand und x den gelesenen Buchstaben bedeuten. Wir geben nun der Maschine N die Zustände der Form z, (z, a) und $[a]$ und richten es so ein, daß auf einem Arbeitsband die Taktnummer t und die Feldnummer m mitgeführt werden, was im Raum $s(n)$ möglich ist. Wenn N im Zustand z ist und auf seinem Arbeitsband die Informationen t und m hat, so bedeutet dies, daß M im Takt t im Zustand z ist und das Feld m liest. Wenn N in diesem Zustand einen Schritt machen soll, muß das Symbol bekannt sein, das M in der entsprechenden Situation liest. Die entscheidende Idee des Beweises ist nun, dieses Symbol zu raten und gleichzeitig dafür zu sorgen, daß die Richtigkeit des Rateergebnisses verifiziert wird. Der Rateprozess ist existentiell und führt in Zustände (z, a) für alle Arbeitssymbole a von M. Diese sind

3.5. ALTERNIERENDE KOMPLEXITÄTSKLASSEN

universell. Ist $za \longrightarrow z'a'b_a$ ein Befehl von M, so hat N im Zustand (z,a) die beiden Folgezustände z' und $[a]$. Auf dem Pfad, auf dem mit dem Zustand z' fortgesetzt wird, wird gleichzeitig auf dem Arbeitsband t in $t+1$ und m in $m+b_a$ gändert. Der Zustand $[a]$ bedeutet, daß M im Takt t im Feld m den Buchstaben a gelesen hat. Wenn das wahr ist, so ist die Fortsetzung der Simulation mit dem Zustand z' korrekt. Es ist klar, daß genau ein a existiert, das von M im Takt t gelesen wird. Folglich ist auch nur eine der geratenen Fortsetzungen der Arbeit von N korrekt. Welche das ist, muß N feststellen. Das Symbol a, das M im Takt t liest, ist entweder das Symbol, das im Feld m zu Beginn der Rechnung $M(w)$ stand, oder es ist bei einem Besuch zu einem Zeitpunkt $t' < t$ dort vom Kopf von M geschrieben worden. Im Zustand $[a]$ muß also genau dies geprüft werden. Dazu hält N auf einem zweiten Band die Information (t, m, a) fest und beginnt ihre gesamte Arbeit von vorn, die sie t Takte lang durchführt, wobei sie sich das jeweils aktuelle Symbol im Feld m merkt. Wenn der Kopf von M im Takt t das Feld m erstmals betritt, so ist dieses Symbol natürlich das ursprüngliche. Nach t Takten erreicht N eine akzeptierende Endkonfiguration, wenn das gemerkte Symbol mit dem Symbol a übereinstimmt. Andernfalls erreicht N eine ablehnende Endkonfiguration.
Man beachte, daß während dieses Verifikationsprozesses auf Schritt und Tritt neue Verifikationsprozesse dieser Art initiiert werden. Dies bedeutet jedoch nicht, daß die zu speichernde Information überhandnimmt. Denn jeder Verifikationsprozeß merkt sich nur das eigene Tripel (t, m, a), aber nicht diejenigen der ihm „übergeordneten" Prozesse. ∎

Folgerung 3.24
1. *Für raumkonstruierbares $t \geq \log$ gilt* $\text{ATIME}(\text{Pol}(t)) = \text{DSPACE}(\text{Pol}(t))$.
2. *Ist s in der Zeit $2^{\text{Lin}(s)}$ konstruierbar, so gilt*
$$\text{ASPACE}(s) = \text{DTIME}(2^{\text{Lin}(s)}).$$
∎

Insbesondere folgt mit $\text{AL} = \text{ASPACE}(\log)$ und $\text{AP} = \text{ATIME}(\text{Pol})$:

Folgerung 3.25
$$\text{AL} = \text{P} \ und \ \text{AP} = \text{PSPACE}.$$
∎

Diese Ergebnisse stehen in engem Zusammenhamg mit den Raum-Zeit- Problemen. Die in Satz 2.3 genannten Inklusionen, von denen nicht bekannt ist, ob sie in Wirklichkeit Gleichheiten sind, können zu Gleichheiten gemacht werden, wenn man die jeweils linken Seiten durch die entsprechenden alternierenden Klassen ersetzt, sofern die Ressourcenfunktionen t durch $\text{Pol}(t)$ bzw. s durch

Lin(s) ersetzt werden.

Die erste Aussage von Folgerung 3.24 bedeutet, daß die alternierenden Maschinen genau das Kriterium von S. Cook dafür erfüllen, als vernünftiges Parallelitätsmodell zu gelten: Parallele Zeit und deterministischer Raum müssen sich polynomial ineinander umrechnen lassen (vgl. [Gol78]).

Viele Probleme $A \in$ P sind in dem Sinne **parallelisierbar**, daß bei Verwendung alternierender Maschinen eine exponentielle Beschleunigung eintritt, daß also $A \in$ ATIME(Pol(log)) gilt. Die Frage ist, wie weit man Probleme aus P parallelisieren kann. Wenn ein in P vollständiges Problem parallelisierbar wäre, so wäre es in ATIME(Pol(log)), und dann wäre nach Folgerung 3.24 und wegen der Abgeschlossenheit von DSPACE(Pol(log)) unter $\leq_m^{\log}$

$$P \subseteq DSPACE(Pol(\log)).$$

Dies ist jedoch eine sehr unwahrscheinliche Inklusion. Daher geht man davon aus, daß sich P-vollständige Probleme nicht parallelisieren lassen. In der Tat ist bisher auch noch für keins dieser Probleme eine Parallelisierung gelungen.

3.6 Weitere Vollständigkeitsresultate

Die Charakterisierungen von P und PSPACE als AL bzw. AP (vgl. Folgerung 3.25) legen den Gedanken nahe, vollständige Mengen für P und PSPACE aus solchen für NL und NP zu gewinnen, indem diese in geeigneter Weise alternierend modifiziert werden.

Wir illustrieren dies am Beispiel von GAP. **Alternierende Graphen** sind zyklenfreie Graphen, deren Knoten mit nichtverschwindendem Eingangsgrad entweder mit ∧ (universelle Knoten) oder mit ∨ (existentielle Knoten) belegt sind. Wir definieren induktiv, was wir in alternierenden Graphen unter Erreichbarkeit verstehen wollen:

1. Der Knoten x ist von x aus alternierend erreichbar.

2. Der universelle Knoten x ist vom Knoten y aus alternierend erreichbar, wenn x wenigstens einen direkten Vorgänger hat und alle direkten Vorgänger von x von y aus alternierend erreichbar sind.

3. Der existentielle Knoten x ist von y aus alternierend erreichbar, wenn wenigstens ein direkter Vorgänger von x von y aus alternierend erreichbar ist.

3.6. WEITERE VOLLSTÄNDIGKEITSRESULTATE 83

Definition 3.26 [Imm81]
Das **Erreichbarkeitsproblem** in alternierenden Graphen AGAP ist wie folgt definiert:
AGAP = $\{(V, E, \varphi, a, e) : (V, E)$ ist alternierender zyklenfreier Graph, und $e \in V$ ist von $a \in V$ aus alternierend erreichbar.$\}$

Man sieht unmittelbar, daß mit der Beweistechnik des Satzes 2.17 auch die Vollständigkeit von AGAP in AL und damit in P gezeigt werden kann. Damit haben wir einen Beweis des folgenden Satzes.

Satz 3.27
AGAP ist $\leq_m^{\log}$-vollständig in P. ∎

In ähnlicher Weise kann aus SAT eine alternierende Variante ASAT gemacht werden: Der Boolesche Ausdruck H hänge von den Booleschen Variablen aus einer Menge $X_1 \cup \ldots \cup X_k$ ab, wobei $X_1, \ldots, X_k$ paarweise disjunkt sein mögen. Wir schreiben auch $H = H(X_1, \ldots, X_k)$. Ist f eine Belegung der Variablen aus X_1, so soll $H(f(X_1), X_2, \ldots, X_k)$ den Ausdruck bedeuten, der sich aus $H(X_1, \ldots, X_k)$ ergibt, wenn die Variablen x aus X_1 durch die Werte $f(x)$ ersetzt werden.
Wir setzen

$$\Sigma_0 \text{SAT} =_{df} \Pi_0 \text{SAT} =_{df} \text{DSAT},$$

$$\Sigma_1 \text{SAT} =_{df} \left\{ H(X, Y) : \bigvee_f H(f(X), Y) \in \text{DSAT} \right\},$$

$$\Pi_1 \text{SAT} =_{df} \left\{ H(X, Y) : \bigwedge_f H(f(X), Y) \in \text{DSAT} \right\},$$

$$\Sigma_{n+1} \text{SAT} =_{df} \left\{ H(X, X_1, \ldots, X_n, Y) : \bigvee_f H(f(X), X_1, \ldots, X_n, Y) \in \Pi_n \text{SAT} \right\},$$

$$\Pi_{n+1} \text{SAT} =_{df} \left\{ H(X, X_1, \ldots, X_n, Y) : \bigwedge_f H(f(X), X_1, \ldots, X_n, Y) \in \Sigma_n \text{SAT} \right\},$$

$$\text{ASAT} =_{df} \bigcup_n \Sigma_n \text{SAT}.$$

Es ist leicht einzusehen, daß $\Sigma_1 \text{SAT} = \text{SAT}$ ist.
Beispiel. $H(\{u\}, \{v\}, \{x, y, z\}) =$
$x \wedge (u \longrightarrow (x \longrightarrow y)) \wedge (v \longrightarrow (y \longrightarrow z)) \wedge (\sim v \longrightarrow (y \longrightarrow \sim z))$
gehört zu $\Sigma_2 \text{SAT}$. Denn für $u = 1, v = 1$ bzw. für $u = 1, v = 0$ ergeben sich die Ausdrücke
$x \wedge (x \longrightarrow y) \wedge (y \longrightarrow z)$ und $x \wedge (x \longrightarrow y) \wedge (y \longrightarrow \sim z)$,

die beide in DSAT liegen.
Mit $(\bigvee X_1)(\bigwedge X_2)\ldots(QX_k)H(X_1,\ldots,X_k)$, wobei Q der Quantifikator $\bigvee$ oder $\bigwedge$ ist je nachdem, ob k ungerade oder gerade ist, meinen wir, daß es eine Belegung der Variablen aus X_1 gibt, so daß es für alle Belegungen der Variablen aus X_2 eine Belegung der Variablen aus X_3 gibt, so daß ..., so daß H erfüllt ist.

Beispiel. Für den Ausdruck

$$H(\{x_1\},\{x_2\},\{x_3,x_4\}) = (x_1 \wedge x_2 \wedge \overline{x_3} \wedge \overline{x_4}) \vee (x_1 \wedge \overline{x_2} \wedge x_3 \wedge x_4)$$

gilt

$$(\bigvee\{x_1\})(\bigwedge\{x_2\})(\bigvee\{x_3,x_4\})H(\{x_1\},\{x_2\},\{x_3,x_4\}),$$

aber nicht

$$(\bigwedge\{x_1\})(\bigvee\{x_2\})(\bigwedge\{x_3,x_4\})H(\{x_1\},\{x_2\},\{x_3,x_4\}).$$

Mit ASAT ist das Problem QBF eng verwandt, das in der Literatur geläufig ist. Um QBF definieren zu können, legen wir einige Bezeichnungen fest. Für einen Booleschen Ausdruck $H(x_1,\ldots,x_m)$ setzen wir

$$H_0(x_2,\ldots,x_m) = H(0,x_2,\ldots,x_m) \text{ und } H_1(x_2,\ldots,x_m) = H(1,x_2,\ldots,x_m).$$

Die Menge QBF besteht aus präfigierten Booleschen Ausdrücken der Form $Q^1Q^2\ldots Q^m H(x_1,\ldots,x_m)$, wobei das Präfix $Q^1Q^2\ldots Q^m$ ein Wort aus alternierenden Quantoren ist. Genauer wird festgelegt:

$\bigvee H(x_1) \in$ QBF, falls H erfüllbar ist.
$\bigwedge H(x_1) \in$ QBF, falls H eine Tautologie ist.
$\bigvee Q^2\ldots Q^m H(x_1,\ldots,x_m) \in$ QBF, falls $Q^2\ldots Q^m H_0(x_2,\ldots,x_m) \in$ QBF $\vee$ $Q^2\ldots Q^m H_1(x_2,\ldots,x_m) \in$ QBF.
$\bigwedge Q^2\ldots Q^m H(x_1,\ldots,x_m) \in$ QBF, falls $Q^2\ldots Q^m H_0(x_2,\ldots,x_m) \in$ QBF $\wedge$ $Q^2\ldots Q^m H_1(x_2,\ldots,x_m) \in$ QBF.

Man kann sich leicht davon überzeugen, daß QBF $\leq_m^P$ ASAT und ASAT $\leq_m^P$ QBF gilt.

Satz 3.28 [SM73]
Für jedes $i \in \mathbb{N}$ gilt:
Σ_iSAT *ist $\leq_m^{\log}$-vollständig in* Σ_i^P,
Π_iSAT *ist $\leq_m^{\log}$-vollständig in* Π_i^P.
ASAT *ist $\leq_m^{\log}$-vollständig in* PSPACE

Beweis
Wir zeigen die letzte Aussage des Satzes. Die anderen werden auf die gleiche

Weise bewiesen, wobei lediglich die Zahl der Alternierungen beschränkt bleibt. Zunächst sieht man ASAT $\in$ AP ohne weiteres ein. Ebenso Σ_iSAT $\in \Sigma_i^P$ sowie Π_iSAT $\in \Pi_i^P$. Wir geben eine ATM M für ASAT an. Ist etwa die Eingabe $H(X_1,\ldots,X_i,Y)$ gegeben, so rät M in einer existentiellen Phase alle Belegungen für die Variablen aus X_1. Danach geht sie in eine universelle Phase und konstruiert alle Belegungen für die Variablen aus X_2, etc. Auf jedem Pfad setzt sie die geratenen Werte in H ein und prüft noch deterministisch, ob der dabei entstandene Ausdruck, der nur noch von den Variablen aus Y abhängt, zu DSAT gehört.

Wir zeigen jetzt, daß ein beliebiges $X \in$ AP = PSPACE auf ASAT $\leq_m^{\log}$- reduziert werden kann. Die Menge X werde von der ATM M in polynomialer Zeit akzeptiert. Wir ändern M gegebenenfalls so ab, daß bei Eingabe von x der Länge n die Berechnung mit einem existentiellen Zustand beginnt und daß für ein geeignet gewähltes Polynom q jeweils nach genau $q(n)$ Takten synchron auf allen Pfaden ein Wechsel aus einer existentiellen in eine universelle Phase oder umgekehrt stattfindet. Wenn insgesamt $r(n)-1$ Wechsel stattfinden, hat M die Rechenzeit $r(n)q(n)$.

Wie im Beweis von Satz 2.27 wird nun ein Ausdruck $f(x)$ bestimmt, den wir in der Form $H_x(V_1,\ldots,V_{r(n)},Y)$ schreiben wollen, wobei $V_j = \{v_{j,1},\ldots,v_{j,q(n)}\}$ ist, während Y die Menge aller Variablen ist, die für die Beschreibung des Zustands, der Kopfstellung und der Feldinhalte benötigt werden.
Es ist offensichtlich, daß gilt

$$x \in X \longleftrightarrow f(x) = H_x(V_1,\ldots,V_{r(n)},Y) \in \text{ASAT}.$$

Der Beweis für die Σ-Klassen und die Π-Klassen wird ganz analog geführt. Bei Σ_i^P beginnt die Rechnung $M(x)$ immer mit einem existentiellen Zustand, und es gibt $i-1$ Wechsel, was zu

$$x \in X \longleftrightarrow f(x) = H_x(V_1,\ldots,V_i,Y) \in \Sigma_i\text{SAT}$$

führt. Analog liegen die Dinge bei Π_i^P. ∎

Nach Satz 2.14 ergibt sich:
Folgerung 3.29
$$\text{PSPACE} = \Sigma_i^P \longleftrightarrow \text{QBF} \in \Sigma_i^P.$$
Man beachte hier insbesondere die Spezialfälle für $i=0$ und $i=1$.

3.7 Blattsprachenklassen

Nach D. Bovet, P. Crescenzi und R. Silvestri [BCS92] können die verschiedenen Komplexitätsklassen, die in diesem Buch fast ausschließlich Polynomialzeitklassen sind, einheitlich als die Polynomialzeitklassen jeweils passender

Akzeptierungstypen verstanden werden. Wir illustrieren die Idee am Beispiel von NP. Weitere Beispiele finden sich im Abschnitt 6.2 (die Klassen der Hausdorffschen Hierarchie), in den Kapiteln 7 (die Zählklassen) und 8 (probabilistische Klassen, die wir auch als Zählklassen auffassen) und in Abschnitt 8.4 (Beschreibung von Akzeptierungstypen durch Quantorenpräfixe).

Wir beginnen mit dem speziellen Fall einer normalisierten NTM M, die in der Zeit p arbeite. Die Pfade von $M(x)$ ordnen wir lexikographisch: $\alpha_1, \ldots, \alpha_{2^{p(|x|)}}$. Die Maschine möge auf jedem Pfad ein Bit ausgeben. Mit $out_M(x, \alpha)$ soll die Ausgabe von $M(x)$ auf Pfad α bezeichnet werden. Wir betrachten das Wort

$$blatt_M(x) = out_M(x, \alpha_1) \ldots out_M(x, \alpha_{2^{p(|x|)}}).$$

NP ist dadurch charakterisiert, daß $X \in$ NP genau dann gilt, wenn es eine NTM M gibt mit

$$x \in X \longrightarrow blatt_M(x) \in \Sigma^* 1 \Sigma^*,$$
$$x \notin X \longrightarrow blatt_M(x) \in 0^*.$$

In diesem Sinne ist NP durch die beiden **Blattsprachen** $\Sigma^* 1 \Sigma^*$ und 0^* definiert. Allgemeiner legen wir fest:

Definition 3.30
Es seien $A, B \subseteq \Sigma^*$ disjunkte Blattsprachen. Die Menge X wird im Sinne von $[A, B]$ in Polynomialzeit akzeptiert genau dann, wenn es zwei Funktionen $f, g \in$ FP gibt mit $x \in X \longrightarrow f(x, 1) \ldots f(x, g(x)) \in A$ und $x \notin X \longrightarrow f(x, 1) \ldots f(x, g(x)) \in B$.
*Die Funktion $blatt_M(x) = f(x, 1) \ldots f(x, g(x))$ heißt **bitberechenbar in polynomialer Zeit**.*
*$[A, B]$P ist die Menge der im Sinne von $[A, B]$ in Polynomialzeit akzeptierten Sprachen. Diese Klassen sind die **Blattsprachenklassen**, genauer die Polynomialzeit-Blattsprachenklassen.*

Beispiele NP = $[\Sigma^* 1 \Sigma^*, 0^*]$P und coNP = $[0^*, \Sigma^* 1 \Sigma^*]$P.
Allgemeiner ist offensichtlich co$[A, B]$P = $[B, A]$P. Auch die Klassen der Polynomialzeithierarchie lassen sich so auffassen. Beispielsweise ist $\Sigma_2^P = [A, B]$P mit $A = \{w_1 \ldots w_n : n \in \mathbb{N} \wedge w_1 \ldots w_n \in \Sigma^* \wedge \bigvee_i (w_i = 1^n)\}$ und $B = \{w_1 \ldots w_n : n \in \mathbb{N} \wedge w_1 \ldots w_n \in \Sigma^* \wedge \bigwedge_i (w_i \neq 1^n)\}$. Klassen der Form $[A, B]$P, wobei A und B nicht zueinander komplementär sind, nennt man **promise-Klassen**. Wir gehen in Abschnitt 7.5 näher auf solche Klassen ein.
Wir merken an, daß weitere Untersuchungen über das Blattsprachenkonzept, insbesondere in Verbindung mit logarithmischem Raum oder mit nichtnormalisierten Turingmaschinen, in den Arbeiten [JMT94, HVW96, Her95] zu finden

3.7. BLATTSPRACHENKLASSEN

sind. Die Frage, wie die Komplexität einer Blattsprachenklasse von den Eigenschaften der definierenden Blattsprachen abhängt, ist in [HLS+93] behandelt worden.
Angestrebt werden Aussagen der Form $[A,B]\mathrm{P} \subseteq [C,D]\mathrm{P}$. Dazu erweist sich eine Reduzierung als hilfreich, die zunächst eingeführt wird.

Definition 3.31
FDTIME(Pol(log)) *ist die Klasse der Funktionen, die mit deterministischen Turingmaschinen mit Indexband in einer Zeit* $t \in$ Pol(log) *berechnet werden können. Das Indexband ermöglicht die direkte Adressierung von Eingabebits.*
$f \in$ FPL *genau dann, wenn es zwei Funktionen* $g, h \in$ FDTIME(Pol(log)) *gibt mit* $f(x) = g(x,1)\ldots g(x,h(x))$.

Nach diesen Vorbereitungen kann die Reduktion $\leq_{\mathrm{pl}}$ selbst eingeführt werden.

Definition 3.32
Für Paare von Blattsprachen (A,B) *und* (C,D) *gilt* $(A,B) \leq_{\mathrm{pl}} (C,D)$ *genau dann, wenn es eine Funktion* $f \in$ FPL *gibt mit* $f(A) \subseteq C$ *und* $f(B) \subseteq D$.

Der gewünschte Satz lautet:

Satz 3.33
$$(A,B) \leq_{\mathrm{pl}} (C,D) \longrightarrow [A,B]\mathrm{P} \subseteq [C,D]\mathrm{P}.$$

Beweis
Sei $X \in [A,B]\mathrm{P}$. Dann gibt es eine NTM M, die mit einer Rechenzeit p (p ein Polynom) die Menge X im Sinne von $[A,B]\mathrm{P}$ akzeptiert. Das heißt:

$$x \in X \longrightarrow blatt_M(x) \in A \text{ und } x \notin X \longrightarrow blatt_M(x) \in B.$$

Nach Voraussetzung gibt es ein $f \in$ FPL mit $f(A) \subseteq C$ und $f(A) \subseteq D$. Dann gilt

$$x \in X \longrightarrow f(blatt_M(x)) \in C \text{ und } x \notin X \longrightarrow f(blatt_M(x)) \in D.$$

Ist f durch die beiden Funktionen g, h aus FDTIME(Pol(log)) gegeben, so ist

$$f(blatt_M(x)) = g(blatt_M(x),1)\ldots g(blatt_M(x), h(blatt_M(x))).$$

Setzt man $g'(x,i) = g(blatt_M(x),i)$ und $h'(x) = h(blatt_M(x))$, so stellt man fest, daß g', h' zu FP gehören. Deshalb gibt es eine NPTM M' mit $blatt_{M'}(x) = f(blatt_M(x))$. Dies zeigt $X \in [C,D]\mathrm{P}$. ∎

3.8 Relativierungen

Wenn man alle Turingmaschinen durch Orakelmaschinen mit dem festem Orakel $\emptyset$ ersetzt, ändert sich nichts. Im allgemeinen verhält sich die „Welt" der Berechnungen relativ zu einem Orakel A jedoch anders als die unrelativierte Welt. In der Tat können ganz unterschiedliche relativierte Welten gewählt werden, in denen gegensätzliche Verhältnisse herrschen. Da mit Hilfe von Satz 3.28 unmittelbar einzusehen ist, daß $P^{QBF} = PSPACE^{QBF}$ gilt, hat man den folgenden Satz.

Satz 3.34
Es gibt ein Orakel A mit $P^A = NP^A = \text{coNP}^A = PSPACE^A$. ∎

Andererseits kann man auch solche Relativierungen finden, für die $P \neq NP$ gilt. Hieraus darf man nicht den Schluß ziehen, daß damit $P \neq NP$ gelten muß, weil ja die beiden Klassen, wenn sie gleich wären, nicht so unterschiedlich reagieren könnten. Dieser Schluß ist falsch. In der Tat gibt es unterschiedlich definierte Klassen, die erwiesenermaßen gleich sind, aber bei geeigneter Relativierung verschieden werden. Dies betrifft (vgl. [Orp83]) beispielsweise die Klassen APSPACE (alternierender Polynomialraum) und $DTIME(2^{Pol})$, die nach Folgerung 3.24 übereinstimmen. Ein noch spektakuläreres Beispiel findet sich in [Sha92].

Relativierte Ergebnisse erlauben also keinerlei Folgerungen für den unrelativierten Fall. Sie sind trotzdem nicht ohne Interesse. Gibt es beispielsweise für zwei Klassen ein Orakel, für das sie verschieden sind und ein solches, für das sie übereinstimmen, so kann man weder die Gleichheit noch die Ungleichheit dieser beiden Klassen mit Methoden beweisen, die **relativierbar** sind, das heißt, die sich auf jede Relativierung übertragen lassen. Deshalb kann man in den zahlreich vorhandenen Relativierungsresultaten (vgl. [For94]) eine Begründung dafür sehen, daß so wenig unrelativierte Ergebnisse bekannt sind. Insbesondere belegen die drei Sätze dieses Abschnitts, warum es schwierig ist, das P – NP-Problem oder das Komplementproblem für NP zu lösen.

Satz 3.35 [BGS75]
Es gibt ein Orakel A mit $P^A \neq NP^A$.

Beweis
Für ein beliebiges A sei $L_A =_{df} \{0^n : \bigvee_y y \in A \cap \Sigma^n\}$. Aus der Definition folgt unmittelbar $L_A \in NP^A$. Wir konstruieren jetzt durch Diagonalisierung bzgl. aller deterministischen Polynomialzeit-Orakelmaschinen (DPOM) eine solche Menge A, für die $L_A \notin P^A$ gilt.

Sei dazu $M_0^{()}, M_1^{()}, \ldots$ eine Gödelisierung aller DPOM, und sei p_i die Rechenzeit von $M_i^{()}$ unabhängig vom gewählten Orakel. Wir konstruieren A segmentweise. Das bedeutet, daß eine Folge $A_0 \subset A_1 \subset \ldots$ so konstruiert wird, daß

3.8. RELATIVIERUNGEN

1. A_i im i-ten Schritt festgelegt wird,

2. A_i bis zu einer bestimmten Wortlänge, etwa m_i, festgelegt und in späteren Schritten nicht mehr geändert wird,

3. es ein Wort w_i gibt mit $w_i \in L(M_i^{(A_i)}) \longleftrightarrow w_i \notin L_A$, und

4. für alle i die Beziehung $w_i \in L(M_i^{(A_i)}) \longleftrightarrow w_i \in L(M_i^{(A)})$ gilt.

Nach Eigenschaft 3 ist gesichert, daß L_A nicht von der i-ten Maschine mit dem Orakel A_i akzeptiert werden kann. Wenn bei der weiteren Konstruktion des Orakels Sorge dafür getragen wird, daß dieses Akzeptierungsverhalten nicht wieder zerstört wird, d.h. daß die Eigenschaft 4 gilt, so gibt es für jedes i ein w_i mit

$$w_i \in L(M_i^{(A)}) \longleftrightarrow w_i \notin L_A,$$

was gleichbedeutend mit $L_A \notin \mathrm{P}^A$ ist, womit die Orakelkonstruktion gelungen wäre.

Wir beginnen mit $A_{-1} = \emptyset$ und $m_{-1} = 0$.

Schritt i: Wir wählen die Eingabelänge m so groß, daß $m > m_{i-1}$, $p_i(m) < 2^m$ und in keinem Berechnungsprozeß, der in einem der vorangegangenen Konstruktionsschritte betrachtet worden ist, eine Orakelfrage aufgetreten ist, die länger als $m - 1$ ist.

1.Fall: $M_i^{(A_{i-1})}$ akzeptiert 0^m.

Da kein Wort der Länge m in A_{i-1} sein kann, gilt

$$L_A \neq L(M_i^{(A_{i-1})}).$$

In diesem Falle setzen wir $A_i = A_{i-1}$ und $m_i = m$ und gehen zum nächsten Schritt über. Da in den späteren Schritten kein Wort der Länge m zu A hinzugefügt wird, gilt damit $L_A \neq L(M_i^{(A_i)})$.

2. Fall: $M_i^{(A_{i-1})}$ lehnt 0^m ab.

Wir wollen jetzt A_{i-1} so erweitern, daß 0^m zu L_A gehört, aber auch bei dem erweiterten Orakel von M_i abgelehnt wird. Während der Berechnung $M_i^{(A_{i-1})}(0^m)$ mögen die Fragen $u_1, \ldots, u_k, v_1, \ldots, v_l$ als Orakelfragen aufgetreten sein, wobei $u_1, \ldots, u_k$ positiv und $v_1, \ldots, v_l$ negativ beantwortet worden seien. Soll 0^m auch weiterhin abgelehnt werden, so dürfen diese negativ beantworteten Fragen niemals zu A hinzugenommen werden. Dies muß insbesondere in diesem Schritt vermieden werden (später kann es wegen der Wahl von m ohnehin nicht passieren). Nun gibt es 2^m Wörter der Länge m, aber höchstens $p_i(m)$ von ihnen konnten als Orakelfragen bei der Berechnung $M_i^{(A_{i-1})}(0^m)$ vorkommen. Nach Wahl von m ($p_i(m) < 2^m$) gibt es demnach ein Wort y der

Länge m, das von allen $v_1, \ldots, v_l$ verschieden ist. Wir wählen ein solches Wort y und setzen $A_i = A_{i-1} \cup \{y\}$ und $m_i = m$. Damit gilt $0^m \in L_{A_i} \subseteq L_A$, aber $0^m \notin L(M_i^{(A_i)})$, also $L(M_i^{(A_i)}) \neq L_A$. Da nach Wahl von m die Eigenschaft 4 gesichert wird, ist in beiden Fällen $L(M_i^{(A)}) \neq L_A$ erreicht. ∎

In ähnlicher Weise könnten wir den folgenden Satz beweisen. Wir verzichten darauf, weil wir mit Satz 3.41 einen eleganteren Weg gehen können.

Satz 3.36 [BGS75]
Es gibt ein Orakel A mit $\mathrm{NP}^A \neq \mathrm{coNP}^A$.

Die Konstruktionen der vorangehenden Beweise lassen sich leicht kombinieren zum Nachweis von Orakeln A und B mit $\mathrm{P}^A \neq \mathrm{NP}^A \neq \mathrm{coNP}^A$ und $\mathrm{P}^B = \mathrm{NP}^B \neq \mathrm{coNP}^B$. Die Sätze 3.35 und 3.36 sind Sonderfälle des folgenden weniger leicht zu beweisenden Satzes.

Satz 3.37 [BGS75]
Es gibt ein Orakel A mit $\mathrm{P}^A \neq \mathrm{NP}^A \neq \mathrm{coNP}^A$, aber $\mathrm{P}^A = \mathrm{NP}^A \cap \mathrm{coNP}^A$. ∎

Obwohl Relativierungen in diesem Buch nicht vertieft werden, wollen wir einen wichtigen Aspekt, der mit den Blattsprachenklassen eng verknüpft ist, darstellen. Es ist möglich, einen ganz allgemeinen Satz über relativierte Separierungen von Blattsprachenklassen zu beweisen. In konkreten Fällen muß daher die Separierung nicht immer wieder bewiesen werden, sondern es reicht festzustellen, ob eine für die relativierte Separierung notwendige und hinreichende Bedingung erfüllt ist.

Es sind einige technische Vorbereitungen erforderlich. Wir benötigen die konkrete Wortfunktion $d(x_1 \ldots x_n) = x_1 1 x_2 1 \ldots x_n 1$. Ist $E \subseteq \Sigma^*$, so soll $s(E, n)$ ein Wort sein, das die n-te Etage von E kodiert: Ist $E \cap \Sigma^n = \emptyset$, so soll $s(E, n) = e$ gelten. Andernfalls ist $s(E, n) = s_1 \ldots s_k$, wobei gilt

1. Für jedes $i \leq k$ ist $s_i = 1$ genau dann, wenn das i-te Wort von Σ^n (in der lexikographischen Ordnung, wobei 0^n das erste Wort sein soll) zu E gehört.

2. $s_k = 1$, und dies heißt nach dem soeben Gesagten, daß das k-te Wort von Σ^n das letzte ist, das in E vorkommt.

Ist E so beschaffen, daß $s(E, n) = d(x_1 \ldots x_k)$ gilt, so gehören das zweite, vierte,…, $2k$-te Wort von Σ^n mit Sicherheit zu E. Damit kann man mit dem Orakel E in einer in n polynomialen Zeit die Zahl k durch binäres Suchen ermitteln. Ebenso läßt sich jedes einzelne Bit von $x_1 \ldots x_k$ in polynomialer Zeit bestimmen. Es gibt also zwei Funktionen $f, g \in \mathrm{FP}$ mit $S(E, n) = f(n, 1) \ldots f(n, g(n))$. Dies wird im Beweis des folgenden Lemmas ausgenützt.

3.8. RELATIVIERUNGEN

Definition 3.38
Sei (A, B) ein Paar disjunkter Blattsprachen. Die Menge E heißt **kohärent zu (A,B)** genau dann, wenn für alle $n > 1$ gilt
$$E \cap \Sigma^n \neq \emptyset \longrightarrow \bigvee_z(s(E,n) = d(z) \wedge z \in A \cup B).$$

Im angestrebten Separierungsresultat soll E die Rolle des zu konstruierenden Orakels spielen. Die Menge, die in $[A, B]P^E \setminus [C, D]P^E$ liegt und damit die Separierung dokumentiert, heißt L_A^E und wird wie folgt definiert:

Definition 3.39
$$L_A^E = \{0^n : \bigvee_z (z \neq e \wedge s(E, n) = d(z) \wedge z \in A)\}.$$

Wir notieren zuerst ein Lemma.

Lemma 3.40
Ist E kohärent zu (A, B), so gilt $L_A^E \in [A, B]P$.

Beweis
Wir definieren eine Funktion σ wie folgt: Da E kohärent zu (A, B) ist, hat $S(E, n)$ die Form $d(z)$ mit $z \in A \cup B$, wenn $E \cap \Sigma^n \neq \emptyset$. Nach den obigen Überlegungen kann bei Eingabe von 0^n mit dem Orakel E in polynomialer Zeit die Länge von $s(E, n)$ berechnet werden. Stellt sich hierbei $z = e$ heraus, so wird für ein festes (beliebig gewähltes) $u \in B$ der Wert $\sigma(0^n) = u$ festgesetzt, ist $z \neq e$, wird $\sigma(0^n) = z$ definiert. Da E kohärent zu (A, B) ist, ist $z \in A$, wenn $0^n \in L_A^E$. Ist $0^n \notin L_A^E$, so ist entweder $\sigma(0^n) = u \in B$, oder $\sigma(0^n) = z$. Da in diesem Falle $z \notin A$ gilt, folgt $z \in B$ wegen der Kohärenz von E. Die Funktion σ ist bitberechenbar in polynomialer Zeit, und damit ist nach Definition 3.30 die Zugehörigkeit von L_A^E zu $[A, B]P$ gezeigt. ∎

Satz 3.41 [BCS92]
$$(A, B) \leq_{pl} (C, D) \longleftrightarrow \bigwedge_E ([A, B]P^E \subseteq [C, D]P^E).$$

Beweis
1. Die Richtung von links nach rechts gilt, weil der Beweis von Satz 3.33 relativierbar ist.
2. Die Rückrichtung zeigen wir durch Kontraposition und gehen dazu von $(A, B) \not\leq_{pl} (C, D)$ aus.
Wir definieren E so, daß $L_A^E \notin [C, D]P^E$ ist. Dies wird durch Diagonalisierung über alle (f_k, g_k) mit $f_k, g_k \in FP$ erreicht. Wir gehen von einer Gödelisierung aller Paare nichtdeterministischer Orakelmaschinen (M_k, N_k) aus, die die Eigenschaft haben möge, daß die Rechenzeiten beider Maschinen M_k, N_k durch das Polynom p_k beschränkt sind, wobei $p_k(n) = k + n^k$.
Wir setzen
$$h_k(u) = f_k(u, 1) \ldots f_k(u, g_k(u))$$

und $\gamma_k(z) = h_k(0^{\log|z|+2})$ und stellen fest, daß γ_k als Funktion von z zu FPL gehört. Denn f_k und g_k gehören zu FP, und deshalb sind die $f_k(0^{\log|z|+2}, i)$ und $g_k(0^{\log|z|+2})$ in einer Zeit berechenbar, die polynomial in $|0^{\log|z|+2}|$ ist. Dies bleibt auch dann noch richtig, wenn f_k und g_k und damit γ_k von einem Orakel abhängen, dessen maximale Wortlänge durch die Eingabelänge nach oben beschränkt ist. Denn Fragen an ein solches Orakel können mit einem Indexregister der Länge $\log|z|$ angesprochen werden. Dies ist in einer Zeit aus Pol(log) (häufig polylogarithmische Zeit genannt) möglich.

Das Orakel E wird als Vereinigung $E = \bigcup_{k=0}^{\infty} E_k$ definiert, wobei $E_0 \subseteq E_1 \subseteq \ldots$ gilt und die endlichen Mengen E_k im k-ten Schritt der Diagonalisierung festgelegt werden.

Schritt 0: $E_0 = \emptyset, n_0 = 0$.

Schritt k: z_k wird als kürzestes Wort z gewählt, das die beiden Eigenschaften

1. $\log|z| > p_{k-1}(n_{k-1})$,
2. $(z \in A \wedge \gamma_k(z) \notin C) \vee (z \in B \wedge \gamma_k(z) \notin D)$.

hat.

Wir setzen $n_k = \log|z_k| + 2$, bestimmen $H_{z_k} \subseteq \Sigma^{n_k}$ so, daß $s(H_{z_k}, n_k) = d(z_k)$ erfüllt ist, und setzen $E_k = E_{k-1} \cup H_{z_k}$.

Ende von Schritt k.

Behauptung 1: Für jedes k gibt es ein solches z_k, wie es in Schritt k definiert wird.

Beweis Wäre dies nicht so, so wäre für jedes z

$$(z \in A \longrightarrow \gamma_k(z) \in C) \wedge (z \in B \longrightarrow \gamma_k(z) \in D).$$

Wegen $\gamma_k \in$ FPL hieße dies $(A, B) \leq_{\text{pl}} (C, D)$ im Widerspruch zur Voraussetzung.

Behauptung 2: E ist kohärent zu (A, B).

Beweis Dies folgt direkt daraus, daß nach Eigenschaft 2 für jedes k das Wort z_k zu $A \cup B$ gehört.

Damit folgt $L_A^E \in [A, B]\text{P}^E$ nach Lemma 3.40.

Behauptung 3: $L_A^E \notin [C, D]\text{P}^E$.

Beweis Wäre $L_A^E \in [C, D]\text{P}^E$, so gäbe es $f, g \in$ FP mit

$$\bigwedge_n \Big((0^n \in L_A^E \longrightarrow f(0^n, 1) \ldots f(0^n, g(0^n)) \in C) \wedge$$

$$\wedge (0^n \notin L_A^E \longrightarrow f(0^n, 1) \ldots f(0^n, g(0^n)) \in D) \Big).$$

3.8. RELATIVIERUNGEN

Da (f,g) mit wenigstens einem (f_k, g_k) identisch ist und da nach Definition von L_A^E für n_k die Äquivalenzen $0^{n_k} \in L_A^E \longleftrightarrow z_k \in A$) und $0^{n_k} \notin L_A^E \longleftrightarrow z_k \in B$) gelten, bedeutet die letzte Aussage

$$(z_k \in A \longrightarrow \gamma_k(z_k) \in C) \wedge (z_k \in B \longrightarrow \gamma_k(z_k) \in D).$$

Dies widerspricht der Eigenschaft 2. ∎

Wir illustrieren die Stärke dieses Satzes am Beispiel des Beweises von Satz 3.36. Es reicht, $(0^*, \Sigma^*1\Sigma^*) \not\leq_{pl} (\Sigma^*1\Sigma^*, 0^*)$ zu beweisen, weil sich daraus nach Satz 3.41 die Existenz eines Orakels B mit $\text{coNP}^B \not\subseteq \text{NP}^B$ ergibt.
Wir gehen von der Annahme $(0^*, \Sigma^*1\Sigma^*) \leq_{pl} (\Sigma^*1\Sigma^*, 0^*)$ aus. Dann gibt es ein $\sigma \in \text{FPL}$ mit $\sigma(0^*) \subseteq \Sigma^*1\Sigma^*$ und $\sigma(\Sigma^*1\Sigma^*) \subseteq 0^*$. Insbesondere ist $\sigma(0^n) = x_1 \ldots x_m \in \Sigma^*1\Sigma^*$. Deshalb gibt es ein $k \leq m$ mit $x_k = 1$. Da $\sigma \in \text{FPL}$ ist, liest σ zur Berechnung von x_k nur logarithmisch viele Bits des Eingabewortes 0^n. Deshalb wird das Ausgabebit x_k nicht verändert, wenn ein nicht gelesenes Eingabebit in eine 1 verwandelt wird. Dies widerspricht aber der Eigenschaft $\sigma(\Sigma^*1\Sigma^*) \subseteq 0^*$. Damit ist Satz 3.36 bewiesen.

Es folgen einige ergänzende Bemerkungen und weiterführende Hinweise.
Relativierte Separierungen der Polynomialzeithierarchie sind in [BGS75] und [Hel84] bis zur zweiten Stufe und in [BS79] bis zur dritten geschafft worden. Die gesamte Hierarchie relativiert zu separieren, ist zuerst A. Yao gelungen, und in [Ko89] werden Orakel angegeben, für die die Polynomialzeithierarchie endlich ist. Yao hat eigentlich gezeigt, daß tiefenbeschränkte Schaltkreise für die parity-Funktion $x_1 \oplus \ldots \oplus x_n$ exponentiell in n wachsende Größe haben müssen. Nach einem Resultat von M. Sipser [Sip83a] folgt hieraus die Existenz eines Orakels, bezüglich dessen die Polynomialzeithierarchie unendlich ist. H. Vollmer [Vol99b] hat die Technik, aus unteren Schaltkreisschranken separierende Orakel zu gewinnen, sehr stark verallgemeinert und perfektioniert.
C. Bennett und J. Gill [BG81] betrachten Random-Orakel : Auf der Potenzmenge von Σ^* wird in kanonischer Weise ein Wahrscheinlichkeitsmaß eingeführt. Dann hat die Menge der Orakel A, für die $\text{P}^A \neq \text{NP}^A \neq \text{coNP}^A$ gilt, das Maß 1. Nach J. Cai [Cai88] hat auch die Menge der Orakel, die die Polynomialzeithierarchie von PSPACE separieren, das Maß 1.
Seit [BG81] werden auch sogenannte **starke** Separierungen studiert. Dem liegt der Gedanke zugrunde, daß eine relativierte Separierung, etwa $\mathcal{C}^X \subset \mathcal{D}^X$ mit der Angabe einer Menge L verbunden ist, die zwar in $\mathcal{D}^X$, aber nicht in $\mathcal{C}^X$ liegt. Dies letztere wird bei der Konstruktion von L im allgemeinen nur so gesichert, daß sich L von jeder Menge aus $\mathcal{C}^X$ an wenigstens einer Stelle unterscheidet. L könnte damit immer noch „fast" zu $\mathcal{C}^X$ gehören, und die erreichte Separation hätte damit nur geringen Wert. Bei einer starken Separation von $\mathcal{C}$ und $\mathcal{D}$ konstruiert man das Orakel X und die Menge L so, daß L zu $\mathcal{D}^X$

gehört, daß es aber $\mathcal{C}^X$-immun ist, d.h. L ist selbst unendlich, enthält aber keine unendlichen Teilmengen aus $\mathcal{C}^X$. Starke Separationen sind in einer Fülle von Arbeiten untersucht worden. Neben [BG81] gehören [SB84] und [Bal85] (hier werden Separationen mit simplen Mengen geleistet) zu den ersten. Starke Separationen der Polynomialzeithierarchie sind in [Ko90] und [Bru92] zu finden. J. Rothe [Rot99a, Rot99b] knüpft an [Bru92] an, berichtigt in dieser Arbeit einen Beweis und gibt eine Reihe von starken Separationen unterhalb von PSPACE an. Starke relativierte Separierungen unter Einbeziehung der Exponentialzeitklassen und weitere Verfeinerungen des Separierungsbegriffs gehen auf G. Lischke zurück [Lis87, Lis90].

In [BCS92] wird eine hinreichende Bedingung dafür angegeben, daß mit einer Separierung von Blattsprachenklassen auch eine starke Separierung dieser Klassen gelingt. Als Folgerung aus diesem hier nicht genannten Resultat halten wir fest:

Satz 3.42 [BCS92]
Wenn $[A, B]\mathrm{P}$ von $[C, D]\mathrm{P}$ relativiert separierbar ist und wenn $[C, D]\mathrm{P}$ in jeder Relativierung eine $\leq_m^P$-vollständige Menge hat und vereinigungsabgeschlossen ist, so gibt es ein Orakel B derart, daß $[A, B]\mathrm{P}^B$ stark von $[C, D]\mathrm{P}^B$ separiert ist.

Kapitel 4

Einige besondere Resultate

4.1 Der Satz von Savitch

In der Bemerkung nach Satz 2.2 wurde bereits angekündigt, daß PSPACE = NPSPACE gilt. Dies ergibt sich als Folgerung aus einem Satz von W. Savitch [Sav70], der einen Beitrag zum Determinismus-Nichtdeterminismus-Problem für den Raum leistet. Wir brauchen zu seiner Formulierung sogenannte Doppelkomplexitätsklassen:
NSPACE-TIME(s,t) ist die Klasse derjenigen A, die von einer NTM so akzeptiert werden, daß der Raum durch s und simultan die Zeit durch t beschränkt sind. Genauer (wegen der Bezeichnungen vgl. Ende von Abschnitt 1.1.1):

Definition 4.1
1. Die NTM M_i akzeptiert A mit der Raum-Zeit-Beschränkung (s,t) genau dann, wenn
$$\bigwedge_{w \in A} \bigvee_\alpha (Space_i(w,\alpha) \leq s(|w|) \wedge Time_i(w,\alpha) \leq t(|w|))$$
und
$$\bigwedge_{w \notin A} (M_i \text{ akzeptiert } w \text{ nicht}).$$
2. NSPACE-TIME$(s,t) =$
$= \{L(M_i) : M_i \text{ akzeptiert } A \text{ mit der Raum-Zeit-Beschränkung } (s,t)\}$.

Satz 4.2 [Sav70]
Es sei $s \geq \log$, und s,t seien konstruierbar im Raum $s \log t$. Dann gilt
$$NSPACE\text{-}TIME(s,t) \subseteq DSPACE(s \log t).$$
Beweis
Die NTM M akzeptiere die Sprache A mit der Raum-Zeit-Beschränkung (s,t). Die Maschine habe l Bänder. Dann können die Konfigurationen, die wir als Wörter über einem passenden Alphabet Δ schreiben können, bei Eingaben der Länge n höchstens die Länge $\sigma(n) =_{df} \lceil \log n \rceil + 1 + 1 + l(s(n)+1) \preceq s(n)$

erreichen (vgl. Anhang). Wir geben eine DTM N an, die A im Raum $s\log t$ entscheidet.
Bei Eingabe von w mit $|w|= n$ arbeitet N wie folgt:
Zuerst werden $s(n)$ und $t(n)$ konstruiert. Daraus werden $\sigma(n)$ und $k =_{df}$ $\lceil \log t(n)\rceil$ konstruiert. Damit wird eine Bandzone wie folgt präpariert: Es werden $k + 2$ durch je ein Trennzeichen # voneinander separierte Abschnitte der Länge $s(n)$ markiert. Dies nimmt einen Platz von $(k + 2)\sigma(n) + (k + 1) \preceq s(n)\log t(n)$ Feldern ein und benötigt zu seiner Herstellung auch nicht mehr als den genannten Platz.
Dann wird die folgende Aussage ausgenützt.

$$w \in A \longleftrightarrow INIT(M,w) \vdash_M^{2^k} END.$$

Behauptung:
Für jedes k kann N die Bedingung $INIT(M,w) \vdash_M^{2^k} END$ mit einer wie oben beschriebenen Bandzone von $k+2$ Abschnitten der Länge $s(n)$ deterministisch entscheiden.

Beweis
Induktion über k.
Für $k = 0$ ist die Behauptung offensichtlich.
Die Behauptung sei für $k - 1$ bewiesen.
Für den Induktionsschritt wird eine Teile-und-Herrsche-Strategie ausgenützt:

$$INIT(M,w) \vdash_M^{2^k} END \longleftrightarrow \bigvee_K ((INIT(M,w) \vdash_M^{2^{k-1}} K) \wedge (K \vdash_M^{2^{k-1}} END)).$$

N schreibt $INIT(M,w)$ in den ersten Abschnitt der vorbereiteten Bandzone und END in den letzten Abschnitt. Nun wird zuerst geprüft, ob es eine Konfiguration K gibt, die die erste Bedingung $INIT(M,w) \vdash_M^{2^{k-1}} K$ erfüllt. Dies wird getan, indem alle Wörter K aus Δ^* der Länge $\sigma(n)$ systematisch daraufhin überprüft werden, ob sie diese Bedingung erfüllen. (Eigentlich brauchen nur die Konfigurationen von N betrachtet zu werden, aber es ist einfacher, alle Wörter in ihrer lexikographischen Reihenfolge zu betrachten, wobei die Wörter, die keine Konfigurationen sind, natürlich keine Prüfung bestehen können.) Die Überprüfung für K geschieht dabei so, daß K in den $(k + 1)$-ten Abschnitt der vorbereiteten Bandzone eingetragen wird. Zwischen $INIT(M,w)$ und K gibt es noch $k - 1$ freie Abschnitte. Nach Induktionsannahme reicht dies zur Prüfung der betrachteten Bedingung. Fällt die Prüfung negativ aus, wird das lexikographisch nächste Wort geprüft. Fällt die Prüfung positiv aus, so wird K in den zweiten Abschnitt übertragen, und alle Abschnitte zwischen dem zweiten und dem letzten, in dem END steht, werden leer gemacht. (Sie sind bei der vorausgegangenen Prüfung beschrieben worden.) Nun wird die Bedingung $K \vdash_M^{2^{k-1}} END$ überprüft. Auch hierfür sind die Voraussetzungen erfüllt,

4.2. CONSPACE-KLASSEN 97

die für die Anwendung der Induktionsannahme erforderlich sind. Wenn es ein Wort gibt, das beide Prüfungen besteht, akzeptiert N die Eingabe w. Wenn kein Wort in Δ^* existiert, das beide Prüfungen besteht, wird w abgelehnt. Dies beweist die Behauptung und auch den Satz. ∎

Wegen Satz 1.9 gilt offensichtlich

$$\text{NSPACE}(s) \subseteq \text{NSPACE-TIME}(s, 2^{\text{Lin}(s)}).$$

Damit ergibt sich aus dem Satz 4.1 unter Berücksichtigung von Satz 1.15:

Folgerung 4.3
Ist $s \geq \log$ und ist s konstruierbar im Raum s^2, so gilt
$$\text{NSPACE}(s) \subseteq \text{DSPACE}(s^2).$$

Als Folgerung hieraus notieren wir:

Folgerung 4.4
Ist $s \geq \log$ und ist s konstruierbar im Raum s^2, so gilt
$$\text{NSPACE}(\text{Pol}(s)) = \text{DSPACE}(\text{Pol}(s)).$$

Von dieser Folgerung interessiert uns ganz besonders der Spezialfall $s = \text{id}$, der zeigt, daß zwischen deterministischem und nichtdeterministischem Polynomialraum kein Unterschied besteht.

Folgerung 4.5
$$\text{NPSPACE} = \text{PSPACE}.$$

B. Monien und H. Sudborough haben die Aussage von Folgerung 4.3 auf Funktionen s mit $\log \log \leq s \leq \log$ ausgedehnt.

Satz 4.6 [MS82]
Für Funktionen s mit $\log \log \leq s \leq \log$, die in logarithmischem Raum konstruierbar sind, gilt $\text{NSPACE}(s) \subseteq \text{DSPACE}(s(n) \log n)$.

4.2 coNSPACE-Klassen

Das Komplementproblem für nichtdeterministische Raumklassen ist die Frage, ob $\text{NSPACE}(s) = \text{coNSPACE}(s)$ gilt. Hätte man $\text{DSPACE}(s) = \text{NSPACE}(s)$, so hätte man auch $\text{NSPACE}(s) = \text{coNSPACE}(s)$, aber die Umkehrung muß nicht gelten. Während die Frage, ob $\text{DSPACE}(s) = \text{NSPACE}(s)$ gilt, noch unbeantwortet ist, ist das Komplementproblem für nichtdeterministische Raumklassen tatsächlich gelöst.

Satz 4.7 [Imm88, Sze88]
Für raumkonstruierbare $s \geq \log$ gilt $\text{NSPACE}(s) = \text{coNSPACE}(s)$.

Für $s = $ id ist damit als Sonderfall die Komplementabgeschlossenheit von CS, der Klasse der kontextsensitiven Sprachen, bewiesen. Dieses Problem war 1964 von S. Kuroda [Kur64] aufgeworfen worden. Als weiteren interessanten Sonderfall notieren wir:

Folgerung 4.8
$$\text{NL} = \text{coNL}.$$

Bevor Satz 4.7 bewiesen werden kann, müssen einige Vorbereitungen getroffen werden. Es sei M eine NTM, die im Raum s arbeitet. Mit $er(x)$ bezeichnen wir die Anzahl aller paarweise verschiedenen Konfigurationen, die in der Berechnung $M(x)$ überhaupt erreicht werden können. $na(x)$ soll die Anzahl aller paarweise verschiedenen nichtakzeptierenden Konfigurationen sein, die in $M(x)$ erreichbar sind. Offensichtlich gilt

$$x \in \overline{L(M)} \longleftrightarrow er(x) = na(x).$$

Diese Beziehung ist schon der Schlüssel zum Beweis für Satz 4.7. Dazu ist aber noch die Kenntnis darüber erforderlich, daß $er(x)$ und $na(x)$ nichtdeterministisch im Raum s berechnet werden können. Diese Sprechweise muß zunächst eine klare Bedeutung bekommen.

Definition 4.9
*Eine total definierte Funktion f läßt sich genau dann **nichtdeterministisch berechnen**, wenn es eine NTM gibt, die bei Eingabe von x auf jedem Pfad entweder nichts oder $f(x)$ ausgibt und die auf wenigstens einem Pfad $f(x)$ ausgibt.*

Lemma 4.10
Ist M eine NTM, die im konstruierbaren Raum $s \geq \log$ arbeitet, so sind sowohl er als auch na im Raum s nichtdeterministisch berechenbar.

Beweis
Wir beschränken uns auf den Fall der Funktion er. Der Beweis für na ist vollständig analog.
Sei M eine einbändrige NTM, die im Raum s arbeitet. Ohne Beschränkung der Allgemeinheit können wir annehmen, daß alle Pfade von $M(x)$ nach spätestens $2^{cs(n)}$ Schritten einen Endzustand erreichen (vgl. Satz 1.9), wobei n die Länge von x und c eine passende reelle Konstante ist. Die Konfigurationen von $M(x)$ sind Wörter über einem passenden Alphabet A einer Länge $\lambda(n) = s(n) + 1 + \lceil \log n \rceil + 1$.
Die Anzahl aller Wörter über A der Länge $\lambda(n)$ sei m. Wir numerieren diese Wörter von K_1 bis K_m durch, wobei wir nicht darauf achten, ob ein solches

4.2. CONSPACE-KLASSEN 99

Wort wirklich eine Konfiguration darstellt oder nicht.
Die NTM N soll bei Eingabe des Wortes x der Länge n für $d = 1, 2, \ldots$ nacheinander nichtdeterministisch die Zahlen $er_d(x)$ all jener Konfigurationen von $M(x)$ berechnet, die in höchstens d Schritten aus der Anfangskonfiguration $INIT(M, x)$ erreichbar sind. Dies ist ein induktiver Prozeß, der sich im Raum $s(x)$ realisieren läßt, wie wir sogleich zeigen wollen.
Wenn $er_d(x) = er_{d+1}(x)$ ist, so bedeutet dies, daß in $d+1$ Schritten nicht mehr erreichbar ist als in d Schritten, und das heißt, daß $er_d(x) = er_{d+1}(x) = er(x)$ gilt, also $er(x)$ nichtdeterministisch berechnet ist.
Die NTM N soll neben ihrem Arbeitsband vier Zählerbänder haben, die wir mit $Z_1, \ldots, Z_4$ bezeichnen wollen. N arbeitet bei Eingabe von x wie folgt: Zuerst wird der Raum $s(x)$ auf dem Arbeitsband markiert. Dies gelingt im Raum $s(x)$ nach Voraussetzung der Konstruierbarkeit. Die Zählerbänder sind dafür gedacht, daß Z_1 die Binärdarstellung von $er_d(x)$ und Z_2 die Binärdarstellung von $er_{d+1}(x)$ enthalten soll. Auf Z_3 soll bis d gezählt werden, und Z_4 wird lediglich als Zwischenspeicher gebraucht. Anfangs enthalten natürlich alle Zählerbänder die 0, und wegen $er_d(x) \leq er(x) \leq 2^{cs(n)}$ und $d \leq 2^{cs(n)}$ wird niemals mehr als der Raum $cs(n)$ auf den Zählerbändern gebraucht.
Wir brauchen nun nur noch zu zeigen, daß $er_d(x)$ für jedes d im Raum $s(x)$ nichtdeterministisch berechnet werden kann.
Induktionsbeginn
$er_1(x)$ läßt sich wirklich in zwei deterministischen Schritten bestimmen, die die beiden Alternativen des ersten nichtdeterministischen Rechenschritts von $M(x)$ simulieren.
Induktionsannahme
Die sukzessive Berechnung der Werte $er_1(x), \ldots, er_d(x)$ ist im Raum $s(x)$ möglich, und nach Berechnung von $er_d(x)$ steht dieser Wert in Z_2.
Induktionsschritt
Zu Beginn wird Z_1 gelöscht, $er_d(x)$ wird auf Z_1 und Z_4 übertragen, und danach wird Z_2 gelöscht. Der Wert $er_{d+1}(x)$ soll in Z_2 aufgebaut werden.
Für jedes K_i, $i = 1, \ldots, m$, prüfen wir, ob K_i eine Konfiguration ist und ob sie in höchstens $d+1$ Schritten aus $INIT(M, x)$ erreichbar ist. Wir bezeichnen diesen Test mit T_i. Bei jedem K_i, für das T_i zutrifft, wird der Bandinhalt von Z_2 um 1 erhöht.
Wir beschreiben jetzt den Test T_i. Es sei $\mathcal{K}_d$ die Menge jener Konfigurationen, die in höchstens d Schritten aus $INIT(M, x)$ erreichbar sind. Offenbar ist K_i in höchstens $d+1$ Schritten aus $INIT(M, x)$ genau dann erreichbar, wenn es eine *Zwischenkonfiguration* $K_j \in \mathcal{K}_d$ gibt, so daß entweder $K_j = K_i$ oder K_i in einem Schritt aus K_j erreichbar ist. Die Maschine N führt für $j = 1, \ldots, m$ folgende Etappen aus. Man beachte, daß dafür gesorgt ist, daß vor Etappe 1

der Wert $er_d(x)$ auf Band Z_1 zur Verfügung steht:

Etappe j:

N bestimmt K_j. Wenn K_j keine Konfiguration ist, geht N sofort zur nächsten Etappe über. Andernfalls wird $M(x)$ gestartet und d Schritte lang beobachtet. Um die Schrittzahl d zu kontrollieren, verwendet N den Zähler Z_3. Für jeden Pfad α dieser Berechnung können folgende Fälle eintreten.

Fall 1: K_j wird auf α nicht gefunden.

Dann geht N auf diesem Pfad zur Etappe $j + 1$ über.

Fall 2: K_j wird auf α gefunden.

Fall 2.1: K_j geht in höchstens einem Schritt in K_i über.

Dann ist T_i positiv beendet, und Z_2 wird, wie oben bereits erwähnt, um 1 erhöht.

Fall 2.2: K_j geht nicht in höchstens einem Schritt in K_i über.

Dann wird $Z_1 := Z_1 - 1$ gesetzt. Hiermit wird registriert, daß N eine der Konfigurationen, hier K_j, aus $\mathcal{K}_d$ gefunden hat.

Fall 2.2.1: $Z_1 = 0$.

Dann ist T_i negativ beendet. Denn wegen $Z_1 = 0$ sind alle Konfigurationen aus $\mathcal{K}_d$ aufgetaucht, aber keine davon hat als Zwischenkonfiguration zur Erreichung von K_i getaugt. Also kann K_i überhaupt nicht erreicht werden.
Man beachte, daß diese definitive negative Aussage nur deshalb ausgesprochen werden kann, weil $er_d(x)$ zur Verfügung stand.

Fall 2.2.2: $Z_1 \neq 0$.

Fall 2.2.2.1: $j < m$.

Dann wird Etappe $j+1$ ausgeführt. Die Konfigurationen $K_1, \ldots, K_j$ haben als Zwischenkonfigurationen nicht getaugt, K_i zu erreichen. Da aber $Z_1 \neq 0$ ist, kann vielleicht eine der noch zu findenden Konfigurationen aus $\mathcal{K}_d$ die Rolle einer Zwischenkonfiguration zur Erreichung von K_i spielen.

Fall 2.2.2.2: $j = m$.

Dann bricht dieser Pfad erfolglos ab. Denn $j = m$ besagt, daß keine weitere Konfiguration mehr existiert, aber $Z_1 \neq 0$ bedeutet, daß auf dem Pfad α nicht alle Konfigurationen aus $\mathcal{K}_d$ gesehen worden sind. Deshalb kann auf diesem Pfad auch keine verläßliche Aussage gemacht werden.

Ende von Etappe j

Bei jedem Test T_i muß der Wert $er_d(x)$ immer wieder neu zur Verfügung stehen, auch wenn er beim vorhergehenden Test T_{i-1} möglicherweise bis auf 0 verringert worden ist. Dies kann N leicht dadurch erreichen, daß zu Beginn des nächsten Tests der Wert von Z_4 auf Z_1 unter Beibehaltung des Wertes auf

4.2. CONSPACE-KLASSEN

Z_4 kopiert wird.

Ein Pfad endet entweder nach Fall 2.1 oder nach Fall 2.2.1 oder nach Fall 2.2.2.2. Die Pfade, die nach 2.2.2.2 enden, sind uninteressant, denn sie enden ohne Ergebnis.

Für die übrigen Pfade schließen sich die Fälle 2.1 und 2.2.1 gegenseitig aus. Endet nämlich ein Pfad nach Fall 2.1, so ist T_i erfolgreich, und deshalb kann kein Pfad nach Fall 2.2.1 enden. Endet umgekehrt ein Pfad nach Fall 2.2.1, so heißt dies, daß T_i nicht erfolgreich ist, und deshalb kann kein Pfad nach Fall 2.1 enden.

Damit gilt für den Test T_i: Diejenigen Pfade, die nicht nach 2.2.2.2 erfolglos enden, erhöhen entweder alle Z_2 um 1, oder sie lassen alle Z_2 ungeändert. Dies heißt aber, daß am Ende, wenn alle Tests durchgeführt worden sind, auf allen erfolgreichen Pfaden genau der gleiche Wert in Z_2 steht. Offensichtlich sind alle Teilschritte der beschriebenen nichtdeterministischen Maschine im Raum $s(x)$ ausführbar, womit die Behauptung bewiesen ist. ∎

Beweis von Satz 4.7:
Wenn M wie bisher festgelegt ist, gilt $L(M) \in \text{NSPACE}(s)$ und demnach $\overline{L(M)} \in \text{coNSPACE}(s)$. Um $\overline{L(M)} \in \text{NSPACE}(s)$ zu zeigen, konstruieren wir eine Maschine R, die die Beziehung

$$x \in \overline{L(M)} \longleftrightarrow er(x) = na(x)$$

ausnützt. Bei Eingabe von x arbeitet sie wie folgt. R arbeitet zunächst wie die Maschine N aus dem Beweis des Lemmas, die $er(x)$ berechnet. Auf jenen Pfaden, auf denen etwas ausgegeben wird (dies muß dann $er(x)$ sein), wird eine Maschine S gestartet, die nichtdeterministisch $na(x)$ berechnet. Auf den Pfaden, auf denen sowohl der Wert $er(x)$ wie auch der Wert $na(x)$ vorliegen, und wir wissen, daß es mindestens einen solchen Pfad geben muß, akzeptiert R genau dann, wenn $na(x) = er(x)$. Das bedeutet aber gerade

$$x \in L(R) \longleftrightarrow x \in \overline{L(M)},$$

d.h. $\overline{L(M)} \in \text{NSPACE}(s)$. Damit gilt

$$\text{coNSPACE}(s) \subseteq \text{NSPACE}(s),$$

was bekanntlich zu

$$\text{coNSPACE}(s) = \text{NSPACE}(s)$$

äquivalent ist. ∎

Definiert man in Analogie zu Satz 3.19 eine alternierende logspace-Hierarchie (die Klassen werden also mit Hilfe von logspace-Maschinen mit beschränkter Alternierungszahl definiert), so ergibt sich die

Folgerung 4.11
Die alternierende logspace-Hierarchie besteht nur aus den beiden Klassen L und NL.

Vorläufer und verwandte Resultate finden sich in [JKL89, Tod87, SW88]. In diesem Zusammenhang sei auf [Ogi96b] hingewiesen, wo gezeigt wird, daß eine analoge Hierarchie über PL (probabilistischer logarithmischer Raum) nur aus der Klasse PL selbst besteht.

4.3 Blockrespektierende Berechnungen

4.3.1 Blockrespektierende Maschinen

Definition 4.12
*Eine $(l+1)$-bändrige Turingmaschine T heißt **b-blockrespektierend** genau dann, wenn gilt:*

1. *Auf dem $(l+1)$-ten Band sind genau b Felder so markiert, daß das erste und das letzte dieser Felder als linkes bzw. rechtes Randfeld erkennbar sind. Dieser Block wird vom Kopf nie verlassen.*

2. *Die anderen Bänder sind, soweit sie beschrieben sind, in Blöcke der Länge b eingeteilt, und Blockgrenzen werden jeweils nur in Takten überschritten, deren Nummern ganzzahlige Vielfache von b sind.*

Jede Turingmaschine kann durch eine blockrespektierende Maschine simuliert werden. Genauer:

Lemma 4.13
Ist M eine l-bändrige Turingmaschine, die in der Zeit t arbeitet und $b \in \mathbb{N}$, so existieren eine Konstante $c > 0$ und eine $(l+1)$-bändrige b-blockrespektierende Turingmaschine T, die zu M äquivalent ist und in der Zeit $c \cdot t$ arbeitet.

Bemerkungen.
1. In den Anwendungen wird b von der Eingabelänge n abhängen.
2. Die Konstante c kann auf 1 reduziert werden, wenn man vor Anwendung des Lemmas von M zu einer Maschine M' übergeht, die man um einen geeigneten Faktor c^{-1} beschleunigt hat.

Beweis
M sei eine l-bändrige Turingmaschine. T wird als eine $(l+1)$-bändrige Turingmaschine konzipiert, auf deren $(l+1)$-tem Band in der in der Definition angegebenen Weise b Felder markiert sind. Dieses Band sei in $2l$ Spuren eingeteilt, während die ersten l Bänder jeweils in drei Spuren eingeteilt sind.

4.3. BLOCKRESPEKTIERENDE BERECHNUNGEN

T bei Eingabe x beginnt damit, auf den ersten l Bändern jeweils einen Block der Länge b zu markieren und die Köpfe auf all diesen Bändern auf das erste Feld des markierten Blocks zu setzen. Danach beginnt T, die Berechnung $M(x)$ zu simulieren, wobei zunächst jeweils auf den mittleren Spuren gearbeitet wird. Wesentlich ist, daß während der gesamten Simulation der Kopf auf dem $(l+1)$-ten Band ununterbrochen vom linken Ende des Blocks zum rechten und vom rechten Ende zum linken wandert. Dadurch können die Takte festgestellt werden, die ein Vielfaches von b betragen. Wir wollen die Sprechweise „es klingelt" verwenden, wenn der Kopf auf Band $l+1$ das linke oder rechte Blockende erreicht.

Ein Kopf bleibt so lange in der mittleren Spur, wie er nicht versucht, den markierten Block nach rechts oder links zu verlassen. Anstatt den Block nach rechts zu verlassen, kehrt der Kopf innerhalb des Blocks um und benützt die obere Spur von rechts nach links. Anstatt den Block nach links zu verlassen, kehrt der Kopf innerhalb des Blocks um und benützt die untere Spur von links nach rechts.

Versucht ein Kopf (z.B. der Kopf des Bandes i), auf der oberen Spur den markierten Block zu verlassen, wird die Simulation unterbrochen, aber der Kopf auf dem $(l+1)$-ten Band geht noch bis an das Blockende. Nun läuft das unter (a) und (b) Beschriebene gleichzeitig ab.

(a) Blöcke, auf denen der Kopf zum Zeitpunkt der Unterbrechung in der oberen Spur steht, werden wie folgt behandelt: Der Kopf markiert seine Position, bewegt sich an das linke Blockende und wartet dort, bis es klingelt. Dann werden die obere und die mittlere Spur auf zwei Spuren des $(l+1)$-ten Bandes und von dort sofort auf die mittlere bzw. untere Spur des rechten Nachbarblockes kopiert. Danach sucht der Kopf die markierte Stelle, die nunmehr auf der mittleren Spur liegt, und wartet, bis es klingelt.

(b) Blöcke, auf denen der Kopf zum Zeitpunkt der Unterbrechung in der unteren Spur stehen, werden wie folgt behandelt:Der Kopf markiert seine Position, bewegt sich an das rechte Blockende und wartet dort, bis es klingelt. Dann werden die untere und die mittlere Spur auf zwei Spuren des $(l+1)$-ten Bandes und von dort sofort auf die mittlere bzw. obere Spur des rechten Nachbarblockes kopiert. Danach sucht der Kopf die markierte Stelle, die nunmehr auf der mittleren Spur liegt, und wartet, bis es klingelt.

Selbst wenn alle l Bänder auf diese Weise gleichzeitig behandelt werden müßten, würde dies möglich sein, weil das $(l+1)$-te Band $2l$ Spuren hat. Nun wird die unterbrochene Simulation fortgesetzt. Die beschriebene Konstruktion sichert, daß eine solche Unterbrechung, die höchstens $5b$ zusätzliche Takte dauert, höchstens alle b Takte passiert. Damit braucht T höchstens $6t(n)$ Takte (aus je b Takten werden höchstens $b+5b$ Takte). Daß T Blockgrenzen nur dann überschreitet, wenn es klingelt, ist aus der Konstruktion von T klar. ∎

4.3.2 Graphen von blockrespektierenden Maschinen

Definition 4.14
Es sei M eine b-blockrespektierende Turingmaschine, die in der Zeit t arbeitet, und x ein Wort der Länge n. Die Berechnung $M(x)$ zerfällt dann in $N =_{df} \frac{t(n)}{b}$ sogenannte **Phasen**.
Der Graph $G_{M,x}$ einer blockrespektierenden Berechnung $M(x)$ hat die Knotenmenge $V = \{1, \ldots, N\}$ und die Kantenmenge E. Zu E gehören genau folgende Kanten

- $(i, i+1)$ *für alle $i = 1, \ldots, N-1$. Diese Kanten bilden das sogenannte* **Rückgrat**.

- (i, j), *falls es ein Band und einen Block auf diesem Band gibt, der am Ende der Phase i verlassen und erstmals in der Phase $j > i$ wieder betreten worden ist.*

Offenbar gilt: Ist l die Bänderzahl von M, so hat jeder Knoten von $G_{M,x}$ einen Eingangsgrad, der durch $l + 1$ beschränkt ist.
Beispiel.
Wir denken uns eine zweibändrige blockrespektierende Maschine. Eine Berechnung dieser Maschine wird in Tabelle 4.1 schematisch wiedergegeben. Hierbei bedeutet ein j in Zeile i und Spalte k, daß sich der Kopf von Band j in Phase i auf Block k aufgehalten hat.
Der zugehörige Graph ist in Abbildung 4.1 dargestellt.

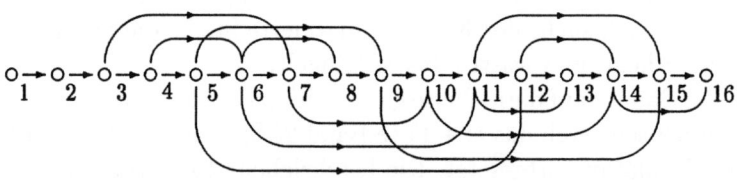

Abbildung 4.1: Graph der in Tabelle 1 dargestellten Berechnung

4.3. BLOCKRESPEKTIERENDE BERECHNUNGEN

	1	2	3	4	5	6	7	8	9
1	1,2								
2	1	2							
3		1	2						
4			1	2					
5				1	2				
6				2	1				
7	·		2			1			
8			2			1			
9				2		1			
10					1,2				
11					1		2		
12				1			2		
13					1			2	
14						1	2		
15							1,2		
16						1		2	

Tabelle 4.1: Die Berechnung einer zweibändrigen blockrespektierenden Turingmaschine

4.3.3 Segregatoren

Definition 4.15
Ein **m-Segregator** eines Graphen $G = (V, E)$ ist eine Teilmenge J von V mit der Eigenschaft, daß jeder Knoten $j \in V \setminus J$ im Graphen $G \setminus J$ (das ist der Graph, der aus G entsteht, wenn man alle Knoten aus J und alle mit diesen inzidenten Kanten streicht) höchstens m Vorgänger (nicht notwendig nur unmittelbare) hat.

Man sieht leicht ein, daß im allgemeinen ein m-Segregator um so größer sein muß, je kleiner m ist. Einen „kleinen" m-Segregator mit kleinem m zu finden, ist deshalb nicht ganz einfach. In diese Richtung geht der folgender Satz aus der Graphentheorie, der in [PPST83] bewiesen worden ist und den wir ohne Beweis übernehmen wollen.

Satz 4.16
Ist $G_{M,x}$ der Berechnungsgraph einer l-bändrigen blockrespektierende Turingmaschine bei Eingabe eines Wortes x der Länge n (vgl. Definition 4.14) und hat dieser Graph N Knoten, so hat er für hinreichend große N einen $e(n)$-Segregator mit höchstens $e(n)$ Knoten, wobei $e(n) = 15(2l+1)\frac{N}{\log^* N}$. ∎

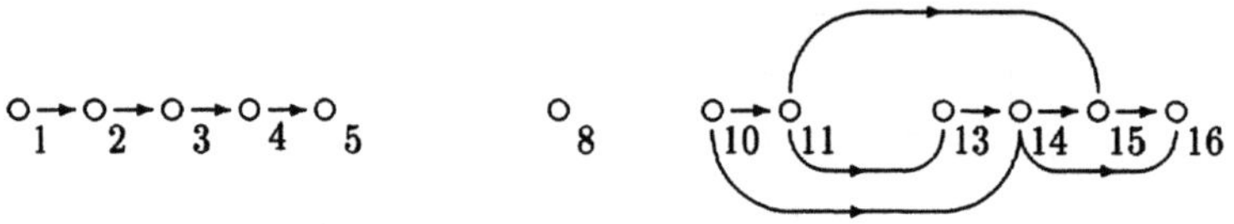

○→○→○→○→○   ○   ○→○   ○→○→○→○
1 2 3 4 5   8   10 11   13 14 15 16

Abbildung 4.2: $G \setminus J$ für den Graphen aus Abb. 4.1 mit $J = \{6, 7, 9, 12\}$.

Damit das Lemma überhaupt eine sinnvolle Aussage macht, muß $\log^* N > 15(2l + 1)$ gelten.
Für $i \in V \setminus J$ ist $P(i)$ die Menge aller Vorgänger von i im Graphen $G \setminus J$. Für $i \in J \cup \{N\}$ ist $P(i)$ die Vereinigung aller $P(j) \cup \{j\}$, wobei j alle unmittelbaren Vorgänger von i in G durchläuft, die in $V \setminus J$ liegen.
Die Menge $J = \{6, 7, 9, 12\}$ ist ein 5-Segregator. Ihre Entfernung führt zum Graphen in Abbildung 4.2. Bei diesem Segregator wäre im betrachteten Beispiel etwa $P(12) = \{1, 2, 3, 4, 5, 10, 11\}$.

Lemma 4.17
Sei $G = G_{M,x}$ für eine l-bändrige blockrespektierende Turingmaschine M und sei J ein m-Segregator von G. Ist $j \in J$, so ist $\operatorname{card} P(j) \leq (l+1)(m+1)$.

Beweis
Jeder Knoten hat im Graphen G höchstens $l + 1$ unmittelbare Vorgänger, nämlich einen im Rückgrat und höchstens je einen pro Band von M. Ein Knoten $j \in J$ kann also höchstens $l + 1$ unmittelbare Vorgänger haben. Liegen sie alle in $V \setminus J$, so kann j also höchstens $(l+1)(m+1)$ Vorgänger in $V \setminus J$ haben. ∎

4.3.4 Ein Spiel auf Graphen

Für manche Belange der Komplexitätstheorie ist folgendes Spiel auf orientierten zyklenfreien Graphen von Bedeutung. G sei ein solcher Graph mit N Knoten und einem ausgezeichneten Endknoten v (es gibt keine Kanten, die von v ausgehen). Ein Spieler hat einen Vorrat von Spielsteinchen zur Verfügung und kann nacheinander Züge der folgenden Arten machen.

- Ein Steinchen darf auf einen Knoten gelegt werden, wenn alle seine unmittelbaren Vorgänger mit Steinchen besetzt sind.

- Ein Steinchen darf entfernt werden.

Das Ziel des Spiels besteht darin, den Endknoten v zu besetzen.
Die wichtigste Frage betrifft die Mindestanzahl von Steinchen, mit der dieses Ziel erreicht werden kann. Als Beispiel betrachten wir einen vollständigen

binären Baum der Tiefe k, dessen Kanten zur Wurzel hin orientiert sind. Durch Induktion über k zeigt man leicht, daß $k+2$ Steinchen reichen. Generell muß man mit größeren Steinchenzahlen rechnen. Es zeigt sich, daß der Eingangsgrad des Graphen eine Rolle spielt.

Definition 4.18
*Der **Eingangsgrad** $indeg(G)$ eines Graphen $G = (V,E)$ ist wie folgt definiert:*
$$indeg(G) = \max_{x \in V} card\{y : (y,x) \in E\}.$$

Ohne Beweis übernehmen wir den folgenden graphentheoretischen Satz aus [HPV77]

Satz 4.19
Es gibt eine Konstante $c(d)$ derart, daß für alle Graphen G mit N Knoten und mit einem durch d beschränkten Eingangsgrad das Spiel mit höchstens $c(d)\frac{N}{\log N}$ Steinchen gespielt werden kann. ∎

Insbesondere haben, wie oben schon bemerkt, alle $G_{M,x}$ einer l-bändrigen blockrespektierenden Turingmaschine M einen durch $(l+1)$ beschränkten Eingangsgrad.

4.4 Raum ist besser als Zeit

Die intuitive Vorstellung, daß Raum eine bessere Ressource ist als Zeit, beruht auf der „Wiederverwendbarkeit" des Raumes: In ein und demselben Raumbereich lassen sich nacheinander ganz unterschiedliche Zwischenergebnisse einer Rechnung gewinnen oder speichern. Ein einmal vergangener Zeitpunkt kann demgegenüber nicht nochmals aus der Vergangenheit für eine neue Operation zurückgeholt werden. Quantitativ drückt sich dies in der Vermutung aus, daß $DTIME(t) \subset DSPACE(t)$ gilt. In der Tat kann man folgenden Satz beweisen.

Satz 4.20 [HPV77]
Ist t im Raum $\frac{t}{\log t}$ konstruierbar, so gilt $DTIME(t) \subseteq DSPACE(\frac{t}{\log t})$.

Beweis
Gegeben sei eine Menge $A \in DTIME(t)$ und eine DTM M mit l Bändern, die A in der Zeit t entscheidet und die wegen Lemma 4.13 gleich als $b(n)$-blockrespektierend angenommen werden kann. Hierbei soll $b(n) = \left\lceil \sqrt[3]{(t(n))^2} \right\rceil$ sein. Als Anzahl der Phasen ergibt sich $a(n) = \left\lceil \sqrt[3]{t(n)} \right\rceil$.
Zur Vorbereitung des weiteren Beweises müssen einige Betrachtungen über das im Abschnitt 4.3.4 eingeführte Graphenspiel angestellt werden. Wie im vorigen Abschnitt wird im Fortgang des Beweises der Graph $G_{M,x}$ bestimmt werden.

Er kann im Raum $a(n)\log a(n)$ notiert werden. Unter einer **Position** im Graphenspiel wollen wir die Menge der Knoten verstehen, die zu einem gegebenen Zeitpunkt durch Steinchen besetzt sind. Da nach Satz 4.19 das Graphenspiel mit $c \cdot a(n)/\log a(n)$ Steinchen gespielt werden kann, kann jede einzelne Position in einer erfolgreichen Folge von Zügen im Raum $a(n)$ notiert werden.

Uns interessiert jetzt folgendes Problem: Gegeben sei $G_{M,x}$ und eine Position B. Kann dann das Graphenspiel, beginnend mit der Position B, so zu Ende gespielt werden, daß die Position $\{a(n)\}$ entsteht? Wenn dies gelingt, so auch in höchstens $2^{a(n)}$ Zügen, denn es gibt nur so viele verschiedene Positionen, und es ist nicht nötig, Positionen im Spielverlauf zu wiederholen.

Definition 4.21
Eine **Strategie** S *ist eine Folge* $B_1, \ldots, B_k$ *von Positionen derart, daß für alle* $i = 1, \ldots, k-1$ *die Position* B_{i+1} *aus* B_i *durch Anwendung einer Regel des Graphenspiels hervorgeht.*

Lemma 4.22
Es gibt eine deterministische Turingmaschine T *ohne Eingabeband, die zu gegebenem Graphen* $G_{M,x}$, *zu gegebener Position* B *und zu gegebenem* $k \leq 2^{a(n)}$ *im Raum* $(a(n)\log a(n))^2$ *feststellt, ob es eine Strategie* $B, \ldots, B_m$ *mit* $B_m = \{a(n)\}$ *und* $m \leq k$ *gibt.*

Beweis
Bei Eingabe von $G_{M,x}$ und B kann zunächst nichtdeterministisch geprüft werden, ob von B aus die Position $\{a(n)\}$ erreichbar ist. Dazu wird einfach Schritt für Schritt eine Folge von Positionen $B = B_0, B_1, B_2, \ldots$ geraten, wobei darauf geachtet wird, daß

- jede Position nur $c \cdot a(n)/\log a(n)$ Steinchen hat und

- jede Position aus der vorangehenden durch die Regeln des Spiels hervorgeht und

- nicht mehr als k Positionen geraten werden, was durch einen binären Zähler der Länge $\log k \leq a(n)$ kontrolliert werden kann.

Dabei befinden sich nie mehr als zwei Positionen B_i und B_{i+1} auf dem Arbeitsband. Damit braucht diese nichtdeterministische Maschine für ihre Entscheidung höchstens den Platz, den die Eingabe benötigt, nämlich $a(n)\log a(n)$. Nach Folgerung 4.3 von Savitch gibt es eine deterministische Maschine, die diese Entscheidung im Raum $(a(n)\log a(n))^2$ leistet. ∎

Die Idee des Beweises von Satz 4.20 besteht darin, den Graphen $G_{M,x}$ für eine Berechnung $M(x)$ zu betrachten, für diesen einen legalen Spielverlauf des

4.4. RAUM IST BESSER ALS ZEIT

Graphenspiels zu bestimmen und die Berechnung $M(x)$ so zu simulieren, daß immer nur genau jene Blockinhalte gespeichert werden, die den mit Steinchen belegten Knoten von $G_{M,x}$ gemäß diesem Spielverlauf entsprechen. Eine DTM N, die A im Raum $\frac{t}{\log t}$ entscheidet, arbeitet wie folgt, wenn eine Eingabe x der Länge n vorliegt:
Zuerst wird $t(n)$ konstruiert, woraus im Raum $\frac{t}{\log t}$ auch die Größen $a(n)$ und $b(n)$ konstruiert werden können.
Danach durchläuft N eine for-Schleife:
Z sei die Zustandsmenge von M. Es werden in einer lexikographischen Reihenfolge alle Paare (σ, η) systematisch erzeugt, wobei $\sigma \in Z^{a(n)}$ und η Folgen der Länge $a(n)$ mit Elementen aus $\{1, \ldots, a(n)\}^l$ bedeutet. Die Maschine N interpretiert σ als Folge der Zustände von M, die zu Beginn der $a(n)$ Phasen in $M(x)$ herrschen. Ist $(j_1, \ldots, j_l)$ das i-te Element von η, so wird dies interpretiert als: In der Berechnung $M(x)$ stehen zu Beginn der Phase i die Köpfe auf den l Bändern in den Blöcken $j_1, \ldots, j_l$. Aus η wird ein Graph G bestimmt (vgl. den Abschnitt 4.3), der bei zutreffend gewähltem η genau der Graph $G_{M,x}$ ist. N versucht nun, $M(x)$ zu simulieren. Wir beschreiben die einzelnen Schritte dieser Simulation.

1. Schritt:
N bestimmt den ersten Zug einer Strategie S für das Graphenspiel auf G. Da jede erfolgreiche Strategie mit $\{1\}$ beginnen muß, ist dies die erste Position B_1 von S. Nun wird die erste Phase von $M(x)$ simuliert. Ist der erste Zustand von σ nicht der Anfangszustand von M oder ist das erste Element von η von $(1, \ldots, 1)$ verschieden, so wird die Simulation abgebrochen, und in der for-Schleife wird ein neues Paar generiert. Am Ende dieses ersten Schrittes wird ein Steinchen auf Knoten 1 gelegt. Ferner wird geprüft, ob der erreichte Zustand genau die zweite Komponente von σ und ob die erreichten Kopfstellungen genau der zweiten Komponente von η entsprechen. Ist dies nicht der Fall, wird die Simulation abgebrochen und in der for-Schleife das nächste Paar betrachtet.

(j+1)-ter Schritt:
Die Simulation sei bis zum j-ten Schritt einer Strategie S fortgeschritten, und im Sinne einer Induktionsannahme wollen wir voraussetzen, daß die in den gegenwärtig mit einem Steinchen besetzten Phasen (Phasen der Berechnung und Knoten des Graphen sind ein und dasselbe) erreichten Blockinhalte gespeichert sind. Es sei die Position B_j erreicht.
N bestimmt zunächst eine mögliche nächste Position B_{j+1} in einer erfolgreichen Strategie. Dies geschieht wie folgt. N bestimmt die erste der endlich vielen legalen Nachfolgepositionen D von B_j, für die die Maschine T aus Lemma 4.22 die Eingabe (G, D, k) mit $k = 2^{a(n)} - j$ akzeptiert. Ist dieses D gefunden, so

wird D als nächster Zug B_{j+1} in der Strategie S aufgefaßt, und die Simulation von $M(x)$ wird gemäß diesem Zug fortgesetzt. Dies heißt im einzelnen:

- Wird im Zug B_{j+1} ein Steinchen von einem Knoten, etwa k, weggenommen, so werden die gespeicherten Blockinhalte der k-ten Phase gelöscht.

- Wird dagegen auf einen Knoten, etwa k, ein Steinchen gelegt, so heißt dies insbesondere, daß alle unmittelbaren Vorgängerknoten von k ein Steinchen besitzen. Dann sind aber alle Blockinhalte aus diesen Phasen verfügbar, und daher kann die k-te Phase der Berechnung $M(x)$ ausgeführt werden. Am Ende der Simulation der k-ten Phase prüft N, ob der erreichte Zustand mit der $(k+1)$-ten Komponente aus σ übereinstimmt und ob die erreichten Kopfstellungen genau der $(k+1)$-ten Komponente von η entsprechen. Trifft wenigstens eins von beiden nicht zu, wird das nächste Paar in der for-Schleife betrachtet.

Man beachte, daß nach dem $(j+1)$-ten Zug genau die Blockinhalte jener Phasen verfügbar sind, die zu dieser Zeit mit Steinchen besetzt sind. Die Eingabe x wird genau dann von N akzeptiert, wenn die Simulation bis zur letzten Phase gelingt und diese letzte Phase zeigt, daß M die Eingabe x akzeptiert.

Daß dieser Algorithmus korrekt ist, folgt daraus, daß die Simulation von $M(x)$ in dem Moment gelingt, da σ und η richtig gewählt sind. Und der systematische Ablauf der for-Schleife garantiert, daß dieser Moment eintritt. Daß bei richtig gewähltem (σ,η) die Simulation nicht in einem Zyklus endet, der bei der Bestimmung der Strategie auftreten könnte, wird dadurch garantiert, daß bei der Bestimmung der jeweils nächsten Positionen die Zugzahl bis zum Erreichen der Endposition $\{a(n)\}$ ständig verringert wird.

Es bleibt zu zeigen, daß N im Raum $\frac{t}{\log t}$ arbeitet.

1. Das Aufschreiben von (σ,η) gelingt im Raum $c_1 a(n) \log a(n) \prec \frac{t(n)}{\log t(n)}$.

2. Ein Raum dieser Größenordnung reicht auch aus zur Bestimmung und Speicherung von $G_{M,x}$.

3. Die Berechnung einer Strategie S und die Simulation von $M(x)$ verschränken sich in der oben beschriebenen Weise. Nach Lemma 4.22 wird hierzu nur der Raum $(a(n)\log a(n))^2 \prec \frac{t(n)}{\log t(n)}$ benötigt.

4. Die Simulation selbst kommt mit dem Raum $c_2 b(n) \frac{a(n)}{\log a(n)} \preceq \frac{t(n)}{\log t(n)}$ aus, denn es müssen in jeder Phase höchstens $c_2 \frac{a(n)}{\log a(n)}$ Blockinhalte der Länge $b(n)$ gespeichert werden.

4.5. DLINTIME ⊂ NLINTIME

Insgesamt reicht damit der angegebene Raumbedarf. ∎

Wenn man nur einbändrige Turingmaschinen ohne Eingabeband betrachtet, so kann man ein wesentlich schärferes Resultat beweisen. Die zugehörigen nichtdeterministischen Raumklassen werden mit T-NTIME(t) bezeichnet.

Satz 4.23 [Pat72]
Wenn $t(n) \geq n^2$ und konstruierbar im Raum $\sqrt{t}$ ist, so gilt

$$T - \text{NTIME}(t) \subseteq \text{DSPACE}(\sqrt{t}).$$

∎

4.5 DLINTIME ⊂ NLINTIME

Zwar ist das P-NP-Problem noch ungelöst, doch ist bereits 1983 von W. Paul, N. Pippenger, E. Szemerédi und W. Trotter mit dem Beweis von DLINTIME ⊂ NLINTIME ein wesentlicher Schritt in Richtung auf die erwartete Inklusion P ⊂ NP getan worden [PPST83]. Entscheidend für dieses Resultat ist der folgende Satz, demzufolge eine zeitliche Beschleunigung einer deterministischen Berechnung erreichbar ist, wenn man auf ihren deterministischen Charakter verzichtet und statt dessen eine alternierende Berechnung mit drei Alternierungen pro Pfad in Kauf nimmt.

Satz 4.24 [PPST83]
Wenn t zeitkonstruierbar ist, so ist

$$\text{DTIME}(t \log^* t) \subseteq \Sigma_4 \text{TIME}(\text{Lin}(t)).$$

Für den Beweis brauchen wir einige Vorbereitungen. Sei M_1 eine Maschine, die l Bänder hat und blockrespektierend in der Zeit $\text{Lin}(t\log^* t)$ arbeitet, wobei die Blocklänge für eine Eingabe x der Länge n durch $b(n) = \left\lceil \sqrt[3]{(t(n)\log^* t(n))^2} \right\rceil$ gegeben ist. Als Anzahl der Phasen von $M_1(x)$ ergibt sich $a(n) = \left\lceil \sqrt[3]{t(n)\log^* t(n)} \right\rceil$. Als Kardinalzahl eines Segregators J von $G_{M_1,x}$ (vgl. Def.4.14 und Satz 4.16) wählen wir $e(n) = \left\lceil 15(2l+1)\frac{a(n)}{\log^* a(n)} \right\rceil$. Der Graph $G_{M_1,x}$ läßt sich bestimmen, wenn man weiß, in welchen Blöcken die Köpfe von M_1 zu Beginn aller Phasen stehen.

Der Graph $G_{M_1,x}$ (ab jetzt halten wir uns an das Beispiel von Abbildung 4.1 mit dem Segregator $\{6,7,9,12\}$) wird in einer Tabelle abgespeichert, die in ihrer ersten Zeile alle Knoten und unter jedem Knoten j in Zeile i den Vorgänger k enthält, wenn auf Band i in Phase j ein Block bearbeitet wird, der letztmals in Phase k bearbeitet wurde. So hat im betrachteten Beispiel der Knoten 2 in der ersten Zeile den Vorgänger 1, weil auf Band 1 in Phase 2 der gleiche Block bearbeitet wird wie in Phase 1. Oder: Der Knoten 9 hat den Vorgänger 5 in der zweiten Zeile, weil auf Band 2 der Block, der in Phase 5 verlassen wurde, in Phase 9 erstmals wieder besucht wird. Der Segregator J wird durch Markierung seiner Knoten in der Tabelle 4.3 dargestellt.

Im folgenden Beweis spielt die Speicherung wesentlicher Momente der Berechnung $M_1(x)$ in einer Tabelle eine Rolle, in der für Phase i die Blockinschriften $A_{\nu i}$ und $E_{\nu i}$ zu Anfang und Ende des in Phase i auf Band ν besuchten Blocks einschließlich des jeweils aktuellen Zustands für $\nu = 1,\ldots,l$ enthalten sind. In Tabelle 4.4 sind diese Blockinhalte zunächst nur für die Phasen, die den Segregator bilden, und für die letzte Phase $a(n)$ notiert.

Beweis des Satzes 4.24

Sei $L \in \text{DTIME}(t\log^* t)$, und t sei zeitkonstruierbar. Wegen Lemma 4.13 können wir eine Maschine M_1, die L in der Zeit $t\log^* t$ entscheidet, mit den vor diesem Beweis beschriebenen Eigenschaften wählen. Wir konstruieren eine Maschine M_2, die zeigt, daß L zu $\Sigma_4\text{TIME}(\text{Lin}(t))$ gehört. Bei Eingabe von x arbeitet M_2 wie folgt:

Vorbereitungsetappe

M_2 konstruiert deterministisch $t(n), a(n), b(n)$ und $e(n)$. Dies gelingt für $t(n)$ nach Voraussetzung, und es ist leicht zu sehen, daß auch die drei anderen Werte in der Zeit $ct(n)$ mit passendem positiven c konstruiert werden können.

1. Etappe

M_2 rät nichtdeterministisch

1. die Kopfpositionen von $M_1(x)$ auf allen Bändern zu Beginn aller Phasen in einer Tabelle der Form 4.2 und berechnet daraus (deterministisch) den Graphen $G = G_{M_1,x} = (V,E)$, der in einer Tabelle der Form 4.3

Phase	1	2	3	4	5	6	7	...	$a(n)$
Block auf Band 1	1	2	3	2	3	4	3	...	b_1
⋮	⋮								⋮
Block auf Band l	1	2	3	4	5	4	3	...	b_l

Tabelle 4.2: Beispiel für die Kopfpositionen von $M_1(x)$ zu Beginn aller Phasen

4.5. DLINTIME ⊂ NLINTIME

1	2	3	4	5	6*	7*	8	9*	10	11	12*	13	14	15	16
1								8	7	6	5	11	10	9	14
					4	3	6	5					12	11	14

Tabelle 4.3: Tabellarische Darstellung des Graphen von Abb. 4.1

6*	7*	9*	12*	16
$A_{1,6}$	$A_{1,7}$	$A_{1,9}$	$A_{1,12}$	$A_{1,16}$
$A_{2,6}$	$A_{2,7}$	$A_{2,9}$	$A_{2,12}$	$A_{2,16}$
$E_{1,6}$	$E_{1,7}$	$E_{1,9}$	$E_{1,12}$	$E_{1,16}$
$E_{2,6}$	$E_{2,7}$	$E_{2,9}$	$E_{2,12}$	$E_{2,16}$

Tabelle 4.4: Die Berechnung im betrachteten Beispiel in den Phasen des Segregators und in der letzten Phase

dargestellt wird.

2. einen $e(n)$-Segregator J von G,

3. für jede Phase $i \in J \cup \{a(n)\}$ und für alle $\nu = 1, \ldots, l$ die Blockinhalte $A_{\nu i}$ einschließlich eines Zustands für jedes i. Die $A_{\nu i}$ enthalten auch die Kopfpositionen zu Beginn von Phase i, die natürlich mit Tabelle 4.3 kompatibel sein müssen. Dann rechnet M_1 mit der Eingabe x und diesen Blockinhalten für die Dauer der Phase i. Geratene Blockinhalte $A_{\nu i}$ und berechnete Blockinhalte $E_{\nu i}$ werden in einer Tabelle der Form 4.4 abgespeichert.

Außerdem wird geprüft, ob $M_1(x)$ in der Phase $a(n)$ gemäß der soeben geratenen Berechnung akzeptiert. Ist das nicht der Fall, so wird die Eingabe abgelehnt.

2. Etappe
Universell wird für alle $i \in V$ deterministisch die Menge $P(i)$ (Definition in Abschnitt 4.3.3) bestimmt. Für alle i aus $V \setminus J$ wird geprüft, ob $P(i)$ höchstens $e(n)$ Elemente hat. Ist dies nicht der Fall, wird auf diesem Pfad abgelehnt.
Für alle $i \in J \cup \{a(n)\}$ wird deterministisch $P(i) \cup \{i\}$ bestimmt.

3. Etappe
Für jedes $i \in J \cup \{a(n)\}$ wird nichtdeterministisch für alle $j \in P(i)$ nacheinander die Berechnung von $M_1(x)$ in Phase j geraten und in Tabelle 4.5 abgespeichert. Genauer gesagt werden nur die $A_{\nu,j}$ (mit Zustand und zu Tabelle 4.3 kompatiblen Kopfstellungen) geraten, und die $E_{\nu,j}$ werden daraus

10	11	13	14	15
$A_{1,10}$	$A_{1,11}$	$A_{1,13}$	$A_{1,14}$	$A_{1,15}$
$A_{2,10}$	$A_{2,11}$	$A_{2,13}$	$A_{2,14}$	$A_{2,15}$
$E_{1,10}$	$E_{1,11}$	$E_{1,13}$	$E_{1,14}$	$E_{1,15}$
$E_{2,10}$	$E_{2,11}$	$E_{2,13}$	$E_{2,14}$	$E_{2,15}$

Tabelle 4.5: Bestimmungsstücke der Berechnung im betrachteten Beispiel in den Phasen von $P(16)$

deterministisch berechnet.

4. Etappe
Auf den Pfaden, die zu $i \in J \cup \{a(n)\}$ gehören, wird für jedes $j \in P(i) \cup \{i\}$ universell geprüft, ob Phase j mit jeder ihrer unmittelbaren Vorgängerphasen konsistent ist. Dabei bedeutet Konsistenz folgendes: Phase j ist konsistent mit ihrer unmittelbaren Vorgängerphase k, wenn für jeden Block, der in der Phase k verlassen worden ist und der erstmals in der Phase j wieder besucht wird, der am Ende von Phase k vorliegende Blockinhalt übereinstimmt mit dem zu Anfang von Phase j verwendeten. Dazu müssen höchstens l Blockinhalte der Form $E_{\nu,k}$ in den Tabellen 4.4 oder 4.5 aufgesucht und mit den entsprechenden $A_{\nu,j}$ verglichen werden. Beispielsweise müssen folgende Tests durchgeführt werden: Für Knoten 5: Sind $A_{1,5}$ und $A_{2,5}$ beide leer? Für Knoten 10: Ist $A_{1,10} = E_{1,7}$, und ist $A_{2,10}$ leer?
Damit ist M_2 vollständig beschrieben.
Die Maschine M_2 ist eine Σ_4-Maschine, weil die 1. und 3. Etappe je eine existentielle und die 2. und 4. Etappe je eine universelle Etappe darstellen.
Behauptung: M_2 akzeptiert genau diejenigen x, die auch M_1 akzeptiert.
Denn in den Etappen 2 bis 4 wird für den Fall, daß in Etappe 1 die Berechnung von $M_1(x)$ für alle Phasen von J richtig geraten worden ist, genau diese Tatsache bestätigt. Die lokalen Konsistenztests von Phase 4 stimmen nämlich genau dann alle und zeigen damit die globale Korrektheit der Simulation, wenn in den Phasen 1 und 3 richtig geraten worden ist. Wenn aber alle lokalen Tests stimmen, ist damit auch die globale Korrektheit der Simulation gezeigt. Wir müssen insbesondere einsehen, daß kein lokaler Test fehlt. Nun entspricht aber jeder lokale Test einer Kante von $G_{M_1,x}$ (eine Kante kann bis zu l Tests repräsentieren, z.B. die Kante (14,16) im betrachteten Beispiel). Und jede Kante gehört einer der drei folgenden Klassen an:

1. sie führt in ein $i \in J$,
2. sie verbindet zwei Knoten aus $P(i)$ mit $i \in J$ miteinander,

4.5. DLINTIME ⊂ NLINTIME 115

3. sie verbindet einen Knoten aus J mit einem Knoten aus $P(i)$ mit $i \in J$.

Die Kanten der 1. und 3. Klasse sind unter Verwendung von Tabelle 4.4 , die Kanten der 2. Klasse mit Tabelle 4.5 zu überprüfen. Beide Tabellen stehen auf dem jeweiligen Berechnungspfad zur Verfügung.

Behauptung: M_2 arbeitet in $d \cdot t(n)$ Schritten für ein festes $d \in \mathbb{N}$.

- Zum Raten der Kopfpositionen gemäß Punkt 1 der 1. Etappe werden $c_1 a(n) \log a(n) \leq t(n)$ Schritte gebraucht.

- Zum Bestimmen des Graphen werden $c_2(a(n) \log a(n))^2 \leq t(n)$ Schritte gebraucht. Denn für jede Phasennummer j, zu deren Darstellung nicht mehr als $\log a(n)$ Bit gebraucht werden, muß in der ersten Tabelle die Menge der Spalten mit kleinerer Phasennummer durchsucht werden, ob eine in der Spalte j vorkommende Blocknummer in der gleichen Zeile weiter links vorkommt.

- Die Bestimmung des Segregators, was durch Markieren von Knoten in der Tabelle des Graphen geschieht, kostet $a(n) \log a(n) \leq t(n)$ Schritte.

- Für das Raten aller A_j mit $j \in J \cup \{a(n)\}$ braucht die Maschine $l(1 + e(n))b(n) \preceq t(n)$ Takte.

- Für das Durchrechnen der $e(n) + 1$ Phasen werden insgesamt $(e(n) + 1)b(n)$ Schritte gebraucht.

- Zu Beginn der 2. Etappe werden zunächst $\log a(n)$ Schritte gebraucht für die Herstellung einer Situation, in der alle Knoten $1, \ldots, a(n)$ parallel zur Verfügung stehen.

- Für die Herstellung einer Liste $P(i)$ werden $c_3 a(n) \log a(n)$ Schritte gebraucht.

- Für jedes $i \in J \cup \{a(n)\}$ kostet das Raten der Tabelle 4.5 und das Durchrechnen aller Phasen $j \in P(i) \cup \{i\}$ insgesamt $c_4(e(n) + 1)b(n)$ Schritte.

- Jeder einzelne Konsistenztest aus Etappe 4 erfordert möglicherweise zwei Durchläufe durch die Tabellen 4.4 und 4.5. Deren Längen sind durch $(e(n) + 1)b(n)$ beschränkt. Für Tabelle 4.5 folgt dies aus Lemma 4.17. Also reichen $c_5(e(n) + 1)b(n)$ Schritte. Insgesamt sind für jedes j nur eine beschränkte Anzahl (höchstens l) von Konsistenztests erforderlich.

Insgesamt wird damit eine Zeit $d \cdot t(n)$ mit passendem $d > 0$ nicht überschritten.

Um aus diesem Ergebnis das angekündigte Hauptresultat zu erhalten, benötigen wir noch zwei Lemmata.

Lemma 4.25
Wenn NLINTIME = DLINTIME, so gilt für jedes zeitkonstruierbare t und für jedes $k \in \mathbb{N}$
$$\Sigma_k \text{TIME}(\text{Lin}(t)) = \text{DTIME}(\text{Lin}(t)).$$

Beweis
Wir zeigen zuerst DLINTIME = Σ_kTIME(Lin). Diese Gleichheit ergibt sich aus der folgenden Quantifikatorendarstellung der Σ-TIME-Klassen, die völlig analog zu Satz 3.8 bewiesen wird und die es ermöglicht, alle Quantifikatoren der Reihe nach von innen heraus zu eliminieren. A gehört genau dann zu Σ_kTIME(Lin), wenn es ein $B \in$ DLINTIME und $c_1, \ldots, c_k > 0$ gibt mit

$$x \in A \longleftrightarrow \bigvee_{y_1} \bigwedge_{y_2} \ldots Q_{y_k}(y_1 < c_1|x| \wedge \ldots \wedge y_k < c_k|x| \wedge (x, y_1, \ldots, y_k) \in B).$$

Jetzt ergibt sich die Behauptung durch Translation: Für $X \in \text{DTIME}(c \cdot t)$ setzen wir $C(X) = \{w01^{c \cdot t(|w|) - |w| - 1} : w \in X\}$ und erhalten

$$X \in \text{DTIME}(c \cdot t) \longleftrightarrow C(X) \in \text{DLINTIME} = \Sigma_k\text{TIME}(\text{Lin})$$
$$\longleftrightarrow X \in \Sigma_k\text{TIME}(c \cdot t). \blacksquare$$

Für alternierende Zeitklassen gilt ein im Vergleich zu Satz 1.26 sehr starkes Hierarchieresultat:

Lemma 4.26 [PR80]
Wenn f und g zeitkonstruierbar sind und $g \prec_{io} f$, dann ist für jedes $k \geq 1$
$$\Pi_k\text{TIME}(\text{Lin} f) \not\subseteq \Sigma_k\text{TIME}(\text{Lin} g). \blacksquare$$

Damit können wir das Hauptresultat beweisen.

Satz 4.27
$$\text{DLINTIME} \subset \text{NLINTIME}.$$

Beweis
Wenn die Gleichheit NLINTIME = DLINTIME richtig wäre, würde sich aus Lemma 4.25 auch DTIME(Lin($n\log^* n$)) = Π_4TIME(Lin($n\log^* n$)) ergeben. Zusammen mit Satz 4.24 würde Π_4TIME(Lin($n\log^* n$)) $\subseteq \Sigma_4$TIME(Lin) folgen, was aber Lemma 4.26 widerspricht. $\blacksquare$

Für eine sehr tiefgehende Behandlung des in diesem Abschnitt dargestellten Resultats vergleiche man [Rei90].

Kapitel 5

Dünne vollständige bzw. harte Mengen

5.1 Dünne Mengen

Für Wortmengen $A \subseteq \Sigma^*$ interessiert man sich in manchen Zusammenhängen für die Größe der Anfangsabschnitte dieser Mengen. Man definiert dazu

$$census_A(n) = card(A \cap (\Sigma \cup \{e\})^n).$$

$census_A$ nennen wir auch den **Census** von A. Es sei daran erinnert, daß e das leere Wort ist und daß demgemäß die Menge auf der rechten Seite dieser Gleichung genau den Anfangsabschnitt der Menge A mit Wörtern bis zur Länge n bedeutet. Teilmengen von Σ^* mit mindestens zweielementigem Alphabet Σ können exponentiellen Census haben, und bei vielen interessanten Mengen (z.B. bei den uns bekannten NP-vollständigen Mengen) ist dies auch wirklich der Fall. Die in den Relativierungsresultaten 3.35, 3.36 und 7.9 konstruierten Orakelmengen sind dagegen extrem dünn.

Definition 5.1
Eine Menge $S \subseteq \Sigma^*$ heißt **dünn**, *engl.* **sparse**, *genau dann, wenn es ein Polynom p gibt, so daß $census_S \leq p$ gilt.*
Eine Menge S heißt **schmal**, *engl.* **tally**, *genau dann, wenn sie eine Teilmenge von $\{1\}^*$ ist.*
SPARSE ist die Menge aller dünnen Teilmengen von Σ^*, TALLY ist die Menge aller Teilmengen von $\{1\}^*$.

Da für eine schmale Menge S stets $census_S(n) \leq n$ gilt, ist jede schmale Menge auch dünn.
Sowohl TALLY als auch SPARSE sind überabzählber und enthalten daher

unentscheidbare Mengen, dürfen also nicht etwa mit Komplexitätsklassen verwechselt werden. Man kann aber fragen, in welchen Komplexitätsklassen dünne oder schmale Mengen vorkommen. Dies ist offensichtlich für P zu bejahen. Hätte NP \ P keine dünnen Mengen, so wäre demnach P $\neq$ NP. Man kann also nicht hoffen, dies zeigen zu können. Der folgende Satz zeigt jedoch eine interessante Äquivalenz. Freilich ist die Frage, ob E $\subset$ NE gilt, genau so ungeklärt wie die Frage, ob P $\subset$ NP gilt.

Satz 5.2 [HIS85]
$$\text{SPARSE} \cap (\text{NP} \setminus \text{P}) \neq \emptyset \longleftrightarrow \text{E} \subset \text{NE}.$$

Bereits 1974 hatte R. Book gezeigt TALLY $\cap$ (NP \ P) $\neq \emptyset \longleftrightarrow$ E $\subset$ NE. Beide Resultate zusammengenommen bedeuten, daß die Differenz NP\P genau dann dünne Mengen enthält, wenn sie schmale Mengen enthält.

Beweis
1. Sei E $\subset$ NE, und sei $B \in$ NE \ E.
Dann ist auch $B' = \{1w : w \in B\} \in$ NE \ E. Der Menge B' ordnen wir durch die Definition $A = \{1^n : bin(n) \in B'\}$ eine schmale Menge A zu. Wir zeigen $A \in$ NP.
Sei 1^j gegeben. Wir verwandeln 1^j in $bin(j)$ und wissen $1^j \in A \longleftrightarrow bin(j) \in B'$. Diese Umwandlung dauert höchstens $aj \log j$ Schritte mit passendem $a > 0$. Die Eingabelänge ist j, und $|bin(j)| \leq \log j + 1$. Wenn man also eine nach Voraussetzung vorhandene NE-Maschine auf $bin(j)$ anwendet, um $bin(j) \in B'$ und damit $1^j \in A$ festzustellen, so dauert dies höchstens $2^{b(\log j + 1)} \leq cj^b$ Schritte für passende Konstanten $b, c > 0$. Insgesamt haben wir damit eine nichtdeterministische Maschine beschrieben, die A in polynomialer Zeit akzeptiert. Wäre $A \in$ P, so wäre B' und damit auch B in E, was der Voraussetzung über B widerspricht. Also ist $A \in$ NP \ P, und weil A schmal ist, ist A erst recht dünn.
2. Sei E = NE, und sei die dünne Menge S in NP.
Wir zeigen $S \in$ P. Es sei $census_S(n) \leq n^a$ für alle n mit $a \in \mathbb{N}$. Wir bilden die Menge
$$C(S) = \Big\{(bin(n), bin(k), bin(j), bin(i), b) : n, k, j, i \in \mathbb{N}, \; S \text{ hat mindestens } k \\ \text{verschiedene Wörter der Länge höchstens } n, \text{ und im lexikographisch} \\ j\text{-ten dieser Wörter hat das } i\text{-te Bit den Wert } b\Big\}$$
Wir zeigen zuerst: $C(S) \in$ NE.
Sei $w = (n, k, j, i, b)$ gegeben, wobei n, k, j, i in Binärdarstellung vorliegen, und sei $|w| = N$. Nach Lage der Dinge gibt es Konstanten $c_1, c_2 > 0$ mit $c_1 \log n \leq N \leq c_2 \log n$. Wir raten k Wörter, die nicht länger sind als n und prüfen, ob sie zu S gehören und ob im lexikographisch j-ten Wort das i-te Bit den Wert b hat. Dies gelingt in einer Zeit, die polynomial in n und damit durch 2^{dN} nach oben abschätzbar ist, wobei $d > 0$ geeignet gewählt ist. Dies zeigt

5.2. NICHTUNIFORME BERECHNUNGEN

$C(S) \in$ NE.
Nach Voraussetzung ist damit $C(S) \in$ E. Deshalb gibt es einen Algorithmus A, der $C(S)$ in deterministischer Zeit 2^{cN} entscheidet.
Nun zeigen wir $S \in$ P wie folgt. Um für ein Wort $x_1 \ldots x_n$ zu entscheiden, ob es zu S gehört, wird der Algorithmus A mehrfach angewandt: Zunächst wird das kleinste $k_1 \leq n^a$ gesucht, für das ein j existiert mit $(n, k_1, j, 1, x_1) \in C(S)$. Hierzu sind höchstens $1 + 2 + \ldots n^a$ Fragen an $C(S)$ zu stellen. Dies ist eine in n polynomiale Anzahl $q(n)$. Jede benötigt zu ihrer Beantwortung höchstens 2^{cN} Schritte, also auch eine in n polynomiale Schrittzahl $p(n)$. Gibt es kein solches k_1, so kann $x_1 \ldots x_n$ nicht zu S gehören. Andernfalls sei j die kleinste Zahl mit $(n, k_1, j, 1, x_1) \in C(S)$. Jetzt prüft man für $i = 2, \ldots, n$ der Reihe nach, ob $(n, k_1, j, i, x_i) \in C(S)$. Werden alle diese $n-1$ Fragen bejaht, ist $x_1 \ldots x_n \in S$.
Im anderen Falle bestimmt man die kleinste Zahl k_2 mit $k_1 \leq k_2 \leq n^a$ derart, daß es ein j gibt mit $(n, k_2, j, 1, x_1) \in C(S)$ und $(n, k_2, j, 2, x_2) \in C(S)$. Hierzu sind höchstens $2q(n)$ Anwendungen von A erforderlich. Findet man kein solches k_2, so gehört $x_1 \ldots x_n$ nicht zu S. Andernfalls sei wieder j die kleinste Zahl, für die $(n, k_2, j, 1, x_1) \in C(S)$ und $(n, k_2, j, 2, x_2) \in C(S)$ gilt. Jetzt prüft man für $i = 3, \ldots, n$ der Reihe nach, ob $(n, k_2, j, i, x_i) \in C(S)$. Werden alle diese $n-2$ Fragen bejaht, ist $x_1 \ldots x_n \in S$.
So verfährt man weiter. Nach spätestens n derartigen Zyklen, die alle eine in n polynomiale Schrittzahl haben, ist die Entscheidung gefallen. ∎

Es gibt relativierte Welten, in denen NP \ P dünne Mengen hat, und auch solche, in denen NP \ P keine dünnen Mengen hat [Kur85].

5.2 Nichtuniforme Berechnungen

Ist C ein Schaltkreis (vgl. Anhang) mit n Eingängen, so eignet sich C zur Entscheidung einer Teilmenge von Σ^n, d.h. einer endlichen Menge gleichlanger Wörter. Will man Teilmengen von Σ^* entscheiden, so braucht man eine abzählbare Familie $C = (C_n)_{n \in \mathbb{N}}$ von Schaltkreisen. Entscheidet C_n die Teilmenge $A_n \subseteq \Sigma^n$, so sagen wir, daß die Familie C die Menge $A = \bigcup_{n \in \mathbb{N}} A_n$ entscheidet.

Definition 5.3
1. *Ist C ein Schaltkreis, so versteht man unter der **Größe** des Schaltkreises die Zahl der Knoten von C, die nicht Eingangsknoten von C sind. Diese Zahl wird mit $size(C)$ bezeichnet.*

2. *Sei $t : \mathbb{N} \longrightarrow \mathbb{N}$.*
   SIZE$(t) = \{A : A \subseteq \Sigma^*$ und für alle n gibt es einen Schaltkreis C_n mit $size(C_n) \leq t(n)$, der $A_n = A \cap \Sigma^n$ entscheidet.$\}$

3. SIZE(Pol)= $\bigcup_{p \in \text{Pol}}$ SIZE(p).

Die einzelnen Schaltkreise einer Familie sind vollkommen unabhängig voneinander. Beispielsweise kann man leicht Schaltkreise L_n bzw. G_n mit n Eingängen konstruieren, die die leere Menge bzw. die Menge Σ^n entscheiden. Nun kann man beliebige Familien $(C_n)_{n \in \mathbb{N}}$ mit $C_n \in \{L_n, G_n\}$ betrachten. Da es überabzählbar viele Familien dieser Art gibt, andererseits aber L_n und G_n von polynomialer Größe sind (zumindest so gewählt werden können), enthält SIZE(Pol) überabzählbar viele Mengen. Dies liegt eben daran, daß die Berechnung durch Schaltkreisfamilien in dem Sinne **nichtuniform** ist, daß für jede Eingabelänge eine eigene algorithmische Idee verwirklicht werden kann.

Es ist nicht verwunderlich, daß uniforme Klassen in nichtuniforme eingebettet werden können. Beispielsweise gilt die Inklusion P $\subseteq$ SIZE(Pol), die direkt aus dem Beweis von Satz 2.22 folgt. Es gilt jedoch weit mehr (die Definition der Klassen BPP und RP findet man in den Abschnitten 8.3 und 8.1).

Satz 5.4 [BG81]
$$\text{BPP} \subseteq \text{SIZE(Pol)}.$$

Dieser Satz wird als Satz 10.14 bewiesen (vgl. dazu auch Satz 5.8). Der Sonderfall RP $\subseteq$ SIZE(Pol) findet sich in [Adl78].
Im Hinblick auf Satz 8.25 ist als Kontrast zu Satz 5.4 das folgende Resultat von Interesse.

Satz 5.5 [Kan81]
Es gibt kein Polynom p mit $\Sigma_2^P \cap \Pi_2^P \subseteq$ SIZE(p).

Die Nicht-Uniformität von Schaltkreisfamilien kann man überwinden, wenn man eine einheitliche berechenbare Beschreibung für die Schaltkreise einer Familie verlangt. Dies geht auf [Bor77] zurück und kann etwa so präzisiert werden.

Definition 5.6
Eine Familie von Schaltkreisen $C = (C_n)_{n \in \mathbb{N}}$ heißt **uniform** genau dann, wenn es eine berechenbare Funktion f gibt, so daß $f(1^n)$ für jedes n eine geeignet festgelegte Codierung von C_n ist. Für komplexitätstheoretische Zwecke verlangt man in der Regel, daß f in logarithmischem Raum berechenbar ist.

Im Gegensatz dazu, daß Schaltkreisfamilien uniform gemacht werden können, kann man Turingmaschinen, die von Haus aus ein uniformes Berechnungsmodell darstellen, nichtuniform machen. Dies geht auf [Sch76] zurück. Wir folgen hier der Definition von [KL82].

5.2. NICHTUNIFORME BERECHNUNGEN

Definition 5.7
Sei $\mathcal{F}$ eine Menge von Funktionen, die von $\mathbb{N}$ in Σ^* abbilden, und sei $\mathcal{C}$ eine Komplexitätsklasse. Dann ist

$$A \in \mathcal{C}/\mathcal{F} \longleftrightarrow \text{ es gibt ein } C \in \mathcal{C} \text{ und ein } f \in \mathcal{F} \text{ mit}$$

$$x \in A \longleftrightarrow \Big(x, f(|x|) \in C\Big).$$

Klassen der Form $\mathcal{C}/\mathcal{F}$ sind **nichtuniforme** Komplexitätsklassen.

Mengen A aus $\mathcal{C}/\mathcal{F}$ kann man sich folgendermaßen durch Turingmaschinen, die für jede Länge n über eine Zusatzinformation (engl. advice string) $f(n)$ mit $f \in \mathcal{F}$ verfügen, akzeptiert denken. Sei A durch C und f in dem Sinne definiert, daß

$$x \in A \longleftrightarrow \Big(x, f(|x|) \in C\Big)$$

gilt, und sei M eine Turingmaschine, die C im Sinne der Komplexitätsbeschränkungen von $\mathcal{C}$ akzeptiert. Um Wörter w der Länge n aus A zu akzeptieren, verwendet man M mit der Eingabe $w\#f(n)$. Da jede Länge n ihre eigene Zusatzinformation $f(n)$ hat und keine Forderung gestellt ist, wonach diese Zusatzinformationen durch *ein* uniformes Verfahren bestimmt werden sollen, kann man überabzählbar viele Mengen in $\mathcal{C}/\mathcal{F}$ finden.

Für komplexitätstheoretische Anwendungen sind die Funktionenklassen log und poly von besonderem Interesse:

$$\log = \{f : \text{ es gibt eine Konstante } c \text{ mit } |f(n)| \leq c \log n\}.$$

$$\text{poly} = \{f : \text{ es gibt ein Polynom } p \text{ mit } |f(n)| \leq p(n)\}.$$

Die Klasse P/poly gestattet eine schöne und anwendungsreiche Charakterisierung.

Satz 5.8
$$\text{P/poly} = \text{SIZE(Pol)} = \text{P}^{\text{SPARSE}}.$$

Die erste Gleichheit geht auf A. Meyer, die zweite auf N. Pippenger [Pip79] zurück.

Beweis

1. $\text{P}^{\text{SPARSE}} \subseteq \text{SIZE(Pol)}$.

Sei $A \in \text{P}^S$ mit dünnem S, und $A = L(M^{(S)})$. Wir geben einen Schaltkreis C_n für $A \cap \Sigma^n$ an. Wir entnehmen dem Beweis von Satz 2.22, wie die Berechnung von M bei Eingabe eines Wortes der Länge n durch einen Schaltkreis mit n Eingängen simuliert werden kann. Dabei ist hier gegenüber diesem Beweis neu, daß Orakelfragen auftreten können. Der dortige Beweis ist aber in naheliegender Weise derart modifizierbar, daß die Orakelfragen im Schaltkreis erzeugt werden. Die Orakelbefragung kann ganz leicht durch einen Schaltkreis für S simuliert werden. Da S dünn ist, ist dieser Schaltkreis polynomial in n. Da außerdem höchstens polynomial viele Fragen an S gestellt werden, muß der Schaltkreis für S nur polynomial oft eingefügt werden. Deshalb bleibt der ursprüngliche Schaltkreis von polynomialer Größe.

2. SIZE(Pol) $\subseteq$ P/poly.
Die Menge $A \in$ SIZE(Pol) werde durch die Schaltkreisfamilie $(C_n)_{n \in \mathbb{N}}$ entschieden. Es sei $B = \{(w, C) : C$ ist ein Schaltkreis mit $C(w) = 1\}$. Offensichtlich ist $B \in$ P. Nun setzen wir $f(n) = C_n$. Da C_n von polynomialer Größe ist, ist $f \in$ poly. Nun gilt $w \in A \longleftrightarrow (w, f(|w|)) \in B$. Dies beweist $A \in$ P/poly.

3. P/poly $\subseteq$ P^{SPARSE}.
Sei $A \in$ P/poly, und seien $C \in$ P und $f \in$ poly so beschaffen, daß gilt: $x \in A \longleftrightarrow (x, f(|x|)) \in C$. Außerdem sei M eine deterministische TM, die C entscheidet. Es sei $f(n) = a_1 \ldots a_{p(n)}$. Aus der Funktion f machen wir ein Orakel S, dessen $(p(n)+1)$-te Etage[1] die Form

$$\{\underbrace{0\ldots0}_{p(n)-1}1a_1, \underbrace{0\ldots0}_{p(n)-2}10a_2, \ldots, 1\underbrace{0\ldots0}_{p(n)-1}a_{p(n)}\}$$

hat. Eine Polynomialzeitmaschine mit dem Orakel S, das offensichtlich dünn ist, kann $M(x, f(|x|))$ einfach dadurch simulieren, daß jedesmal dann, wenn M ein Bit der Zusatzinformation braucht, das Orakel befragt wird. Wird das j-te Bit der Zusatzinformation gebraucht, so wird dem Orakel die Frage $\underbrace{0\ldots0}_{p(n)-j}1\underbrace{0\ldots0}_{j-1}1$ gestellt. Ist die Antwort positiv, so lautet dieses Bit 1, andernfalls 0. ∎

Die Klassen (NP $\cap$ coNP)/poly und NP/poly $\cap$ coNP/poly gestatten Charakterisierungen, die in vollkommener Analogie zu Satz 5.8 stehen. Dazu benötigen wir zwei neue Reduktionsbegriffe. Der erste ist von T. Long eingeführt worden [Lon82b].

Definition 5.9
*Die Menge A heißt **stark Polynomialzeit-Turing-reduzierbar** auf B, wofür abkürzend $A \leq_{sT}^{NP} B$ geschrieben wird, genau dann, wenn es eine NPOM M^0 gibt, die A mit dem Orakel B unter Einhaltung folgender Bedingungen akzeptiert.*
Die Maschine hat drei verschiedene Endzustände $+, -, ?$.

---
[1] Die k-te Etage von $S \subseteq \Sigma^*$ ist $S \cap \Sigma^k$.

5.2. NICHTUNIFORME BERECHNUNGEN

Gehört x zu A, so kommt auf keinem Pfad von $M^B(x)$ der Endzustand - vor, aber es gibt wenigstens einen Pfad, der mit + endet.
Gehört x nicht zu A, so kommt auf keinem Pfad von $M^B(x)$ der Endzustand + vor, aber es gibt wenigstens einen Pfad, der mit - endet.

Man kann eigentlich davon sprechen, daß A von M^B entschieden wird, denn die Maschine liefert bei jeder Eingabe die richtige Antwort und niemals die falsche.

A. Selman hat erkannt, daß $\leq_{sT}^{NP}$ strukturell eng mit $\leq_T^P$ verwandt ist. Der folgende Satz zeigt, daß für $\leq_{sT}^{NP}$ ein Analogon dazu gilt, daß $A \leq_T^P B, A \in P^B$ und $P^A \subseteq P^B$ untereinander äquivalent sind.

Satz 5.10 [Sel78]
Folgende Eigenschaften sind untereinander äquivalent:

1. $A \leq_{sT}^{NP} B$.

2. $NP^A \subseteq NP^B$.

3. $A \in NP^B \cap coNP^B$.

Beweis
(1) $\longrightarrow$ (2).
Sei $A \leq_{sT}^{NP} B$ und $X \in NP^A$. Sei M^A eine Maschine, die X akzeptiert. Wir gewinnen hieraus eine Maschine N^B für X, die wie M^A arbeitet, bei Fragen an A jedoch die Reduktion auf B ausführt und die dabei gefundenen Antworten, die bekanntlich abgesehen vom nicht zu beachtenden ?-Ergebnis korrekt sind, verwendet.
(2) $\longrightarrow$ (3).
Aus $NP^A \subseteq NP^B$ folgt sofort $A, \overline{A} \in NP^B$ und damit $A \in NP^B \cap coNP^B$.
(3) $\longrightarrow$ (1).
Aus $A \in NP^B \cap coNP^B$ folgern wir die Existenz zweier Maschinen $M_1^{()}$ und $M_2^{()}$ mit $A = L(M_1^B)$ und $\overline{A} = L(M_2^B)$. Die Maschine N^B, die bei Eingabe von x zunächst einen nichtdeterministischen Verzweigungsschritt ausführt und dann auf den beiden erreichten Ästen die Berechnungen $M_1^B(x)$ bzw. $M_2^B(x)$ durchführt, leistet die gewünschte Reduktion $A \leq_{sT}^{NP} B$. ∎

Definition 5.11
*Eine Menge A ist **robust stark Polynomialzeit-Turing-reduzierbar** auf B, wofür abkürzend $A \leq_{rs}^{NP} B$ geschrieben wird, genau dann, wenn es eine NPOM $M^{()}$ gibt, die die Reduktion $A \leq_{sT}^{NP} B$ leistet und dabei die Eigenschaft hat, daß die Berechnung $M^{(C)}(x)$ für jedes Orakel C und für jede Eingabe x als Endzustandsmengen nur $\{+,?\}$ oder $\{-,?\}$ oder $\{+\}$ oder $\{-\}$ erreicht.*

Dieser Reduktionsbegriff wird in [GB91] eingeführt, und Verallgemeinerungen davon werden in [CHW99] studiert.

Damit kann folgender Satz formuliert werden.

Satz 5.12 [GB91]
1. NP/poly $\cap$ coNP/poly = $\{X : \vee_Y (Y \in \text{SPARSE} \wedge X \leq_{sT}^{NP} Y)\}$.

2. (NP $\cap$ coNP)/poly = $\{X : \vee_Y (Y \in \text{SPARSE} \wedge X \leq_{rs}^{NP} Y)\}$.

Offenbar ist
$$(\text{NP} \cap \text{coNP})/\text{poly} \subseteq \text{NP}/\text{poly} \cap \text{coNP}/\text{poly}.$$
Es ist unklar, ob diese Inklusion echt ist, aber in [FFKL93] wird eine relativierte Separation angegeben.

5.3 Das Isomorphieproblem

Aus der Mengenlehre ist der nach F. Bernstein und G. Cantor benannte Satz bekannt, daß zwei Mengen A, B äquivalent sind (d.h., daß es eine Bijektion von A auf B gibt), wenn es eine Injektion von A in B und eine Injektion von B in A gibt. Aus der Rekursionstheorie ist bekannt, daß alle $\leq_m$-vollständigen Mengen untereinander isomorph sind.

Die Frage liegt nahe, was sich davon auf den Fall der Polynomialzeitberechnungen übertragen läßt. Zunächst ist der Begriff der Polynomialzeit-Isomorphie oder kurz der p-Isomorphie zu definieren.

Definition 5.13
$f : \Sigma^* \longrightarrow \Sigma^*$ ist eine **p-Isomorphie** genau dann, wenn

1. $D_f = R_f = \Sigma^*$, d.h., f bildet **von Σ^* auf Σ^*** ab,

2. f ist eineindeutig,

3. $f \in \text{FP}$,

4. $f^{-1} \in \text{FP}$.

L. Berman und J. Hartmanis [BH77] haben von allen bekannten NP-vollständigen Mengen nachgewiesen, daß sie paarweise zueinander p-isomorph sind. Ist es richtig, daß überhaupt alle NP-vollständigen Mengen untereinander p-isomorph sind? Wie wichtig diese Frage ist, ergibt sich aus dem folgenden Satz.

5.3. DAS ISOMORPHIEPROBLEM

Satz 5.14
Sind alle NP-vollständigen Probleme untereinander p-isomorph, so ist $P \neq NP$.

Beweis
Die Kontraposition läßt sich ganz leicht einsehen: Ist $P = NP$, so sind alle Probleme aus P, die verschieden von der leeren und der ganzen Menge sind, NP-vollständig, darunter auch alle endlichen Mengen. Es liegt aber auf der Hand, daß zwei endliche Mengen unterschiedlicher Kardinalzahl nicht isomorph, also erst recht nicht p-isomorph, sein können. ∎

Nach L. Berman und J. Hartmanis vermutet man, daß alle NP-vollständigen Probleme paarweise p-isomorph sind. Das ist das sogenannte **Isomorphieproblem**, das besonders ausführlich in [KMR90, You90] dargestellt wird. Wenn man an die unglaubliche Vielfalt der Menge der konkreten NP-vollständigen Probleme denkt, ist dies eine fast unvorstellbare Vermutung, denn sie bedeutet, daß alle NP-vollständigen Probleme im wesentlichen ein und dasselbe Problem sind. Aus der Sicht der Rekursionstheorie würde man dies freilich eher erwarten. Ein Beweis für die Isomorphievermutung ist bis heute nicht in Sicht. Selbst die Abschwächung, daß alle NP-vollständigen Probleme paarweise p-isomorph sind, falls $P \neq NP$ gilt, ist nicht zugänglich. Man muß sich also zunächst mit weniger begnügen. In diesem Zusammenhang kommt die Beobachtung zu Hilfe, daß keine dünne NP-vollständige Menge bekannt ist, und daß es unmöglich ist, eine nichtdünne auf eine dünne Menge durch einen Polynomialzeit-Isomorphismus abzubilden. Demgemäß versucht man, die Vermutung

$$P \neq NP \longrightarrow \text{keine dünne Menge kann NP-vollständig sein}$$

zu beweisen. Und dieses Mal hat man Erfolg. Die Voraussetzung, daß SAT auf eine dünne Menge $\leq_m^P$-reduzierbar ist, kann man ausnützen, um zu zeigen, daß dann SAT sogar in polynomialer Zeit entscheidbar sein muß. Dies wird im nächsten Abschnitt genauer behandelt.

Für E und NE läßt sich das entsprechende Problem durch Diagonalisierung erledigen, wie A. Meyer gezeigt hat (vgl. [BH77]).

Satz 5.15
In E und NE gibt es keine $\leq_m^P$-vollständigen dünnen Mengen.

Wir halten noch zwei einfache Beobachtungen fest, die dünne Mengen mit leicht berechenbarem Census betreffen.

Satz 5.16
Ist S dünn und $census_S \in FP$, so ist mit $S \in NP$ auch $\overline{S} \in NP$.

126   KAPITEL 5. DÜNNE VOLLSTÄNDIGE BZW. HARTE MENGEN

Beweis
Zur Akzeptierung von $\overline{S}$ beschreiben wir eine NPTM M. Bei Eingabe von w wird zuerst $k =_{df} census_S(|w|)$ bestimmt. Dann werden k verschiedene Wörter geraten, die höchstens die Länge $|w|$ haben. Sind sie alle in S, was in nichtdeterministischer Polynomialzeit festgestellt werden kann, wird genau dann akzeptiert, wenn w nicht darunter vorkommt. Da auch k polynomial in $|w|$ beschränkt ist, arbeitet M in einer in $|w|$ polynomialen Zeit. ∎

Folgerung 5.17
Ist S dünn und $census_S \in$ FP und ist S NP-vollständig, so ist NP = coNP.

Beweis
Nach Satz 5.16 ist $S \in$ coNP. Damit ist NP = coNP. ∎

Den ersten Schritt zum Beweis der obigen Vermutung hat P. Berman getan:

Satz 5.18 [Ber78]
Wenn es eine coNP-harte schmale Menge gibt, so ist P = NP.

S. Fortune und S. Mahaney haben diesen Satz auf verschiedene Weisen verallgemeinert.

Satz 5.19 [For79]
Wenn es eine coNP-harte dünne Menge gibt, so ist P = NP.

Um einzusehen, inwiefern der folgende Satz eine Verallgemeinerung des Satzes 5.18 ist, braucht man nur zu beachten, daß das Komplement $1^* \setminus S$ einer schmalen coNP-vollständigen Menge S schmal und NP-vollständig ist.

Satz 5.20 [Mah82]
Wenn es eine NP-vollständige dünne Menge gibt, so ist P = NP.

Dieser Satz löst genau die oben formulierte Vermutung. Die Sätze 5.19 und 5.20 sind Sonderfälle von Satz 5.22. Deshalb können wir hier auf die ursprünglichen Beweise, auch wenn sie ganz anders geführt worden sind, verzichten.
J. Hartmanis hat ein Isomorphieproblem auch für die Klassen NL und P formuliert, wobei selbstverständlich von den Isomorphismen verlangt wird, daß sie in logarithmischem Raum berechenbar sein sollen (logspace-Isomorphismen). Auch hier sind bisher nur die abgeschwächten Aussagen

$$P \neq L \longrightarrow \text{ es gibt keine dünne } \leq_m^{\log}\text{-vollständige Menge in P}$$

beziehungsweise

$$NL \neq L \longrightarrow \text{ es gibt keine dünne } \leq_m^{\log}\text{-vollständige Menge in NL}$$

5.4. DÜNNE BTT-HARTE MENGEN FÜR NP

bewiesen. Diese ziemlich schwierigen Resultate sind nach entscheidender Vorarbeit von M. Ogihara durch J. Cai und D. Sivakumar gelöst worden [Ogi95, CS99]. Man vergleiche hierzu auch den Übersichtsartikel [CO97].

Satz 5.21
1. Wenn es eine $\leq_m^{\log}$-harte dünne Menge für NL gibt, so ist L = NL.
2. Wenn es eine $\leq_m^{\log}$-harte dünne Menge für P gibt, so ist L = P.

5.4 Dünne btt-harte Mengen für NP

Im Anschluß an Satz 5.20 erhebt sich sofort die Frage, mit welchen Konsequenzen man rechnen müßte, wenn es für NP dünne $\leq_{tt}^P$- oder $\leq_T^P$-harte Mengen gäbe.
Zur Vorbereitung des Beweises des folgenden Satzes führen wir eine Modifikation des Erfüllbarkeitsproblems SAT ein. Jedem Booleschen Ausdruck H kann ein Baum wie folgt zugeordnet werden: H ist die Wurzel des Baumes, und wenn $F(x_1, \ldots, x_m)$ ein Knoten des Baumes ist, so sind $F_0 = F(0, x_2, \ldots, x_m)$ und $F_1 = F(1, x_2, \ldots, x_m)$ die beiden (einzigen) Nachfolger von F. Diesen Baum nennt man den **Selbstreduzierungsbaum** von H. Hängt H von n Variablen ab, so können die Knoten des Selbstreduzierungsbaums von H in eineindeutige Beziehung zu den binären Wörtern höchstens der Länge n gesetzt werden: Der Wurzel entspricht das leere Wort, und entspricht dem Knoten F das Wort w, so entspricht dem Knoten F_i ($i = 0$ oder $i = 1$) das Wort wi. Wir sagen auch, daß $w0$ der *linke* und $w1$ der *rechte* Nachfolger von w ist.
Das Problem $L(\text{SAT})$ besteht aus allen Paaren (H, k) so daß H ein Boolescher Ausdruck und k ein Knoten im Selbstreduzierungsbaum von H ist derart, daß H eine erfüllende Belegung b hat, die lexikographisch kleiner als k ist oder für die k ein Anfangswort von b ist. Wir machen von folgender Sprechweise Gebrauch: Ist $(H, k) \in L(\text{SAT})$, so sagen wir, daß H (oder auch der Selbstreduzierungsbaum von H) *links von k* oder *auf k* eine erfüllende Belegung hat. Ist $(H, k) \notin L(\text{SAT})$, so sagen wir, daß H (oder auch der Selbstreduzierungsbaum von H) höchstens *rechts von k* eine erfüllende Belegung haben kann.
Es ist unmittelbar klar, daß $L(\text{SAT}) \in $ NP ist.

Satz 5.22 [OW91]
Wenn es eine $\leq_{btt}^P$-harte dünne Menge für NP gibt, so ist P = NP.
Beweis
S sei eine dünne Menge, für die die Voraussetzung des Satzes erfüllt ist. Da jede $\leq_{btt}^P$-Reduktion auf eine dünne nichtleere Menge auch als eine $\leq_{att}^P$-Reduktion aufgefaßt werden kann (s. Anhang), reicht es zu zeigen

$$\text{SAT} \leq_{att}^P S \longrightarrow \text{P = NP}.$$

Wir zeigen die Behauptung zuerst für einstelliges α. Damit schaffen wir einen einheitlichen Beweis für die ursprünglich mit ganz verschiedenen Methoden bewiesenen Sätze von Fortune (α =non) und Mahaney (α = id).
Wegen $L(\text{SAT}) \in \text{NP}$ gilt nach der Voraussetzung des Satzes auch $L(\text{SAT}) \leq^P_{att} S$. Es ist die entscheidende Idee des Beweises, diese Tatsache auszunützen. Wir wollen SAT $\in$ P zeigen und gehen von einer Funktion $f \in \text{FP}$ aus, die $L(\text{SAT})$ auf S im Sinne von $\leq^P_{att}$ reduziert. Nun sei $H(x_1, \ldots, x_m)$ ein Boolescher Ausdruck, und $q = q(m)$ sei die Zahl der verschiedenen Werte in S, die f für die Knoten des Selbstreduzierungsbaumes B von H annehmen kann. Wir zeigen, daß wir durch Breitensuche diesen Baum auf eine in m polynomiale Größe verkleinern können. Für jede der m Etagen von B machen wir folgendes:

1. Wir gehen von links in die Etage und berechnen für jeden Knoten x, den wir antreffen, den Wert $f(H, x)$, den wir kürzer auch mit $f(x)$ bezeichnen wollen. Sobald $f(x) = f(y)$ für zwei verschiedene Knoten $x < y$ dieser Etage vorkommt, schneiden wir die Knoten $x+1, \ldots, y$ mit samt den an ihnen hängenden Teilbäumen aus B heraus. Den entstehenden Restbaum nennen wir $B_{x,y}$.

Behauptung: Wenn $f(x) = f(y)$ gilt, so hat $B_{x,y}$ genau dann eine erfüllende Belegung, wenn B eine erfüllende Belegung hat.

Beweis:
Es gilt $(H, x) \in L(\text{SAT}) \longleftrightarrow \alpha(c_S(f(x))) = 1$.
Ist $\alpha(c_S(f(x))) = 1$, so liegt links von x oder auf x eine erfüllende Belegung von H. Diese bleibt erhalten, wenn die beschriebene Kürzung von B stattfindet. Ist aber $\alpha(c_S(f(x))) = 0$, so liegt höchstens rechts von y eine erfüllende Belegung. Wenn es eine gibt, so bleibt sie erhalten, wenn die beschriebene Kürzung ausgeführt wird. $\square$

Dieses Verfahren wird so lange durchgeführt, bis entweder die Etage ganz durchlaufen ist, oder bis $q + 1$ verschiedene Werte aufgetreten sind.

2. Falls die Etage noch nicht vollständig durchlaufen ist, möge n_1 der Knoten sein, bei dem der $(q+1)$-te Wert von f aufgetreten ist. Nun führen wir das beschriebene Verfahren auch von rechts nach links durch. Wir unterscheiden zwei Fälle.

Fall 1: Wir erreichen n_1, ohne daß $q+1$ verschiedene Werte von f aufgetreten sind. Dann enthält die in der beschriebenen Weise gekürzte Etage höchstens $2q + 1$ Knoten.

Fall 2: Bevor n_1 erreicht wird, treten in diesem Rechts-Links-Durchlauf $q+1$ verschiedene Werte auf. Sei n_2 der Knoten, bei dem der $(q+1)$-te Wert von f auftritt. In diesem Falle schließen wir so: Unter den Knoten, die nicht rechts von n_1 liegen, muß es einen Knoten n_3 geben mit $f(n_3) \notin S$, weil nach Voraussetzung über q nur q verschiedene Werte aus S existieren. Ebenso muß es unter

5.4. DÜNNE BTT-HARTE MENGEN FÜR NP 129

den Knoten, die nicht links von n_2 liegen, ein n_4 geben mit $f(n_4) \notin S$. Deshalb könnten nach der obigen Behauptung alle Knoten rechts von n_3 bis einschließlich n_4 und alle an diesen Knoten hängenden Bäume aus B herausgenommen werden. Da wir aber n_3 und n_4 nicht kennen, begnügen wir uns damit, das darin enthaltene Intervall rechts von n_1 bis einschließlich n_2 herauszunehmen. Damit hat diese Etage höchstens $2q + 1$ Knoten.
So wird mit jeder der m Etagen verfahren. Insgesamt entsteht ein Baum mit höchstens $m(2q + 1)$ Knoten. Die Zeit, die zur Herstellung dieses Baumes benötigt wird, ist folglich durch ein Polynom in der Länge der Eingabe H beschränkt. In der genannten Zeit hat man also die Etage der Blätter erreicht. Die noch vorhandenen höchstens $2q + 1$ Blätter lassen sich leicht durchsehen, ob *true* unter ihnen vorkommt. Genau in diesem Falle ist nämlich H erfüllbar. Damit ist der Satz für einstellige α bewiesen.
Für zwei- und mehrstellige α wird nun eigentlich der Satz durch Induktion bewiesen. Es ist aber hilfreich, den Induktionsschritt erst am einfachen Falle eines zweistelligen α zu studieren. In diesem Falle liefert die reduzierende Funktion f für Knoten x Werte der Form $f(x) = \langle \alpha, y_1, y_2 \rangle$. Da aber α für alle x dasselbe ist, unterdrücken wir es und schreiben $f(x) = \langle y_1, y_2 \rangle$.
Die Breitensuche des Selbstreduzierungsbaums einer Booleschen Formel H wird jetzt analog gemacht. Zuerst geht man von links nach rechts durch und bestimmt für jedes x den Wert $f(x) = \langle y_1, y_2 \rangle$. Erhält man $f(x) = f(y)$, so kann man, wie oben beschrieben, die Etage verkürzen. Gegenüber dem Falle einstelliger Funktionen kommt jetzt neu hinzu, daß man für jedes feste y_1 (und ebenso für jedes feste y_2) nur $2q + 1$ verschiedene y_2-Werte (bzw. y_1-Werte) abwarten muß. Denn hätte man $2q + 2$ Knoten, deren zugeordnete Paare die gleiche erste (bzw. zweite) Komponente haben, so könnte man diese in zwei Mengen zu je $q + 1$ Elementen zerlegen, etwa $n_1, \ldots, n_{q+1}$ und $m_1, \ldots, m_{q+1}$. Damit gibt es ein n_i und ein m_j mit $f(n_i) = \langle y_1, y_2 \rangle$ und $f(m_j) = \langle y_1, y_3 \rangle$ und $y_2, y_3 \notin S$. Dann kann aber nach den Überlegungen, die im Falle der einstelligen Funktionen angewandt worden sind, das Stück rechts von n_i bis einschließlich m_j aus der Etage entfernt werden.
Der Links-Rechts-Durchlauf führt also dazu, daß zu jeder festgehaltenen ersten oder zweiten Komponente jeweils höchstens $2q + 1$ andere Komponenten vorkommen. Der Links-Rechts-Durchlauf wird abgebrochen, wenn insgesamt $(2q + 1)^2$ verschiede Paare aufgetreten sind. Analog verfährt man mit einem Rechts-Links-Durchlauf, wenn die Etage noch nicht vollständig durchlaufen ist. Diese Situation ermöglicht es wieder, einen nichtleeren Mittelteil aus der Etage zu entfernen.Wir zeigen dazu das folgende Lemma.

Lemma 5.23
Wenn $(2q + 1)^2$ verschiedene Paare erreicht sind, ohne daß gekürzt werden

kann, gibt es darunter wenigstens eins aus $\overline{S}^2$.

Beweis
Bei festgehaltener erster Komponente können höchstens $2q + 1$ verschiedene zweite Komponenten auftreten (sind es mehr, wird die Etage gekürzt). Da jede der beiden Komponenten festgehalten werden kann, kann es höchstens $2q(2q+1)$ Paare außerhalb von $\overline{S}^2$ geben, ohne daß gekürzt werden muß. Unter $2q(2q+1)+1$, und damit erst recht unter $(2q+1)^2$ Paaren muß folglich, wenn nicht gekürzt werden kann, ein Paar aus $\overline{S}^2$ sein. ∎

Nur der glatteren Formel wegen ist im Lemma der Term $(2q+1)^2$, und nicht $4q^2 + 2q + 1$, verwendet worden.

Damit kann man nun jede Etage auf weniger als $2(2q+1)^2$ Elemente reduzieren. Denn wenn man zunächst von links nach rechts fortschreitend höchstens $(2q+1)^2$ verschiedene Paare erzeugt und danach vom rechten Rand der Etage her ebenfalls höchstens $(2q+1)^2$ Paare erzeugt, so erhält man nach dem Lemma links und rechts je ein Paar aus $\overline{S}^2$. Dann kann man wie beschrieben ein Mittelstück, also wenigstens einen Knoten, herausnehmen, und es bleiben weniger als $2(2q+1)^2$ Elemente in der Etage übrig. Damit läßt sich der Fall der zweistelligen Booleschen Funktionen ebenso zu Ende führen wie der Fall der einstelligen.

Für den Fall der k-stelligen Booleschen Funktionen definieren wir zunächst $B(k) = k!(2q+1)^k$. Induktiv nehmen wir jetzt an, daß man bei Reduktionen mit k-stelligen Booleschen Funktionen die Etagen auf weniger als $B(k)$ verkürzen kann.

Lemma 5.24
Wenn $\frac{1}{2}B(k+1)$ verschiedene $(k+1)$-Tupel erreicht sind, ohne daß gekürzt werden kann, gibt es darunter wenigstens eins aus $\overline{S}^{k+1}$.

Beweis
Wie im Beweis von Lemma 5.23 sieht man, daß höchstens $(k+1)q(B(k)-1) < \frac{1}{2}B(k+1)$ $(k+1)$-Tupel außerhalb von $\overline{S}^{k+1}$ existieren, ohne daß eine Verkürzung der Etage möglich ist. ∎

Daß bei Reduktionen mit $(k+1)$-stelligen Funktionen die Etagen auf weniger als $B(k+1)$ verkürzt werden können und damit auch die Induktionsbedingung für $k+1$ gilt, folgt so: Sobald man $B(k+1)$ verschiedene $(k+1)$-Tupel hat, kann man diese in zwei gleich große Zonen einteilen und findet nach dem Lemma in jeder dieser Zonen je ein $(k+1)$-Tupel aus $\overline{S}^{k+1}$. Damit kann wie oben verkürzt werden, und der Beweis für Reduktionen mit $(k+1)$-stelligen Booleschen Funktionen wird nun wie oben zu Ende geführt. ∎

Die Größe des reduzierten Baumes wächst zwar gewaltig mit k, aber für jedes

5.5. DÜNNE T-HARTE MENGEN FÜR NP   131

feste k bleibt sie polynomial. Es ist nicht bekannt, was aus NP $\subseteq \mathcal{R}_{tt}^P$(SPARSE) gefolgert werden kann. Für die Sonderfälle der konjunktiven ($\leq_c^P$) und der disjunktiven ($\leq_d^P$) tt-Reduktion gibt es Resultate:

Satz 5.25 [AKM92b]
Wenn es eine dünne $\leq_c^P$-harte Menge für NP gibt, so ist P = NP. ∎

In der angegebenen Arbeit wird sogar mehr gezeigt, nämlich: Aus NP $\subseteq \mathcal{R}_{btt}^P(\mathcal{R}_c^P$(SPARSE)) folgt P = NP. Dies verallgemeinert die Sätze 5.25 und 5.22. Der Fall der $\leq_d^P$-harten dünnen Mengen scheint nur eine schwächere Konsequenz zu erlauben.

Satz 5.26
1. *[AKM92a]* Wenn es eine dünne $\leq_d^P$-harte Menge für NP gibt, so ist PH = P^{NP}.

2. *[AT99]* Wenn NP eine dünne $\leq_d^P$-harte Menge hat, ist $F\Theta_2^P = FP^{NP[Lin\,log]}$.

5.5 Dünne T-harte Mengen für NP

Wenn man in Satz 5.22 nur verlangt, daß NP eine dünne $\leq_T^P$-harte Menge besitzt, läßt sich erwartungsgemäß weniger beweisen.

Satz 5.27 [KL82]
Ist S eine dünne Menge, so gilt
$$NP \subseteq P^S \longrightarrow PH = \Sigma_2^P.$$

Beweis
Ist die Voraussetzung des Satzes erfüllt, so heißt dies nach Satz 5.8 NP $\subseteq$ SIZE(Pol) und demnach SAT $\in$ SIZE(*Pol*). Dann gibt es eine Familie $C = (C_n)_{n \in \mathbb{N}}$ von Schaltkreisen polynomialer Größe, die SAT entscheidet. C_n ist zuständig für Eingaben F mit $|F| = n$. Wir schreiben abkürzend $C(F) = C_{|F|}(F)$. Wenn $F_i(x_2, \ldots, x_m) = F(i, x_2, \ldots, x_m)$ für $i = 0, 1$ gesetzt wird, gilt für F wegen der Selbstreduzierbarkeit von SAT

$$C(true) = 1 \wedge C(false) = 0 \wedge \bigwedge_F \Big(C(F) = 1 \longleftrightarrow C(F_0) = 1 \vee C(F_1) = 1 \Big).$$

Diese Eigenschaft ist umgekehrt charakteristisch für solche Schaltkreisfamilien C, die SAT entscheiden. Wir zeigen $\Sigma_3^P = \Sigma_2^P$, womit nach Satz 3.11 die Behauptung bewiesen ist.

Sei $A \in \Sigma_3^P$. Dann lassen sich ein Polynom p und ein $B \in P$ so wählen, daß gilt:
$$w \in A \longleftrightarrow \bigvee_x^p \bigwedge_y^p \bigvee_z^p B(w,x,y,z).$$
Wir definieren $S \in \text{NP}$ durch die Festsetzung
$$(w,x,y) \in S \longleftrightarrow \bigvee_z^p B(w,x,y,z).$$
Nach Satz 2.27 gibt es ein $f \in \text{FP}$ mit
$$w \in A \longleftrightarrow \bigvee_x^p \bigwedge_y^p f(w,x,y) \in \text{SAT}.$$
Sei $|f(w,x,y)| \leq q(n)$, wobei $n = |w|$ bedeutet. Dann ist
$$w \in A \longleftrightarrow \bigvee_x^p \bigwedge_y^p \Big[C_{|f(w,x,y)|}(f(w,x,y)) = 1)\Big].$$
Hierbei ist C die Schaltkreisfamilie für SAT, die wir soeben betrachtet haben. Deshalb kann das Prädikat in den eckigen Klammern ersetzt werden durch
$$\bigvee_D^r \Big(D(f(w,x,y)) = 1 \wedge D(true) = 1 \wedge D(false) = 0 \wedge$$
$$\wedge \bigwedge_{|F| \leq |f(w,x,y)|} (D(F) = 1 \longleftrightarrow D(F_0) = 1 \vee D(F_1) = 1)\Big).$$
Für r kann man ein Polynom wählen, das eine obere Schranke für die Schaltkreisfamilie C für SAT ist, die nach Voraussetzung von polynomialer Größe gewählt werden kann. C hängt nicht von x und y ab, sondern nur von SAT allein. Deshalb können wir den Existenzquantor $\bigvee_D$ nach vorn ziehen. Dadurch ergibt sich eine Σ_2^P-Darstellung für A. ∎

Es gibt relativierte Welten, in denen dieses Resultat optimal ist. C. Wilson betrachtet relativierte Schaltkreise und zeigt, daß es ein Orakel C gibt mit $\Delta_2^{P^C} \subseteq \text{SIZE}^C(\text{Lin})$ [Wil83]. Nach Satz 5.5, der auch relativiert gültig bleibt, muß in dieser relativierten Welt $\Delta_2^P \neq \Sigma_2^P \cap \Pi_2^P$ sein. Damit definiert das Orakel C eine relativierte Welt, in der der Kollaps der Polynomialzeithierarchie von Satz 5.27 nicht auf Δ_2^P verbesserbar ist.

Satz 5.27 ist verschärfbar. Der deutlich schwierigere Beweis soll hier allerdings nicht vorgeführt werden. Wegen ZPP vergleiche man Abschnitt 8.1.

Satz 5.28 [KW95]
$$\text{NP} \subseteq (\text{NP} \cap \text{coNP})/\text{poly} \longrightarrow \text{PH} = \text{ZPP}^{\text{NP}}.$$

5.5. DÜNNE T-HARTE MENGEN FÜR NP

Nach Aussage 2 von Satz 5.12 kann dieser Satz auch so formuliert werden: Ist S eine dünne Menge und ist jede NP-Menge $\leq_{rs}^{NP}$- reduzierbar auf S, so ist PH = ZPP^{NP}. Diese Formulierung zeigt deutlicher, inwiefern Satz 5.28 eine Verschärfung des Satzes 5.27 ist. In [CHW99] findet man Aussagen dieser Art für allgemeinere Reduzierungen.
Setzt man sogar die Vollständigkeit einer dünnen Menge in NP voraus, so kann man mehr zeigen als in Satz 5.27:

Satz 5.29 [Kad89]
Ist $S \in$ NP eine dünne Menge, so gilt
$$\text{NP} \subseteq \text{P}^S \longrightarrow \text{PH} = \Theta_2^P.$$

Beweis
Im Beweis von Satz 10.13. wird für Mengen $S \in$ NP $\cap$ SPARSE die Inklusion NP$^S \subseteq \Theta_2^P$ gezeigt. Daraus ergibt sich
$$\Sigma_2^P = \text{NP}^{NP} \subseteq \text{NP}^{P^S} \subseteq \text{NP}^S \subseteq \Theta_2^P. \blacksquare$$

Dieses Resultat verschärft ein Ergebnis von S. Mahaney, der unter der angegebenen Voraussetzung PH = Δ_2^P gezeigt hat [Mah82]. T. Long hat dieses ursprüngliche Resultat von S. Mahaney in folgender Weise erweitert.

Satz 5.30 [Lon82a]
Ist $S \in \Delta_2^P$ eine dünne Menge, so gilt
$$\text{NP} \subseteq \text{P}^S \longrightarrow \text{PH} = \Delta_2^P.$$

Nach dem Vorbild von Satz 5.27 läßt sich unter Ausnützung der Selbstreduzierbarkeit von QBF der folgende Satz beweisen.

Satz 5.31 [KL82]
Ist S eine dünne Menge, so gilt
$$\text{PSPACE} \subseteq \text{P}^S \longrightarrow \Sigma_2^P = \Pi_2^P = \text{PSPACE}.$$

In diesem Zusammenhang nennen wir noch ohne Beweis das folgende Resultat, das eine schwächere Voraussetzung und auch eine schwächere Konsequenz als Satz 5.27 hat.

Satz 5.32 [Yap83]
Ist S eine dünne Menge, so gilt
$$\text{coNP} \subseteq \text{NP}^S \longrightarrow \text{PH} = \Sigma_3^P.$$

Nach [KW95] kann dieser Satz zu coNP $\subseteq$ NP$^S \longrightarrow$ PH = ZPP$^{\Sigma_2^P}$ verschärft werden.
Die Ergebnisse der letzten beiden Abschnitte sind hier im Lichte des Isomorphieproblems dargestellt worden. Sie können aber in einer noch ganz anderen Weise interpretiert werden, nämlich so, wie es dem ursprünglichen Anliegen von

R. Karp und R. Lipton entspricht. Wenn man Satz 5.8 berücksichtigt, kann beispielweise Satz 5.27 auch so formuliert werden: NP $\subseteq$ P/poly $\longrightarrow$ PH $= \Sigma_2^P$. Die Prämisse dieser Aussage vergleicht eine uniforme mit einer nichtuniformen Klasse. Einige der angegebenen Sätze sagen also aus, daß nichtuniforme Voraussetzungen uniforme Konsequenzen haben, eine Beobachtung, die keineswegs selbstverständlich ist. Satz 5.28 ist bereits in dieser Form angegeben worden. Von den weiteren in [KL82] enthaltenen Resultaten dieser Art geben wir ohne Beweis noch zwei Beispiele an.

Satz 5.33 [KL82]
1. NP $\subseteq$ P/log $\longrightarrow$ P = NP.

2. PSPACE $\subseteq$ P/log $\longrightarrow$ P = PSPACE. ∎

Satz 5.8 legt noch eine dritte Formulierung für die Ergebnisse dieses Abschnitts nahe. So kann man beispielsweise den Satz 5.27 so formulieren: Wenn SAT von einer polynomialen Schaltkreisfamilie akzeptiert wird, ist $\Sigma_2^P = \Pi_2^P$. Dieser Satz liefert die bemerkenswerte Einsicht, daß dann, wenn für NP-Mengen keine schnellen uniformen Algorithmen zur Verfügung stehen, auch im nichtuniformen Modell der Schaltkreise NP-Mengen nicht schnell entscheidbar sind.

In diesem Zusammenhang ist es interessant festzustellen, daß man zwar nicht NP $\subseteq$ SIZE(Pol), aber RP $\subseteq$ SIZE(Pol) und sogar BPP $\subseteq$ SIZE(Pol) weiß (vgl.Satz 5.4 bzw. 10.14). Hieraus ergibt sich zusammen mit Satz 5.27:

Folgerung 5.34
$$\text{NP} \subseteq \text{BPP} \longrightarrow \text{PH} = \Sigma_2^P.$$

Kapitel 6

Die Hausdorffsche Hierarchie über NP

6.1 Der Boolesche Abschluß von NP

Ein System S von Teilmengen einer Menge M nennt man einen **Mengenring**, wenn es abgeschlossen bezüglich Durchschnitts- und Vereinigungsbildung ist. Ein Mengenring heißt **Mengenkörper**, wenn er auch noch abgeschlossen bezüglich Komplementbildung ist. Den kleinsten Mengenkörper, der einen gegebenen Mengenring S enthält, nennt man auch die **Boolesche Hülle** von S, die hier mit BH(S) bezeichnet werden soll. F. Hausdorff [Hau14] hat als erster derartige Boolesche Hüllen untersucht. Wir wollen zur Erhöhung der Übersichtlichkeit bei fortlaufenden Mengendifferenzen die Klammern weglassen und definieren

$$X_1 \setminus X_2 \setminus \ldots \setminus X_k = X_1 \setminus (X_2 \setminus (\ldots X_k)\ldots).$$

Das folgende Ergebnis kann man relativ leicht verifizieren.

Satz 6.1 [Hau14]
*Ist S ein Mengenring, so ist BH(S) genau die Menge der „Differenzketten"
$A_1 \setminus A_2 \setminus \ldots A_{k-1} \setminus A_k$ mit $A_k \subseteq \ldots \subseteq A_1$, $A_1, \ldots, A_k \in S$ und $k \in \mathbb{N}$.* ∎

Wir betrachten jetzt BH(NP), wobei wir NP als Menge von Mengen über einem festen Alphabet Σ aufzufassen haben (vgl. Abschnitt 1.1). Im Abschnitt 3.2 haben wir darauf hingewiesen, daß die Komplementabgeschlossenheit von NP nicht bekannt ist. Es ist evident, daß

$$\text{NP} = \text{coNP} \longleftrightarrow \text{NP} = \text{BH(NP)}$$

gilt. Wenn wir nun BH(NP) studieren, so hoffen wir nicht, dadurch etwa die Frage „NP = coNP?" zu lösen. Wohl aber kann man eine sehr viel tiefere Einsicht in die Struktur dieses Problems gewinnen. Das Schema der bekannten Komplexitätsklassen wird erweitert, es wird möglich, bestimmte Entscheidungsprobleme innerhalb der Booleschen Hülle von NP genauer zu klassifizieren, und dies alles vermehrt die Reihe der Indizien dafür, daß NP $\neq$ coNP gilt.

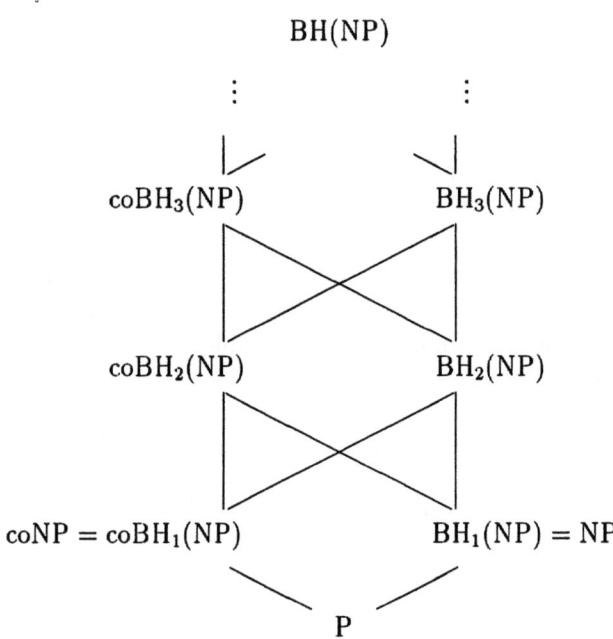

Abbildung 6.1: Die Hausdorffsche Hierarchie über NP

Definition 6.2
$BH_k(NP) = \{A_1 \setminus A_2 \setminus \ldots \setminus A_k) : A_k \subseteq \ldots \subseteq A_1 \wedge A_1, \ldots, A_k \in NP\}$.
Die Klassen $P, BH_1(NP), BH_2(NP), \ldots, coBH_1(NP), coBH_2(NP), \ldots$ *bilden die* **Hausdorffsche Hierarchie.**

Die Klasse $BH_2(NP)$ ist unter der Bezeichnung DP in [PY84], die volle Hierarchie ist unabhängig voneinander von K. Wagner und G. Wechsung sowie von J. Cai und L. Hemachandra eingeführt worden (vgl. [CGH+88, CGH+89] und auch [KSW87]). Aus Satz 6.1 ergibt sich sofort die Beziehung

$$BH(NP) = \bigcup_{k \geq 1} BH_k(NP).$$

6.1. DER BOOLESCHE ABSCHLUSS VON NP

Die Inklusionen $BH_k(NP) \subseteq BH_{k+1}(NP)$ und $coBH_k(NP) \subseteq BH_{k+1}(NP)$ und damit auch $BH_k(NP) \subseteq coBH_{k+1}(NP)$ sind offensichtlich. Damit kann man die Inklusionsstruktur von Abbildung 6.1 festhalten. Es ist nicht bekannt, ob die Hierarchie der $BH_k(NP)$ echt ist. Wäre sie es, so wäre $NP \neq BH(NP)$ und damit $NP \neq coNP$ und damit $P \neq NP$. Es wäre allerdings denkbar, daß $P \neq NP$ ist, ohne daß die Hierarchie unendlich viele verschiedene Stufen hat. Dazu macht der folgende Satz eine Aussage.

Satz 6.3
Für jedes $k \geq 1$ gilt:
Ist $BH_k(NP) = BH_{k+1}(NP)$ oder $BH_k(NP) = coBH_k(NP)$, so ist $BH_k(NP) = coBH_k(NP) = BH_{k+1}(NP) = coBH_{k+1}(NP) = \ldots$, das heißt, die Hierarchie ist endlich und endet mit der k-ten Stufe.

Beweis
Zu 1. Es gelte $BH_k(NP) = BH_{k+1}(NP)$ für festes k.
Wir zeigen durch Induktion über n, daß für alle $n \geq k$ gilt $BH_n(NP) = coBH_n(NP)$ und $BH_n(NP) = BH_{n+1}(NP)$.
Induktionsbeginn: $n = k$.
Wegen $coBH_k(NP) \subseteq BH_{k+1}(NP)$ folgt aus der Voraussetzung $coBH_k(NP) \subseteq BH_k(NP)$ und damit $coBH_k(NP) = BH_k(NP)$.
Induktionsannahme: Die Behauptung sei für n richtig.
Induktionsschluß: Wir zeigen $BH_{n+1}(NP) = BH_{n+2}(NP)$. Wie beim Induktionsbeginn folgt daraus auch $BH_{n+1}(NP) = coBH_{n+1}(NP)$.
Sei $X \in BH_{n+2}(NP)$. Dann existieren $A_1, \ldots, A_{n+2} \in NP$ mit $A_{n+2} \subseteq \ldots \subseteq A_1$ und $X = A_1 \setminus \ldots A_{n+1} \setminus A_{n+2}$. Nach Annahme ist $Y = A_2 \setminus \ldots A_{n+1} \setminus A_{n+2}$ auch in der Form $Y = B_1 \setminus \ldots B_{n-1} \setminus B_n$ darstellbar mit $B_1, \ldots, B_n \in NP$ und $B_n \subseteq \ldots \subseteq B_1$. Nach Wahl der A_i ist $Y \subseteq A_1$. Daraus folgt $Y \cap A_1 = Y$, und daraus $Y = (B_1 \cap A_1) \setminus \ldots (B_{n-1} \cap A_1) \setminus (B_n \cap A_1)$. Also gestattet X die folgende Darstellung:
$X = A_1 \setminus Y = A_1 \setminus (B_1 \cap A_1) \setminus \ldots (B_{n-1} \cap A_1) \setminus (B_n \cap A_1)$ mit $(B_n \cap A_1) \subseteq \ldots \subseteq (B_1 \cap A_1) \subseteq A_1$. Dies zeigt aber, daß X zu $BH_{n+1}(NP)$ gehört.
Zu 2. Es gelte $BH_k(NP) = coBH_k(NP)$.
Wir zeigen, daß hieraus $BH_k(NP) = BH_{k+1}(NP)$ folgt.
Ist nämlich $A_1 \setminus A_2 \setminus \ldots A_k \setminus A_{k+1} \in BH_{k+1}(NP)$, so gibt es $B_1, \ldots, B_k \in NP$ mit $B_k \subseteq \ldots \subseteq B_1$ und $A_2 \setminus \ldots A_k \setminus A_{k+1} = \Sigma^* \setminus B_1 \setminus \ldots B_{k-1} \setminus B_k$. Damit entsteht $A_1 \setminus A_2 \setminus \ldots A_k \setminus A_{k+1} = A_1 \setminus \Sigma^* \setminus B_1 \setminus \ldots B_{k-1} \setminus B_k = (A_1 \cap B_1) \setminus \ldots \setminus (A_1 \cap B_{k-1}) \setminus (A_1 \cap B_k) \in BH_k(NP)$. Damit ist die zweite auf die erste Behauptung zurückgeführt. ∎

Verschiedenste Relativierungen der Hausdorffschen Hierarchie sind in [CGH+88, BH91] studiert worden.

Die Klassen der Hausdorffschen Hierarchie lassen sich auf sehr viele verschiedene Weisen darstellen, von denen wir noch wenigstens eine ohne Beweis anführen wollen.

Definition 6.4
Für Mengenklassen $\mathcal{C}, \mathcal{D}$ führen wir den **Komplexdurchschnitt** $\mathcal{C} \wedge \mathcal{D}$ und die **Komplexvereinigung** $\mathcal{C} \vee \mathcal{D}$ wie folgt ein:
$$\mathcal{C} \wedge \mathcal{D} = \{X \cap Y : X \in \mathcal{C} \wedge Y \in \mathcal{D}\},$$
$$\mathcal{C} \vee \mathcal{D} = \{X \cup Y : X \in \mathcal{C} \wedge Y \in \mathcal{D}\}.$$

Für jedes $k \geq 1$ gilt

$$\mathrm{BH}_{2k}(\mathrm{NP}) = \underbrace{(\mathrm{NP} \wedge \mathrm{coNP}) \vee \ldots \vee (\mathrm{NP} \wedge \mathrm{coNP})}_{k-mal}$$

$$\mathrm{BH}_{2k-1}(\mathrm{NP}) = \underbrace{(\mathrm{NP} \wedge \mathrm{coNP}) \vee \ldots \vee (\mathrm{NP} \wedge \mathrm{coNP})}_{(k-1)-mal} \vee \mathrm{NP}$$

Jedes $X \in \mathrm{BH}_{2k}(\mathrm{NP})$ zum Beispiel läßt sich danach in der Form $X = (X_1 \cap \overline{Y_1}) \cup \ldots \cup (X_k \cap \overline{Y_k})$ mit $X_1, \ldots, X_k, Y_1, \ldots, Y_k \in \mathrm{NP}$ darstellen, wobei besonders zu beachten ist, daß hier keine Inklusionsforderung an diese Mengen gestellt werden muß.

Analoge Darstellungen ergeben sich für die Komplementklassen $\mathrm{coBH}_{2k}(\mathrm{NP})$ und $\mathrm{coBH}_{2k-1}(\mathrm{NP})$.

Auch für andere Komplexitätsklassen ist die Boolesche Hülle untersucht worden, zum Beispiel für RP [BBJ+89] oder für $C_=P$ [GNW90], [BCO93]. Besonders interessant werden die Verhältnisse, wenn die Klassen keinen Mengenring mehr bilden. Für Mengensysteme, die nur unter Durchschnittsbildung abgeschlossen sind, läßt sich die Boolesche Hülle nach keinem der beiden hier für NP angegebenen Muster charakterisieren. Dies wird von L. Hemaspaandra und J. Rothe in [HR97] durch Relativierung im Falle der Klasse UP nachgewiesen, die nur als durchschnittsabgeschlossen bekannt ist (s. Abschnitt 7.5). Diese Autoren zeigen jedoch, daß die Boolesche Hülle von durchschnittsabgeschlossenen Mengensystemen $\mathcal{M}$ immer beispielsweise als Vereinigung der folgenden Kette aufgefaßt werden kann

$$\mathcal{M} \subseteq \mathcal{M} \wedge \mathrm{co}\mathcal{M} \subseteq (\mathcal{M} \wedge \mathrm{co}\mathcal{M}) \vee \mathcal{M} \subseteq ((\mathcal{M} \wedge \mathrm{co}\mathcal{M}) \vee \mathcal{M}) \wedge \mathrm{co}\mathcal{M} \subseteq \ldots$$

6.2 Akzeptierungstypen für die $\mathrm{BH}_k(\mathrm{NP})$

In diesem Abschnitt werden die Klassen der Hausdorffschen Hierarchie als Polynomialzeitklassen von nichtdeterministischen Turingmaschinen mit besonderem Akzeptierungsverhalten charakterisiert.
Sei $A_1 \setminus \ldots A_{k-1} \setminus A_k \in \mathrm{BH}_k(\mathrm{NP})$. Wir wählen für A_i eine diese Menge akzeptierende NPTM M_i, deren ablehnenden Zustand wir 0 und deren akzeptierenden

6.2. AKZEPTIERUNGSTYPEN FÜR DIE $\mathrm{BH}_K(\mathrm{NP})$

Zustand wir i nennen wollen. Ohne Beschränkung der Allgemeinheit wollen wir annehmen, daß M_i bei jeder Eingabe 0-Pfade (Pfade, die den Endzustand 0 erreichen) erzeugt. Aus diesen k Maschinen bilden wir eine neue Maschine M, die bei Eingabe eines Wortes x nichtdeterministisch alle M_i auf x anwendet. Offensichtlich liegt x genau dann in $A_1 \setminus \ldots A_{k-1} \setminus A_k$, wenn $M(x)$ eine der folgenden Endzustandsmengen erreicht: $\{0,1\}, \{0,1,2,3\}, \ldots, \{0,\ldots,k\}$, falls k ungerade, und $\{0,1\}, \{0,1,2,3\}, \ldots, \{0,\ldots,k-1\}$, falls k gerade ist. Dies führt uns auf den Gedanken, nichtdeterministische Turingmaschinen mit $k+1$ unterschiedlichen Endzuständen $0, 1, \ldots, k$ zu betrachten, die genau dann akzeptieren, wenn die Menge der erreichten Endzustände in einer festen Teilmenge von $\mathfrak{P}(\{0,\ldots,k\})$, der Potenzmenge von $\{0,\ldots,k\}$, liegt.
Der Leser möge sich davon überzeugen, daß die hier betrachteten Akzeptierungstypen ohne Mühe auch in der Terminologie der Blattsprachen formuliert werden können.

Definition 6.5
Es sei $k \geq 1$. Wir setzen $S_k = \{0,\ldots,k\}$. Ein Paar $(\mathcal{A}, S_k)$ nennen wir einen **Akzeptierungstyp** genau dann, wenn $\mathcal{A} \subseteq \mathfrak{P}(S_k)$ ist und weder leer ist noch die leere Menge als Element enthält.
Eine NTM M mit $k+1$ Endzuständen $0,\ldots,k$ akzeptiert ein Wort x im Sinne von $(\mathcal{A}, S_k)$ genau dann, wenn die Menge der bei der Berechnung $M(x)$ erreichten Endzustände ein Element von $\mathcal{A}$ ist.
$L_{(\mathcal{A},S_k)}(M)$ ist die Menge aller Wörter, die im Sinne von $(\mathcal{A}, S_k)$ von M akzeptiert werden.
$(\mathcal{A}, S_k)\mathrm{P}$ ist die Menge aller $L_{(\mathcal{A},S_k)}(M)$, wobei M die Menge aller in Polynomialzeit arbeitenden nichtdeterministischen Turingmaschinen mit den Endzuständen $0,\ldots,k$ durchläuft.

Wenn wir die Akzeptierungstypen

$$\begin{aligned}
\mathrm{D}_{2k-1} &= (\{\{0,1\}, \{0,1,2,3\}, \ldots, \{0,\ldots,2k-1\}\}, S_{2k-1}) \\
\mathrm{D}_{2k} &= (\{\{0,1\}, \{0,1,2,3\}, \ldots, \{0,\ldots,2k-1\}\}, S_{2k}) \\
\mathrm{C}_{2k-1} &= (\{\{0\}, \{0,1,2\}, \ldots, \{0,\ldots,2k-2\}\}, S_{2k-1}) \\
\mathrm{C}_{2k} &= (\{\{0\}, \{0,1,2\}, \ldots, \{0,\ldots,2k\}\}, S_{2k})
\end{aligned}$$

definieren, können wir das Ergebnis der eingangs angestellten Überlegungen so formulieren: $\mathrm{BH}_k(\mathrm{NP}) \subseteq \mathrm{D}_k\mathrm{P}$. Analog ergibt sich $\mathrm{coBH}_k(\mathrm{NP}) \subseteq \mathrm{C}_k\mathrm{P}$. Tatsächlich kann mehr bewiesen werden.

Satz 6.6
Für jedes $k \geq 1$ gilt $\mathrm{BH}_k(\mathrm{NP}) = \mathrm{D}_k\mathrm{P}$ und $\mathrm{coBH}_k(\mathrm{NP}) = \mathrm{C}_k\mathrm{P}$.

Beweis
Wir brauchen nur noch $\mathrm{D}_k\mathrm{P} \subseteq \mathrm{BH}_k(\mathrm{NP})$ und $\mathrm{C}_k\mathrm{P} \subseteq \mathrm{coBH}_k(\mathrm{NP})$ zu beweisen

und beschränken uns auf den Fall, daß k gerade ist. Sei $X \in \mathrm{D}_k\mathrm{P}$. Dann gibt es eine NTM M mit $X = L_{\mathrm{D}_k}(M)$. Dann ist S_k die Endzustandsmenge von M. Es sei $end_M(x)$ die Menge der Endzustände, die bei der Berechnung $M(x)$ erreicht werden. Wir setzen $A_i = \{x : S_i \subseteq end_M(x)\}$. Dann haben wir: $A_k \subseteq \ldots \subseteq A_1$, die A_i gehören offensichtlich alle zu NP, und es gilt

$$\begin{aligned}
x \in X &\longleftrightarrow end_M(x) \in \mathrm{D}_k \\
&\longleftrightarrow end_M(x) = S_1 \vee end_M(x) = S_3 \vee \ldots \vee end_M(x) = S_{k-1} \\
&\longleftrightarrow x \in A_1 \setminus A_2 \vee \ldots \vee x \in A_{k-1} \setminus A_k \\
&\longleftrightarrow x \in A_1 \setminus A_2 \setminus \ldots A_{k-1} \setminus A_k.
\end{aligned}$$

Da die A_i eine aufsteigende Folge bilden, ist damit gezeigt, daß X zu $\mathrm{BH}_k(\mathrm{NP})$ gehört.
Die zweite Behauptung beweist man analog. ∎

Die für die Klassen der Hausdorffschen Hierarchie benötigten Akzeptierungstypen bilden Ketten bezüglich der Inklusion. Diese Typen wollen wir **Kettentypen** nennen. Wir bemerken noch, daß in Satz 6.6 die Akzeptierung sogar in dem Sinne **kettenrespektierend** geschieht, daß für nicht akzeptierte x ein i existiert mit $end_M(x) = S_i$, wobei dieses S_i gerade nicht zum Akzeptierungstyp gehört.

Es stellt sich die Frage, wie die Klassen $(\mathcal{A}, S_k)\mathrm{P}$ zu beschreiben sind, wenn $(\mathcal{A}, S_k)$ kein Kettentyp ist. Für die Beantwortung dieser Frage erweist sich eine Idee aus [Wag79] als nützlich. Wir betrachten die Menge

$C(\mathcal{A}, S_k) = \{c_\mathcal{A}(X_1)c_\mathcal{A}(X_2)\ldots c_\mathcal{A}(X_m) :$
$\emptyset \neq X_1 \subset \ldots \subset X_m \subseteq S_k \wedge \bigwedge_{i<m}(X_i \in \mathcal{A} \longleftrightarrow X_{i+1} \notin \mathcal{A})\}.$

Lemma 6.7
$C(\mathcal{A}, S_k)$ hat nur ein Wort maximaler Länge.

Beweis
Gibt es zwei Wörter maximaler Länge in $C(\mathcal{A}, S_k)$, so endet das eine auf 0, das andere auf 1. Jede maximale aufsteigende alternierende Mengenkette kann so gewählt werden, daß sie auf S_k endet. Damit enden alle maximalen Wörter aus $C(\mathcal{A}, S_k)$ entweder alle auf 0 oder alle auf 1. Das ist ein Widerspruch. ∎

Wir bezeichnen mit $c(\mathcal{A}, S_k)$ das eindeutig bestimmte Wort maximaler Länge aus $C(\mathcal{A}, S_k)$ und nennen es die **Charakteristik** von $(\mathcal{A}, S_k)$. Für jede nichtleere Teilmenge A von S_k führen wir ihre **Ordnung** (bezüglich $\mathcal{A}$) ein. Zunächst definieren wir $c(A)$ als das längste Wort aus $\{c_\mathcal{A}(X_1)c_\mathcal{A}(X_2)\ldots c_\mathcal{A}(X_m) : \emptyset \neq X_1 \subset \ldots \subset X_m \subseteq A \wedge \bigwedge_{i<m}(X_i \in \mathcal{A} \longleftrightarrow X_{i+1} \notin \mathcal{A})\}$. Damit definieren wir

$$ord(A) = \begin{cases} |c(A)| & \text{falls } c(A) \sqsubseteq c(\mathcal{A}, S_k) \\ |c(A)| + 1 & \text{sonst.} \end{cases}$$

6.2. AKZEPTIERUNGSTYPEN FÜR DIE $BH_K(NP)$

Die Ordnung hat den Sinn, Mengen eines Typs, der kein Kettentyp ist, eine Stelle im Kettentyp gleicher Charakteristik zuzuordnen. Wie dies gedacht ist, wird im Beweis des nächsten Satzes deutlich. Wir halten für jetzt noch das folgende Lemma fest, das ohne Mühe verifiziert werden kann.

Lemma 6.8
Beginnt die Charakteristik von $(\mathcal{A}, S_n)$ mit $c \in \{0,1\}$, so gilt
$$A \in \mathcal{A} \longleftrightarrow ord(A) \equiv c(2)$$
für $A \subseteq S_n$. ∎

Nun können wir die entscheidende Bedeutung der Charakteristik eines Akzeptierungstyps für die durch diesen bestimmte Klasse erkennen.

Satz 6.9
Haben die Akzeptierungstypen $(\mathcal{A}, S_n)$ und $(\mathcal{B}, S_m)$ die gleiche Charakteristik, so ist $(\mathcal{A}, S_n)P = (\mathcal{B}, S_m)P$.

Beweis
Die Charakteristik von $(\mathcal{A}, S_n)$ stimmt mit der Charakteristik von genau einem der oben definierten Kettentypen überein. Sei etwa $c(\mathcal{A}, S_n) = c(D_k)$ und $k \equiv 0(2)$. Wir zeigen nun, daß $(\mathcal{A}, S_n)P = D_k P$ gilt, womit der Satz bewiesen ist, weil der Beweis analog verläuft, wenn $k \equiv 1(2)$ oder $c(\mathcal{A}, S_n) = c(C_k)$ ist.

1. $(\mathcal{A}, S_n)P \subseteq D_k P$.
Sei $X \in (\mathcal{A}, S_n)P$, und sei M eine in Polynomialzeit arbeitende Maschine mit $X = L_{(\mathcal{A}, S_n)}(M)$. Wir konstruieren eine Maschine N, die X im Sinne von D_k akzeptiert.
Bei Eingabe von x wendet N die Maschine M^k auf x an (vgl. Anhang A.4). Ist $end_M(x) = A$, so hat N auf jedem Pfad eine Teilmenge von A registriert. Die Maschine N nimmt nun auf einem Pfad, wenn sie dort die Menge B registriert hat, eine Aufspaltung des Pfads vor und nimmt genau die Zustände $0, \ldots, ord(B) - 1$ an. Da $N(x)$ alle Teilmengen von A erzeugt, ist $end_N(x) = \{0, 1, \ldots, ord(A) - 1\}$, und diese Menge gehört genau dann zu D_k, wenn A zu $\mathcal{A}$ gehört, wie aus Lemma 6.8 sofort folgt. Damit akzeptiert N die Menge X im Sinne von D_k.

2. $D_k P \subseteq (\mathcal{A}, S_n)P$.
Sei $X \in D_k P$, und sei M eine in polynomialer Zeit arbeitende Maschine, die X im Sinne von D_k akzeptiert. Um daraus eine Maschine N zu machen, die X im Sinne von $(\mathcal{A}, S_n)$ akzeptiert, fixieren wir eine maximale Kette $A_0 \subset A_1 \ldots$ mit $A_0, A_2, \ldots \notin \mathcal{A}$ und $A_1, A_3, \ldots \in \mathcal{A}$. Die Maschine N arbeitet bei Eingabe von x zunächst wie M bei Eingabe von x. Gelangt M zum Endzustand i, so erzeugt N hieraus genau sämtliche Endzustände aus A_i. Dadurch wird erreicht, daß N das Wort x genau dann im Sinne von $(\mathcal{A}, S_n)$ akzeptiert, wenn $M(x)$

im Sinne von D_k akzeptiert. ∎

Als Folgerung halten wir fest, daß durch diese neuen Akzeptierungstypen in polynomialer Zeit genau die Klassen der Hausdorffschen Hierarchie akzeptiert werden.

Folgerung 6.10
Sei $(\mathcal{A}, S_n)$ ein Akzeptierungstyp, und sei $|c(\mathcal{A}, S_n)| = k+1$. Dann ist

$$(\mathcal{A}, S_n)\mathrm{P} = \begin{cases} \mathrm{BH}_k(\mathrm{NP}) & \text{falls } c(\mathcal{A}, S_n) \text{ mit } 0 \text{ beginnt} \\ \mathrm{coBH}_k(\mathrm{NP}) & \text{sonst.} \end{cases}$$

6.3 Erweiterung der Hausdorffschen Hierarchie

Wir knüpfen an Definition 6.2 an und setzen mit den dortigen Bezeichnungen und Voraussetzungen $B = \{(x, i) : x \in A_i\}$. Es ist klar, daß B zu NP gehört. Aus $A_k \subseteq \ldots \subseteq A_2 \subseteq A_1$ ergibt sich $c_B((x, 1)) \geq c_B((x, 2)) \geq \ldots$ Damit lassen sich die Mengen $A = A_1 \setminus \ldots \setminus A_k \in \mathrm{BH}_k(\mathrm{NP})$ so definieren:

$$c_A(x) = \max\{i : 1 \leq i \leq k \land (x, i) \in B\} \bmod 2.$$

Dies erlaubt es, die Definition 6.2 zu erweitern.

Definition 6.11 [Wag90, BH91]
Sei s eine beliebige Funktion von $\mathbb{N}$ in $\mathbb{N}$. Unter $\mathrm{BH}_s(\mathrm{NP})$ verstehen wir die Klasse aller Mengen A, für die es ein $B \in \mathrm{NP}$ mit $\bigwedge_{i \geq 1} c_B((x, i)) \geq c_B((x, i+1))$ gibt, so daß $c_A(x) = \max\{i : 1 \leq i \leq s(|x|) \land (x, i) \in B\} \bmod 2$.
Ist $\mathcal{F}$ eine Funktionenklasse, so soll $\mathrm{BH}_\mathcal{F}(\mathrm{NP}) = \bigcup_{s \in \mathcal{F}} \mathrm{BH}_s(\mathrm{NP})$ gesetzt werden.

Wir bemerken zunächst, daß sich Satz 6.6 auf die Klassen $\mathrm{BH}_{\mathrm{Pol}}(\mathrm{NP})$ und $\mathrm{BH}_{2^{\mathrm{Pol}}}(\mathrm{NP})$ verallgemeinern läßt, die für uns von besonderem Interesse sind. Dazu müssen allerdings noch passende Akzeptierungsbegriffe eingeführt werden. Mit einer beschränkten Zahl von Endzuständen kommen wir dabei nicht mehr aus. Deshalb weichen wir auf Turingmaschinen mit Ausgabe aus: Anstatt zu verlangen, daß eine Berechnung auf einem Pfad den Endzustand z hat, können wir auch verlangen, daß sie auf diesem Pfad die Ausgabe z hat. Mit $end_M(x)$ bezeichnen wir jetzt die Menge der Ausgaben der Berechnung $M(x)$. Wir erinnern an die Festsetzung $S_k = \{0, 1, \ldots, k\}$ für $k \geq 1$ und definieren: M akzeptiert x im Sinne $D_\mathcal{F}$ genau dann, wenn es ein $s \in \mathcal{F}$ und ein $k \in \mathbb{N}$ gibt mit $end_M(x) = S_{2k+1}$ und $2k + 1 \leq s(|x|)$. Wie in Definition

6.3. ERWEITERUNG DER HAUSDORFFSCHEN HIERARCHIE

6.5 wird jetzt die Polynomialzeitklasse $D_{\mathcal{F}}P$ jener Sprachen eingeführt, die in polynomialer Zeit im Sinne von $D_{\mathcal{F}}$ akzeptiert werden können.[1] Der Beweis von Satz 6.6 läßt sich auf den folgenden Satz übertragen.

Satz 6.12
$$BH_{Pol}(NP) = D_{Pol}P,$$
$$BH_{2^{Pol}}(NP) = D_{2^{Pol}}P. \quad \blacksquare$$

Die beiden betrachteten Klassen sind deswegen interessant, weil sie sich als bekannt herausstellen:

Satz 6.13 [Wag90, BH91]
$$BH_{Pol}(NP) = \Theta_2^P,$$
$$BH_{2^{Pol}}(NP) = \Delta_2^P.$$

Beweis
Wir zeigen zuerst die zweite Gleichheit.

1. $BH_{2^{Pol}}(NP) \subseteq \Delta_2^P$.
Sei $A \in BH_{2^{Pol}}(NP)$. Dann gibt es ein $B \in NP$ und ein Polynom p mit

$$x \in A \longleftrightarrow \max\{i : 1 \leq i \leq 2^{p(|x|)} \wedge (x,i) \in B\} \equiv 1(2).$$

Durch binäres Suchen mit dem Orakel $\{(x,i) : \bigvee_j ((x,i+j) \in B)\}$, das zu NP gehört, kann in polynomialer Zeit das größte i mit $(x,i) \in B$ bestimmt werden.

2. $\Delta_2^P \subseteq BH_{2^{Pol}}(NP)$.
Sei $A \in \Delta_2^P$. Dann gibt es eine NTM M', die A im Sinne von MAX akzeptiert (vgl. Satz 3.13). Wir machen daraus eine neue Maschine M, indem wir jeden Pfad α von $M'(x)$ zu den beiden Pfaden $\alpha 0$ und $\alpha 1$ verlängern. Hat α die Ausgabe $y_1 \ldots y_l$ so erhält der Pfad αi von $M(x)$ die Ausgabe $y_1 \ldots y_l i$. Ist α in $M'(x)$ akzeptierend (ablehnend), so sind beide Pfade $\alpha 0$ und $\alpha 1$ akzeptierend (ablehnend) in $M(x)$. Wir haben damit erreicht, daß das Maximum der Ausgaben von $M(x)$ ungerade ist. Die Rechenzeit von M werde durch das Polynom p beschränkt.
Wir definieren mit $n = |x|$
$$B = \{(x,i) :$$
$$\bigvee_{j \leq 2^{p(n)}} \bigvee_\alpha (j \geq i \wedge M \text{ akzeptiert auf dem Pfad } \alpha \text{ und hat dort die Ausgabe } j)\}.$$

Nach Definition ist klar, daß $B \in NP$ ist und daß $c_B((x,i+1)) \leq c_B((x,i))$ für alle $i < 2^{p(|x|)}$ gilt. Nun ist $x \in A$ genau dann, wenn $M(x)$ auf einem Pfad

---
[1] Diese Definition ist nur sinnvoll, wenn die erforderlichen Ausgaben höchstens polynomial lang werden. Dies ist für $\mathcal{F} = 2^{Pol}$ noch gesichert.

akzeptiert, auf dem das Maximum der Ausgabemenge realisiert wird. Da dieses Maximum ungerade ist, ist letzteres äquivalent mit

$$\max\{i : 1 \leq i \leq 2^{p(|x|)} \wedge (x,i) \in B\} \equiv 1(2).$$

Die erste Aussage ergibt sich ganz genau so. In der ersten Richtung ist zu beachten, daß nur $c \log |x|$ Fragen gestellt werden müssen. In der zweiten Richtung ist einfach die Schranke $2^{p(|x|)}$ durch $p(|x|)$ zu ersetzen. ∎

6.4 tt-Charakterisierung der $\text{BH}_k(\text{NP})$

Ist α eine Boolesche Funktion von n Variablen und sind $B_1, \ldots, B_n$ Mengen, so definieren wir die Menge $\alpha(B_1, \ldots, B_n)$ durch

$$x \in \alpha(B_1, \ldots, B_n) \longleftrightarrow \alpha(c_{B_1}(x), \ldots, c_{B_n}(x)) = 1.$$

Man beachte, daß die Schreibweise $\alpha(B_1, \ldots, B_n)$ symbolisch aufzufassen ist, weil α natürlich nur Boolesche Wahrheitswerte und keine Mengen als Argumente haben kann.
Ist $A \in \text{BH}(\text{NP})$, so existieren Mengen $B_1, \ldots, B_n \in \text{NP}$ und eine Boolesche Funktion α, wobei n die Stellenzahl von α ist, mit $A = \alpha(B_1, \ldots, B_n)$. Dies heißt

$$x \in A \longleftrightarrow \alpha(c_{B_1}(x), \ldots, c_{B_n}(x)) = 1.$$

Setzt man $B = (B_1 \times \{1\}) \cup \ldots \cup (B_n \times \{n\})$, so ist auch $B \in \text{NP}$, und es gilt für $i = 1, \ldots, n$

$$x \in B_i \longleftrightarrow (x,i) \in B,$$

also

$$x \in A \longleftrightarrow \alpha(c_B((x,1)), \ldots, c_B((x,n))) = 1.$$

Dies zeigt aber $A \leq^{\text{P}}_{\text{btt}} B$, also $\text{BH}(\text{NP}) \subseteq \mathcal{R}^{\text{P}}_{\text{btt}}(\text{NP})$.
Die Umkehrung gilt auch, was im nächsten Satz ausgesagt wird.
Satz 6.14

$$\text{BH}(\text{NP}) = \mathcal{R}^{\text{P}}_{\text{btt}}(\text{NP}).$$

Satz 6.14 ist eine direkte Folgerung aus dem Satz 6.15. Hierzu muß man berücksichtigen, daß jede $\leq^{\text{P}}_{\text{btt}}$-Reduzierung als eine spezielle $\leq^{\text{P}}_{\text{att}}$-Reduzierung aufgefaßt werden kann. Dies wird im Anhang genauer ausgeführt.

Satz 6.15
Die Klassen der Booleschen Hierarchie sind genau die Klassen $\mathcal{R}^{\text{P}}_{\text{att}}(\text{NP})$ mit Booleschen Funktionen α.

6.4. TT-CHARAKTERISIERUNG DER $BH_K(NP)$

Auch diesen Satz können wir noch etwas aussagekräftiger formulieren. Dazu definieren wir die Charakteristik $c(\alpha)$ einer (n-stelligen) Booleschen Funktion α als das (einzige) Wort maximaler Länge aus der Menge

$$\Big\{\alpha(u_1^1,\ldots,u_n^1)\ldots\alpha(u_1^m,\ldots,u_n^m):$$

$$m \in \mathbb{N} \land \text{ alle } u_i^j \in \{0,1\} \land \bigwedge_{i<m} \alpha(u_1^i,\ldots,u_n^i) \neq \alpha(u_1^{i+1},\ldots,u_n^{i+1})\Big\}.$$

Die schärfste Fassung für die beiden vorangehenden Sätze ist die folgende.

Satz 6.16
(1) Ist $c(\alpha) = c(D_k)$, so ist $\mathcal{R}_{\alpha tt}^P(NP) = D_k P = BH_k(NP)$.
(2) Ist $c(\alpha) = c(C_k)$, so ist $\mathcal{R}_{\alpha tt}^P(NP) = C_k P = coBH_k(NP)$.

Beweis
Es reicht, (1) zu beweisen, denn der Beweis von (2) verläuft ganz entsprechend. Wir setzen dazu $c(\alpha) = c(D_k)$ voraus.

1. $\mathcal{R}_{\alpha tt}^P(NP) \subseteq BH_k(NP)$:
Sei $A \leq_{\alpha tt}^P B$ und $B \in NP$. Dann gibt es ein $f \in FP$ derart, daß für alle x die (m-stellige) Funktion α in $f(x) = \langle \alpha, x_1, \ldots, x_m \rangle$ unabhängig von x ist. Das von $(u_1, \ldots, u_m)$ definierte Hauptideal in der Booleschen Algebra $(\{0,1\}^m, \leq)$, nämlich die Menge $\{(v_1, \ldots, v_m) : v_1 \leq u_1 \land \ldots \land v_m \leq u_m\}$, bezeichnen wir mit $M_{u_1,\ldots,u_m}$. Wir wählen den Akzeptierungstyp $(\mathcal{A}, S)$ mit[2] $S = \{0,1\}^m$ und

$$\mathcal{A} = \{M_{u_1,\ldots,u_m} : \alpha(u_1,\ldots,u_m) = 1\}.$$

Wir halten fest, daß die Charakteristik von $(\mathcal{A}, S)$ mit der Charakteristik von α und damit nach Voraussetzung mit der Charakteristik von D_k übereinstimmt. Nach Satz 6.9 ist damit $(\mathcal{A}, S)P = D_k P$.
Nun geben wir eine NPTM N an, die A im Sinne von $(\mathcal{A}, S)$ akzeptiert: Dazu sei T eine NPTM, die B im Sinne von NP akzeptiert. Bei Eingabe von x berechnet N zunächst $f(x) = \langle \alpha, x_1, \ldots, x_m \rangle$. Dann wird T nacheinander auf alle $x_i, i = 1, \ldots, m$, angesetzt. Jeder Pfad von N besteht damit, abgesehen von der Vorphase, in der $f(x)$ berechnet wird, aus der Konkatenation von Pfaden $\beta_1, \ldots, \beta_m$ der Berechnungen $T(x_1), \ldots, T(x_m)$, und N soll auf einem solchen Pfad den Endzustand $(y_1, \ldots, y_m)$ annehmen, wobei y_i der Endzustand von $T(x_i)$ auf β_i ist.
Damit ist $end_N(x) = M_{c_B(x_1),\ldots,c_B(x_m)}$. Die Eingabe x wird durch N genau dann im Sinne von $(\mathcal{A}, S)$ akzeptiert, wenn $end_N(x) \in \mathcal{A}$ ist. Dies ist genau dann

---

[2] Die Endzustandsmenge haben wir bisher nur aus Bequemlichkeitsgründen als Anfangsabschnitte von $\mathbb{N}$ gewählt. Sie kann selbstverständlich beliebig gewählt werden.

der Fall, wenn $\alpha(c_B(x_1),\ldots,c_B(x_m)) = 1$ ist, wenn also $x \in A$ gilt. Also ist $\mathcal{R}^P_{\alpha tt}(NP) \subseteq D_k P$.

2. $D_k P \subseteq \mathcal{R}^P_{\alpha tt}(NP)$:
Sei $X \in D_k P$. Dann gibt es Mengen $X_1,\ldots,X_k \in NP$ mit $X_1 \supseteq X_2 \supseteq \ldots \supseteq X_k$ und $X = X_1 \setminus X_2 \setminus \ldots \setminus X_k$. Für alle $i = 1,\ldots,k$ gibt es wegen $X_i \in NP$ ein $f_i \in FP$, das X_i auf SAT reduziert. Setzt man

$$\alpha_k(\xi_1,\ldots,\xi_k) = (\xi_1 \wedge \overline{\xi_2}) \vee (\xi_1 \wedge \xi_2 \wedge \xi_3 \wedge \overline{\xi_4}) \vee \ldots,$$

so gilt
$$x \in X \longleftrightarrow \alpha_k(c_{SAT}(f_1(x)),\ldots,c_{SAT}(f_k(x))) = 1.$$

Leicht ist einzusehen, daß $c(\alpha_k) = c(D_k)$ ist. Da für jede Menge $X \in D_k P$ stets dieselbe Funktion α_k gewählt werden kann, ist damit $D_k P \subseteq \mathcal{R}^P_{\alpha_k tt}(NP)$.
Jetzt ist noch zu zeigen, daß $\mathcal{R}^P_{\alpha_k tt}(NP) \subseteq \mathcal{R}^P_{\alpha tt}(NP)$ gilt, wenn $c(\alpha) = c(\alpha_k)$ ist. (In Wahrheit gilt dann sogar die Gleichheit der beiden Klassen.)
Es sei m die Stellenzahl von α. Wegen $c(\alpha) = c(\alpha_k)$ gibt es eine eineindeutige Abbildung g, die die Kette

$$(0,0,\ldots,0)(1,0,\ldots,0)(1,1,0\ldots,0)\ldots(1,1,\ldots,1),$$

die eine maximale alternierende Kette des Typs $c(\alpha_k)$ repräsentiert, auf eine Kette

$$(u_1^1,\ldots,u_m^1)(u_1^2,\ldots,u_m^2)\ldots(u_1^{k+1},\ldots,u_m^{k+1})$$

vom Typ $c(\alpha)$ so abbildet, daß $\alpha_k(\underbrace{1,\ldots,1}_{j-1},0,\ldots,0) = \alpha(u_1^j,\ldots,u_m^j)$ für jedes $j \leq k+1$ gilt. Die Tabelle 6.1 zeigt diese beiden Ketten.
O.B.d.A. wird $(u_1^1,\ldots,u_m^1) = (0,\ldots,0)$ und $(u_1^{k+1},\ldots,u_m^{k+1}) = (1,\ldots,1)$

$c_{SAT}(f_1(x))$	$c_{SAT}(f_2(x))$	...	$c_{SAT}(f_k(x))$				
0	0	...	0	u_1^1	u_2^1	...	u_m^1
1	0	...	0	u_1^2	u_2^2	...	u_m^2
⋮	⋮	⋮	⋮	⋮	⋮	⋮	⋮
1	1	...	1	u_1^{k+1}	u_2^{k+1}	...	u_m^{k+1}

Tabelle 6.1: Die beiden Ketten, die $c(\alpha_k)$ und $c(\alpha)$ repräsentieren.

festgelegt. Da die Kette aufsteigend ist, ist jede der letzten m Spalten mit einer der ersten k Spalten identisch. Deshalb gibt es eine von x unabhängige Folge $i_1,\ldots,i_m$ von Zahlen aus $\{1,\ldots,k\}$ derart, daß

$$\alpha_k(c_{SAT}(f_1(x)),\ldots,c_{SAT}(f_k(x))) = \alpha(c_{SAT}(f_{i_1}(x)),\ldots,c_{SAT}(f_{i_m}(x)))$$

6.4. TT-CHARAKTERISIERUNG DER BH$_K$(NP)

gilt. Da die Funktion g, die durch $g(x) = \langle \alpha, f_{i_1}(x), \ldots, f_{i_m}(x) \rangle$ definiert ist, zu FP gehört, ist $X \leq^P_{\alpha tt}$ SAT. Dies bedeutet $X \in \mathcal{R}^P_{\alpha tt}(\text{NP})$, also $D_k P \subseteq \mathcal{R}^P_{\alpha tt}(\text{NP})$. ∎

Auch die Klassen $\mathcal{R}^P_{ktt}(\text{NP})$ lassen sich leicht charakterisieren.

Satz 6.17 [KSW87]
Für $k \geq 1$ gilt
$$\mathcal{R}^P_{ktt}(\text{NP}) = \mathcal{R}^P_{1tt}(\text{BH}_k(\text{NP})).$$

Beweis
Die Inklusion $\mathcal{R}^P_{ktt}(\text{NP}) \subseteq \mathcal{R}^P_{1tt}(\text{BH}_k(\text{NP}))$ ist eine unmittelbare Folgerung aus dem folgenden Satz, wenn man darin $k = m$ setzt. Die Umkehrung ist mit Satz 6.16 klar. ∎

Satz 6.18
Es sei $m \geq 1$, $X \leq^P_{mtt} Y$ mit $Y \in \text{NP}$ mittels $f \in \text{FP}$, und es gebe eine Zahl $k \leq m+1$ so, daß für jedes x, falls $f(x) = \langle \alpha, x_1, \ldots, x_m \rangle$ ist, die Länge der Charakteristik von α durch k nach oben beschränkt ist.
Dann ist $X \in \mathcal{R}^P_{1tt}(\text{BH}_{k-1}(\text{NP}))$.

Beweis
Wir konstruieren die Menge B wie folgt, wobei wir von dem Zusammenhang $f(x) = \langle \alpha, x_1, \ldots, x_m \rangle$ Gebrauch machen, ohne ihn immer explizit zu benennen:
$$B = \{x : (\alpha(c_Y(x_1), \ldots, c_Y(x_m)) = 1 \land \alpha(0, \ldots, 0) = 0$$
$$\lor (\alpha(c_Y(x_1), \ldots, c_Y(x_m)) = 0 \land \alpha(0, \ldots, 0) = 1)\}.$$

Wir zeigen
(1) $X \leq^P_{1tt} B$ und
(2) $B \in \text{BH}_{k-1}(\text{NP})$.

Zu (1). Nach Voraussetzung haben wir
$$x \in X \longleftrightarrow \alpha(c_Y(x_1), \ldots, c_Y(x_m)) = 1.$$

Es gilt auch
$$x \in X \longleftrightarrow \gamma(c_B(x)) = 1,$$

wobei
$$\gamma = \begin{cases} id & \text{falls } \alpha(0, \ldots, 0) = 0 \\ non & \text{falls } \alpha(0, \ldots, 0) = 1 \end{cases}$$

natürlich von x abhängt. Dies sieht man so:

1. Fall: $\alpha(0,\ldots,0) = 0$.
Dann ist

$$\begin{aligned} x \in X &\longleftrightarrow \alpha(c_Y(x_1),\ldots,c_Y(x_m)) = 1 \\ &\longleftrightarrow x \in B \\ &\longleftrightarrow \gamma(c_B(x)) = 1 \end{aligned}$$

2. Fall: $\alpha(0,\ldots,0) = 1$.
Dann ist

$$\begin{aligned} x \in X &\longleftrightarrow \alpha(c_Y(x_1),\ldots,c_Y(x_m)) = 1 \\ &\longleftrightarrow x \notin B \\ &\longleftrightarrow \gamma(c_B(x)) = 1 \end{aligned}$$

Zu (2). Wir zeigen, daß es einen Akzeptierungstyp $(\mathcal{A}, S)$ mit $c(\mathcal{A}, S) = c(D_{k-1})$ derart gibt, so daß B von einer Polynomialzeitmaschine im Sinne von $(\mathcal{A}, S)$ akzeptiert wird.
Wir setzen dazu Φ = Menge aller höchstens m-stelligen Booleschen Funktionen, deren Charakteristik nicht länger als k ist. Das von $(u_1,\ldots,u_m)$ definierte Hauptideal in der Booleschen Algebra $(\{0,1\}^m, \leq)$, nämlich die Menge $\{(v_1,\ldots,v_m) : v_1 \leq u_1 \wedge \ldots \wedge v_m \leq u_m\}$, bezeichnen wir mit $M_{u_1,\ldots,u_m}$. Den Akzeptierungstyp definieren wir durch
$S = \{0,1\}^m \times \Phi$ und
$\mathcal{A} = \{M_{u_1,\ldots,u_m} \times \{\alpha\} : \alpha \in \Phi \wedge ((\alpha(u_1,\ldots,u_m) = 1 \wedge \alpha(0,\ldots,0) = 0) \vee$
$\quad (\alpha(u_1,\ldots,u_m) = 0 \wedge \alpha(0,\ldots,0) = 1)))\}$.
Jedes $M \in \mathcal{A}$ ist folglich eine Teilmenge einer Menge $\{0,1\}^m \times \{\alpha\}$ mit $\alpha \in \Phi$. Deswegen kann es in $(\mathcal{A}, S)$ alternierende Ketten höchstens der Länge k geben, denn solche Ketten müssen von der Form

$$M_1 \times \{\alpha\} \subseteq M_2 \times \{\alpha\} \subseteq \ldots$$

mit dem gleichen α sein. Darüber hinaus sieht man unmittelbar ein, daß $c(\mathcal{A}, S) = \underbrace{(0,1,0,1,\ldots)}_{k}$, also $c(\mathcal{A}, S) = c(D_{k-1})$ ist.
Nun beschreiben wir eine Maschine N, die B im Sinne von $(\mathcal{A}, S)$ akzeptiert. Dazu sei T eine Maschine, die Y im Sinne von NP akzeptiert. Bei Eingabe von x arbeitet N wie folgt:

1. Es wird $f(x)$ berechnet. Es sei $f(x) = \langle \alpha, x_1, \ldots, x_m \rangle$.

2. N wendet T nacheinander auf $x_1, \ldots, x_m$ an. Wie im ersten Teil des Beweises von Satz 6.16 erzeugt N die Endzustandsmenge $end_N(x) = M_{c_Y(x_1),\ldots,c_Y(x_m)}$.

Wir stellen fest:
N akzeptiert x im Sinne von $(\mathcal{A}, S)$

$\longleftrightarrow\quad end_N(x) \in \mathcal{A}$
$\longleftrightarrow\quad end_N(x)$ hat die Form $M_{c_Y(x_1),\dots,c_Y(x_m)} \times \{\alpha\}$ mit $\alpha \in \Phi$
$\wedge(\alpha(c_Y(x_1),\dots,c_Y(x_m)) = 1 \wedge \alpha(0,\dots,0) = 0) \vee$
$(\alpha(c_Y(x_1),\dots,c_Y(x_m)) = 0 \wedge \alpha(0,\dots,0) = 1))$
$\longleftrightarrow\quad x \in B.$

Das beweist (2) und den Satz. ∎

Mit Satz 6.17 läßt sich sehr leicht auch noch der folgende Satz beweisen:

Satz 6.19
Für $k \geq 1$ gilt
$$\mathcal{R}^{P}_{(k-1)tt}(NP) \subseteq BH_k(NP) \cap coBH_k(NP).$$

Beweis
Wir zeigen nur die Inklusion $\mathcal{R}^{P}_{(k-1)tt}(NP) \subseteq BH_k(NP)$. Die andere Inklusion beweist man ebenso. Sei $X \in \mathcal{R}^{P}_{(k-1)tt}(NP)$. Nach Satz 6.17 existiert ein $B \in BH_{k-1}(NP)$ mit $X \leq^{P}_{1tt} B$. Diese Reduzierung werde durch $f \in FP$ geleistet. Wenn $f(x) = \langle \gamma, y \rangle$ ist, gilt

$$x \in X \longleftrightarrow \gamma(c_B(y)) = 1.$$

N sei eine NPTM, die B im Sinne von D_{k-1} akzeptiert. Wir beschreiben eine NPTM M, die X im Sinne von D_k akzeptiert. Diese Maschine arbeitet bei Eingabe von x wie folgt:
Zuerst wird $f(x) = \langle \gamma, y \rangle$ berechnet. Dann wird N auf y angewendet. Ist $\gamma = id$, so endet die Berechnung von M mit der von N erreichten Ausgabe. Ist dagegen $\gamma = non$, so wird jede Ausgabe i von N noch in die beiden Ausgaben $i, i+1$ aufgespaltet.
Im Falle $\gamma = id$ gilt $x \in X \longleftrightarrow M(x)$ akzeptiert im Sinne von D_{k-1}, und damit auch im Sinne von D_k.
Im Falle $\gamma = non$ gilt: $x \in X \longleftrightarrow end_N(y)$ hat die Form $\{0, \dots, 2j\}$. Dies ist genau dann der Fall, wenn $M(x)$ im Sinne von D_k akzeptiert. ∎

6.5 Die Fragehierarchie

Die Hausdorffsche Hierarchie steht in enger Beziehung zur Fragehierarchie. Nach M. Krentel [Kre88], K. Wagner [Wag90] und S. Buss und L. Hay [BH91]

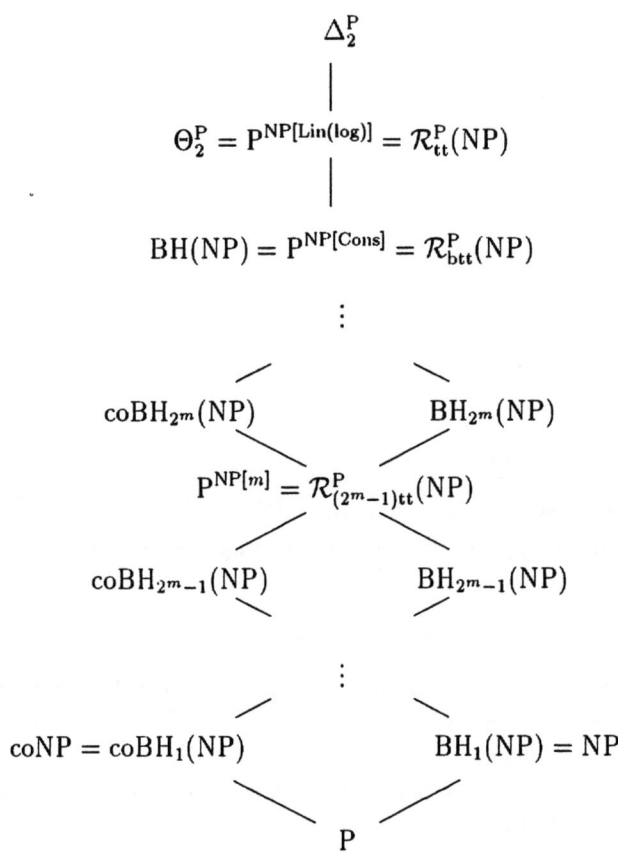

Abbildung 6.2: Beziehungen zwischen Fragehierarchie und Hausdorffscher Hierarchie über NP

definieren wir für polynomial beschränkte Funktionen $r : \mathbb{N} \longrightarrow \mathbb{N}$ aus FP die Klasse $P^{NP[r]}$ als die Menge genau derjenigen Mengen, die sich in polynomialer Zeit mit einem Orakel aus NP derart entscheiden lassen, daß für jede Eingabe x höchstens $r(|x|)$ Fragen an das Orakel gestellt werden. Diese Klassen bilden die **Fragehierarchie**. Von besonderem Interesse sind die Klassen mit konstantem r. Die konstanten Funktionen von $\mathbb{N}$ in $\mathbb{N}$ identifizieren wir einfach mit den natürlichen Zahlen selbst. Damit ist auch für jedes $m \in \mathbb{N}$ die Klasse $P^{NP[m]}$ definiert. Ferner machen wir für Funktionenklassen $\mathcal{F}$ von der Bezeichnung $P^{NP[\mathcal{F}]} = \bigcup_{f \in \mathcal{F}} P^{NP[f]}$ Gebrauch. Damit ordnen sich im weiteren Sinne in die

6.5. DIE FRAGEHIERARCHIE

Fragehierarchhie ein: $P^{NP[Cons]}$, $\Theta_2^P = P^{NP[Lin(\log)]}$ und $\Delta_2^P = P^{NP[Pol]}$.
Wir vergleichen in diesem Abschnitt die Klassen $P^{NP[m]}$ mit $m \in \mathbb{N}$, die die Fragehierarchie im engeren Sinne bilden, mit der Hausdorffschen Hierarchie.

Satz 6.20 [Bei91a]
Für jedes $m \geq 1$ gilt $P^{NP[m]} = \mathcal{R}_{(2^m-1)tt}^P(NP)$.

Beweis
1. $P^{NP[m]} \subseteq \mathcal{R}_{(2^m-1)tt}^P(NP)$.

Seien $X \in P^{NP[m]}$ und $M^{()}$ eine DPOM, die X mit einem Orakel B aus NP mit höchstens m Fragen entscheidet. Für eine Eingabe x betrachten wir den potentiellen Berechnungsbaum $M^{()}(x)$. Dieser habe die Verzweigungstiefe m. Auf jedem seiner Pfade können höchstens m Fragen gestellt werden. Insgesamt können auf diesem Baum höchstens $2^m - 1$ Fragen gestellt werden, die man alle in einer in $|x|$ polynomialen Zeit berechnen kann (man beachte, daß m hier eine Konstante ist). Das Resultat der Berechnung ergibt sich bei Kenntnis der Antworten auf die Fragen als eine Boolesche Funktion α von höchstens $2^m - 1$ Variablen, und diese Funktion kann auch in einer in $|x|$ polynomialen Zeit bestimmt werden. Angenommen, es werden während der Berechnung $M^{()}(x)$ genau k Fragen $y_1, \ldots, y_k$ gestellt. Dann ist α k-stellig, und es gilt

$$x \in X \longleftrightarrow \alpha(c_B(y_1), \ldots, c_B(y_k)) = 1.$$

Da α und die $y_1, \ldots, y_k$ in polynomialer Zeit aus x berechnet werden können und für jedes x die Zahl der Fragen durch $2^m - 1$ beschränkt ist, ist damit $X \in \mathcal{R}_{(2^m-1)tt}^P(NP)$ bewiesen.

2. $P^{NP[m]} \supseteq \mathcal{R}_{(2^m-1)tt}^P(NP)$.

Sei $X \in \mathcal{R}_{(2^m-1)tt}^P(NP)$. Dann gibt es ein $B \in NP$ mit $X \leq_{(2^m-1)tt}^P B$. Es sei $f \in FP$ eine reduzierende Funktion, und sei $f(x) = \langle \alpha, x_1, \ldots, x_n \rangle$, wobei die Stellenzahl n der Funktion α nach oben durch $2^m - 1$ beschränkt ist. Den Wert von $\alpha(c_B(x_1), \ldots, c_B(x_n))$ kann man wie folgt berechnen: Zuerst bestimmt man den Wert $\alpha(0, \ldots, 0)$, und dann sucht man die Länge einer längsten Kette, die zwischen $(0, \ldots, 0)$ und $(c_B(x_1), \ldots, c_B(x_n))$ eingefügt werden kann und für die α alternierende Werte annimmt. Ist diese Länge gerade, so ist $\alpha(c_B(x_1), \ldots, c_B(x_n)) \neq \alpha(0, \ldots, 0)$, andernfalls ist $\alpha(c_B(x_1), \ldots, c_B(x_n)) = \alpha(0, \ldots, 0)$.
Wir betrachten die Menge C aller $(\alpha, x_1, \ldots, x_n, k)$, wobei $n \in \mathbb{N}$ und α eine n-stellige Boolesche Funktion ist, für die es eine bezüglich α alternierende Kette von mindestens der Länge k zwischen $(0, \ldots, 0)$ und $(c_B(x_1), \ldots, c_B(x_n))$ gibt. Diese Menge gehört zu NP. Denn eine C in polynomialer Zeit akzeptierende Maschine braucht bei Eingabe von $(\alpha, x_1, \ldots, x_n, k)$ nur k n-tupel aus Nullen und Einsen zu raten und zu prüfen, ob sie eine Kette zwischen $(0, \ldots, 0)$

und $(c_B(x_1), \ldots, c_B(x_n))$ bilden und ob diese Kette alternierend bezüglich α ist. Sei $(y_1, \ldots, y_n)$ das letzte n-Tupel der geratenen Kette. Die Prüfung, ob $(y_1, \ldots, y_n) < (c_B(x_1), \ldots, c_B(x_n))$ gilt, geschieht, indem man für jene i, für die $y_i = 1$ ist, nacheinander $c_B(x_i) = 1$ nichtdeterministisch verifiziert. Sind die entsprechenden x_i alle in B, geht dieser Test im Sinne von NP positiv aus. Die Entscheidung von X durch eine $P^{NP[m]}$-Maschine N geschieht wie folgt: Bei Eingabe von x berechnet N zuerst $f(x)$. Es sei $f(x) = \langle \alpha, x_1, \ldots, x_n \rangle$. Dann bestimmt sie durch binäres Suchen mit dem Orakel C die Länge l einer längsten alternierenden Kette bzgl. α zwischen $(0, \ldots, 0)$ und $(c_B(x_1), \ldots, c_B(x_n))$, wozu höchstens m Fragen benötigt werden, und gibt je nach der Parität von l den Wert $\alpha(0, \ldots, 0)$ oder die Negation davon aus. ∎

Eine direkte Folgerung aus diesem Satz liefert eine Einordnung von BH(NP)= $\mathcal{R}^P_{btt}(NP)$ in die Fragehierarchie:

Satz 6.21
$$\mathcal{R}^P_{btt}(NP) = P^{NP[Cons]}.$$ ∎

Der Beweis funktioniert auch dann noch, wenn man m durch $c \log n$ mit rationalem $c > 0$ ersetzt. Damit erhält man:

Satz 6.22 [Wag90, BH91, Hem89]
$$\mathcal{R}^P_{tt}(NP) = \Theta^P_2.$$ ∎

Die erreichten Erkenntnisse werden durch Abbildung 6.2 dargestellt. Die Inklusionen $P^{NP[m]} \subseteq BH_{2^m}(NP)$ und $P^{NP[m]} \subseteq coBH_{2^m}(NP)$ gelten nach Satz 6.20 und Satz 6.19.

In [Kad88] wird gezeigt $P^{NP[1]} = P^{NP[2]} \longrightarrow PH \subseteq \Sigma^P_3$. Eigentlich erwartete man $P^{NP[1]} = P^{NP[2]} \longrightarrow NP = coNP$. Für $i > 2$ wird in [HHH99] tatsächlich $P^{\Sigma^P_i[1]} = P^{\Sigma^P_i[2]} \longrightarrow \Sigma^P_i = \Pi^P_i$ gezeigt, und der Fall $i = 2$ wird in [BF98] nachgeliefert, aber auf $i = 1$ kann das Resultat nicht ausgedehnt werden. Denn es gibt eine relativierte Welt, in der zwar $P^{NP[1]} = P^{NP[2]}$ gilt, aber nicht NP = coNP [BF98].

6.6 Vollständige Probleme

Eine unmittelbare Konsequenz aus der Folgerung 6.10 ist die $\leq^P_m$-Abgeschlossenheit der Klassen der Hausdorffschen Hierarchie. In diesem Abschnitt soll gezeigt werden, daß sie auch vollständige Probleme besitzen. Dies ist eigentlich trivial, weil man für Komplexitätsklassen auf die übliche Standardlösung zurückgreifen kann, nämlich auf passende Modifikationen des Halteproblems.

6.6. VOLLSTÄNDIGE PROBLEME

Etwas interessanter ist die Menge

$$D_k\text{SAT} = \left\{(H_1,\ldots,H_k) : \bigvee_i (H_1,\ldots,H_{2i-1} \in \text{SAT} \wedge H_{2i},\ldots,H_k \notin \text{SAT})\right\}.$$

Der Spezialfall $D_2\text{SAT} = \{(H_1, H_2) : H_1 \in \text{SAT} \wedge H_2 \notin \text{SAT}\}$ ist auch als SAT-UNSAT bekannt und in [PY84] eingeführt worden. Selbstverständlich gilt

Satz 6.23
$D_k\text{SAT}$ ist $\leq_m^P$-vollständig in D_kP.

Beweis
$D_k\text{SAT} \in D_kP$ folgt so: Eine Maschine M prüft nichtdeterministisch, ob die H_i einer Eingabe $(H_1,\ldots,H_k)$ erfüllbar sind. Stellt M auf einem Pfad fest, daß H_i erfüllbar ist, wird auf diesem Pfad der Endzustand i angenommen. Damit akzeptiert M die Eingabe $H_1,\ldots,H_k$ genau dann, wenn sie bei dieser Eingabe eine Endzustandmenge aus dem Akzeptierungstyp D_k erreicht.
Ist $X \in D_kP$, so gibt es eine absteigende Folge $X_1 \supseteq X_2 \supseteq \ldots$ von Mengen aus NP mit $X = X_1 \setminus X_2 \setminus \ldots \setminus X_k$. Sei $f_i \in FP$ eine Funktion, die X_i auf SAT reduziert. Wird dann $g(x) = (f_1(x),\ldots,f_k(x))$ gesetzt, so gilt $x \in X \longleftrightarrow g(x) \in D_k\text{SAT}$, also $X \leq_m^P D_k\text{SAT}$. ∎

$D_k\text{SAT}$ wirkt verhältnismäßig künstlich. Weniger künstlich sind Varianten der üblichen NP-vollständigen Probleme, die sich nach dem Muster von $D_k\text{CLIQUE}$ bilden lassen. Dieses und viele weitere Probleme, die in den Klassen der Hausdorffschen Hierarchie vollständig sind, findet man in [PY84, PW85, CM87, Wag87a, KSW87, CGH+88, BH91].

Eine Clique C eines (ungerichteten) Graphen $G = (V, E)$ ist eine Teilmenge von V derart, daß E für je zwei Knoten aus C die sie verbindende Kante enthält. Die maximale Cliquengröße $mcg(G)$ von G ist definiert als $mcg(G) = max\{card(C) : C \text{ ist Clique von } G\}$.

Für $n < m$ definieren wir das **Intervall** $[n, m] = \{n, n+1, \ldots, m\}$.

Es sei k gerade.

$D_k\text{CLIQUE} = \{(V, E, m_1, \ldots, m_k) : (V, E)$ ist ein Graph $\wedge\, m_1, \ldots, m_k \in \mathbb{N} \wedge 0 < m_1 \leq m_2 < m_3 \leq m_4 < \ldots < m_{k-1} \leq m_k < card(V) \wedge mcg(G) \in [m_1, m_2] \cup \ldots \cup [m_{k-1}, m_k]\}$.

Für ungerades k ist

$D_k\text{CLIQUE} = \{(V, E, m_1, \ldots, m_k) : (V, E)$ ist ein Graph $\wedge\, m_1, \ldots, m_k \in \mathbb{N} \wedge 0 < m_1 \leq m_2 < m_3 \leq m_4 < \ldots < m_k \leq card(V) \wedge mcg(G) \in [m_1, m_2] \cup \ldots \cup [m_k, card(V)]\}$.

$D_1\text{CLIQUE}$ ist nichts anderes als das Problem CLIQUE, das eins der bekanntesten NP-vollständigen Probleme ist [Kar72].

Satz 6.24
$D_k\text{CLIQUE}$ ist $\leq_m^P$-vollständig in D_kP.

154 KAPITEL 6. DIE HAUSDORFFSCHE HIERARCHIE ÜBER NP

Analog definiert man die Mengen C_kCLIQUE, die $\leq^P_m$-vollständig in den C_kP sind.

Beweis
Daß D_kCLIQUE zu D_kP gehört, zeigt die Maschine M, die D_kCLIQUE im Sinne von D_k akzeptiert. Bei Eingabe von $(V, E, m_1, \ldots, m_k)$ rät sie pro Pfad eine Teilmenge C und prüft, ob es sich um eine Clique handelt. Wenn nicht, so wird auf diesem Pfad 0 ausgegeben. Andernfalls wird i ausgegeben, wenn sich $card(C)$ im i-ten der Intervalle $[0, m_1 - 1], [m_1, m_2], [m_2 + 1, m_3 - 1], \ldots$ befindet, wobei die Zählung der Intervalle mit 0 beginnt. Offenbar gehört $(V, E, m_1, \ldots, m_k)$ genau dann zu D_kCLIQUE, wenn M bei dieser Eingabe eine Endzustandsmenge aus D_k annimmt.

Für den Vollständigkeitsbeweis betrachten wir der Einfachheit halber nur den Fall $k = 2$. Damit sparen wir Schreibaufwand, bringen aber das Charakteristische des allgemeinen Beweises zur Darstellung.
Sei $X \in D_2P$ und $X = X_1 \setminus X_2$ mit $X_1 \supseteq X_2$ und $X_1, X_2 \in$ NP. Um eine Reduzierung von X auf D_2CLIQUE zu erreichen, gehen wir von vorhandenen Reduzierungen f_1, f_2 von X_1 bzw. X_2 auf CLIQUE aus, die wegen der NP-Vollständigkeit von CLIQUE existieren. Damit gilt

$$x \in X_1 \longleftrightarrow f_1(x) \in \text{CLIQUE},$$
$$x \in X_2 \longleftrightarrow f_2(x) \in \text{CLIQUE}.$$

Es sei $f_1(x) = (V'_1, E'_1, m_1)$ und $f_2(x) = (V'_2, E'_2, m_2)$. Wir modifizieren jetzt (V'_1, E'_1) zu $G_1 = (V_1, E_1)$ durch Anhängen einer neuen Clique der Größe $m_1 - 1$ derart, daß diese Clique einen einzigen Knoten mit V'_1 gemeinsam hat und ansonsten keine Kanten von der neuen Clique zu den Knoten aus V'_1 führen. Ebenso bilden wir $G_2 = (V_2, E_2)$ durch Anfügen einer neuen Clique der Größe $m_2 - 1$. Damit ist

$$(mcg(V_1, E_1) = m_1 - 1 \longleftrightarrow x \notin X_1) \wedge (mcg(V_1, E_1) \geq m_1 \longleftrightarrow x \in X_1),$$

und Analoges gilt für (V_2, E_2). Nun bilden wir mit einem zunächst noch frei verfügbaren $a \in \mathbb{N}$ den Graphen $G = G_1 \times G_2^a$. Dieser Graph besteht aus a disjunkten Kopien von G_2, einer dazu disjunkten Kopie von G_1 und sämtlichen Kanten, die zwischen je zwei Knoten verschiedener dieser Kopien gezogen werden können. Es sei $G = (V, E)$. Wir stellen fest $(n_1 = card(V_1))$:

$$x \notin X_2 \wedge x \notin X_1 \longleftrightarrow mcg(G) = m_1 - 1 + a(m_2 - 1),$$
$$x \notin X_2 \wedge x \in X_1 \longleftrightarrow m_1 + a(m_2 - 1) \leq mcg(G) \leq n_1 + a(m_2 - 1),$$
$$x \in X_2 \wedge x \in X_1 \longleftrightarrow m_1 + am_2 \leq mcg(G).$$

Der vierte denkbare Fall für x scheidet wegen $X_2 \subseteq X_1$ aus. Wählen wir $a = n_1 - m_1 + 1$, so überlappen sich die beiden letzten Fälle nicht. Mit $s_1 =$

6.6. VOLLSTÄNDIGE PROBLEME

$m_1 + (n_1 - m_1 + 1)(m_2 - 1)$ und $s_2 = n_1 + (n_1 - m_1 + 1)(m_2 - 1)$ können diese Äquivalenzen so ausgedrückt werden:

$$x \in X \longleftrightarrow s_1 \leq mcg(G) \leq s_2,$$

also

$$x \in X \longleftrightarrow (V, E, s_1, s_2) \in \mathrm{D_2CLIQUE}.$$

Dies ist aber gleichbedeutend mit $X \leq_m^P \mathrm{D_2CLIQUE}$. ∎

Wir merken ergänzend an, daß BH(NP) keine $\leq_m^P$-vollständige Menge haben kann, wenn die Hausdorffsche Hierarchie unendlich ist. Denn eine solche Menge wäre dann für ein passendes k in $\mathrm{BH}_k(\mathrm{NP})$, was wegen der $\leq_m^P$-Abgeschlossenheit von $\mathrm{BH}_k(\mathrm{NP})$ sofort die Konsequenz $\mathrm{BH(NP)} \subseteq \mathrm{BH}_k(\mathrm{NP})$ hätte. Aus Satz 6.3 folgte dann die Endlichkeit der Hierarchie. Andererseits ist aber SAT in BH(NP) im Sinne von $\leq_{btt}^P$ vollständig, wie sich sofort aus Satz 6.14 ergibt.

Abschließend knüpfen wir an die Überlegungen zu vollständigen Mengen in Θ_2^P aus Abschnitt 3.3 an und zitieren das folgende Kriterium aus [Wag87a].

Satz 6.25 [Wag87a]
Die Menge A ist $\leq_m^P$-hart für Θ_2^P, wenn es eine $\leq_m^{\log}$-vollständige Menge B in NP und eine Funktion $f \in \mathrm{FP}$ gibt, so daß für alle $n \in \mathbb{N}$ und alle $x_1, \ldots, x_n$ mit $c_B(x_1) \geq c_B(x_2) \geq \ldots$ gilt:

$$\max\{i : 1 \leq i \leq n \wedge x_i \in B\} \equiv 1(2) \longleftrightarrow f(x_1, \ldots, x_n) \in A.$$

Beweis
Es sei $C \in \Theta_2^P$. Dann gibt es nach Satz 6.13 ein $D \in \mathrm{NP}$ und ein Polynom p mit $c_D((x, 1)) \geq c_D((x, 2)) \geq \ldots \geq c_D((x, p(|x|)))$ und

$$c_C(x) = \max\{i : 1 \leq i \leq p(|x|) \wedge (x, i) \in D\} \bmod 2.$$

Da $B \leq_m^{\log}$-vollständig in NP ist, gibt es eine in logarithmischem Raum berechenbare Funktion g mit $(x, i) \in D \longleftrightarrow g(x, i) \in B$. Deshalb ist $c_D((x, i)) = c_B(g(x, i))$, woraus $c_B(g(x, 1)) \geq \ldots \geq c_B(g(x, p(|x|)))$ folgt. Also ist $c_C(x) = \max\{i : 1 \geq i \geq p(|x|) \wedge g(x, i) \in B\} \bmod 2$. Dies zeigt

$$x \in C \longleftrightarrow f(g(x, 1), \ldots, g(x, p(|x|))) \in A.$$

Da die rechts auftretende Funktion in FP liegt, ist $C \leq_m^P A$ bewiesen. ∎

Beispiele für die Anwendung dieses Satzes bilden die sehr bemerkenswerten Resultate aus [HHR97], die Wahlprobleme betreffen. In [HW97] wird das „minimum equivalent expression" Problem

MEE = $\{(\varphi, m) : m \in \mathbb{N} \land \varphi$ ist ein Boolescher Ausdruck und es existiert ein dazu äquivalenter Ausdruck ψ mit $size(\psi) \leq m\}$

als $\leq_m^P$-hart für Θ_2^P nachgewiesen. Dieses Problem liegt in Σ_2^P, und seit [Sto77] war nichts weiter bekannt, als daß MEE $\leq_m^P$-hart für coNP ist. Das eingeschränkte Problem MEE$_{DNF}$ = $\{(\varphi, m) : m \in \mathbb{N} \land \varphi$ ist ein Boolescher Ausdruck in DNF und es existiert ein dazu äquivalenter Ausdruck ψ in DNF mit $size(\psi) \leq m\}$ ist nach [Uma98] sogar in Σ_2^P $\leq_m^P$-vollständig, was man von MEE noch nicht weiß.

6.7 Kann die Hausdorffsche Hierarchie endlich sein?

Nach Satz 3.11 folgt aus NP = Σ_2^P, daß die Polynomialzeithierarchie endlich ist. Ist dies auch dann noch der Fall, wenn viel weniger vorausgesetzt wird als NP = Σ_2^P, zum Beispiel BH$_k$(NP) = coBH$_k$(NP)?
J. Kadin [Kad88] zeigte, daß dann PH = Σ_3^P gilt. Seine Methode ist nachfolgend von K. Wagner schrittweise verfeinert worden [Wag87b, Wag89], was zu den stärkeren Ergebnissen PH = Δ_3^P bzw. NP = BH(Σ_2^P) führt. J. Kadin und R. Chang [CK96] haben schließlich eine Verbesserung gefunden, bei der sich das k, das in der Voraussetzung BH$_k$(NP) = coBH$_k$(NP) vorkommt, im Resultat wiederfindet. Sie zeigen, daß unter dieser Voraussetzung PH = BH$_k$(Σ_2^P) gilt. Weitere Verschärfungen werden in [BCO93, Hem98] erreicht. Eine schöne Darstellung dieser Entwicklung findet sich in der Dissertation von H. Hempel [Hem98] und in dem Übersichtsartikel [HHH98b]. In [BCO93] wird das analoge Problem für die Boolesche Hierarchie über $\subsetneq$P behandelt.

Wir beschränken uns hier auf Kadins ursprüngliches Resultat, dessen Beweis für den einfachen Fall $k = 2$ die Methode besonders schön illustriert.

Satz 6.26 [Kad88]
$$BH_2(NP) = coBH_2(NP) \longrightarrow PH = \Sigma_3^P.$$

Beweis
Es sei BH$_2$(NP) = coBH$_2$(NP). Wir wollen zeigen: Es gibt eine dünne[3] Menge S derart, daß $\overline{SAT} \in NP^S$. Daraus folgt PH = Σ_3^P nach Satz 5.32.
Nach Voraussetzung ist SAT-UNSAT (vgl. Satz 6.23) auch für coBH$_2$(NP) vollständig, und folglich gilt SAT-UNSAT$\leq_m^P$ $\overline{SAT\text{-}UNSAT}$. Es sei $h \in$ FP eine reduzierende Funktion. Dann gilt

$$(x,y) \in SAT\text{-}UNSAT \longleftrightarrow h(x,y) \in \overline{SAT\text{-}UNSAT}.$$

Wenn h_1 und h_2 die Funktionen sind, für die $h(x,y) = (h_1(x,y), h_2(x,y))$ gilt, kann dies wie folgt geschrieben werden:

$$x \in SAT \land y \in \overline{SAT} \longleftrightarrow h_1(x,y) \in \overline{SAT} \lor h_2(x,y) \in SAT.$$

---
[3]Dünne Mengen werden in Definition 5.1 definiert.

Das Wort y heißt **leicht** genau dann, wenn $\bigvee_x(|x| = |y| \wedge h_2(x,y) \in \text{SAT})$.
Das Wort y heißt **schwer** genau dann, wenn y nicht leicht ist und $y \in \overline{\text{SAT}}$.
Damit ergeben sich aus der letzten Äquivalenz unmittelbar drei Aussagen:

1. Die Menge der leichten Wörter gehört zu NP.
2. y leicht $\longrightarrow y \in \overline{\text{SAT}}$.
3. Ist y schwer, so gilt für alle x mit $|x| = |y|$:

$$x \in \text{SAT} \longleftrightarrow h_1(x,y) \in \overline{\text{SAT}}.$$

Wir definieren die Menge S wie folgt (hierbei ist a ein neuer Buchstabe)
$ya^{n-|y|} \in S \longleftrightarrow \bigvee_z(|z| = n \wedge z$ ist schwer$) \wedge y$ ist Präfix des lexikographisch kleinsten schweren Wortes der Länge n.

Für jedes n enthält S kein Wort oder $n+1$ Wörter der Länge n. Die Menge S ist also dünn.
Nun zeigen wir $\overline{\text{SAT}} \in \text{NP}^S$ durch Angabe einer Orakelmaschine $M^{()}$, die $\overline{\text{SAT}}$ mit Orakel S akzeptiert.
Bei Eingabe von x mit $|x| = n$ stellt $M^{(S)}$ zunächst fest, ob S Wörter der Länge n hat. Dazu wird die Frage a^n an das Orakel S gestellt.
Ist $a^n \in S$, so wird mit n weiteren Fragen das lexikographisch kleinste schwere Wort w der Länge n buchstabenweise bestimmt. Dann gilt nach Aussage 3

$$x \in \overline{\text{SAT}} \longleftrightarrow h_1(x,w) \in \text{SAT}.$$

Ist $a^n \notin S$, gibt es kein schweres Wort der Länge n, also ist x nicht schwer. Nach der Definition von „schwer" ist x leicht oder $x \in \text{SAT}$. Also gilt: $x \in \overline{\text{SAT}} \longrightarrow x$ ist leicht. Zusammen mit Aussage 2 hat man dann

$$x \in \overline{\text{SAT}} \longleftrightarrow x \text{ ist leicht,}$$

und nach Aussage 1 ist „x ist leicht" ein NP-Prädikat.
Damit ist gezeigt, daß die Frage, ob x zu $\overline{\text{SAT}}$ gehört, durch eine NP-Maschine mit dem Orakel S beantwortet werden kann. ∎

6.8 Verschiedene Orakel

Man kann Berechnungen mit mehreren Orakeln betrachten

Definition 6.27
$P^{\mathcal{C}[1]:\mathcal{D}[1]}$ bezeichnet die Klasse aller Mengen, die durch eine DPOM M entschieden werden können, die höchstens eine Frage an ein Orakel aus $\mathcal{C}$ und danach höchstens eine Frage an ein Orakel aus $\mathcal{D}$ richten darf.

Es taucht die Frage auf, ob die Klassen $P^{\mathcal{C}[1]:\mathcal{D}[1]}$ und $P^{\mathcal{D}[1]:\mathcal{C}[1]}$ verschieden sind. Man sollte dies erwarten, wenn man bedenkt, daß es auch im täglichen Leben gelegentlich wesentlich darauf ankommt, in welcher Reihenfolge man Fragen stellt. Tatsächlich hängt dies von den Orakeln ab.

Es gibt Fälle, in denen die Reihenfolge der Orakelfragen nicht wesentlich ist.

Satz 6.28 [HHH98a]
Für alle $i, j \in \mathbb{N}$ gilt
$$P^{\Sigma_i^P[1]:\Sigma_j^P[1]} = P^{\Sigma_j^P[1]:\Sigma_i^P[1]}.$$

Für Orakel aus den Klassen der Hausdorffschen Hierarchie von NP fallen diese Klassen bei unterschiedlichen Orakelklassen nur sehr selten zusammen. Wir kürzen im folgenden $BH_k(NP)$ im Exponenten durch BH_k ab. Wie der folgende Satz zeigt, herrscht Gleichheit von $P^{BH_i[1]:BH_j[1]}$ und $P^{BH_j[1]:BH_i[1]}$ genau dann, wenn $i \equiv 0(2) \wedge j = i + 1$, es sei denn, die Boolesche Hierarchie, und damit die Polynomialzeithierarchie, ist nicht unendlich.

Satz 6.29 [HHW99]
Für $i, j > 0$ gilt
$$P^{BH_i[1]:BH_j[1]} = \begin{cases} \mathcal{R}^P_{(i+2j-1)tt}(NP) & \text{falls } i \equiv 0(2) \wedge j \equiv 1(2) \\ \mathcal{R}^P_{(i+2j)tt}(NP) & \text{sonst.} \end{cases}$$

Beweis
1. $\subseteq$
Sei $A \in P^{BH_i[1]:BH_j[1]}$. Dies bedeutet, daß Orakel $C_1 \in BH_i(NP)$ und $C_2, C_3 \in BH_j(NP)$ existieren, so daß sich A in polynomialer Zeit von einer Maschine M^0 entscheiden läßt, die die drei Orakel C_1, C_2, C_3 wie in Abbildung 6.3 verwendet. Zu jeder Eingabe x gehören drei Fragen y_1, y_2, y_3, die in polynomialer Zeit aus x berechnet werden können, und eine dreistellige Boolesche Funktion α, die ebenfalls in polynomialer Zeit aus x berechnet werden kann und die das Akzeptierungsverhalten des potentiellen Berechnungsbaums von $M^0(x)$ angibt. Im Beispiel der Figur 6.3 ist dies die Funktion
$$\alpha(\xi_1, \xi_2, \xi_3) = (\overline{\xi_1} \wedge \xi_2) \vee (\xi_1 \wedge \xi_3).$$

Zu den Mengen C_1, C_2, C_3 gehören nach Satz 6.15 Boolesche Funktionen $\beta_1, \beta_2, \beta_3$ und Wörter $u_1, \ldots, u_i, v_1, \ldots, v_j, w_1, \ldots, w_j$ mit

6.8. VERSCHIEDENE ORAKEL 159

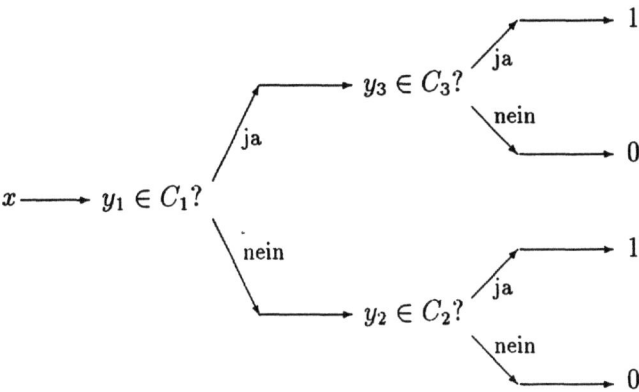

Abbildung 6.3: Eine Berechnung einer Maschine mit drei Orakeln

$$y_1 \in C_1 \longleftrightarrow \beta_1(c_{\text{SAT}}(u_1), \ldots, c_{\text{SAT}}(u_i)) = 1,$$
$$y_2 \in C_2 \longleftrightarrow \beta_2(c_{\text{SAT}}(v_1), \ldots, c_{\text{SAT}}(v_j)) = 1,$$
$$y_3 \in C_3 \longleftrightarrow \beta_3(c_{\text{SAT}}(w_1), \ldots, c_{\text{SAT}}(w_j)) = 1.$$

Wenn wir

$$\gamma(\xi_1, \ldots, \zeta_j) = \alpha(\beta_1(\xi_1, \ldots, \xi_i), \beta_2(\eta_1, \ldots, \eta_j), \beta_3(\zeta_1, \ldots, \zeta_j))$$

setzen, gilt damit insgesamt

$$x \in A \longleftrightarrow$$

$$\gamma(c_{\text{SAT}}(u_1), \ldots, c_{\text{SAT}}(u_i), c_{\text{SAT}}(v_1), \ldots, c_{\text{SAT}}(v_j), c_{\text{SAT}}(w_1), \ldots, c_{\text{SAT}}(w_j)) = 1.$$

Da $\gamma, u_1, \ldots, w_j$ in polynomialer Zeit aus x berechnet werden können, wissen wir damit $A \in R^{\text{P}}_{\gamma tt}(\text{NP})$. Für eine genaue Lokalisierung von A in der Booleschen Hierarchie ist lediglich noch die Charakteristik von γ festzustellen.
Hierzu verwenden wir ein geometrisches Modell. Uns interessieren die Punkte eines Gitters mit ganzzahligen Koordinaten und den Achsen $\beta_1, \beta_2, \beta_3$. Sind b_1, b_2, b_3 die Werte $\beta_1(0, \ldots, 0), \beta_2(0, \ldots, 0), \beta_3(0, \ldots, 0)$, so hat γ im Nullpunkt den Wert $(\overline{b_1} \wedge b_2) \vee (b_1 \wedge b_3)$. Diesen Wert tragen wir im Ursprung (0,0,0) unseres Gitterpunktsystems ab. Weiter verbinden wir damit folgende Vorstellung: Wenn man in β_k-Richtung von einem Gitterpunkt zum nächsten schreitet, soll dies einen Wechsel des Funktionswerts von β_k (mind change) bedeuten. Mit anderen Worten: Die Achsen repräsentieren die Charakteristiken der Funktionen β_i. Im Punkt mit den Koordinaten (n_1, n_2, n_3) tragen wir den Wert von

160   KAPITEL 6. DIE HAUSDORFFSCHE HIERARCHIE ÜBER NP

γ ab, der sich ergibt, wenn $\beta_1, \beta_2, \beta_3$ von 0 aus n_1-mal, n_2-mal bzw. n_3-mal ihren Wert gewechselt haben. Offensichtlich ist dieses Gitter in jeder Richtung periodisch mit der Periode 2.

Geht man vom Ursprung einen beliebigen Weg auf dem Gitter, so ändert sich zwar bei jedem Schritt genau einer der Werte $\beta_1, \beta_2, \beta_3$, aber γ muß nicht unbedingt seinen Wert ändern. Dem Ursprung ist der Wert $\gamma(0, \ldots, 0)$ und dem Punkt (i, j, j) gerade $\gamma(1, \ldots, 1)$ zugeordnet. Wenn man vom Ursprung zum Punkt (i, j, j) geht, kann man die Änderungsmöglichkeiten der β's maximal ausschöpfen. Die größtmögliche Zahl von Wertänderungen, die γ dabei erfahren kann, ist $i + 2j$, mithin ist $c(\gamma) \leq i + 2j + 1$. Dies trifft unabhängig von x zu (man beachte, daß γ von x abhängt). Damit ist nach Satz 6.18 und Satz 6.17 bereits

$$P^{BH_i[1]:BH_j[1]} \subseteq \mathcal{R}^P_{(i+2j)tt}(NP)$$

bewiesen.

Im Falle $i \equiv 0(2) \land j \equiv 1(2)$ werden wir eine schärfere Inklusion beweisen. Wenn nämlich $i + 2j$ gerade ist und $\gamma(0, \ldots, 0) \neq \gamma(1, \ldots, 1)$ gilt, so ist es unmöglich, $i + 2j$ Wertänderungen auf einem Weg von $(0, 0, 0)$ zu (i, j, j) zu erreichen.

Für α gibt es 16 Möglichkeiten (vgl. Abbildung 6.3). Von diesen hängen 12 nicht von allen drei Variablen echt ab. Ist γ mit einem solchen α aufgebaut, kann es unabhängig von der Parität von i und j nicht zu $i+2j$ Wertänderungen kommen. Für die restlichen vier Funktionen α gilt für das jeweils zugehörige γ:

Behauptung: Für $i \equiv 0(2) \land j \equiv 1(2)$ gilt $\gamma(0, \ldots, 0) \neq \gamma(1, \ldots, 1)$

Beweis:
Wegen der Periodizität im Gitter braucht man sich nur um den Punkt $(0, 1, 1)$ zu kümmern, der komponentenweise kongruent zu (i, j, j) modulo 2 ist. Im Falle der in Abbildung 6.3 dargestellten Funktion α wissen wir schon, daß dem Ursprung der Wert $(\overline{b_1} \land \overline{b_2}) \lor (b_1 \land b_3)$ zugeordnet ist. Dem Punkt $(0, 1, 1)$ ist der γ-Wert $(\overline{b_1} \land b_2) \lor (b_1 \land \overline{b_3})$ zugeordnet, weil auf dem Weg von $(0,0,0)$ nach $(0,1,1)$ die zweite und dritte Komponente beide ihren Wert gewechselt haben. Nun ist aber

$$\overline{(\overline{b_1} \land \overline{b_2}) \lor (b_1 \land \overline{b_3})} = (\overline{b_1} \land b_2) \lor (b_1 \land b_3),$$

was $\gamma(0, \ldots, 0) \neq \gamma(1, \ldots, 1)$ bedeutet.

Für die wesentlich andere und noch interessante Funktion α', die an Stelle von α auftreten kann, nämlich $\alpha'(\xi_1, \xi_2, \xi_3) = (\xi_1 \land \xi_3) \lor (\overline{\xi_1} \land \overline{\xi_2})$, und für die Negationen von α oder α' liegen die Dinge genau so.

Dies zeigt nach Satz 6.18 und Satz 6.17

$$P^{BH_i[1]:BH_j[1]} \subseteq \mathcal{R}^P_{(i+2j-1)tt}(NP) \text{ für } i \equiv 0(2) \land j \equiv 1(2).$$

6.8. VERSCHIEDENE ORAKEL

2. ⊇
Wir setzen
$$k = \begin{cases} i+2j-1 & \text{falls } i \equiv 0(2) \wedge j \equiv 1(2) \\ i+2j & \text{sonst,} \end{cases}$$

und haben nach Satz 6.17 $\mathcal{R}^P_{ktt}(NP) = \mathcal{R}^P_{1tt}(BH_k(NP))$. Jetzt zeigen wir noch $BH_k(NP) \subseteq P^{BH_i[1]:BH_j[1]}$. Wegen

$$\mathcal{R}^P_{1tt}(P^{BH_i[1]:BH_j[1]}) = P^{BH_i[1]:BH_j[1]},$$

was man sich sofort klarmacht, ist $\mathcal{R}^P_{ktt}(NP) \subseteq P^{BH_i[1]:BH_j[1]}$ gezeigt.
Wir gehen davon aus, daß für $A \in BH_k(NP)$ Mengen $A_1, \ldots, A_k \in NP$ existieren mit $A = A_1 \setminus A_2 \setminus \ldots \setminus A_k$ und $A_k \subseteq \ldots \subseteq A_1$.
Fall 1: $i \equiv 1(2)$
Wir setzen
$C_1 = A_{j+1} \setminus \ldots \setminus A_{j+i}$, $C_2 = A_1 \setminus \ldots \setminus A_j$, $C_3 = A_{i+j+1} \setminus \ldots \setminus A_{i+2j}$
und haben $C_1 \in BH_i(NP)$ und $C_2, C_3 \in BH_j(NP)$.
Fall 1.1: $j \equiv 0(2)$

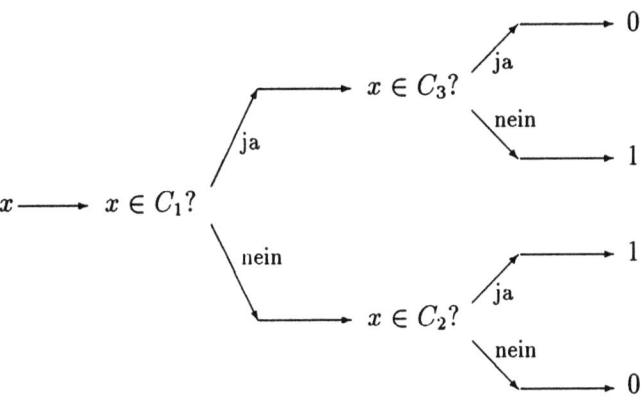

Abbildung 6.4: Die Maschine für den Fall 1.1

In diesem Falle gilt $A = (C_1 \cap \overline{C_3}) \cup (\overline{C_1} \cap C_2)$. Diese Mengendarstellung legt eine Maschine nahe, die in Abbildung 6.4 definiert ist.
Fall 1.2: $j \equiv 1(2)$
Die Mengen C_1, C_2, C_3 wählen wir wieder wie eben. Wegen der veränderten Parität von j gilt jetzt $A = (C_1 \cap C_3) \cup (\overline{C_1} \cap C_2)$. Deshalb haben wir in diesem

Falle die Maschine aus Abbildung 6.3 zu wählen.

Fall 2.1: $i \equiv 0(2) \wedge j \equiv 1(2)$.
Wir setzen
$C_1 = A_{j+1} \setminus \ldots \setminus A_{i+j-1} \setminus A_{i+2j-1}, C_2 = A_1 \setminus \ldots \setminus A_j, C_3 = A_{i+j} \setminus \ldots \setminus A_{i+2j-2}$
und haben $C_1 \in \mathrm{BH}_i(\mathrm{NP})$, $C_2 \in \mathrm{BH}_j(\mathrm{NP})$ und $C_3 \in \mathrm{BH}_{j-1}(\mathrm{NP})$.
Weil in diesem Falle $A = (C_1 \cap C_3) \cup (\overline{C_1} \cap C_2)$ gilt, nehmen wir die Maschine aus Fall 1.2.

Fall 2.2: $i \equiv 0(2) \wedge j \equiv 0(2)$.
Wir setzen
$C_1 = A_{j+1} \setminus \ldots \setminus A_{j+i-1} \setminus A_{i+2j}, C_2 = A_1 \setminus \ldots \setminus A_j, C_3 = A_{i+j} \setminus \ldots \setminus A_{i+2j-1}$
und haben $C_1 \in \mathrm{BH}_i(\mathrm{NP})$ und $C_2, C_3 \in \mathrm{BH}_j(\mathrm{NP})$.
Wegen $A = (C_1 \cap \overline{C_3}) \cup (\overline{C_1} \cap C_2)$ leistet hier die Maschine aus Fall 1.1 das Gewünschte. ∎

Die Reihenfolge von Orakeln ist von verschiedenen Autoren untersucht worden. Hier ist nicht der Ort, ausführlicher darauf einzugehen. Es seien nur die folgenden Arbeiten genannt: [HHH98a, BC97, Wag98]. Für Übersichten sei auf [Hem98, HHH97] verwiesen.

Kapitel 7

Zählklassen

7.1 Zählklassen von endlichem Typ

Die bisher in diesem Buch betrachteten Akzeptierungstypen können als qualitative Typen bezeichnet werden: Für die Akzeptierung einer Eingabe x durch eine Maschine M kommt es nur darauf an, *ob* ein bestimmter Endzustand in $M(x)$ vorkommt. Es kommt aber nicht darauf an, *wie oft* das geschieht. Will man auch dies beschreiben, so wird man auf **Zähltypen** verwiesen. Die zugehörigen Komplexitätsklassen nennt man dann **Zählklassen**.

Für eine NTM mit $k+1$ ausgezeichneten Endzuständen $0, 1, \ldots, k$ wollen wir mit $acc_M^i(x)$ die Anzahl der Pfade von $M(x)$ bezeichnen, die im Endzustand i enden, und wir setzen

$$Acc_M(x) = (acc_M^1(x), \ldots, acc_M^k(x)).$$

Im Falle $k = 1$ schreiben wir auch einfach $acc_M(x)$ statt $(acc_M^1(x))$.

Definition 7.1

1. C heißt *(k-dimensionaler)* **Zähltyp** genau dann, wenn $C \subseteq \mathbb{N}^k$.

2. Die (normalisierte) NTM M akzeptiert die Eingabe x **im Sinne von** C genau dann, wenn $Acc_M(x) \in C$.

3. Die von der (normalisierten) NTM M im Sinne von C akzeptierte Sprache $L_{CP}(M)$ ist definiert durch $L_{CP}(M) = \{x : Acc_M(x) \in C\}$.

4. Die **Polynomialzeit-Zählklasse vom Typ** C ist definiert durch $CP = \{L_{CP}(M) : M \text{ ist (normalisierte) NPTM }\}$.

Damit ist das Zählen bis zu einem bestimmten Grad in das Akzeptieren verlagert worden. Allerdings wird hier nicht eigentlich gezählt, sondern es werden

Eingaben genau dann akzeptiert, wenn die Anzahlen ihrer akzeptierenden Pfade ein im Akzeptierungstyp vorkommendes Tupel bilden. Andernfalls wird abgelehnt. In keinem Falle hat man dabei aber die genauen Anzahlen bestimmt, sondern die Eingaben nur nach „brauchbaren" und „nicht brauchbaren" Akzeptierungsanzahlen unterschieden.
Beispiele.

1. NP = $\mathbb{N}_+$P.

2. coNP = $\{0\}$P.

Zählklassen sind spezielle Blattsprachenklassen. Ist z.B. $C \subseteq \mathbb{N}$ und $B_C = \{w : w \in \Sigma^* \wedge \#_1(w) \in C\}$, wobei $\#_1(w)$ die Zahl der in w vorkommenden Einsen ist, so ist $CP = [B_C, \overline{B_C}]P$.

Ab jetzt sind alle betrachteten Akzeptierungstypen eindimensional, wenn nicht ausdrücklich das Gegenteil gesagt wird. Leicht zeigt man folgende einfache Eigenschaften.

Satz 7.2
Für alle Akzeptierungstypen C gilt

1. CP ist $\leq_m^P$-abgeschlossen.

2. CP hat $\leq_m^P$-vollständige Mengen.

3. co$CP = \overline{C}$P.

Zum Beweis von Aussage 2 sei darauf verwiesen, daß der Beweis des Satzes 2.27 von S. Cook für jedes $X \in$ NP und jede sie akzeptierende NTM M eine Reduzierung f so konstruiert, daß die Zahl der akzeptierenden Pfade von $M(x)$ übereinstimmt mit der Zahl der erfüllenden Belegungen von $f(x)$. Dies zeigt unmittelbar, daß
$CSAT = \{H : H$ ist Boolescher Ausdruck derart, daß die Zahl der H erfüllenden Belegungen in C liegt$\}$
$\leq_m^P$-vollständig in CP ist. ∎

Es gibt verhältnismäßig wenige Aussagen über Inklusionsbeziehungen von Zählklassen. Wir setzen $C + k = \{n + k : n \in C\}$ und $C \cdot k = \{n \cdot k : n \in C\}$. Eine Menge $\{n, n+1, n+2, \ldots, m\}$ natürlicher Zahlen mit $n \leq m$ nennen wir ein **Intervall**. Wir bezeichnen es auch mit $[n, \ldots, m]$.

Satz 7.3
1. Für $k \in \mathbb{N}$ ist $CP \subseteq (C + k)P$.

2. Für $k > 0$ ist $CP \subseteq (C \cdot k)P$.

7.1. ZÄHLKLASSEN VON ENDLICHEM TYP

3. Sei $C = \{n_1, \ldots, n_k\}$ mit $\min C = n_1 > 0$ und $\max C = n_k$. Dann gilt
$C\text{P} \subseteq \left\{\binom{n_1}{n_1}, \ldots, \binom{n_k}{n_1}\right\}\text{P}$.

4. Ist $C = [n_1, \ldots, n_k]$ ein Intervall, so gilt $C\text{P} \subseteq \left[\binom{n_1}{n_1}, \ldots, \binom{n_k}{n_1}\right]\text{P}$.

Beweis
Die erste und die zweite Aussage sind trivial.

Zu 3. Sei $X \in C\text{P}$, und sei M eine Maschine, die X im Sinne von C akzeptiert. Wir betrachten die Maschine $N = M^{n_1}$ (s. Anhang, A.4). Sie soll genau dann akzeptieren, wenn alle n_1 Teilpfade akzeptieren und wenn die Pfadnamen strikt lexikographisch geordnet sind.
Dies sichert, daß, wenn $M(x)$ genau n_i akzeptierende Pfade hat, die Maschine N bei Eingabe von x genau $\binom{n_i}{n_1}$ akzeptierende Pfade hat. Das zeigt die gewünschte Inklusion.

Zu 4. Die gleiche Überlegung zeigt, daß im Falle eines Intervalles C zunächst wörtlich die gleiche Aussage gilt. Ist aber $b \notin C$, so ist $\binom{b}{n_1} \notin \left[\binom{n_1}{n_1}, \ldots, \binom{n_k}{n_1}\right]$. Deshalb kann $\left\{\binom{n_1}{n_1}, \ldots, \binom{n_k}{n_1}\right\}$, ohne daß sich die Zählklasse $\left\{\binom{n_1}{n_1}, \ldots, \binom{n_k}{n_1}\right\}\text{P}$ ändert, durch das Intervall $\left[\binom{n_1}{n_1}, \ldots, \binom{n_k}{n_1}\right]$ ersetzt werden. ∎

Bemerkung: Wie Satz 7.6 zeigt, gibt im Falle eines Intervalls die Aussage 4 eine bessere Einbettung in die Hausdorffsche Hierarchie als die Aussage 3.
Die beiden ersten Aussagen von Satz 7.3 sind Sonderfälle des allgemeineren Satzes 7.5, der letztlich auf Satz 9.23 beruht und diesem Satz gemäß noch allgemeiner formuliert werden könnte. Wir brauchen dazu eine Definition.

Definition 7.4
Es seien $C \subseteq \mathbb{N}^n$ und $D \subseteq \mathbb{N}^m$. Wir sagen, daß sich C auf D polynomial reduzieren läßt und schreiben dafür $C \leq_{pol} D$, wenn es n-stellige Polynome $p_1, \ldots, p_m$ mit natürlichzahligen Koeffizienten gibt, so daß gilt

$$\bigwedge_{x_1} \cdots \bigwedge_{x_n} \Big((x_1, \ldots, x_n) \in C \longleftrightarrow (p_1(x_1, \ldots, x_n), \ldots, p_m(x_1, \ldots, x_n)) \in D\Big).$$

Hängen dabei die x_i von einer Variablen x ab, so dürfen auch die Koeffizienten und der Grad der p_i von x abhängen, müssen aber in einer in $|x|$ polynomialen Zeit berechenbar sein.

Satz 7.5
Ist $C \leq_{pol} D$, so gilt $C\text{P} \subseteq D\text{P}$.

Beweis

Sei $X \in C$P, und sei M eine Maschine, die X im Sinne von CP akzeptiert. Sei $Acc_M(x) = (k_1,\ldots,k_n)$. Wir konstruieren jetzt eine Maschine N, die bei Eingabe x den Endzustand i genau $p_i(k_1,\ldots,k_n)$-mal annimmt. Der Ausdruck $p_i(k_1,\ldots,k_n)$ ist eine Summe von Termen der Form $ak_1^{l_1}\ldots k_n^{l_n}$. Wenn $N(x)$ wie $M^{(l_1+\ldots+l_n)}(x)$ arbeitet und dabei genau dann den Endzustand i annimmt, wenn die l_1 ersten dieser Berechnungen den Endzustand 1, die l_2 folgenden den Endzustand 2 etc. und die letzten l_n den Endzustand n annehmen und alle anderen Pfade mit dem Endzustand 0 enden, so wird hierdurch der Endzustand i genau $k_1^{l_1}\ldots k_n^{l_n}$-mal erreicht. Nun wird gegebenenfalls a berechnet, und durch Ver-a-fachung aller dieser Pfade werden genau $ak_1^{l_1}\ldots k_n^{l_n}$ Pfade mit dem Endzustand i erreicht. Damit ist klar, wie N eingerichtet werden muß: Für jeden Summanden eines jeden $p_i(k_1,\ldots,k_n)$ wird eine Teilmaschine der beschriebenen Form gebildet, und all diese Maschinen werden parallel geschaltet (durch die im Anhang beschriebene Operation $\|$). ∎

Satz 7.6

Sind $C_1,\ldots,C_k$ Intervalle und ist $0 \notin C_1$ und liegt für jedes $i < k$ das Intervall C_i so weit links von C_{i+1}, daß zwischen C_i und C_{i+1} wenigstens eine weitere natürliche Zahl liegt, so ist $(C_1 \cup \ldots \cup C_k)$P $\subseteq$ BH$_{2k}$(NP).

Bemerkungen:

1. Die Klassen mit ungeradem Index braucht man für die Einbettung von Zählklassen, die sich von den im Satz genannten dadurch unterscheiden, daß C_k ein halbunendliches Intervall $\{m, m+1,\ldots\}$ ist. Die coBH- Klassen treten auf, wenn $0 \in C_1$ gilt.

2. In [GW87] wird gezeigt, daß diese Einbettungen in geeigneten Welten optimal sind, das heißt, $(C_1 \cup \ldots \cup C_k)$P $\not\subseteq$ BH$_{2k-1}$(NP) ist bei geeigneter Relativierung erreichbar.

Beweis

Die Intervalle C_i seien für $i = 1,\ldots,k$ gegeben durch $C_i = [c_i, d_i]$ mit $0 < c_1 \leq d_1 < c_2 \leq d_2 < \ldots \leq d_{k-1} < c_k \leq d_k$. Sei $X \in (C_1 \cup \ldots \cup C_k)$P. Dann gibt es eine NTM M, die X im Sinne von $(C_1 \cup \ldots \cup C_k)$P akzeptiert. Das heißt

$$\begin{aligned}
x \in X &\longleftrightarrow acc_M(x) \in (C_1 \cup \ldots \cup C_k) \\
&\longleftrightarrow acc_M(x) \in C_1 \vee \ldots \vee acc_M(x) \in C_k \\
&\longleftrightarrow c_1 \leq acc_M(x) \leq d_1 \vee \ldots \vee c_k \leq acc_M(x) \leq d_k \\
&\longleftrightarrow (c_1 \leq acc_M(x) \wedge acc_M(x) \leq d_1) \vee \ldots \\
&\quad \vee (c_k \leq acc_M(x) \wedge acc_M(x) \leq d_k).
\end{aligned}$$

Man sieht unmittelbar, daß bei festem c_i und d_i die Prädikate „$c_i \leq acc_M(x)$" und „$acc_M(x) \leq d_k$" in NP bzw. in coNP liegen. Damit gehört X zu BH$_k$(NP)

7.2 Die einfachste Zählklasse

In [BG82, GW86] ist die Klasse $\{1\}$P studiert worden, die, was den Akzeptierungstyp angeht, neben coNP = $\{0\}$P die einfachste Zählklasse ist. Ähnlich einfach wären die Klassen $\{k\}$P für $k > 1$, aber diese unterscheiden sich nicht von $\{1\}$P, wie aus dem folgenden Satz hervorgeht.

Satz 7.7
Für $k > 0$ ist $\{k\}$P = $\{1\}$P.

Beweis
Die Inklusion von links nach rechts folgt aus Aussage 3 von Satz 7.3 für $C = \{k\}$, und die andere Inklusion folgt aus Aussage 2 desselben Satzes. ∎

Satz 7.8
Die Klasse $\{1\}$P ist durchschnittsabgeschlossen.

Beweis
Die Mengen X, Y seien aus $\{1\}$P, und M, N seien Maschinen, die sie im Sinne von $\{1\}$P akzeptieren. Wir betrachten $K = M \circ N$ (s. Anhang). Ein Pfad von $K(x)$ soll genau dann akzeptieren, wenn seine beiden Teilpfade in $M(x)$ bzw. $N(x)$ akzeptieren. Offensichtlich gilt bei dieser Festlegung $acc_K(x) = acc_M(x) \cdot acc_N(x)$. Daraus folgt: $K(x)$ hat genau dann genau einen akzeptierenden Pfad, wenn $M(x)$ und $N(x)$ beide genau einen akzeptierenden Pfad haben. Dies zeigt, daß K genau $X \cap Y$ im Sinne von $\{1\}$P akzeptiert. ∎

Die Vereinigungsabgeschlossenheit von $\{1\}$P scheint nicht zu gelten. Man kann zwar relativ einfach zeigen, daß $\{1\}$P $\vee$ $\{1\}$P wieder eine Zählklasse ist, und zwar mit dem zweidimensionalen Typ $(\{1\} \times \mathbb{N}) \cup (\mathbb{N} \times \{1\})$, aber der Beweis der Übereinstimmung mit $\{1\}$P ist bisher nicht gelungen.
Als Blattsprachenklassen lassen sich diese Klassen wie folgt darstellen: Wir setzen $A = 0^*10^*, \overline{A} = \{0,1\}^* \setminus A$ und $B = 0^*10^*\{0,2\}^*, C = \{0,1\}^*0^*20^*$ und $D = \{0,1,2\}^* \setminus (B \cup C)$. Dann ist $\{1\}$P = $[A, \overline{A}]$P und $\{1\}$P $\vee$ $\{1\}$P = $[B \cup C, D]$P, wovon man sich leicht überzeugt. In einer relativierten Welt lassen sich $\{1\}$P und $\{1\}$P $\vee$ $\{1\}$P separieren.

Satz 7.9
Es gibt ein rekursives Orakel A derart, daß $\{1\}P^A \neq \{1\}P^A \vee \{1\}P^A$ gilt.

Beweis
Der Beweis kann nach dem Vorbild des Beweises von Satz 3.35 geführt werden. Viel einfacher ist es jedoch, Satz 3.41 anzuwenden, demzufolge nur $(B \cup C, D) \not\leq_{\text{pl}} (A, \overline{A})$ zu zeigen ist.
Wir nehmen im Gegensatz dazu $(B \cup C, D) \leq_{\text{pl}} (A, \overline{A})$ an. Dann existiert ein $\sigma \in \text{FPL}$ mit $\sigma(B \cup C) \subseteq A$ und $\sigma(D) \subseteq \overline{A}$. Wegen $0^i 10^j \in B \cup C$ ist $\sigma(0^i 10^j) = x_1 \ldots x_s \in A$. Also gibt es genau ein $n \leq s$ mit $x_n = 1$. Dieses Bit hängt nur von logarithmisch vielen Eingabebits ab. Also gibt es ein Bit im Wort $0^i 10^j$, das man von 0 in 1 ändern kann, ohne daß dadurch das Bit x_n betroffen wird. Führt man diesen Bitwechsel aus, hat man ein Wort der Form $0^{i_1} 10^{i_2} 10^{i_3} \in D$. Also ist $w = \sigma(0^{i_1} 10^{i_2} 10^{i_3}) \in \overline{A}$. Wir wissen, daß das n-te Bit von w den Wert 1 hat. Deshalb muß wenigstens ein weiteres Bit ebenfalls den Wert 1 haben (etwa das m-te Bit, $m \neq n$). Diese beiden Bits hängen nicht von allen Nullen des Argumentworts ab. Also kann man eine passende 0 ändern, dieses Mal in eine 2, ohne daß sich das m-te und das n-te Bit des Ergebnisworts ändern. Da nach der Änderung einer 0 in eine 2 aus dem Wort $0^{i_1} 10^{i_2} 10^{i_3} \in D$ ein Wort $v \in B \cup C$ wird, müßte $\sigma(v) \in A$ sein. Da aber $\sigma(v)$ garantiert zwei Einsen enthält, ist das nicht möglich. Der Widerspruch zeigt, daß die Annahme falsch war. ∎

In [GW86] wird die sehr komplexe Hierarchie untersucht, die bei Abschluß von $\{1\}$P unter Vereinigung entsteht. Die allgemeinste Klasse hat die Struktur eines endlichen Durchschnitts von Klassen der Form $\{1\}$P $\vee \ldots \vee \{1\}$P. Es gibt relativierte Welten, in denen all diese Klassen paarweise verschieden sind. Die k-fache Vereinigung von $\{1\}$P mit sich selbst kann in $\text{BH}_k(\text{NP})$ eingebettet werden. Es gibt relativierte Welten, in denen diese Einbettung optimal ist. Das heißt, daß diese Hierarchie in der Hausdorffschen Hierarchie anscheinend beliebig weit nach oben reicht.
U. Hertrampf [Her95] hat im Anschluß an Satz 3.41 genau diejenigen Paare AP und BP von Zählklassen endlichen Typs charakterisiert, die sich relativiert separieren lassen. Für eindimensionale Typen A, B ist sein Ergebnis besonders übersichtlich:
AP und BP lassen sich genau dann nicht relativiert separieren, wenn einer der drei folgenden Fälle eintritt:

1. $A = B$.

2. $A = [0, \ldots, n]$ und $B = [0, \ldots, m]$ für $n, m \in \mathbb{N}$. Dann ist $AP = BP = \text{coNP}$, denn $X \in AP$ gilt genau dann, wenn es eine NPTM M gibt mit $x \in X \longleftrightarrow acc_M(x) \leq n$. Letzteres ist ein coNP-Prädikat.

3. A und B sind Einermengen. Dann ist nach Satz 7.7 $AP = BP = \{1\}$P.

Aus Satz 7.6 folgt sofort $\{1\}$P $\subseteq \text{BH}_2(\text{NP})$. Eine untere Schranke für $\{1\}$P ist coNP. Umgekehrt hat jedes CP mit endlichem C und $0 \notin C$ die Klasse $\{1\}$P als untere Schranke. Auch in diesem Sinne ist $\{1\}$P die einfachste Zählklasse von endlichem Typ.

7.2. DIE EINFACHSTE ZÄHLKLASSE

Satz 7.10

1. coNP ⊆ {1}P ⊆ BH$_2$(NP).

2. {1}P ⊆ CP für alle endlichen C($\neq \emptyset$) mit $0 \notin C$.

Beweis

Zu 1. Die noch fehlende erste Inklusion folgt so: Nach dem Beweis von Satz 7.2 ist {1}SAT $\leq_m^P$-vollständig in {1}P, und {1}P ist nach diesem Satz $\leq_m^P$-abgeschlossen. Wir zeigen $\overline{\text{SAT}} \leq_m^P$ {1}SAT. Da $\overline{\text{SAT}}$ in coNP vollständig bezüglich $\leq_m^P$ ist, ergibt sich coNP ⊆ {1}P. Die gewünschte Reduktion wird durch die Funktion f geleistet, die wie folgt definiert und offenbar aus FP ist:

$$f(H(x_1,\ldots,x_n)) = H(x_1,\ldots,x_n) \vee H(\bar{x}_1,\ldots,\bar{x}_n) \vee (x_1 \wedge \ldots \wedge x_n).$$

Wenn nämlich H nicht erfüllbar ist, hat $f(H)$ genau eine erfüllende Belegung. Ist aber H erfüllbar, so hat $f(H)$ in jedem Falle mindestens zwei erfüllende Belegungen.

Zu 2. Dies folgt aus Satz 7.5, weil $\{1\} \leq_{pol} C$ gilt, wenn C die angegebenen Bedingungen erfüllt. Ist k das Maximum von C, so wird eine solche Reduktion durch die lineare Funktion λ geleistet mit $\lambda(n) = k \cdot n$. ∎

Die Konsequenzen der sieben denkbaren Inklusionsmöglichkeiten {1}P ⊆ coNP, {1}P ⊆ NP, NP ⊆ {1}P, etc. werden in den beiden folgenden Sätzen zusammengefaßt.

Satz 7.11

1. {1}P ⊆ coNP ⟶ {1}P ⊆ coBH$_2$(NP).

2. {1}P ⊆ NP ⟷ NP = coNP.

3. NP ⊆ {1}P ⟷ {1}P = BH$_2$(NP).

4. co{1}P = {1}P ⟶ BH$_2$(NP) = coBH$_2$(NP).

5. coBH$_2$(NP) ⊆ {1}P ⟷ {1}P = co{1}P.

Beweis

Die erste Aussage ist trivial.

Zu 2. Aus {1}P ⊆ NP folgt coNP ⊆ NP und damit coNP = NP. Die Umkehrung folgt daraus, daß mit NP = coNP die gesamte Hausdorffsche Hierarchie und damit auch {1}P auf NP kollabiert (Satz 6.3).

Zu 3. Die Richtung von rechts nach links folgt aus NP ⊆ BH$_2$(NP). Ist umgekehrt NP ⊆ {1}P, so ist BH$_2$(NP) = NP ∧ coNP ⊆ {1}P, weil {1}P durchschnittsabgeschlossen ist, wie Satz 7.8 besagt.

Zu 4. Sei co{1}P = {1}P. Dann ist, wieder unter Verwendung von Satz 7.8,

$BH_2(NP) = NP \wedge coNP \subseteq co\{1\}P \wedge \{1\}P = \{1\}P = co\{1\}P \subseteq coBH_2(NP)$.

Zu 5. Aus $coBH_2(NP) \subseteq \{1\}P$ folgt sofort $co\{1\}P = \{1\}P$. Umgekehrt folgt hieraus wie eben $BH_2(NP) \subseteq co\{1\}P$ und damit $coBH_2(NP) \subseteq \{1\}P$. ■

Die Inklusionen $\{1\}P \subseteq coNP$ und $NP \subseteq \{1\}P$ sind sehr unwahrscheinlich. Wenn dies hier ausgeführt werden soll, müssen einige Vorgriffe in Kauf genommen werden.

Satz 7.12
1. $\{1\}P \subseteq coNP \longrightarrow \Sigma_2^P = NP$.

2. $NP \subseteq \{1\}P \longrightarrow BH(NP) \subseteq C_=P$.

Beweis
Zu 1. Aus $\{1\}P \subseteq coNP$ folgt $NP \subseteq \mathcal{R}_m^R(coNP)$ nach Satz 7.21. Daraus ergibt sich $NP \subseteq BP \cdot coNP$, was wegen Satz 8.29 und $coAM = BP \cdot coNP$ die Endlichkeit der Polynomialzeithierarchie zur Folge hat: $\Sigma_2^P = \Pi_2^P$.

Zu 2. Sei $X \in NP$. N sei eine normalisierte Maschine, die X im Sinne von $\{1\}P$ akzeptiert. Ferner sei E eine normalisierte Maschine mit der gleichen Rechenzeit wie N, die bei jeder Eingabe genau einen akzeptierenden Pfad hat. Wir betrachten nun die Maschine $K = E \| N$ (s. Anhang). Offensichtlich gilt

$$x \in X \longleftrightarrow acc_K^1(x) = acc_K^2(x).$$

Damit leistet K eine $C_=P$-Akzeptierung von X. Also ist $NP \subseteq C_=P$. Weil nach Satz 8.11 $coNP \subseteq C_=P$ und $C_=P$ nach Satz 8.10 ein Mengenring ist, ist $BH(NP) \subseteq C_=P$. ■

7.3 Die Klasse ⊕P

Von C. Papadimitriou und S. Zachos wurde die folgende Klasse ⊕P (gesprochen: parity-P) eingeführt.

Definition 7.13 [PZ83]
1. M akzeptiert die Eingabe w im Sinne von ⊕P genau dann, wenn $acc_M(w) \equiv 1(2)$.

2. $L_{\oplus P}(M) = \{w : M$ akzeptiert w im Sinne von $\oplus P\}$.

3. $\oplus P = \{L_{\oplus P}(M) : M$ ist eine NPTM$\}$.

⊕P ist nur der Spezialfall $k = 2$ der Klassen $MOD_k P$, die durch die Akzeptierungsbedingung $acc_M(w) \not\equiv 0(k)$ definiert sind [CH90, Bei91b]. Eigenschaften der MOD-Klassen werden in [Her90] untersucht.

7.3. DIE KLASSE ⊕P

Man kann den Modul 2 in der Definition von ⊕P durch den Modul $2^{q(n)}$ für ein beliebiges Polynom q ersetzen, ohne daß sich die Klasse ⊕P dabei ändert. Dies ist der Inhalt des folgenden Satzes.

Satz 7.14 [Tod91a]
Ist q ein beliebiges Polynom (mit nichtnegativen Koeffizienten), so ist ⊕P die Klasse genau der X, für die es eine NTM M gibt mit $(n = |x|)$
$$x \in X \longrightarrow acc_M(x) \equiv 1(2^{q(n)})$$
$$x \notin X \longrightarrow acc_M(x) \equiv 0(2^{q(n)}).$$

Beweis
1. Wird X durch eine NTM M mit den im Satz angegebenen Akzeptierungsbedingungen akzeptiert, so gehört X offensichtlich zu ⊕P.
2. Sei $X \in$ ⊕P. Dann gibt es eine NTM N mit
$$x \in X \longrightarrow acc_N(x) \equiv 1(2)$$
$$x \notin X \longrightarrow acc_N(x) \equiv 0(2).$$
Wir wählen ein Polynom q und zeigen, daß es eine NTM M gibt, für die gilt
$$x \in X \longrightarrow acc_M(x) \equiv 1(2^{q(n)})$$
$$x \notin X \longrightarrow acc_M(x) \equiv 0(2^{q(n)}).$$
Zur Abkürzung setzen wir $f(x) = acc_N(x)$. Wir führen die neue Funktion
$$h(x) = \left((f(x)^{q(n)} + 1)^{q(n)} - 1\right)^2$$
ein und stellen fest:
1. Ist $x \in X$, so ist $f(x) = acc_N(x)$ ungerade, und deshalb ist $h(x) \equiv (-1)^2 \equiv 1(2^{q(n)})$.
2. Ist $x \notin X$, so ist $f(x)$ gerade, und deshalb ist $h(x) \equiv 0(2^{q(n)})$.
Der Satz ist bewiesen, sobald klar ist, daß $h \in$ #P ist. #P ist die Klasse der Funktionen acc_M für nichtdeterministische Funktionen M, vgl. Abschnitt 9.3. Dazu reicht es zu zeigen, daß $g(x) =_{df} (f(x)^{q(n)} + 1)^{q(n)} - 1$ zu #P gehört. Denn dann folgt dies nach Satz 9.23 auch für $h = g^2$. Die Behauptung für g folgt ebenfalls aus Satz 9.23, wenn man bedenkt, daß g ohne Subtraktion als Summe von polynomial vielen #P-Funktionen geschrieben werden kann:

$$g(x) = f(x)^{q(n)^2} + \binom{q(n)}{1} f(x)^{q(n)^2 - q(n)} + \ldots + \binom{q(n)}{q(n)-1} f(x)^{q(n)}.$$

∎

Der folgende Satz zeigt, daß sich ⊕P nicht zum Aufbau einer Hierarchie eignet, die analog zur Polynomialzeithierarchie ist.

Satz 7.15 [PZ83]
$$\oplus P = \oplus P^{\oplus P}.$$

Beweis
Sei $X \in \oplus P^{\oplus P}$ und $N^{()}$ eine NPOM, die X mit dem Orakel $A \in \oplus P$ akzeptiert. M sei eine NTM, die A im Sinne von $\oplus P$ akzeptiert. Wir betrachten den potentiellen Berechnungsbaum $N^{()}(x)$ (d.h. ohne spezifiziertes Orakel) für eine beliebige Eingabe x. Die akzeptierenden Pfade dieses Baumes mögen $\alpha_1, \ldots, \alpha_m$ sein. Genau diejenigen dieser Pfade gehören zu $N^A(x)$, auf denen die Antworten gemäß dem Orakel A richtig beantwortet worden sind. Dies mögen insgesamt n Pfade sein, und dieses n ist ausschlaggebend dafür, ob x akzeptiert wird:

$$x \in X \longleftrightarrow n \equiv 1(2).$$

Wir konstruieren jetzt eine $\oplus P$-Maschine K für X. Bei Eingabe von x rechnet K wie $N^{()}(x)$, merkt sich aber auf jedem Pfad die Fragen q_i und die gewählten Antworten (die ja bezüglich A nicht zu stimmen brauchen). M' soll eine Maschine sein, die wie M arbeitet, aber zusätzlich genau einen akzeptierenden Pfad mehr erzeugt. Für jeden Pfad α von $N^{()}(x)$ setzen wir $M_\alpha(q_i) = M(q_i)$, falls auf α die Frage q_i positiv beantwortet worden ist, und andernfalls setzen wir $M_\alpha(q_i) = M'(q_i)$. Ist α ein akzeptierender Pfad von $N^{()}(x)$ und sind auf α die Fragen $q_1, q_2, \ldots$ gestellt worden, so wird an α die Berechnung $M_\alpha(q_1)$ angehängt. An alle akzeptierenden Pfade all dieser Berechnungen wird die Berechnung $M_\alpha(q_2)$ angehängt etc. Damit ist $K(x)$ beschrieben.
Durch diese Konstruktion wird ein akzeptierender Pfad α_i von $N^{()}(x)$ zu einem Teilbaum verlängert, der genau dann eine ungerade Anzahl k_i von akzeptierenden Pfaden hat, wenn α_i die richtigen Antworten gemäß dem Orakel A gewählt hat. Damit akzeptiert K die Eingabe im Sinne von $\oplus P$ genau dann, wenn $k_1 + \ldots + k_m \equiv 1(2)$ gilt. Es ist aber

$$k_1 + \ldots + k_m \equiv \sum\{k_j : k_j \equiv 1(2)\} \equiv \sum\{k_j : \alpha_j \text{ akzeptiert in } N^A(x)\} \equiv n(2).$$

Daraus folgt

$$x \in X \longleftrightarrow K \text{ akzeptiert } x \text{ im Sinne von } \oplus P,$$

also $X \in \oplus P$. ∎

Folgerung 7.16
$$P^{\oplus P} = \oplus P.$$

Beweis
Nach Satz 7.15 haben wir $P \subseteq P^{\oplus P} \subseteq \oplus P^{\oplus P} = \oplus P$. Die zweite Inklusion gilt, weil die offensichtlich geltende Inklusion $P \subseteq \oplus P$ relativierbar ist. ∎

7.3. DIE KLASSE $\oplus$P

Folgerung 7.17
$\oplus$P ist abgeschlossen bezüglich Vereinigungs-, Durchschnitts- und Komplementbildung.

Beweis
Folgerung 7.16 bedeutet, daß $\oplus$P unter $\leq_T^P$-Reduzierungen und damit erst recht gegenüber $\leq_{tt}^P$-Reduzierungen abgeschlossen ist. Spezialfälle davon sind Komplementbildung ($\leq_{tt}^P$-Reduzierungen mit der *non*-Funktion), Vereinigungsbildung ($\leq_{tt}^P$-Reduzierungen mit der *vel*-Funktion) und Durchschnittsbildung ($\leq_{tt}^P$-Reduzierungen mit der *et*-Funktion). ∎

Wir definieren $\oplus$SAT als die Menge aller Booleschen Ausdrücke, die eine ungerade Anzahl erfüllender Belegungen haben und notieren als unmittelbare Folgerung aus dem Beweis von Satz 7.2:

Satz 7.18
$\oplus$SAT ist $\leq_m^P$-vollständig in $\oplus$P.

Die Klassen NP und $\oplus$P lassen sich nicht leicht bezüglich der Inklusion vergleichen. Es gibt relativierte Welten, in denen NP $\not\subseteq$ $\oplus$P und es gibt Welten, in denen $\oplus$P $\not\subseteq$ NP gilt. [Tor88, GNW90, Bei91b]. Nach oben ist $\oplus$P durch $P^{\#P[1]}$ beschränkt: $\oplus$P $\subseteq$ $P^{\#P[1]}$. (Wegen #P vergleiche man Abschnitt 9.3.) Von unten ist FewP eine Schranke, wie in Satz 7.27 gezeigt wird.
Es gibt eine Beziehung zwischen NP und $\oplus$P, die durch die random-Polynomialzeit-Reduktion $\leq_m^R$ vermittelt wird. Wir erklären zunächst diese Reduzierung.

Definition 7.19
Ist M eine NTM, so soll mit $M(x,y)$ die Ausgabe auf Pfad y bei der Berechnung $M(x)$ bezeichnet werden.
Für Mengen A und B gilt $A \leq_m^R B$ genau dann, wenn es ein Polynom p und eine NTM M gibt, die für jedes x (mit $|x| = n$) eine normalisierte Berechnung der Länge $p(n)$ leistet, und wenn es ferner ein Polynom q gibt mit

1. $x \in A \longrightarrow card\{y : M(x,y) \in B\} \geq \frac{2^{p(n)}}{q(n)}$

2. $x \notin A \longrightarrow card\{y : M(x,y) \in B\} = 0$.

Der Leser wird auf den Satz 8.2 verwiesen, der zeigt, daß eine Reduzierung der soeben definierten Art immer derart modifiziert werden kann, daß im Falle $x \in A$ mehr als die Hälfte aller erzeugten Ausgaben zu B gehören.
Leicht ist einzusehen, daß für jede Klasse $\mathcal{C}$ die Inklusion $\mathcal{R}_m^P(\mathcal{C}) \subseteq \mathcal{R}_m^R(\mathcal{C})$ besteht. Wahrscheinlich ist diese Inklusion in manchen interessanten Fällen echt, denn bisher ist es nicht gelungen, NP $\subseteq \mathcal{R}_m^P(\oplus P)$ zu zeigen, sehr wohl aber NP $\subseteq \mathcal{R}_m^R(\oplus P)$. Dies ist ein Ergebnis von L. Valiant und V. Vazirani.

Satz 7.20 [VV86]
$$\text{NP} \subseteq \mathcal{R}^{\text{R}}_{\text{m}}(\oplus\text{P}).$$

Beweis
Wir zeigen SAT $\leq^{\text{R}}_{\text{m}}$ $\oplus$SAT und konstruieren dazu eine reduzierende NTM M, die bei Eingabe eines $F(x_1, \ldots, x_n) \in$ SAT mit Wahrscheinlichkeit mindestens $\frac{1}{8n}$ einen Booleschen Ausdruck F' ausgibt, der genau *eine* erfüllende Belegung hat und damit zu $\oplus$SAT, übrigens aber auch zu 1SAT, gehört.
Ist $(0, \ldots, 0)$ eine erfüllende Belegung von F, so gibt M auf allen Pfaden $F' = x_1 \wedge \ldots \wedge x_n$ aus. Ist dies nicht der Fall, so sei $m(< 2^n)$ die Zahl der erfüllenden Belegungen von F. Die Maschine M wählt nichtdeterministisch ein $k \in \{0, \ldots, n-1\}$ und dann $k+2$ Teilmengen $S_1, \ldots, S_{k+2} \subseteq \{x_1, \ldots, x_n\}$. Mit $\oplus S$ bezeichnen wir die Addition modulo 2 genau aller Variablen aus S. Dann gibt M die Ausgabe $F' = F \wedge \oplus S_1 \wedge \ldots \oplus S_{k+2}$ aus.
Wir zeigen: M leistet eine Reduktion SAT $\leq^{\text{R}}_{\text{m}}$ $\oplus$SAT.

1. Fall: F ist nicht erfüllbar.
Dann ist offensichtlich auch F' nicht erfüllbar.

2. Fall: F hat $m(< 2^n)$ erfüllende Belegungen.
Jedes k wird von M mit Wahrscheinlichkeit $\frac{1}{n}$ gewählt, insbesondere auch ein solches k, für das $2^k \leq m < 2^{k+1}$ gilt. Es sei b eine F erfüllende Belegung, und b habe l Einsen.
Wir fragen: Mit welcher Wahrscheinlichkeit sind die $S_1, \ldots, S_{k+2}$ so gewählt, daß b auch F' erfüllt?
Die Wahrscheinlichkeit dafür, daß S_1 so gewählt ist, daß b auch den Ausdruck $\oplus S_1$ erfüllt, ist gerade $\frac{1}{2}$. Denn $\oplus S_1$ wird genau dann durch b erfüllt, wenn eine ungerade Zahl derjenigen l Variablen in S_1 aufgenommen worden sind, die bei b mit 1 belegt sind. Dies ist mit Wahrscheinlichkeit

$$\frac{1}{2^l}\left(\binom{l}{1} + \binom{l}{3} + \ldots\right) = \frac{2^l}{2^{l+1}} = \frac{1}{2}$$

der Fall.
Da die Auswahl der S_i unabhängig voneinander erfolgt, erfüllt b den Ausdruck F' mit Wahrscheinlichkeit $\frac{1}{2^{k+2}}$. Dies gilt für alle Belegungen, die F erfüllen. Daraus ergibt sich: Die Wahrscheinlichkeit dafür, daß F' von b, aber keinem anderen b', das F erfüllt, erfüllt wird, ist

$$\frac{1}{2^{k+2}}(1 - \frac{1}{2^{k+2}})^{m-1} \geq \frac{1}{2^{k+2}} \cdot (1 - \frac{m-1}{2^{k+2}}) \geq \frac{1}{2^{k+2}} \cdot (1 - \frac{2^{k+1}}{2^{k+2}}) = \frac{1}{2^{k+3}}.$$

7.4. LÄNGENABHÄNGIGE AKZEPTIERUNGSTYPEN 175

Schließlich ist die Wahrscheinlichkeit dafür, daß es ein solches b gibt, das F' als einzige Belegung erfüllt, gegeben durch

$$\sum_b \frac{1}{2^{k+3}} = \frac{m}{2^{k+3}} \geq \frac{2^k}{2^{k+3}} = \frac{1}{2^3}.$$

Damit haben wir insgesamt eine Wahrscheinlichkeit von mindestens $\frac{1}{8n}$ dafür, daß bei Eingaben $F \in \text{SAT}$ Ausgaben aus $\oplus\text{SAT}$ entstehen. ∎

Der Beweis hat eigentlich auch das folgende Resultat gezeigt.

Satz 7.21
$$\text{NP} \subseteq \mathcal{R}_m^R(\{1\}\text{P}).$$ ∎

7.4 Längenabhängige Akzeptierungstypen

Bisher sind nur solche Klassen betrachtet worden, bei denen die Akzeptierungstypen unabhängig von der Eingabe sind. Man erreicht eine größere Vielfalt von Klassen, wenn die Akzeptierungstypen eingabeabhängig sein dürfen.

Definition 7.22

1. Sei $\mathfrak{L} \subseteq \Sigma^* \times \mathbb{N}_+$ aus P. Wir setzen $C_x = \{n : (x, n) \in \mathfrak{L}\}$.

2. Die NPTM M akzeptiert im Sinne von $\mathfrak{L}\text{P}$ genau dann, wenn $acc_M(x) \in C_x$ gilt.

3. Die von der NPTM M im Sinne von $\mathfrak{L}$ akzeptierte Sprache ist $L_{\mathfrak{L}}(M) = \{x : acc_M(x) \in C_x\}$.

4. $\mathfrak{L}\text{P} = \{L_{\mathfrak{L}}(M) : M \text{ ist eine NPTM}\}$.

Eine große Rolle spielen solche Akzeptierungstypen, die nur eine in der Eingabelänge polynomiale Zahl von akzeptierenden Pfaden vorsehen. Wir heben zwei wichtige Klassen besonders hervor:

1. FEWP ist definiert durch: $X \in \text{FEWP}$ genau dann, wenn es eine NPTM M und ein Polynom p gibt, so daß $x \in X \longleftrightarrow 0 < acc_M(x) \leq p(|x|)$.

2. FEW ist definiert durch: $X \in \text{FEW}$ genau dann, wenn es eine NPTM M, ein Polynom p und ein $\mathfrak{L} \in \text{P}$ gibt mit $x \in X \longleftrightarrow acc_M(x) \in C_x \cap \{1, \ldots, p(|x|)\}$.

Wir halten einige Inklusionen fest, deren Beweise sich direkt aus den Definitionen ergeben.

Satz 7.23

1. $\{1\}P \subseteq FEWP \subseteq FEW$.

2. $FEWP \subseteq BH_2(NP)$.

3. Ist C das Intervall $[c,d]$, so ist $CP \subseteq FEWP$.

4. Für alle endlichen C ist $CP \subseteq FEW$.

Im Hinblick auf Satz 7.6 suggeriert die letzte Aussage von Satz 7.23, daß FEW wohl nicht innerhalb der Hausdorffschen Hierarchie liegen kann. Allerdings erweist sich Θ_2^P als obere Schranke.

Satz 7.24
$$FEW \subseteq \Theta_2^P.$$

Beweis
Sei $X \in FEW$. Dann gibt es eine NPTM M, ein Polynom p und ein $\mathfrak{C} \in P$ mit $x \in X \longleftrightarrow acc_M(x) \in C_x \cap \{1,\ldots,p(|x|)\}$. Die Menge $D = \{(x,0^k) : M(x)$ hat mindestens k akzeptierende Pfade$\}$ gehört zu NP. Eine Θ_2^P-Maschine N zur Entscheidung von X arbeitet bei Eingabe x wie folgt. Zuerst wird dem Orakel D die Frage $(x,0^{p(|x|)+1})$ gestellt. Wird diese Frage bejaht, lehnt N die Eingabe x ab. Andernfalls kann der genaue Wert von $acc_M(x)$ durch $d \cdot \log |x|$ Fragen an D mit passendem d durch binäres Suchen bestimmt werden. Schließlich wird $acc_M(x) \in C_x$ entschieden, was nach Voraussetzung in polynomialer Zeit möglich ist. ∎

7.5 Promise-Klassen

Neben den bisher behandelten Zählklassen betrachtet man andere, bei denen es auch auf Zählen ankommt, dies jedoch nicht durch den Akzeptierungstyp allein, sondern durch zusätzliche vorgegebene Eigenschaften der akzeptierenden Maschinen (sogenannte promises-Versprechen) ausgedrückt wird. Auf diese Art gewinnen wir Einschränkungen der Klassen $\{1\}P$, FEWP, FEW und der CP mit $0 \notin C$ Analoga, sogenannte **promise-Klassen**, die mit UP, FewP, Few bzw. mit $C_{prom}P$ bezeichnet werden. Wir nehmen in die folgende Definition auch die Klasse RP auf, die in Abschnitt 8.1 behandelt werden wird.

7.5. PROMISE-KLASSEN 177

Definition 7.25
In dieser Definition durchläuft M immer alle normalisierten nichtdeterministische Polynomialzeit-Turingmaschinen. Typische promise-Klassen sind in der Form $C(D)P = \{L_{CP}(M) : \bigwedge_x (Acc_M \in D)\}$ mit $D \subset \mathbb{N}^k$. Das Versprechen besteht hier darin, daß der Wertebereich von Acc_M gänzlich in D liegt, und die Akzeptierung geschieht im Sinne von CP.

1. [Val76] $UP = \{L_{NP}(M) : acc_M \leq 1\}$. Es ist $UP = N_+(\{0,1\})P$.

2. [OH93, FFK94] Sei $C = \{(n+1, n) : n \in \mathbb{N}\}$ und $D = \{(n,m) : m \leq n \leq m+1\}$. $SPP = C(D)P$. Anschaulich: Eine Maschine akzeptiert x im Sinne von SPP genau dann, wenn $acc_M^1(x) = 1 + acc_M^2(x)$, wobei M die Voraussetzung $0 \leq acc_m^1(x) - acc_M^2(x) \leq 1$ für jedes x erfüllt.

3. [Gil77] $RP = \{L_{NP}(M) : $ Ist p die Rechenzeit von M, so gilt
$$(acc_M(x) > 0 \longrightarrow acc_M(x) > 2^{p(|x|)-1})\}.$$

4. [All86] $FewP = \{L_{NP}(M) : \bigvee_{p \in Pol} \bigwedge_x acc_M(x) \in \{0, \ldots, p(|x|)\}\}$.

5. [CH90] $Few = \{L_{NP}(M) : \bigvee_{\mathfrak{C} \in P} \bigvee_{p \in Pol} \bigwedge_x (acc_M(x) \in C_x \cap \{0, \ldots, p(|x|)\})\}$.

6. $C_{prom}P = \{L_{NP}(M) : acc_M(x) \in \{0\} \cup C\}$ für $0 \notin C$ und $C \subseteq \mathbb{N}$. Diese Klasse stimmt mit $N_+(C)P$ überein.

Der folgende Satz ergibt sich unmittelbar aus der Definition (s. Abbildung 7.1).

Satz 7.26
1. $UP \subseteq \{1\}P \cap NP$.

2. $UP \subseteq SPP \subseteq \oplus P$.

3. $FewP \subseteq FEWP \cap NP$.

4. $Few \subseteq FEW$.

5. $UP \subseteq FewP \subseteq Few$.

6. Für C mit $0 \notin C$ gilt $UP \subseteq C_{prom}P \subseteq Few$. ∎

Bemerkung: Die letzte Aussage kann verschärft werden zu $C_{prom}P \subseteq FewP$, wenn C ein Intervall ist.

Satz 7.27
$$FewP \subseteq \oplus P$$

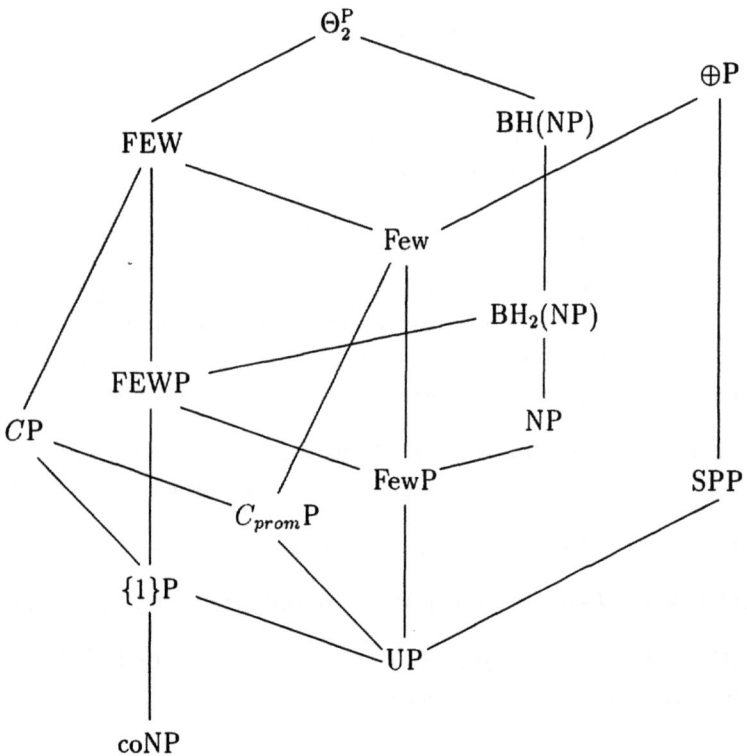

Abbildung 7.1: Einige promise-Klassen und Zählklassen. C soll eine beliebige endliche Menge mit $0 \notin C$ sein.

Beweis
Sei $X \in$ FewP und M eine Maschine, die X im Sinne von FewP akzeptiert. Die Funktion acc_M sei durch das Polynom p beschränkt. Bei gegebenem x sei k so gewählt, daß $2^{k-1} < p(|x|) \leq 2^k$. Die Maschine K soll bei Eingabe von x zuerst einen Baum der Tiefe k erzeugen, dessen Blätter mit $1, \ldots, 2^k$ bezeichnet werden sollen. Dann wird an das Blatt i die Berechnung $\underbrace{M(x) \circ \ldots \circ M(x)}_{i\text{-mal}}$ angefügt. Jeder Pfad merkt sich die i Teilpfade $\alpha_1, \ldots, \alpha_i$ und die Ergebnisse und akzeptiert genau dann, wenn alle diese Pfade in $M(x)$ akzeptierend, paarweise verschieden sind und wenn sie in lexikographisch geordneter Reihenfolge $\alpha_1 < \alpha_2 < \ldots$ auftreten. Wenn $M(x)$ genau m akzeptierende Pfade hat, entstehen im beschriebenen Teilbaum von $K(x)$ genau $\binom{m}{i}$ akzeptierende Pfade. Insgesamt hat damit $K(x)$ genau $\sum_{i=1}^{2^k} \binom{m}{i} = 2^m - 1$ akzeptierende Pfade. Diese

7.5. PROMISE-KLASSEN

Zahl ist ungerade, wenn $m > 0$, d.h. wenn M das x akzeptiert, und sie ist 0, wenn M das x ablehnt. Damit akzeptiert K die Menge X im Sinne von $\oplus$P. ∎

Mit deutlich mehr Anstrengung kann man auch den folgenden Satz zeigen.
Satz 7.28
[CH90] Few $\subseteq \oplus$P.
[KSTT92] $\oplus$P$^{\text{Few}} \subseteq \oplus$P. ∎

Die hier behandelten promise-Klassen lassen sich ohne weiteres als Blattsprachenklassen auffassen. Man kann leicht einsehen, daß auch UP $\cap$ coUP und NP $\cap$ coNP promise-Klassen sind. Weitere interessante Klassen dieser Art sind BPP und die Arthur-Merlin-Klassen, die in Kapitel 8 behandelt werden.
Die Promise-Klassen haben nicht so angenehme Eigenschaften wie die bisher eingeführten Komplexitätsklassen. Es ist nämlich nicht möglich, für diese Klassen eine Gödelisierung geeigneter Maschinen anzugeben. Dies liegt daran, daß man nicht entscheiden kann, ob eine gegebene Turingmaschine die als promise bezeichnete Akzeptierungseigenschaft besitzt, also beispielsweise im Falle von UP die Eigenschaft $\bigwedge_x (acc_M(x) \in \{0,1\})$ erfüllt. Daraus ergibt sich sofort als nächste Konsequenz, daß es nicht in natürlicher Weise möglich ist, das Halteproblem passend auf die entsprechende Klasse einzuschränken und so zu einem (wenn auch künstlichen) $\leq_{\text{m}}^{\text{P}}$-vollständigen Problem für die Klasse zu kommen.
Es gibt sowohl relativierte Welten [HH88], in denen UP keine vollständigen Probleme bezüglich $\leq_{\text{m}}^{\text{P}}$ hat, als auch solche, in denen vollständige Probleme in UP existieren (und außerdem UP von P und von NP verschieden ist). Ein analoges Resultat ist für NP $\cap$ coNP bekannt [Sip82]. Für solche promise-Klassen, die Blattsprachenklassen sind, gilt folgender Satz:
Satz 7.29 [BCS92]
$[A, B]$P besitzt genau dann eine Relativierung ohne $\leq_{\text{m}}^{\text{P}}$-vollständige Mengen, wenn $(D, \overline{D}) \neq_{\text{pl}} (A, B)$ für alle D gilt. ∎

Zu den am meisten untersuchten promise-Klassen gehört UP. Wir nennen einige wichtige Ergebnisse.

- Die ersten Relativierungen für UP und übrigens auch für RP finden sich in [Rac82].

- Die von UP erzeugte Boolesche Hierarchie ist in [HR97] untersucht worden. Sie verhält sich etwas anders als die Hausdorffsche Hierarchie über NP, denn von UP ist die Vereinigungsabgeschlossenheit nicht bekannt, und sie hat im Vergleich zu Satz 6.3 ganz neuartige Kollapseigenschaften.

- In der Kryptologie sind sogenannte **Einweg-Funktionen** wichtig. Eine eineindeutige Funktion $f : \Sigma^* \longrightarrow \Sigma^*$ heißt Einweg-Funktion genau dann, wenn $f \in \text{FP} \wedge f^{-1} \notin \text{FP}$. In [GS88] wird gezeigt, daß genau dann Einweg-Funktionen existieren, wenn $P \neq UP$.

- In Kapitel 9 gibt es eine Reihe unterschiedlicher Sachverhalte, die mit Eigenschaften von UP zusammenhängen.

Im Abschnitt 2.5 wurde erwähnt, daß das Primzahlproblem PRIME= $\{bin(n) : n$ ist eine Primzahl$\}$ zwar in NP liegt, es aber nicht bekannt ist, ob PRIME NP-vollständig ist. Das erste Indiz dafür, daß dies nicht der Fall ist, lieferte V. Pratt mit einem Beweis von PRIME $\in$ coNP [Pra75], wonach die NP-Vollständigkeit von PRIME sofort NP = coNP nach sich ziehen würde. Das Resultat von Pratt wird durch den folgenden Satz verschärft.

Satz 7.30 [FK92]
$$PRIME \in UP \cap coUP. \quad \blacksquare$$

Das Primzahlproblem hat zu einer Reihe von ganz tiefliegenden Forschungen Anlaß gegeben, die zu den verschiedensten Resultaten geführt haben. Genannt seien die folgenden.

- Die Funktion $2^{\text{Lin}(\sqrt[3]{\log n \cdot (\log \log n)^2})}$, die schneller wächst als jedes Polynom in $\log n$, der Länge der Eingabe, ist die bisher beste deterministische Zeitschranke für PRIME. Sie ist in [LLMP90] bewiesen.

- G. Miller hat gezeigt, daß PRIME sogar in P liegt, wenn die erweiterte Riemannsche Vermutung gilt, die sich auf die Dirichletschen L-Reihen bezieht. Auf genauere Erklärungen muß hier verzichtet werden. Der Leser wird auf [Mil76] und dort angegebene weiterführende Literatur verwiesen.

- In [AH87] wird gezeigt, daß PRIME$\in$ RP gilt. Zusammen mit dem Ergebnis von R. Solovay und V. Strassen [SS77], daß die Entscheidung der Menge der zusammengesetzten Zahlen zu RP gehört, bedeutet dies PRIME$\in$ RP $\cap$ coRP.

Kapitel 8

Probabilistische Klassen

8.1 Die Klassen RP und ZPP

Unter probabilistischen Klassen verstehen wir Zählklassen, deren Akzeptierungstypen eine probabilistische Interpretation der Akzeptierungsvorgänge nahelegen. Wir illustrieren am Beispiel der Zählklasse RP, wie dies gemeint ist. Die Berechnungsbäume nichtdeterministischer Turingmaschinen sind endliche Bäume vom Verzweigungsgrad höchstens 2. Für solche Bäume B definieren wir induktiv ein Wahrscheinlichkeitsmaß μ_B auf der Menge der Blätter (oder, wie wir auch sagen können, auf der Menge aller Pfade).

1. Besteht B nur aus der Wurzel w, so setzen wir $\mu_B(w) = 1$.

2. Entsteht B' aus B, indem dem Blatt b von B zwei unmittelbare Nachfolger c_1 und c_2 angehängt werden, so setzen wir $\mu_{B'}(c_1) = \mu_{B'}(c_2) = \frac{1}{2} \cdot \mu_B(b)$ und $\mu'_B(d) = \mu_B(d)$ für alle anderen Blätter d.

3. Entsteht B' aus B, indem dem Blatt b von B ein unmittelbarer Nachfolger c angehängt wird, so setzen wir $\mu_{B'}(c) = \mu_B(b)$ und $\mu'_B(d) = \mu_B(d)$ sonst.

Wir schreiben künftig auch $\mu_B(\alpha) = \mu_B(a)$, wenn der Pfad α zum Blatt a führt. Man sieht unmittelbar: Für jeden endlichen Baum B gilt $\sum\{\mu_B(\alpha) : \alpha \text{ ist Pfad von } B\} = 1$, so daß μ_B wirklich ein Wahrscheinlichkeitsmaß auf der Menge aller Pfade von B ist.

Ereignisse sind beliebige Teilmengen von Pfaden eines Baumes. Für ein Ereignis E ist $wkt(E) = \sum\{2^{-|\alpha|} : \alpha \in E\}$ die Wahrscheinlichkeit von E bezüglich des eingeführten Maßes.

Die Definition 7.25 von RP kann nun auch probabilistisch gedeutet werden.
$X \in \text{RP} \longleftrightarrow$ Es gibt eine NPTM M mit

$$x \in X \longrightarrow wkt(M \text{ akzeptiert } x) > \tfrac{1}{2}$$
$$x \notin X \longrightarrow wkt(M \text{ akzeptiert } x) = 0.$$

Es soll dem Leser überlassen bleiben zu verifizieren, daß diese Auffassung von RP mit der Definition 7.25 von RP übereinstimmt, aus der sich unmittelbar ergibt:

Folgerung 8.1
$$\text{RP} \subseteq \text{NP}. \qquad \blacksquare$$

Es zeigt sich, daß es für die Klasse RP nicht wesentlich ist, daß Akzeptierung mit mindestens 50-prozentiger Wahrscheinlichkeit stattfindet. Man kann dies erheblich abschwächen, wie der folgende Satz zeigt.

Satz 8.2
Sei q ein beliebiges Polynom. Wird die Menge X von einer NPTM M im Sinne von NP so akzeptiert, daß $wkt(M$ akzeptiert $x) > q(|x|)^{-1}$ für jedes $x \in X$ gilt, so gehört X zu RP.

Beweis
Es sei X durch die NPTM M so akzeptiert, daß $wkt(M$ akzeptiert $x) > q(|x|)^{-1}$ mit festem Polynom q für jedes $x \in X$ gilt. Wir betrachten $N'(x) = M^k(x)$ (siehe Anhang) und legen fest, daß ein Pfad von $N'(x)$ genau dann akzeptiert, wenn wenigstens einer seiner k Teilpfade akzeptiert.
Behauptung: Wenn k geeignet groß gewählt wird, ist die Wahrscheinlichkeit dafür, daß x akzeptiert wird, größer als $\tfrac{1}{2}$.
Dazu schätzen wir die Wahrscheinlichkeit w dafür ab, daß keine Akzeptierung eintritt. Offenbar ist, wenn $n = |x|$ gesetzt wird, $w = (1 - \frac{1}{q(n)})^k$, denn die Wahrscheinlichkeit dafür, daß ein Pfad von $M(x)$ nicht akzeptiert, ist $1 - \frac{1}{q(n)}$, und die Teilpfade sind unabhängig voneinander. Wir setzen $k = q(n)$ und erinnern an das aus der Analysis bekannte Resultat[1] $\lim_{n \to \infty}(1 + \frac{z}{n})^n = e^z$. Hieraus ergibt sich: Wenn n hinreichend groß ist, etwa $n > n_0$, ist auch $q(n)$ hinreichend groß, und folglich ist $(1 - \frac{1}{q(n)})^{q(n)}$ nahe bei e^{-1} und damit kleiner als $\tfrac{1}{2}$. Dies bedeutet, daß N' ein x, das von M akzeptiert wird, mit Wahrscheinlichkeit mindestens $\tfrac{1}{2}$ akzeptiert.
Dies trifft auf die x mit $|x| > n_0$ zu. Für die endlich vielen x mit $|x| \leq n_0$ wird eine Maschine N'' bereitgestellt, die diese x von Haus aus richtig behandelt, nämlich ablehnt, wenn M dies tut und andernfalls mit Wahrscheinlichkeit größer als $\tfrac{1}{2}$ akzeptiert. Die Maschine N, die wir zum Beweis des Satzes konstruieren müssen, verhält sich für Eingaben x mit $|x| > n_0$ wie N' und für die

---
[1] $e = 2{,}718281828459\ldots$ ist die Eulersche Zahl.

8.2. DIE KLASSEN PP UND $\subsetneq$P

restlichen Eingaben wie N''.
Selbstverständlich hat die neue Maschine bei Eingabe von x keinen akzeptierenden Pfad, wenn auch $M(x)$ keinen akzeptierenden Pfad hat. ∎

Als leichte Folgerung hieraus notieren wir
Folgerung 8.3
RP ist durchschnitts- und vereinigungsabgeschlossen.
Beweis
Ist $X = L_{\text{RP}}(M)$ und $Y = L_{\text{RP}}(N)$, so wählt man für $X \cap Y$ die Maschine $M \circ N$ und für $X \cup Y$ die Maschine $M \| N$ und legt fest, daß ein Pfad von $(M \circ N)(x)$ genau dann akzeptiert, wenn seine beiden Teilpfade akzeptieren. In jedem Falle erhält man für die zu akzeptierenden Eingaben mindestens eine Akzeptierungswahrscheinlichkeit von $\frac{1}{4}$, wenn man von Maschinen mit der Akzeptierungswahrscheinlichkeit mindestens $\frac{1}{2}$ ausgegangen ist. ∎

Die Klasse RP scheint nicht komplementabgeschlossen zu sein. Man bezeichnet RP ∩ coRP mit ZPP. Die Abkürzung kommt von *zero error probability* und ist so zu verstehen, daß man Maschinen für die Mengen aus ZPP angeben kann, die keine falschen Ergebnisse ausgeben. Alle ihre Ausgaben sind entweder richtig, oder sie bedeuten „ich weiß es nicht", symbolisiert durch ?.
Wir wollen das einsehen. Es sei $X \in$ ZPP. Dann ist $X \in$ RP und $X \in$ coRP, oder, was dazu äquivalent ist, $\overline{X} \in$ RP. Demgemäß seien M und N RP-Maschinen für X und $\overline{X}$. Wir betrachten die Maschine $K = M \circ N$. Folgende Ergebnisse sind auf Pfaden von $K(x)$ denkbar: $(+,0), (0,+)$ und $(0,0)$. Ist $x \in X$, so entstehen das erste und dritte, und ist $x \notin X$, so entstehen das zweite und dritte Ergebnis. Setzt man $+ = (+,0)$, $- = (0,+)$ und $? = (0,0)$, so hat man damit eine Maschine, die bei $x \in X$ mit Mehrheit $+$ und daneben ? ausgibt, und die bei $x \notin X$ mit Mehrheit $-$ und daneben ? ausgibt. Die Ausgaben $+$ und $-$ werden nie fälschlich ausgegeben. Daher „zero error".
Man mache sich klar, daß ZPP ebenso wie RP eine promise-Klasse ist.

8.2 Die Klassen PP und $\subsetneq$P

Im Gegensatz zu ZPP läßt man bei probabilistischen Algorithmen auch falsche Ausgaben zu, die allerdings nur mit „geringer" Wahrscheinlichkeit auftreten dürfen.

Definition 8.4 [Gil77, Sim77]
$X \in$ PP *genau dann, wenn es eine NPTM M gibt mit*

$$x \in X \longrightarrow wkt\{M \text{ akzeptiert } x\} \geq \tfrac{1}{2}$$
$$x \notin X \longrightarrow wkt\{M \text{ akzeptiert } x\} < \tfrac{1}{2}.$$

K. Wagner hat, um die Komplexität des Zählens erfassen zu können, die folgenden Klassen CP und $\subsetneq$P betrachtet.

Definition 8.5 [Wag86a]
$X \in$ CP genau dann, wenn es eine NPTM M und ein $f : \Sigma^* \longrightarrow \mathbb{N}$ aus FP gibt mit $x \in X \longleftrightarrow acc_M(x) \geq f(x)$.
$X \in \subsetneq$P genau dann, wenn es eine NPTM M und ein $f : \Sigma^* \longrightarrow \mathbb{N}$ aus FP gibt mit $x \in X \longleftrightarrow acc_M(x) = f(x)$.

T. Gundermann hat diese Klassen als Zählklassen studiert. Nach [GNW90] betrachten wir die Zählklassen GP und EP mit den Zähltypen $G = \{(n,m) : n \geq m \wedge n, m \in \mathbb{N}\}$ beziehungsweise $E = \{(n,n) : n \in \mathbb{N}\}$.

Satz 8.6
1. PP = CP = GP .

2. $\subsetneq$P = EP.

Beweis
1. PP $\subseteq$ CP.
Sei $X \in$ PP. Dann existiert eine NPTM M mit der Rechenzeit p, und es gilt

$$x \in X \longleftrightarrow wkt\{M \text{ akzeptiert } x\} \geq \tfrac{1}{2}$$
$$\longleftrightarrow acc_M(x) \geq 2^{p(|x|)}.$$

Wir setzen $f(x) = 2^{p(|x|)}$ und haben damit $X \in$ CP, weil $f \in$ FP.
2. CP $\subseteq$ GP.
Sei $x \in X \longleftrightarrow acc_M(x) \geq f(x)$ mit einer NPTM M und einem $f \in$ FP. Wir konstruieren die NPTM N, die bei Eingabe von x zweierlei tut: Sie arbeitet wie $M(x)$ und nimmt auf allen Pfaden, auf denen M akzeptiert, den Zustand 1 an. Parallel dazu berechnet sie $f(x)$ und erzeugt genau $f(x)$ Pfade, die alle den Endzustand 2 haben. Damit ist

$$x \in X \longleftrightarrow acc_M^1(x) \geq acc_M^2(x),$$

was zeigt, daß X zu GP gehört.
3. $GP \subseteq$ PP.
Sei $X \in GP$, und sei M eine NPTM mit der Rechenzeit p, die X im Sinne von GP akzeptiert:

$$x \in X \longleftrightarrow acc_M^1(x) \geq acc_M^2(x).$$

Die Maschine M wird wie folgt zu einer Maschine N modifiziert: Bei Eingabe von x rechnet N auf jedem Pfad genau einen Schritt weiter als M: Pfade

8.2. DIE KLASSEN PP UND C₌P

von M, die mit dem Zustand 1 enden, verzweigen sich in zwei akzeptierende Pfade von N. Die Pfade, die auf den Zustand 2 enden, verzweigen sich in zwei ablehnende Pfade. Die Pfade, die mit dem Zustand 0 enden, verzweigen sich in einen akzeptierenden und einen ablehnenden Pfad. Damit gilt

$$\begin{aligned} x \in X &\longleftrightarrow acc_M^1(x) \geq acc_M^2(x) \\ &\longleftrightarrow acc_N(x) = acc_M^0(x) + 2acc_M^1(x) \geq \\ &\quad acc_M^0(x) + acc_M^1(x) + acc_M^2(x) = 2^{p(|x|)} \\ &\longleftrightarrow wkt\{N \text{ akzeptiert } x\} \geq \tfrac{1}{2}. \end{aligned}$$

Letzteres gilt, wenn M so beschaffen ist, daß jeder Berechnungsbaum ein vollständiger binärer Baum ist, was wir o.B.d.A. annehmen wollen. Dies zeigt $X \in \text{PP}$.
Die zweite Aussage beweist man analog. ∎

In [Wag86a] wird die **Zählhierarchie** definiert:

$$\text{PP} \subseteq \text{PP}^{\text{PP}} \subseteq \text{PP}^{\text{PP}^{\text{PP}}} \subseteq \ldots$$

Die Vereinigung dieser Klassen heißt CH. Offensichtlich ist CH $\subseteq$ PSPACE. Man beachte in diesem Zusammenhang das Resultat von J. Torán $\text{PP}^{\text{PP}} = \text{PP}^{\text{C}_=\text{P}}$. PP und C₌P können noch in etwas modifizierter Form als Zählklassen aufgefaßt werden. Wir setzen $G' = \{(n, m) : n \in \mathbb{N} \land n > m\}$.

Lemma 8.7
$$G'\text{P} = \text{PP}.$$

Beweis
Nach Satz 8.6 reicht es, $G'\text{P} = G\text{P}$ zu zeigen Die Inklusion von links nach rechts folgt aus $n > m \longleftrightarrow n \geq m+1$ und Satz 7.5. Die andere Inklusion folgt aus $n \geq m \longleftrightarrow n+1 > m$ und dem gleichen Satz. ∎

Auch für EP = C₌P gibt es eine „normierte" Art der Akzeptierung.

Lemma 8.8
Für $X \in$ EP gibt es stets eine NPTM M, die X so akzeptiert, daß gilt

$$\begin{aligned} x \in X &\longrightarrow acc_M^1(x) = acc_M^2(x), \\ x \notin X &\longrightarrow acc_M^1(x) > acc_M^2(x). \end{aligned}$$

Beweis
Unter Berücksichtigung von Satz 7.5 reicht es, die Äquivalenzen

$$\begin{aligned} n \neq m &\longleftrightarrow (n-m)^2 > 0 \\ &\longleftrightarrow n^2 + m^2 > 2mn \end{aligned}$$

festzustellen. ∎

Der nächste Satz erfordert eine technische Vorbereitung. Für $n > 0$ definieren wir die Hilfsfunktion

$$f_n(x) = (x-1)\prod_{i=1}^{n}(x-2^i)^2\Big[(x-1)\prod_{i=1}^{n}(x-2^i)^2 - (x+1)\prod_{i=1}^{n}(x+2^i)^2\Big]^{-1},$$

und zur Abkürzung setzen wir

$$g_n(x) = \frac{(x+1)\prod_{i=1}^{n}(x+2^i)^2}{(x-1)\prod_{i=1}^{n}(x-2^i)^2}.$$

Für alle x ist $(x-1)\prod_{i=1}^{n}(x-2^i)^2 < (x+1)\prod_{i=1}^{n}(x+2^i)^2$, und deshalb ist der Nenner von f_n immer negativ.

Lemma 8.9 [BRS95]
1. Für $x \leq -1$ ist $f_n(x) \geq 1$.

2. Für $1 \leq x \leq 2^n$ ist $-\frac{1}{3} \leq f_n(x) \leq 0$.

Beweis
Zu 1. Für $x \leq -1$ ist der Nenner von $g_n(x)$ betragsmäßig größer als der Zähler. Daraus folgt $0 \leq g_n(x) < 1$, und damit ist $f_n(x) = \frac{1}{1-g_n(x)} \geq 1$.
Zu 2. Ist x eine Zweierpotenz, ist der Zähler 0 und damit die Behauptung richtig. Ist x keine Zweierpotenz, so existiert ein $k \leq n$ mit $2^k < x < 2^{k+1}$. Daraus folgt $2^k + 2^k < x + 2^k$ und $x - 2^k < 2^k$ und damit $\frac{x+2^k}{x-2^k} > 2$. Da für alle $i \neq k$ jedenfalls $\frac{x+2^i}{x-2^i} > 1$ und $x+1 > x-1$ ist, ergibt sich $g_n(x) \geq 4$ und deshalb $f_n(x) = \frac{1}{1-g_n(x)} > -\frac{1}{3}$. ∎

₢P und PP haben schöne Abschlußeigenschaften:

Satz 8.10
1. ₢P *ist ein Mengenring.*

2. *[BRS95] PP ist eine Boolesche Algebra.*

Beweis
Zu (1). a) Durchschnittsabgeschlossenheit.
Sei $X = L_E(M)$ und $Y = L_E(N)$. Mit m_i sei die Zahl der Pfade von $M(x)$ bezeichnet, die auf den Endzustand i enden ($i = 1, 2$). Ebenso sind die n_i definiert. Es reicht, folgende Äquivalenz festzustellen:

$$\begin{aligned}m_1 = m_2 \wedge n_1 = n_2 &\longleftrightarrow (m_1 - m_2)^2 + (n_1 - n_2)^2 = 0\\ &\longleftrightarrow m_1^2 + n_2^2 + m_2^2 + n_1^2 = 2m_1m_2 + 2n_1n_2.\end{aligned}$$

8.2. DIE KLASSEN PP UND C=P

Damit folgt die Behauptung mit Satz 7.5, denn rechts steht wieder eine EP-Bedingung.

b) Vereinigungsabgeschlossenheit.
Genau ebenso reicht hier die Feststellung von

$$m_1 = m_2 \lor n_1 = n_2 \longleftrightarrow (m_1 - m_2)(n_1 - n_2) = 0$$
$$\longleftrightarrow m_1 n_2 + m_2 n_1 = m_1 n_1 + n_2 m_2.$$

Zu (2). a) Komplementabgeschlossenheit.
Sei $X \in$ PP. Nach Lemma 8.7 kann eine X akzeptierende Maschine M mit $x \in X \longleftrightarrow m_1 > m_2$ gewählt werden. Dann ist $x \in \overline{X} \longleftrightarrow m_2 \geq m_1$. Dies ist wieder eine PP-Bedingung.

b) Vereinigungs- und Durchschnittsabgeschlossenheit.
Wegen der Komplementabgeschlossenheit von PP reicht es, die Abgeschlossenheit von PP bezüglich der Durchschnittsbildung zu beweisen.
Aus Lemma 8.9 folgt unmittelbar

$$f_n(x) + f_n(y) \leq 0 \longleftrightarrow 1 \leq x, y \leq 2^n.$$

Nun seien X, Y Mengen aus PP, und M und N seien Turingmaschinen die X beziehungsweise Y im Sinne von PP akzeptieren. Ohne Beschränkung der Allgemeinheit nehmen wir an, daß beide Maschinen die gleiche Rechenzeit p haben. Zur Abkürzung setzen wir für $i = 1, 2$ (wobei wir die Abhängigkeit von w nicht zum Ausdruck bringen) $m_i = acc^i_M(w)$ und $n_i = acc^i_N(w)$. Ferner betrachten wir die Funktion f_n für $n = p(|w|)$. Dann gilt

$$w \in X \cap Y \longleftrightarrow 1 \leq m_1 - m_2 \leq 2^{p(|w|)} \land 1 \leq n_1 - n_2 \leq 2^{p(|w|)}$$
$$\longleftrightarrow f_{p(|w|)}(m_1 - m_2) + f_{p(|w|)}(n_1 - n_2) \leq 0.$$

Die letzte Äquivalenz ist die Anwendung der aus Lemma 8.9 gefolgerten Beziehung. Die rechte Seite kann man so umformen, daß sich

$$w \in X \cap Y \longleftrightarrow s(m_1, m_2, n_1, n_2) \leq t(m_1, m_2, n_1, n_2)$$

ergibt, wobei s, t Polynome mit nichtnegativen Koeffizienten sind. Dies ist eine GP-Akzeptierungsbedingung. Da alle vorkommenden Koeffizienten in einer in n polynomialen Zeit berechenbar sind und der Grad dieser Polynome linear in $p(|w|)$ ist, ist damit nach Satz 7.5 alles gezeigt. ∎

Daß C=P sogar unter positiven truth-table-Reduktionen abgeschlossen ist, ist erstmals explizit in [BCO93] und unabhängig davon in [Rot93] formuliert worden. Implizit ist dies bereits in [GNW90] enthalten. In [FR96] wird gezeigt, daß PP unter $\leq^P_{tt}$-Reduktionen abgeschlossen ist, woraus die Aussage 2 von

Satz 8.10 als Spezialfall folgt.
Wie sich PP und $C_=P$ in den Kontext der übrigen Klassen einordnen, wird im folgenden Satz beschrieben.

Satz 8.11
1. $\text{NP} \cup \text{coNP} \subseteq \text{PP} \subseteq \text{PSPACE}$.

2. $\text{NP} \subseteq \text{coC}_=\text{P}$.

3. $C_=P \cup \text{coC}_=P \subseteq PP$.

4. $\text{SPP} \subseteq C_=P \cap \text{coC}_=P$.

Beweis
Zu 1. Daß $PP \subseteq PSPACE$ gilt, kann direkt bewiesen werden durch pfadweise Simulation und begleitendes Zählen der akzeptierenden Pfade. Wegen der Komplementabgeschlossenheit von PP braucht man nur $NP \subseteq PP$ zu zeigen. Dies folgt mit Satz 7.5 aus $n > 0 \longleftrightarrow 2n > n$. Hier steht rechts eine PP-Akzeptierungsbedingung.

Zu 2. Wir zeigen $\text{coNP} \subseteq C_=P$. Mit Satz 7.5 folgt dies aus $n = 0 \longleftrightarrow 2n = n$.

Zu 3. Mit Satz 7.5 folgt $C_=P \subseteq PP$ aus $n = m \longleftrightarrow 2nm \geq n^2 + m^2$, und $\text{coC}_=P \subseteq PP$ ergibt sich aus der Komplementabgeschlossenheit von PP.

Zu 4. Wenn X in SPP liegt, kann eine NPTM M gewählt werden, die X im Sinne von SPP akzeptiert: $x \in X \longrightarrow acc_M^1(x) = acc_M^2(x) + 1$,
$x \notin X \longrightarrow acc_M^1(x) = acc_M^2(x)$.
Schreibt man dies so:
$x \in X \longrightarrow acc_M^1(x) = acc_M^2(x) + 1$,
$x \notin X \longrightarrow acc_M^1(x) \neq acc_M^2(x) + 1$,
so hat man damit einen Beweis dafür, daß X zu $C_=P$ gehört. Schreibt man es dagegen so:
$x \in X \longrightarrow acc_M^1(x) \neq acc_M^2(x)$,
$x \notin X \longrightarrow acc_M^1(x) = acc_M^2(x)$,
so ist damit $X \in \text{coC}_=P$ bewiesen. ∎

Die Inklusion $NP \cup \text{coNP} \subseteq PP$ kann leicht verbessert werden.

Satz 8.12 [BHW89]
$$\Theta_2^P \subseteq PP.$$

Dieser Satz wird durch den nächsten verallgemeinert, so daß wir auf einen Beweis verzichten können. Nach R. Beigel [Bei94] gibt es eine Relativierung, für die der vorangehende Satz in dem Sinne optimal ist, daß für Funktionen f, die stärker als logarithmisch wachsen, nicht mehr $P^{NP[f]} \subseteq PP$ gilt. Um so interessanter ist es, daß, so lange es bei logarithmisch vielen Fragen bleibt, die

8.2. DIE KLASSEN PP UND C$_=$P

Aussage von Satz 8.12 auf Orakel aus PP ausgedehnt werden kann. Dies zeigt der nächste Satz, demzufolge PP nicht nur eine Boolesche Mengenalgebra ist, sondern auch noch gegenüber beliebigen tt-Reduktionen abgeschlossen ist.

Satz 8.13
$$P^{PP[Lin(\log)]} \subseteq PP.$$

Beweis
Wir stellen fest, daß in Analogie zu Satz 6.13 auch $P^{PP[Lin(\log)]} \subseteq PP = BH_{Pol}(PP)$ bewiesen werden kann. Nun folgt die Behauptung einfach daraus, daß PP eine Boolesche Mengenalgebra ist (Satz 8.10). ∎

Wir greifen nochmals die Frage auf, welche Beziehungen zwischen den probabilistischen Klassen, die zu Beginn dieses Abschnitts als Zählklassen mit zweidimensionalen Akzeptierungstypen definiert wurden, und Zählklassen mit eindimensionalen Akzeptierungstypen bestehen. Einerseits ist jede Zählklasse mit endlichem eindimensionalen Akzeptierungstyp Teilklasse von C$_=$P. Andererseits beweisen wir im folgenden ein singuläres Ergebnis, das zeigt, daß PP in einer Zählklasse mit eindimensionalem Akzeptierungstyp enthalten ist. Wir setzen $A_0 = \bigcup_{m=0}^{\infty} \{m(m+1),\ldots,m(m+2)\}$ und erhalten unmittelbar $\overline{A_0} = \bigcup_{m=1}^{\infty} \{m^2,\ldots,m^2+m-1\}$. Das folgende Ergebnis ist implizit in [Rot99a] enthalten.

Satz 8.14
$$PP \subseteq A_0P.$$

Beweis
Sei $X \in PP$ und seien N eine NPTM und $g \in FP$ derart, daß gilt
$$x \in X \longleftrightarrow acc_N(x) > g(x).$$
Ferner sei p ein Polynom, das gleichzeitig die Rechenzeit von N beschränkt und die Ungleichung $g(x) \leq 2^{p(n)}$ mit $n = |x|$ erfüllt.
Wir beschreiben eine Maschine M, die X im Sinne von A_0P akzeptieren soll. Bei Eingabe von x mit $n = |x|$ bestimmt M zuerst $g(x)$ und mit $m - 1 = 2^{p(n)}$ das Produkt $m(m+1)$. Danach erzeugt M unter Verwendung der Berechnung $N(x)$ genau
$$acc_M(x) = m(m+1) - 1 + acc_N(x) - g(x)$$
akzeptierende Pfade. Dazu ist es wichtig, daß die künstlich zu erzeugende Zahl $m(m+1) - 1 - g(x)$ von Pfaden nicht negativ ist, was aber nach der Voraussetzung über p und die Wahl von m gesichert ist. Wir zeigen, daß M genau die Menge X im Sinne von A_0P akzeptiert.

1. Fall: $x \in X$.
Dann ist $1 \leq acc_N(x) - g(x) \leq 2^{p(n)} \leq m - 1$, und es ergibt sich
$$m(m+1) \leq acc_M(x) \leq m(m+1) + m - 1,$$

also $acc_M(x) \in A_0$.
2. Fall: $x \notin X$.
Dann ist $-2^{p(n)} \leq acc_N(x) - g(x) \leq 0$, und damit ergibt sich

$$m^2 = m(m+1) - 1 - 2^{p(n)} \leq acc_M(x) \leq m^2 + m - 1,$$

also $acc_M(x) \notin A_0$. ∎

8.3 Beschränkte Fehlerwahrscheinlichkeit

Betrachtet man PP als probabilistische Klasse, so fällt auf, daß das Ergebnis einer PP-Akzeptierung mit einer hauchdünnen Mehrheit von akzeptierenden Pfaden getroffen werden kann. Bei p-zeitbeschränkten NTM reichen bei Eingaben der Länge n schon $2^{p(n)-1} + 1$ Pfade zur Akzeptierung, das ist ein Pfad mehr als die Hälfte aller Pfade. Für $n \longrightarrow \infty$ kann somit der Anteil der akzeptierenden Pfade an der Gesamtheit aller Pfade gegen $\frac{1}{2}$ streben. Diese Überlegung hat dazu geführt, eine Klasse einzuführen, bei der Akzeptierung nur stattfindet, wenn die Anzahl der akzeptierenden Pfade um einen festen Anteil über der Hälfte liegt. In diesem Falle bleibt die Wahrscheinlichkeit für einen Akzeptierungsfehler angebbar unter $\frac{1}{2}$. Man spricht von „bounded error probability" und bezeichnet die einzuführende Klasse mit BPP.

Definition 8.15 [Gil77]
$X \in$ BPP *genau dann, wenn es eine NPTM M (mit Rechenzeit p) und ein $c > 0$ gibt, so daß gilt:*

$$\begin{aligned} x \in X &\longrightarrow wkt\{M \text{ akzeptiert } x\} \geq \tfrac{1}{2} + c, \\ x \notin X &\longrightarrow wkt\{M \text{ akzeptiert } x\} < \tfrac{1}{2} - c, \end{aligned}$$

Der Leser beachte, daß BPP eine Promise-Klasse ist, denn nicht jede beliebige Turingmaschine leistet eine BPP-Akzeptierung. Daher muß man auch damit rechnen, daß BPP keine vollständigen Mengen hat. Man vergleiche dazu Satz 7.29.
Es sei r eine Abbildung von $\mathbb{N}$ in die Menge der rationalen Zahlen zwischen 0 und 1 einschließlich der Grenzen. Wir sagen „M akzeptiert die Menge A mit Fehlerwahrscheinlichkeit höchstens r im Sinne von BPP" genau dann, wenn $wkt(M(x)$ berechnet $c_A(x)) \geq 1 - r(|x|)$ gilt. Die Akzeptierung von BPP-Mengen kann man mit sehr kleiner Fehlerwahrscheinlichkeit schaffen. Für praktische Belange kommt damit BPP sehr nahe an P heran.

8.3. BESCHRÄNKTE FEHLERWAHRSCHEINLICHKEIT

Satz 8.16
Sei p ein beliebiges Polynom. Dann kann man jede Menge $X \in$ BPP im Sinne von BPP mit Fehlerwahrscheinlichkeit höchstens ϵ im Sinne von BPP akzeptieren, wobei $\epsilon(n) = 2^{-p(n)}$.

Beweis
Sei $X \in$ BPP, und sei p ein Polynom. Wir wählen eine NTM M, die X im Sinne von BPP mit einer Wahrscheinlichkeit $\delta = \frac{1}{2} + c$ mit $0 < c \leq \frac{1}{2}$ akzeptiert. Wir setzen $\epsilon = \frac{1}{2} - c$. Wir wählen ein noch näher zu bestimmendes Polynom q, setzen $m = 2q(n) + 1$ und definieren die Maschine N derart, daß sie bei Eingaben x der Länge n die Berechnung $M^m(x)$ ausführt. Außerdem legen wir fest, daß $N(x)$ auf jedem Pfad genau den Wert ausgibt, der auf mehr als der Hälfte aller Teilpfade, mithin also mindestens $(q(n)+1)$-mal, ausgegeben wird.
Wir zeigen: Das Polynom q läßt sich so festlegen, daß N die Menge X mit Wahrscheinlichkeit $1 - 2^{-p(n)}$ akzeptiert.
Dazu bestimmen wir die Wahrscheinlichkeit dafür, daß bei Eingabe von x der Wert $1 \dotdiv c_X(x)$ von N ausgegeben wird. Dazu muß es ein $j \leq q(n)$ geben, so daß genau j der m aufeinander folgenden Berechnungen $M(x)$ den richtigen Wert $c_X(x)$ und die übrigen den falschen Wert $1 \dotdiv c_X(x)$ erhalten. Die Wahrscheinlichkeit w dieses Ereignisses ist wie folgt abzuschätzen: $w \leq \sum_{j=0}^{q(n)} \binom{m}{j} \delta^j \epsilon^{m-j}$. Wegen $\epsilon < \delta$ ist $\delta^j \epsilon^{m-j} < (\delta\epsilon)^{\frac{m}{2}}$. Damit ergibt sich

$$w \leq (\delta\epsilon)^{\frac{m}{2}} \sum_{j=0}^{m} \binom{m}{j} = (4\delta\epsilon)^{\frac{m}{2}} = (1 - 4c^2)^{\frac{m}{2}} \leq (1 - 4c^2)^{q(n)}.$$

Letzteres gilt, weil $(1 - 4c^2) \leq 1$ ist, und dies ist auch der Grund dafür, daß man ein a so finden kann, daß $(1-4c^2)^a \leq \frac{1}{2}$ gilt. Setzt man nun $q(n) = ap(n)$, so erhält man insgesamt für die Fehlerwahrsscheinlichkeit $w \leq 2^{-p(n)}$. Damit arbeitet N mit der Wahrscheinlichkeit $1 - 2^{-p(n)}$. ∎

Aus der Definition von BPP ergibt sich sofort der

Satz 8.17
$$\text{RP} \subseteq \text{BPP} = \text{coBPP} \subseteq \text{PP}. \quad \blacksquare$$

Wir gehen zuerst der wichtigen Frage nach, wie BPP zur Polynomialzeithierarchie liegt. C. Lautemann und P. Gács haben unabhängig voneinander gezeigt, daß BPP $\subseteq \Sigma_2^P \cap \Pi_2^P$ gilt (vgl Satz 8.25). Wie BPP zu NP liegt, ist unbekannt. Daß die Inklusion NP $\subseteq$ BPP unwahrscheinlich ist, zeigt folgender Satz.

Satz 8.18 [Ko82]
$$\text{NP} \subseteq \text{BPP} \longrightarrow \text{NP} \subseteq \text{RP}.$$

Beweis
Wenn NP $\subseteq$ BPP gilt, kann nach Satz 8.16 eine NTM M gewählt werden, die SAT mit Wahrscheinlichkeit $1 - 2^{-n}$ im Sinne von BPP akzeptiert. Wir beschreiben jetzt eine Maschine N, die SAT im Sinne von RP akzeptiert.
Für einen Booleschen Ausdruck $H(x_1, \ldots, x_m)$ betrachten wir $H_0(x_2, \ldots, x_m) = H(0, x_2, \ldots, x_m)$, $H_1(x_2, \ldots, x_m) = H(1, x_2, \ldots, x_m)$, $H_{00}(x_3, \ldots, x_m) = H(0, 0, x_3, \ldots, x_m)$, und so weiter. Werden diese H_w mit $w \in \{0, 1, e\}^m$ nach den Regeln der Booleschen Algebra vereinfacht, entstehen Ausdrücke, die nicht länger als H sind. Wir wollen zu jedem dieser H_w mit neuen Variablen $u_1, \ldots$ ein $H'_w = H_w \wedge u_1 \wedge \ldots \wedge u_{n_w}$ so definieren, daß $|H'_w| \geq |H|$ ist. Hierbei ist wichtig, daß $H'_w \in \text{SAT} \longleftrightarrow H_w \in \text{SAT}$ gilt.
Die Maschine N arbeitet bei Eingabe von H wie folgt: Zuerst wird M auf H'_0 angewendet. Mit Wahrscheinlichkeit mindestens $1 - 2^{-|H'_0|} \geq 1 - 2^{-|H|}$ wird die richtige Ausgabe auf die Frage ausgegeben, ob H'_0 erfüllbar ist. Die Maschine N soll sich bei einer positiven Antwort die Belegung 0 für x_1 merken und bei einer negativen Antwort die Belegung 1. Im ersten Falle wird mit $M(H'_{00})$ und im zweiten Falle mit $M(H'_{10})$ fortgefahren. Wieder merkt sich N bei einer positiven Antwort die Belegung 0 für x_2 und bei einer negativen Antwort die Belegung 1. Insgesamt werden m Phasen dieser Art durchlaufen, und danach hat N auf jedem seiner Pfade einen Kandidaten für eine Belegung für H.
Wir halten fest: Ist H erfüllbar, hat N nach dem i-ten Schritt mit Wahrscheinlichkeit mindestens $\left(1 - 2^{-|H|}\right)^i$ die ersten i Wahrheitswerte einer erfüllenden Belegung für H bestimmt. Insbesondere ist die Wahrscheinlichkeit dafür, daß sie nach m Phasen auf ihren Pfaden erfüllende Belegungen für H konstruiert hat, mindestens $\left(1 - 2^{-|H|}\right)^m$.
Nun wird abschließend auf jedem Pfad getestet, ob H durch die gefundene Belegung erfüllt wird. Ist dies der Fall, wird akzeptiert, sonst wird abgelehnt. Damit ist gesichert, daß unerfüllbare Eingaben H von N im Sinne von NP abgelehnt werden, während erfüllbare H mit einer Wahrscheinlichkeit von mindestens $\left(1 - 2^{-|H|}\right)^m \geq 1 - m2^{-|H|} \geq \frac{1}{2}$ im Sinne von NP akzeptiert werden. Dies ist aber eine RP-Akzeptierung. ∎

Festzuhalten ist, daß die Bedingung NP $\subseteq$ BPP hiernach eine eigenartige und ansonsten noch nicht beobachtete Kollapssituation impliziert: Nach dem, was bisher bekannt ist, ist es denkbar, daß zwischen RP = NP und $\Sigma_2^P = \Pi_2^P$ ein Stück echter Hierarchie vorkommt.

8.4 Der Mehrheitsquantor

Die in diesem Abschnitt dargestellte Auffasung von Komplexitätsklassen geht auf S. Zachos zurück [Zac86]. Es handelt sich auch hier um spezielle Blattsprachenklassen. Wir beginnen mit einem gut bekannten Beispiel. Die Klasse NP kann wie folgt definiert werden: Ist $A \in$ NP, so existieren ein $B \in$ P und ein Polynom p derart, daß für jedes x gilt:

$$x \in A \longrightarrow \bigvee_y^p B(x,y)$$
$$x \notin A \longrightarrow \bigwedge_y^p \sim B(x,y).$$

Für das Enthaltensein eines Elements in A und im Komplement von A ist jeweils ein Quantifikator zuständig, und wir schreiben in diesem Falle auch NP $= (\bigvee / \bigwedge)$.

Definition 8.19
*Ein Paar (Q_1, Q_2) von Wörtern aus je n Quantifikatoren heißt ein **sensibles Paar** genau dann, wenn $Q_1 B \wedge Q_2 \sim B$ für jedes $(n+1)$-stellige Prädikat B eine Kontradiktion ist.*

Dies heißt, daß $Q_1 B$ und $Q_2 \sim B$ nicht gleichzeitig wahr sein können. Damit eignen sich diese beiden Ausdrücke zur Unterscheidung von Akzeptierung und Ablehnung. Diese Vorstellung wird in der folgenden Definition präzisiert. Alle im weiteren vorkommenden Quantoren sind grundsätzlich polynomial längenbeschränkt, so daß wir dies niemals mehr explizit vermerken werden.

Definition 8.20
Es sei (Q_1, Q_2) ein sensibles Paar von Wörtern aus Quantifikatoren. Dann ist hierdurch eine Komplexitätsklasse (Q_1, Q_2) wie folgt definiert: $L \in (Q_1/Q_2)$ genau dann, wenn es ein $B \in$ P gibt mit

1. $x \in L \longrightarrow (Q_1 \mathfrak{y}) B(x, \mathfrak{y})$

2. $x \notin L \longrightarrow (Q_2 \mathfrak{y}) \sim B(x, \mathfrak{y})$

Als Beispiele seien neben NP $= (\bigvee / \bigwedge)$ genannt: coNP $= (\bigwedge / \bigvee)$, $\Sigma_2^P =$ $(\bigvee \bigwedge / \bigwedge \bigvee)$. Leicht ist einzusehen, daß $\text{co}(Q_1/Q_2) = (Q_2/Q_1)$ gilt.
Ein weiterer Quantor, der insbesondere für BPP wichtig wird, ist der **Mehrheitsquantor** $\bigvee^+$, der so definiert ist:

Definition 8.21
$\bigvee_y^+ B(x, y)$ *trifft bei festem x genau dann zu, wenn mehr als 75% aller durch die Längenbeschränkung, etwa $|y| \leq p(|x|)$, ausgesonderten y das Prädikat $B(x, y)$ erfüllen.*

Wie man sofort einsieht, gilt RP = ($\vee^+ / \wedge$) und BPP = ($\vee^+ / \vee^+$). Aus dieser Darstellung für BPP ergibt sich unmittelbar die Komplementabgeschlossenheit von BPP.

Dieser Zugang erlaubt eine einheitliche Darstellung vieler Komplexitätsklassen. Quantorenmanipulationen führen zu Beziehungen zwischen Komplexitätsklassen. Ein typisches Beispiel dafür ist das

Lemma 8.22
Für $B \in P$ gilt $\bigwedge_y \bigvee_z^+ B(x,y,z) \longrightarrow \bigvee_M^+ \bigwedge_y \bigvee_{z \in M} B(x,y,z)$.

Erläuterung: x ist ein Parameter der Länge n, auf den sich wie immer die Längenbeschränkungen beziehen. Ist $|z| \leq p(n)$, so ist M eine Variable, die über Mengen von Wörtern der Länge höchstens $p(n)$ variiert. Damit M selbst auch polynomial längenbeschränkt ist, lassen wir nur Mengen M zu mit $card(M) = g(n)$, wobei g ein Polynom ist, über das wir noch geeignet verfügen werden. Die Längenbeschränkung für y sei durch das Polynom f gegeben.

Beweis
Es gelte die linke Seite der Behauptung des Lemmas. Sei $W = \{0,1,e\}^{p(n)}$ die Menge der binären Wörter von höchstens der Länge $p(n)$. Die Zahl der möglichen Teilmengen von W mit $g(n)$ Elementen ist $\binom{2^{p(n)+1}-1}{g(n)}$. Wie viele davon haben die Eigenschaft $\bigwedge_y \bigvee_{z \in M} B(x,y,z)$ nicht? Anders gefragt: Wie viele davon erfüllen die Bedingung $\bigvee_y \bigwedge_{z \in M} \sim B(x,y,z)$? Die Zahl der $g(n)$-elementigen Teilmengen von W, die für ein festes y_0 die Bedingung $\bigwedge_{z \in M} \sim B(x,y,z)$ erfüllen, ist höchstens $\binom{\lceil \frac{1}{4} \cdot (2^{p(n)+1} - 1) \rceil}{g(n)} \leq \binom{2^{p(n)-1}}{g(n)}$, denn nach der Voraussetzung erfüllen höchstens ein Viertel aller Wörter das Prädikat $B(x,y_0,z)$ nicht. Hieraus folgt, daß die Zahl der Mengen $M \subseteq W$ mit $card(M) = g(n)$ und $\bigvee_y \bigwedge_{z \in M} \sim B(x,y,z)$ nicht größer ist als
$(2^{f(n)+1} - 1) \cdot \binom{2^{p(n)-1}}{g(n)} \leq 2^{f(n)+1} \cdot \binom{2^{p(n)-1}}{g(n)}$. Der Anteil dieser Mengen ist damit so abzuschätzen:

$$\frac{2^{f(n)+1} \cdot \binom{2^{p(n)-1}}{g(n)}}{\binom{2^{p(n)+1}-1}{g(n)}} \leq \frac{2^{f(n)+1}}{2^{g(n)}}$$

und für $g > f + 3$ ist dies höchstens $\frac{1}{4}$. Bei einer solchen Wahl von g haben die Mengen $M \subseteq W$ mit $card(M) = g(n)$ und $\bigwedge_y \bigvee_{z \in M} B(x,y,z)$ eine Mehrheit von mindestens 75%. Da das Prädikat $\bigvee_{z \in M} B(x,y,z)$ in P liegt, ist das Lemma bewiesen. ∎

Dieses Lemma hat eine Konsequenz, die eine große formale Ähnlichkeit zur Aussage $\Sigma_2^P \subseteq \Pi_2^P$ aufweist.

8.4. DER MEHRHEITSQUANTOR

Lemma 8.23
$$(\vee \wedge / \wedge \vee^+) \subseteq (\wedge \vee / \vee^+ \wedge).$$

Beweis
Sei $L \in (\vee \wedge / \wedge \vee^+)$. Dann gilt mit passend gewähltem $B \in P$:

$$
\begin{aligned}
x \notin L &\longrightarrow \wedge_y \vee_z^+ \sim B(x,y,z) && \text{(nach Definition)} \\
&\longrightarrow \vee_M^+ \wedge_y \vee_{z \in M} \sim B(x,y,z) && \text{(nach Lemma 8.22)} \\
&\longrightarrow \vee_M \wedge_y \vee_{z \in M} \sim B(x,y,z) && \text{(trivial)} \\
&\longrightarrow \wedge_y \vee_z \sim B(x,y,z) && \text{(trivial)} \\
&\longrightarrow x \notin L && \text{(nach Definition, denn die Kontraposition ist } x \in L \longrightarrow \vee_y \wedge_z B(x,y,z))
\end{aligned}
$$

Mit $A(x,y,M) \longleftrightarrow_{df} \wedge_{z \in M} B(x,y,z)$ schließen wir aus diesen Implikationen

$$
\begin{aligned}
x \notin L &\longleftrightarrow \vee_M^+ \wedge_y \sim A(x,y,M) \\
x \notin L &\longleftrightarrow \vee_M \wedge_y \sim A(x,y,M)
\end{aligned}
$$

Die letzte Zeile ergibt
$$x \in L \longrightarrow \bigwedge_M \bigvee_y A(x,y,M).$$

Zusammen mit der ersten Zeile bedeutet dies $L \in (\wedge \vee / \vee^+ \wedge)$, denn A ist wie B ein P-Prädikat, weil M nur polynomial viele Elemente enthält. ∎

Von besonderer Bedeutung ist das BPP-Theorem:

Satz 8.24 BPP-Theorem, [ZH84]
$$\text{BPP} = (\vee^+ / \vee^+) = (\vee^+ \wedge / \wedge \vee^+) = (\wedge \vee^+ / \vee^+ \wedge).$$
Diese Beziehungen gelten auch in jedem Quantifikatorenkontext, das heißt, für alle Q_1, Q_2, Q_3, Q_4 gilt
$(Q_1 \vee^+ Q_2 / Q_3 \vee^+ Q_4) = (Q_1 \vee^+ \wedge Q_2 / Q_3 \wedge \vee^+ Q_4) = (Q_1 \wedge \vee^+ Q_2 / Q_3 \vee^+ \wedge Q_4).$

Beweis
Wir zeigen die Behauptung für den leeren Kontext, d.h. für $Q_1 = \ldots = Q_4 = e$. Es reicht, $(\vee^+ / \vee^+) = (\wedge \vee^+ / \vee^+ \wedge)$ zu beweisen. Die andere Behauptung ergibt sich durch Übergang zu den co-Klassen, denn es gilt $\text{co}(\wedge \vee^+ / \vee^+ \wedge) = (\vee^+ \wedge / \wedge \vee^+)$.

1. $(\wedge \vee^+ / \vee^+ \wedge) \subseteq (\vee^+ / \vee^+)$.
Sei $L \in (\wedge \vee^+ / \vee^+ \wedge)$. Dann gibt es ein $B \in P$ mit

$$
\begin{aligned}
x \in L &\longrightarrow \wedge_y \vee_z^+ (x,y,z) \in B \\
&\longrightarrow \vee_{\langle y,z \rangle}^+ (x,y,z) \in B
\end{aligned}
$$

	w_1	w_2	...	w_m
w_1	$B(x,w_1)$	$B(x,w_2)$	...	$B(x,w_m)$
⋮	⋮			⋮
w_{m-1}	$B(x,w_{m-1})$	$B(x,w_m)$	...	$B(x,w_{m-2})$
w_m	$B(x,w_m)$	$B(x,w_1)$	...	$B(x,w_{m-1})$

Tabelle 8.1: Definition von A

und
$$x \notin L \longrightarrow \bigvee_y^+ \bigwedge_z (x,y,z) \notin B$$
$$\longrightarrow \bigvee_{(y,z)}^+ (x,y,z) \notin B.$$

Dies zeigt $L \in (\vee^+ / \vee^+)$.

2. $(\vee^+ / \vee^+) \subseteq (\wedge \vee^+ / \vee^+ \wedge)$.
Sei $L \in (\vee^+ / \vee^+)$. Dann existiert ein $B \in P$ mit

$$\left(x \in L \longrightarrow \bigvee_y^+ B(x,y)\right) \text{ und } \left(x \notin L \longrightarrow \bigvee_y^+ \sim B(x,y)\right).$$

Den Individuenbereich, den y durchläuft, denken wir uns quasilexikographisch geordnet: $w_1, \ldots, w_m$. Dann definieren wir ein Prädikat A durch die Vorschrift $A(x, w_i, w_j) = B(x, w_{i+j-1 \bmod m})$, wobei das Restsystem $\{1, \ldots, m\}$ modulo m gewählt wird. Das heißt beispielsweise $A(x, w_{m-1}, w_2) = B(x, w_m)$. Die Definition von A wird durch die Tabelle 8.4 dargestellt. B wird als erste Spalte aufgefaßt, und die weiteren Spalten ergeben sich durch zyklische Vertauschung. Hieraus ergibt sich, daß alle Spalten gleich viele Einsen haben, und wegen der Symmetrie trifft dies auch für alle Zeilen zu. Dies sichert, daß die erste der folgenden Implikationen zutrifft. Die zweite ergibt sich aus einem zu Lemma 8.22 analogen Lemma.

$$x \in L \longrightarrow \bigwedge_y \bigvee_z^+ A(x,y,z)$$
$$\longrightarrow \bigwedge_M \bigvee_z^+ (\bigwedge_{y \in M} A(x,y,z)).$$

Von den beiden folgenden Implikationen gilt die erste wieder nach Definition von A und die zweite nach Lemma 8.22.

$$x \notin L \longrightarrow \bigwedge_z \bigvee_y^+ \sim A(x,y,z)$$
$$\longrightarrow \bigvee_M^+ \bigwedge_z \bigvee_{y \in M} \sim A(x,y,z)$$
$$\longrightarrow \bigvee_M^+ \bigwedge_z \sim (\bigwedge_{y \in M} A(x,y,z)).$$

Wir setzen $C(x,z,M) = \bigwedge_{y \in M} A(x,y,z)$ und erhalten damit ein C, das zu P gehört. Dies zeigt $L \in (\wedge \vee^+ / \vee^+ \wedge)$. ∎

8.5. DIE ARTHUR-MERLIN-HIERARCHIE

Eine einfache Konsequenz aus dem BPP-Theorem ist:

Satz 8.25 [Lau83, Sip83b]
$$\text{BPP} \subseteq \Sigma_2^P \cap \Pi_2^P.$$

Beweis
Wegen der Komplementabgeschlossenheit von BPP reicht es, $\text{BPP} \subseteq \Sigma_2^P$ zu beweisen.
Nach dem BPP-Theorem gilt $\text{BPP} = (\bigvee^+ \bigwedge / \bigwedge \bigvee^+)$. Sei $L \in \text{BPP}$. Dann gilt mit passendem $B \in P$

$$x \in L \longrightarrow \bigvee_y^+ \bigwedge_z B(x,y,z)$$
$$\longrightarrow \bigvee_y \bigwedge_z B(x,y,z)$$

und

$$x \notin L \longrightarrow \bigwedge_y \bigvee_z^+ \sim B(x,y,z)$$
$$\longrightarrow \bigwedge_y \bigvee_z \sim B(x,y,z).$$

Die jeweils zweiten Implikationen in diesen Schlußketten ergeben sich durch Abschwächung von $\bigvee^+$ zu $\bigvee$. ∎

8.5 Die Arthur-Merlin-Hierarchie

Die Ergebnisse von Abschnitt 8.4 rechtfertigen die Betrachtung folgender Klassen:

$$\text{AM} = (\bigvee^+ \bigvee / \bigvee^+ \bigwedge),$$
$$\text{MA} = (\bigvee \bigvee^+ / \bigwedge \bigvee^+),$$
$$\text{AMA} = (\bigvee^+ \bigvee \bigvee^+ / \bigvee^+ \bigwedge \bigvee^+),$$
$$\text{MAM} = (\bigvee \bigvee^+ \bigvee / \bigwedge \bigvee^+ \bigwedge),$$
$$\vdots$$

Diese Klassen sind von L. Babai [Bab85] eingeführt worden und werden als **Arthur-Merlin-Klassen** bezeichnet. Mit den für diese Klassen geltenden Akzeptierungsbedingungen kann man die Vorstellung eines Zweipersonenspiels verbinden. Wir erläutern dies am Beispiel von AM. Nach Definition ist $L \in \text{AM}$ genau dann, wenn es ein $B \in P$ gibt mit

$$\left(x \in L \longrightarrow \bigvee_y^+ \bigvee_z B(x,y,z)\right) \wedge \left(x \notin L \longrightarrow \bigvee_y^+ \bigwedge_z \sim B(x,y,z)\right).$$

Diese Akzeptierungsbedingung interpretieren wir nun als Spiel zwischen zwei Personen. Die beiden Spieler heißen Arthur und Merlin. Arthur verhält sich wie eine BPP-Maschine und Merlin wie eine NP-Maschine. Arthur und Merlin spielen um jedes x. Zuerst hat Arthur einen Zug, danach Merlin. Ein Zug von Arthur ist die Anwendung der BPP-Maschine auf die Eingabe x. Ein Zug von Merlin besteht dann in der Anwendung der NP-Maschine auf die auf den einzelnen Pfaden von Arthur erzielten Resultate. Arthur gewinnt, wenn Merlin mehr als 75 % aller Ausgaben von Arthur akzeptieren muß. Man kann sich zum Beispiel vorstellen, daß Arthur Hypothesen aufstellt, von denen Merlin so viele wie möglich widerlegen möchte.

Bei MA beginnt Merlin, und er gewinnt genau dann, wenn er eine Hypothese angeben kann, die Arthur mit mehr als 75 % akzeptieren muß. Analog sind die Klassen AMA, MAM und die weiteren Klassen zu interpretieren. Von diesen Klassen sind aber höchstens zwei voneinander verschieden, wie der folgende Satz sagt.

Satz 8.26 [Bab85]
$$\text{MA} \subseteq \text{AM} = \text{AMA} = \text{MAM} = \ldots$$

Beweis
Um MA $\subseteq$ AM zu zeigen, beschaffen wir uns zunächst zwei neue Darstellungen für diese beiden Klassen:
$$\text{MA} = (\vee \wedge / \wedge \vee^+) \text{ und } \text{AM} = (\wedge \vee / \vee^+ \wedge).$$
Die erste Gleichung ergibt sich so: MA = $(\vee \vee^+ / \wedge \vee^+) = (\vee \vee^+ \wedge / \wedge \wedge \vee^+) \subseteq$ $(\vee \vee \wedge / \wedge \wedge \vee^+) = (\vee \wedge / \wedge \vee^+)$
$\subseteq (\vee \vee^+ / \wedge \vee^+) = $ MA.
Hierbei gilt die erste Gleichheit nach Definition von MA, die zweite nach dem BPP-Theorem (mit Kontext $Q_1 = \vee, Q_2 = e, Q_3 = \wedge, Q_4 = e$). Die erste Inklusion ergibt sich durch Abschwächung des linken $\vee^+$ zu $\vee$, die folgende Gleichheit ergibt sich durch Zusammenfassung gleichartiger Quantoren zu je einem, und die letzte Inklusion ergibt sich aus der Abschwächung des linken $\wedge$-Quantors zu $\vee^+$.

Analog läßt sich die folgende Kette von Gleichheiten und Inklusionen begründen:
AM = $(\vee^+ \vee / \vee^+ \wedge) = (\wedge \vee^+ \vee / \vee^+ \wedge \wedge) \subseteq (\wedge \vee \vee / \vee^+ \wedge \wedge) = (\wedge \vee / \vee^+ \wedge)$
$\subseteq (\vee^+ \vee / \vee^+ \wedge) = $ AM.
Nun folgt die Inklusion MA $\subseteq$ AM direkt aus dem Lemma 8.23.

Der behauptete Kollaps ergibt sich so: Trivial sind die beiden Inklusionen AM $\subseteq$ AMA und AM $\subseteq$ MAM. Aus MA $\subseteq$ AM ergibt sich AMA $\subseteq$ AAM, und nach Satz 8.36 gilt AAM = AM, insgesamt also AM = AMA. Die noch fehlende Inklusion MAM $\subseteq$ AM ergibt sich wie folgt:

MAM = $(\vee \vee^+ \vee / \wedge \vee^+ \wedge) \subseteq (\vee \vee^+ \wedge \vee / \wedge \wedge \vee^+ \wedge) \subseteq (\vee \wedge \vee / \wedge \vee^+ \wedge) \subseteq$ $(\wedge \vee \vee / \vee^+ \wedge \wedge) = (\wedge \vee / \vee^+ \wedge) = $ AM. Zur Begründung dienen wieder das BPP-Theorem und das Lemma 8.23 (beide mit Kontext). Die weiteren Gleich-

8.6. OPERATOREN

heiten ergeben sich nun leicht durch Induktion. ∎

Aus dem ersten Teil des soeben bewiesenen Satzes ergibt sich durch Abschwächung von $\bigvee^+$ zu $\bigvee$:

Folgerung 8.27
$$\text{MA} \subseteq \Sigma_2^P \text{ und AM} \subseteq \Pi_2^P.$$ ∎

Ferner ergibt sich aus der Darstellung MA = $(\bigvee \bigwedge / \bigwedge \bigvee^+)$ unter Verwendung des BPP-Theorems auf die gleiche Weise eine Verschärfung des Satzes 8.25.

Folgerung 8.28
$$\text{BPP} \subseteq \text{MA} \cap \text{coMA}.$$

Figur 8.1 faßt die bekannten Beziehungen zusammen. Einige in der Figur nicht vorkommende Inkluionen gelten auch wirklich nicht, es sei denn, die Polynomialzeithierarchie ist endlich. Dies geht aus dem folgenden Satz hervor.

Satz 8.29 [Sch89]
$$\text{NP} \subseteq \text{coAM} \longrightarrow \Sigma_2^P = \Pi_2^P.$$

Beweis
Sei NP $\subseteq$ coAM, also $(\bigvee / \bigwedge) \subseteq (\bigvee^+ \bigwedge / \bigvee^+ \bigvee)$. Dann ist $\Pi_2^P = (\bigwedge \bigvee / \bigvee \bigwedge) = (\bigwedge \bigvee^+ \bigwedge / \bigvee \bigvee^+ \bigvee) = \text{coMAM} = \text{coAM} \subseteq \Sigma_2^P$. ∎

Wegen coAM = BP·coNP haben wir damit NP $\subseteq$ BP·coNP $\longrightarrow \Sigma_2^P = \Pi_2^P$ bewiesen. Dieses auf [BHZ87] zurückgehende Resultat ist nur ein Sonderfall des mit der gleichen Technik beweisbaren Satzes 8.30.

Satz 8.30 [Sch89]
$$\Pi_k^P \subseteq \text{BP} \cdot \Sigma_k^P \longrightarrow \Sigma_{k+1}^P \subseteq \Pi_{k+1}^P.$$ ∎

N. Vereshchagin zeigt MA $\subseteq$ PP. Eine Verschärfung zu AM $\subseteq$ PP ist unwahrscheinlich, weil ein Orakel C mit $\text{AM}^C \cap \text{MA}^C \not\subseteq \text{PP}^C$ existiert [Ver92].

Die Arthur-Merlin-Klassen sind sogenannte interaktive Beweissysteme. Hierüber soll in diesem Buch nicht die Rede sein. Man findet mehr darüber in [BDG90], insbesondere Band 2, und im Übersichtsartikel [Gol97].

8.6 Operatoren

Im folgenden sei $\mathcal{C}$ eine beliebige Mengenklasse. Wir definieren vier **Operatoren**, die $\mathcal{C}$ auf eine jeweils neue Mengenklasse abbilden. Die Auffassung von $\oplus$ und BP als Operatoren geht auf U. Schöning zurück ([Sch89]).

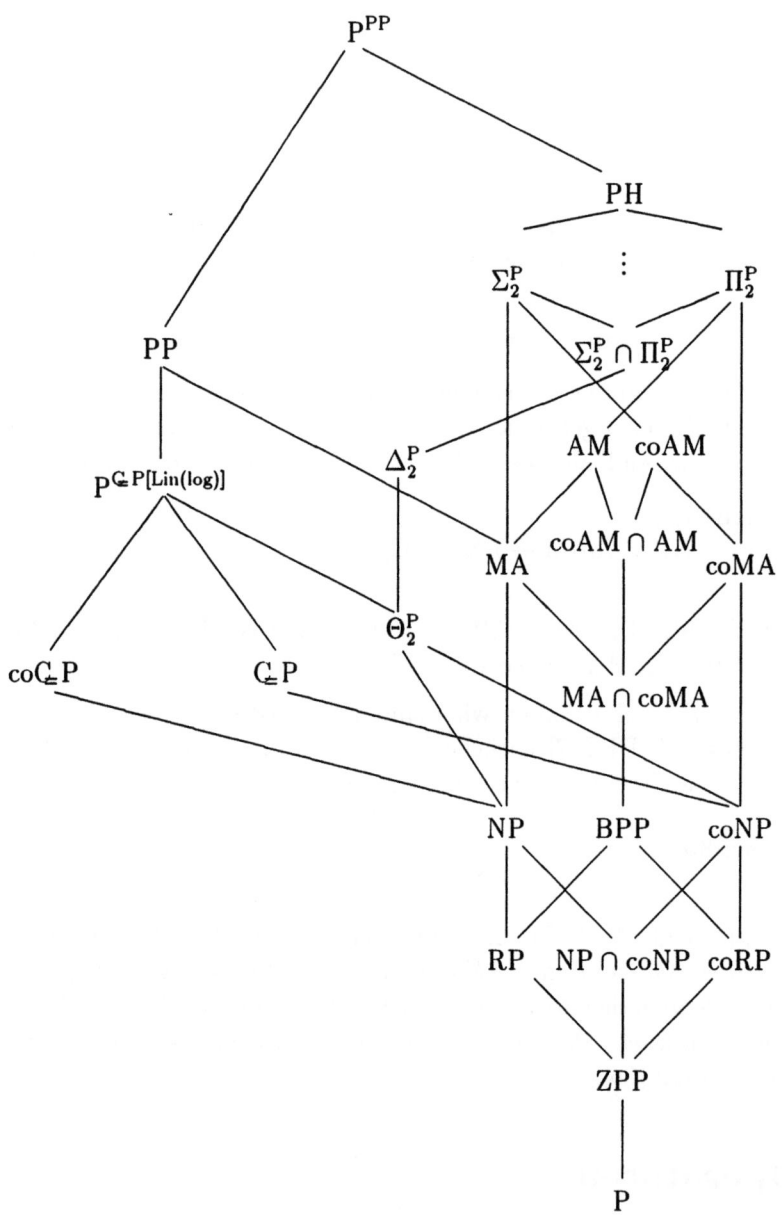

Abbildung 8.1: Die Arthur-Merlin-Klassen relativ zur Polynomialzeithierarchie

8.6. OPERATOREN

Definition 8.31

1. $A \in \exists \cdot \mathcal{C}$ genau dann, wenn ein $B \in \mathcal{C}$ und ein Polynom p existieren mit

$$x \in A \longleftrightarrow \bigvee_y \Big(|y| = p(|x|) \wedge (x,y) \in B\Big).$$

2. $A \in \forall \cdot \mathcal{C}$ genau dann, wenn ein $B \in \mathcal{C}$ und ein Polynom p existieren mit

$$x \in A \longleftrightarrow \bigwedge_y \Big(|y| = p(|x|) \longrightarrow (x,y) \in B\Big).$$

3. $A \in \oplus \cdot \mathcal{C}$ genau dann, wenn ein $B \in \mathcal{C}$ und ein Polynom p existieren mit

$$x \in A \longleftrightarrow card\{y : (|y| = p(|x|) \wedge (x,y) \in B\} \equiv 1(2).$$

4. $A \in \text{BP} \cdot \mathcal{C}$ genau dann, wenn ein $B \in \mathcal{C}$, ein $c > 0$ und ein Polynom p existieren mit

$$x \in A \longleftrightarrow card\{y : |y| = p(|x|) \wedge (x \in A \longleftrightarrow (x,y) \in B)\} \geq (\frac{1}{2}+c)2^{p(|x|)}.$$

Man sieht leicht, daß sich für $\mathcal{C} = \text{P}$ bekannte Klassen ergeben:
$\exists \cdot \text{P} = \text{NP}$, $\forall \cdot \text{P} = \text{coNP}$, $\oplus \cdot \text{P} = \oplus \text{P}$ und $\text{BP} \cdot \text{P} = \text{BPP}$. Es gilt offensichtlich auch $\Sigma_2^P = \exists \cdot \forall \cdot \text{P}$, $\Pi_2^P = \forall \cdot \exists \cdot \text{P}$, und so weiter. Aus der Definition der Arthur-Merlin-Klassen ergibt sich ferner $\text{AM} = \text{BP} \cdot \text{NP}$ und $\text{MA} = \exists \cdot \text{BPP}$. Die Definition von $\text{BP} \cdot \mathcal{C}$ kann man auch in folgender Form aufschreiben:

$$x \in A \longrightarrow card\{y : |y| = p(|x|) \wedge (x,y) \in B\} \geq (\frac{1}{2} + c)2^{p(|x|)}$$

und

$$x \notin A \longrightarrow card\{y : |y| = p(|x|) \wedge (x,y) \in B\} < (\frac{1}{2} - c)2^{p(|x|)}.$$

Wir wenden uns dem Studium des wichtigen BP-Operators zu. Zur Vorbereitung führen wir die Majoritätsreduktion ein.

Definition 8.32

1. Unter einer **Majoritätsfunktion** verstehen wir eine (voll definierte) Boolesche Funktion, die den Wert 1 annimmt, wenn mehr als die Hälfte ihrer Variablen den Wert 1 haben. Für jede Stellenzahl $n \geq 1$ gibt es eine n-stellige Majoritätsfunktion.

2. Für Mengen A und B sagen wir $A \leq_{\text{maj}}^{\text{P}} B$ genau dann, wenn $A \leq_{\text{tt}}^{\text{P}} B$ derart, daß alle vorkommenden Booleschen Funktionen Majoritätsfunktionen sind.

Da $\leq_m^P$-Reduzierungen $\leq_{maj}^P$-Reduzierungen sind (die Identität ist eine Majoritätsfunktion), sind Klassen, die $\leq_{maj}^P$-abgeschlossen sind, stets auch $\leq_m^P$-abgeschlossen.

Eine Klasse $\mathcal{C}$, die abgeschlossen ist gegenüber Majoritätsreduktionen, hat die Eigenschaft, daß mit X stets auch $X \times \Sigma^*$ zu $\mathcal{C}$ gehört, denn es gilt sogar $X \times \Sigma^* \leq_m^P X$.

Die Aussagen des folgenden Lemmas liegen auf der Hand.

Lemma 8.33

1. $\mathcal{C} \subseteq \mathcal{D} \longrightarrow \mathrm{BP} \cdot \mathcal{C} \subseteq \mathrm{BP} \cdot \mathcal{D}$.

2. $\mathrm{coBP} \cdot \mathcal{C} \subseteq \mathrm{BP} \cdot \mathrm{co}\mathcal{C}$.

3. Ist $\mathcal{C}$ abgeschlossen gegenüber Majoritätsreduzierungen, so gilt $\mathcal{C} \subseteq \mathrm{BP} \cdot \mathcal{C}$. ∎

Als wichtiges technisches Hilfsresultat zeigen wir, daß Satz 8.16 auf den BP-Operator verallgemeinert werden kann. Wir beweisen gleich eine schärfere Aussage, die nicht nur für einzelne Wörter, sondern für ganze Anfangsabschnitte $\{0,1,e\}^n$ von Σ^* gilt.

Lemma 8.34 [Sch89]
Ist $\mathcal{C}$ abgeschlossen unter $\leq_{maj}^P$, so gibt es für jedes $A \in \mathrm{BP} \cdot \mathcal{C}$ und für jedes Polynom q ein $B \in \mathcal{C}$ und ein Polynom r derart, daß für alle $n \in \mathbb{N}$

$$card\{w : |w| = r(n) \wedge \bigwedge_{|x| \leq n} (x \in A \longleftrightarrow (x,w) \in B)\} \geq (1 - 2^{-q(n)}) \cdot 2^{r(n)}.$$

Beweis
Den Beweis von Satz 8.16 kann man so zusammenfassen:
Ist für $A \in \mathrm{BPP}$ und $C \in \mathrm{P}$

$$card\{y : |y| = p(|x|) \wedge \left((x,y) \in C \longleftrightarrow x \in A\right)\} \geq (\frac{1}{2} + c) \cdot 2^{p(|x|)},$$

so ist, wenn a wie im Beweis von Satz 8.16 gewählt wird, für $m = m(x) = 2a \cdot q(|x|) + 1$ und

$$B = \Big\{(x, y_1 \ldots y_m) : |y_1| = \ldots = |y_m| = p(|x|) \wedge \text{ für mehr als die Hälfte aller}$$
$$i \in \{1, \ldots, m\} \text{ ist } (x, y_i) \in C\Big\}$$

8.6. OPERATOREN

die Ungleichung

$$card\{w : |w| = mp(|x|) \wedge \big((x,w) \in B \longleftrightarrow x \in A\big)\} \geq (1 - 2^{-q(n)}) \cdot 2^{mp(n)}$$

erfüllt.
Dies wenden wir hier an. Nach Voraussetzung gibt es ein $C \in \mathcal{C}$, ein Polynom p und ein c mit $0 < c \leq \frac{1}{2}$, so daß gilt:

$$card\{y : |y| = p(|x|) \wedge \big((x,y) \in C \longleftrightarrow x \in A\big)\} \geq (\frac{1}{2} + c) \cdot 2^{p(|x|)}.$$

Wir wählen $m = m(n) = 2a(q(n) + n + 1)$, wobei a wie im Beweis von Satz 8.16 gewählt wird, und setzen

$$B = \{(x, y_{01} \ldots y_{0m} \ldots y_{n1} \ldots y_{nm}) : \bigwedge_{i,j} |y_{ij}| = p(i) \wedge \text{ für mehr als die Hälfte al-}$$

ler $j \leq m$ gilt $(x, y_{|x|j}) \in C\}$

und stellen fest, daß B zu $\mathcal{C}$ gehört, weil $B \leq^P_{\text{maj}} C$ und C zu $\mathcal{C}$ gehört. Ferner setzen wir $r(n) = m(p(0) + \ldots p(n))$, was ein Polynom in n ist. Wie im Beweis des Satzes 8.16 erhalten wir

$$card\{w : |w| = r(n) \wedge \big((x,w) \in B \longleftrightarrow x \in A\big)\} \geq (1 - 2^{-q(n)-n-1}) \cdot 2^{r(n)}.$$

Damit folgt

$$card\{w : |w| = r(n) \wedge \bigwedge_{|x| \leq n}\big((x,w) \in B \longleftrightarrow x \in A\big)\} \geq (1-2^{-q(n)-n-1})^{2^{n+1}-1} \cdot 2^{r(n)}$$

$$\geq (1 - (2^{n+1} - 1) \cdot 2^{-q(n)-n-1}) \cdot 2^{r(n)} > (1 - 2^{-q(n)}) \cdot 2^{r(n)}. \blacksquare$$

Es ist leicht einzusehen, daß auch die folgende Verallgemeinerung des Satzes 8.25 gilt.

Satz 8.35
Ist $\mathcal{C} \leq^P_{\text{maj}}$-abgeschlossen, so gilt

$$\text{BP} \cdot \mathcal{C} \subseteq \exists \cdot \forall \cdot \mathcal{C} \cap \forall \cdot \exists \cdot \mathcal{C}. \blacksquare$$

Der BP-Operator hat eine schöne Abgeschlossenheitseigenschaft:
Satz 8.36
Ist $\mathcal{C} \leq^P_{\text{maj}}$-abgeschlossen, so ist $\text{BP} \cdot \text{BP} \cdot \mathcal{C} = \text{BP} \cdot \mathcal{C}$.

Beweis
1. $\supseteq$.
Da $\text{BP} \cdot \mathcal{C} \leq^{\text{P}}_{\text{maj}}$-abgeschlossen ist, folgt diese Richtung aus Aussage (3) von Lemma 8.33.
2. $\subseteq$.
Sei $L \in \text{BP} \cdot \text{BP} \cdot \mathcal{C}, A \in \text{BP} \cdot \mathcal{C}, c > 0$ und p ein Polynom mit (wir setzen zur Abkürzung $n = |x|$)

$$x \in L \longrightarrow \text{card}\{y : |y| = p(n) \land x\#y \in A\} \geq (\frac{1}{2} + c)2^{p(n)}$$

und

$$x \notin L \longrightarrow \text{card}\{y : |y| = p(n) \land x\#y \in A\} \leq (\frac{1}{2} - c)2^{p(n)}.$$

Weiter wählen wir $B \in \mathcal{C}, d > 0$ und ein Polynom q mit (wir setzen zur Abkürzung $m = |x\#y|$)

$$x\#y \in A \longrightarrow \text{card}\{z : |z| = q(m) \land x\#y\#z \in B\} \geq (\frac{1}{2} + d)2^{q(m)}$$

und

$$x\#y \notin A \longrightarrow \text{card}\{z : |z| = q(m) \land x\#y\#z \in B\} \leq (\frac{1}{2} - d)2^{q(m)}.$$

Nach Lemma 8.34 kann $\frac{1}{2} + d$ durch geeignete Wahl von B sehr nahe an 1 gebracht werden. Wir können uns deshalb das B bereits so gewählt denken, daß $d \geq \frac{1}{2} - \frac{c}{2}$ gilt.
Wir setzen jetzt mit den Abkürzungen $n = |x|$ und $m = |x\#w|$

$$C = \{x\#wu : |w| = p(n) \land |u| = q(m) = q(n + 1 + p(n)) \land x\#w\#u \in B\}.$$

Es ist unmittelbar klar, daß $C \leq^{\text{P}}_{\text{m}} B$ gilt. Da $\mathcal{C} \leq^{\text{P}}_{\text{maj}}$-abgeschlossen ist, ist es auch $\leq^{\text{P}}_{\text{m}}$-abgeschlossen, und daher ist $C \in \mathcal{C}$.
Wir zeigen jetzt

1. $x \in L \longrightarrow \text{card}\{wu : x\#wu \in C\} \geq (\frac{1}{2} + \frac{c}{4})2^{p(n)+q(m)}$,

2. $x \notin L \longrightarrow \text{card}\{wu : x\#wu \in C\} \leq (\frac{1}{2} - \frac{c}{4})2^{p(n)+q(m)}$.

Zu 1. Sei $x \in L$.
Wir schätzen $\text{card}\{wu : x\#wu \in C\}$ nach unten ab. Diese Zahl ist mindestens so groß wie die Zahl der Paare (w, u) mit $x\#w \in A \land x\#w\#u \in B$, und diese Zahl läßt sich nach unten abschätzen durch

$$(\frac{1}{2} + c)2^{p(n)}(\frac{1}{2} + d)2^{q(m)} > (\frac{1}{2} + \frac{c}{4})2^{p(n)+q(m)}.$$

8.6. OPERATOREN

Zu 2. Sei $x \notin L$.
Wir schätzen $card\{wu : x\#wu \in C\}$ nach oben ab. Diese Zahl ist höchstens so groß wie die Zahl der Paare (w,u) mit $(x\#w \in A \wedge x\#w\#u \in B) \vee (x\#w \notin A \wedge x\#w\#u \in B)$, und diese Zahl läßt sich nach oben abschätzen durch

$$(\frac{1}{2} - c)2^{p(n)}2^{q(n)} + 2^{p(n)}(\frac{1}{2} - d)2^{q(n)} \leq \left(\frac{1}{2} - \frac{c}{4}\right) \cdot 2^{p(n)+q(m)}.$$

Dies zeigt, daß die Definition für $L \in \text{BP} \cdot \mathcal{C}$ durch $C \in \mathcal{C}$, das Polynom $p(n) + q(n+1+p(n))$ und die Konstante $\frac{c}{4}$ erfüllt wird. ∎

Der nächste Satz zeigt, daß der BP-Operator aus dem Orakel einer $\oplus$P - Berechnung vor die $\oplus$P-Berechnung gezogen werden kann, ohne daß sich dabei die Berechnungskraft verringert.

Satz 8.37
Ist $\mathcal{C}$ abgeschlossen unter $\leq_{\text{maj}}^{\text{P}}$-Reduzierung, so gilt

$$\oplus \text{P}^{\text{BP} \cdot \mathcal{C}} \subseteq \text{BP} \cdot \oplus \text{P}^{\mathcal{C}}.$$

Beweis
Sei $L \in \oplus \text{P}^{\text{BP} \cdot \mathcal{C}}$. Dann gibt es eine NPOM $M^{()}$ und ein Orakel $A \in \text{BP} \cdot \mathcal{C}$ mit $L = L(M^A)$. Die Rechenzeit von $M^{()}$ sei p. Weil $A \in \text{BP} \cdot \mathcal{C}$ ist, gibt es nach Lemma 8.34 ein $B \in \mathcal{C}$ und ein Polynom r mit der Eigenschaft, daß für alle x gilt

$$card\{w : |w| = r(p(|x|)) \wedge \bigwedge_{|u| \leq p(|x|)} (u \in A \longleftrightarrow u\#w \in B)\} \geq \frac{3}{4} \cdot 2^{r(p(|x|))}$$

Wir beschreiben jetzt eine Maschine $N^{()}$, die M^A mit dem Orakel B simuliert. Bei Eingabe von x arbeitet sie wie folgt: Für jedes w der Länge $r(p(|x|))$ arbeitet sie wie $M^A(x)$, stellt aber nicht Fragen u an A, sondern statt dessen Fragen $u\#w$ an B. Nach der Voraussetzung über B (man beachte den u-Quantifikator) erhält N auf 75 % dieser verschiedenen Berechnungen auf allen Pfaden genau die gleichen Antworten wie M. Damit gilt für 75 % aller w

$$M \text{ akzeptiert } x \longleftrightarrow N^B \text{ akzeptiert } x\#w$$

und damit $wkt\{w : acc_{M^A}(x) = acc_{N^B}(x\#w)\} \geq \frac{3}{4}$. Dies heißt aber

$$\begin{aligned} x \in L &\longleftrightarrow acc_{M^A(x)} \equiv 1(2) \\ &\longleftrightarrow wkt\{w : acc_{N^B}(x\#w) \equiv 1(2)\} \geq \frac{3}{4} \end{aligned}$$

und
$$x \notin L \longleftrightarrow acc_{M^A(x)} \equiv 0(2)$$
$$\longleftrightarrow wkt\{w : acc_{N^B}(x\#w) \equiv 0(2)\} \geq \tfrac{3}{4}.$$

Dies heißt $L \in \text{BP}\cdot \text{P}^{\oplus \text{P}}$. ∎

8.7 Die Ergebnisse von Toda

Aus Satz 7.20 erhält man unmittelbar die
Folgerung 8.38
$$\text{NP} \subseteq \text{BP}\cdot \oplus \text{P}. \quad \blacksquare$$

Der Beweis von Satz 7.20 zeigt, daß diese Inklusion relativierbar ist. Es gilt also
$$\text{NP}^A \subseteq \text{BP}\cdot \oplus \text{P}^A$$
für jedes Orakel A.

Der folgende Satz zeigt, wie stark der BP-Operator in Verbindung mit $\oplus$P ist, denn es gelingt, Folgerung 8.38 auf die gesamte Polynomialzeithierarchie auszudehnen.

Satz 8.39 [Tod91c]
$$\text{PH} \subseteq \text{BP}\cdot \oplus \text{P}.$$

Beweis
Wir zeigen $\Sigma_k^P \subseteq \text{BP}\cdot \oplus \text{P}$ durch Induktion über k.
Induktionsbeginn: $\text{NP} \subseteq \text{BP}\cdot \oplus \text{P}$ gilt nach Folgerung 8.38.
Induktionsannahme: $\Sigma_k^P \subseteq \text{BP}\cdot \oplus \text{P}$.
Induktionsschluß:

$$\begin{aligned}
\Sigma_{k+1}^P &\subseteq \text{NP}^{\Sigma_k^P} \\
&\subseteq \text{NP}^{\text{BP}\cdot \oplus \text{P}} \quad &&\text{nach Induktionsannahme} \\
&\subseteq \text{BP}\cdot \oplus \text{P}^{\text{BP}\cdot \oplus \text{P}} \quad &&\text{nach Folgerung 8.38} \\
&\subseteq \text{BP}\cdot \text{BP}\cdot \oplus \text{P}^{\oplus \text{P}} \quad &&\text{nach Satz 8.37} \\
&\subseteq \text{BP}\cdot \oplus \text{P}^{\oplus \text{P}} \quad &&\text{nach Satz 8.36} \\
&\subseteq \text{BP}\cdot \oplus \text{P} \quad &&\text{nach Satz 7.15} \quad \blacksquare
\end{aligned}$$

Aus diesem Ergebnis kann man leicht schlußfolgern, daß $\oplus$P höchstwahrscheinlich nicht mit der Polynomialzeithierarchie bezüglich der Inklusion vergleichbar ist. Dies ist in der nächsten Folgerung genau formuliert.

Folgerung 8.40

1. $\oplus \text{P} \subseteq \Sigma_k^P \longrightarrow$ *die Polynomialzeithierarchie ist endlich.*

8.7. DIE ERGEBNISSE VON TODA

2. $\oplus P \subseteq PH \longrightarrow$ *die Polynomialzeithierarchie ist endlich.*

Beweis
Zu 1.
$$\begin{aligned} PH &\subseteq BP \cdot \oplus P & \text{nach Satz 8.39} \\ &\subseteq BP \cdot \Sigma_k^P & \text{nach Voraussetzung} \\ &\subseteq \forall \cdot \exists \cdot \Sigma_k^P & \text{nach Satz 8.35} \\ &\subseteq \Pi_{k+1}^P \end{aligned}$$

Zu 2. Bekanntlich ist $\oplus$SAT $\leq_m^P$-vollständig in $\oplus P$. Wäre $\oplus P \subseteq PH$, so wäre $\oplus$SAT in einem gewissen Σ_k^P. Da jedes Σ_k^P $\leq_m^P$-abgeschlossen ist, folgte hieraus $\oplus P \subseteq \Sigma_k^P$. Nach dem ersten Teil des Beweises ergäbe sich hieraus ein Kollaps der Polynomialzeithierarchie. ∎

Die Klasse $BP \cdot \oplus P$ erweist sich als eine spezielle Relativierung der Klasse PH:

Satz 8.41 [Tod91a]
$$BP \cdot \oplus P = PH^{\oplus P} = \Sigma_2^{P^{\oplus P}}.$$

Beweis
Satz 8.39 ist natürlich relativierbar. Also gilt insbesondere

$$\begin{aligned} PH^{\oplus P} &\subseteq BP \cdot \oplus P^{\oplus P} \\ &= BP \cdot \oplus P & \text{nach Satz 7.15} \\ &\subseteq \forall \cdot \wedge \cdot \oplus P \cap \wedge \cdot \forall \cdot \oplus P & \text{nach Satz 8.35} \\ &\subseteq \Sigma_2^{P^{\oplus P}} \cap \Pi_2^{P^{\oplus P}} \\ &\subseteq PH^{\oplus P}. \end{aligned}$$
∎

Weil $BP \cdot \oplus P$ mit $\Sigma_2^{P^{\oplus P}}$ übereinstimmt, hat diese Klasse $\leq_m^P$-vollständige Mengen. Dies ist für andere Klassen der Form $BP \cdot \mathcal{C}$, wenn man von Fällen wie $BP \cdot PSPACE = PSPACE$ absieht, nicht bekannt. S. Toda hat gezeigt, daß $QBF_2PARITY$ in $BP \cdot \oplus P$ $\leq_m^P$-vollständig ist. Das Problem $QBF_2PARITY$ ist die Menge aller Booleschen Ausdrücke der Form $H(X, Y, Z)$, wobei X, Y, Z disjunkte Mengen von Aussagenvariablen sind, so daß es eine Belegung a der Variablen aus X derart gibt, daß für jede Belegung b der Variablen aus Y der Ausdruck $H(a(X), b(Y), Z)$ eine ungerade Zahl erfüllender Belegungen hat.

Ein Rollentausch von PH und $\oplus P$ in $PH^{\oplus P}$ führt zu einer Klasse, die in $PH^{\oplus P}$ enthalten ist, wobei nicht klar ist, ob diese Inklusion echt ist.

Satz 8.42 [Tod91a]
$$\oplus P^{PH} \subseteq BP \cdot \oplus P.$$

Beweis
Mit Begründungen, wie sie in den beiden vorangehenden Beweisen gegeben worden sind, ergibt sich $\oplus P^{PH} \subseteq \oplus P^{BP \cdot \oplus P} \subseteq BP \cdot \oplus P^{\oplus P} = BP \cdot \oplus P$. ∎

Satz 8.43 [Tod91a]
$$\text{BP} \cdot \oplus \text{P} \subseteq \text{P}^{\#\text{P}}.$$

Beweis
Sei $X \in \text{BP} \cdot \oplus \text{P}$. Dann muß es ein $A \in \oplus\text{P}$ und ein Polynom p geben, so daß mit $n = |x|$ gilt:

$$x \in X \longrightarrow card\{w : |w| = p(n) \land x\#w \in A\} \geq \tfrac{3}{4}2^{p(n)}$$
$$x \notin X \longrightarrow card\{w : |w| = p(n) \land x\#w \in A\} < \tfrac{1}{4}2^{p(n)}.$$

Ferner können wir nach Satz 7.14 eine Maschine M so wählen, daß gilt

$$x\#w \in A \longrightarrow acc_M(x\#w) \equiv 1(2^{|x\#w|}).$$

$$x\#w \notin A \longrightarrow acc_M(x\#w) \equiv 0(2^{|x\#w|}).$$

Wir konstruieren eine neue Machine N, die bei Eingabe von x zunächst nichtdeterministisch alle w mit $|w| = p(|x|)$ erzeugt und danach auf jedes $x\#w$ die Maschine M anwendet. Hinfort sei zur Abkürzung $n = |x|$ gesetzt.

Behauptung

$$acc_N(x) \bmod 2^{n+1+p(n)} = card\{w : |w| = p(n) \land x\#w \in A\}.$$

Beweis der Behauptung.

$$acc_N(x) = \sum_{x\#w \in A} acc_M(x) + \sum_{x\#w \notin A} acc_M(x) =$$
$$= \sum_{x\#w \in A} (c(x\#w)2^{n+1} + 1) + \sum_{x\#w \notin A} c(x\#w)2^{n+1} =$$
$$= card\{w : |w| = p(n) \land x\#w \in A\} + c(x)2^{n+1+p(n)},$$

wobei die $c(x\#w)$ und die $c(x)$ geeignete Koeffizienten sind. Damit ist die Behauptung bewiesen.□

Zum Beweis der Aussage des Satzes selbst konstruieren wir eine DPOM mit dem Orakel $acc_N \in \#\text{P}$, die X akzeptiert: Bei Eingabe von x wird zunächst $acc_N(x)$ erfragt. Danach wird $acc_N(x) \bmod 2^{n+1+p(n)}$ berechnet, was in polynomialer Zeit möglich ist. Die Eingabe wird genau dann akzeptiert, wenn $acc_N(x) \bmod 2^{n+1+p(n)} \geq \tfrac{3}{4}2^{p(n)}$ gilt. ■

Schließlich zeigen wir, daß #P-Orakel für DPOM äquivalent sind zu PP-Orakeln, ein weiteres Indiz dafür, daß PP genuin mit Zählen zu tun hat.

Satz 8.44 [Ang80]
$$\text{P}^{\#\text{P}} = \text{P}^{\text{PP}}.$$

8.7. DIE ERGEBNISSE VON TODA

Beweis
Zu 1. $\subseteq$.
Sei $X \in \mathrm{P}^{\#\mathrm{P}}$. Die Menge X ist dann durch eine DPOM mit dem Orakel acc_M entscheidbar. Fragen an acc_M können durch binäres Suchen mit dem Orakel $ACC_M = \{(x,k) : acc_M(x) \geq k\}$ bestimmt werden.

Zu 2. $\supseteq$.
Sei $X \in \mathrm{P}^A$ mit $A = L_{\mathrm{PP}}(M)$, und sei $N^{()}$ eine Maschine, die X mit dem Orakel A in polynomialer Zeit, etwa q, entscheidet. An Stelle einer Frage z an A kann auch eine Frage an acc_M gestellt werden, denn es gilt

$$z \in A \longleftrightarrow acc_M(z) \geq \frac{1}{2} 2^{q(|z|)}.$$

Dies zeigt $X \in \mathrm{P}^{\#\mathrm{P}}$. ∎

Als Konsequenz aus den Sätzen 8.39, 8.43, 8.44 ergibt sich die Aussage

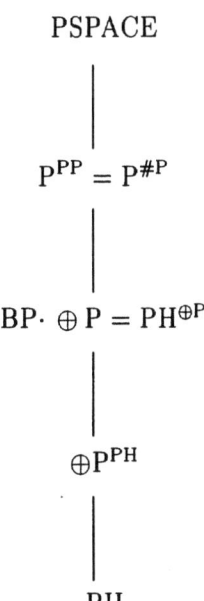

Abbildung 8.2: Inklusionsbeziehungen

$\mathrm{PH} \subseteq \mathrm{P}^{\mathrm{PP}}$, die man auch so ausdrücken kann: PP ist hart für die Polynomialzeithierarchie.

Wir halten noch fest, daß PP nur dann mit der Polynomialzeithierarchie bezüglich der Inklusion vergleichbar ist, wenn diese endlich ist.

Folgerung 8.45
1. $PP \subseteq \Sigma_k^P \longrightarrow PH \subseteq \Sigma_k^P$.

2. $PP \subseteq PH \longrightarrow$ *die Polynomialzeithierarchie ist endlich.*

Beweis
Zu 1. Aus $PP \subseteq \Sigma_k^P$ folgt auch $PP \subseteq \Pi_k^P$. Damit ist $PH \subseteq P^{PP} \subseteq P^{\Sigma_k^P \cap \Pi_k^P} = \Sigma_k^P$.

Zu 2. Der Beweis folgt genau dem gleichen Schema wie der der zweiten Behauptung in Folgerung 8.40. ∎

In Abbildung 8.2 werden die Inklusionsbeziehungen der in diesem Abschnitt behandelten Klassen zusammenfassend dargestellt.

Kapitel 9

Funktionenklassen

9.1 Funktionen- und Relationenanaloga zu P und NP

In den vorangehenden Kapiteln ging es im wesentlichen um das Entscheiden oder Akzeptieren von Mengen, das heißt um das Berechnen von $\{0,1\}$-wertigen Funktionen. Wir wollen jetzt unser Interesse auf das Berechnen beliebiger Funktionen richten und folgen dabei zunächst sehr stark der Arbeit [Sel94] von A. Selman. Das (besser: *ein*) Funktionenanalogon von P ist die bereits gut bekannte Klasse FP aller in Polynomialzeit berechenbaren Funktionen. Allgemeiner definieren wir wie folgt:

Definition 9.1
Ist C eine deterministische Komplexitätsklasse, so ist FC die Klasse der Funktionen, die durch Turingmaschinen mit einer für C charakteristischen Komplexitätsbeschränkung berechnet werden können.

Damit verfügen wir zum Beispiel über die Klassen FL, $F\Theta_2^P$, $F\Delta_2^P$, FPSPACE oder FE. Wir beschränken uns hier jedoch auf die Betrachtung von Funktionen, die mit polynomialer Zeitbeschränkung berechnet werden können. Wir halten hier explizit fest: $F\Theta_2^P$ ist die Klasse derjenigen Funktionen, die in polynomialer Zeit mit einem Orakel aus NP und parallelem Zugriff auf die Orakelfragen berechnet werden können. Damit ist gemeint, daß die Turingmaschine nicht eher eine ihrer Fragen an das Orakel stellt, bevor sie nicht alle Fragen bestimmt hat, die überhaupt gestellt werden müssen. Von $F\Theta_2^P$ unterscheiden wir die Klasse $FP^{NP[Lin\,log]}$ derjenigen Funktionen, die in polynomialer Zeit mit einem NP-Orakel berechnet werden können, an das nur logarithmisch viele Fragen gestellt werden können.
Wie steht es mit Funktionen, die durch nichtdeterministische Turingmaschinen

berechnet werden? In der Regel berechnet eine NTM keine Funktion, sondern nur eine Relation. Die in der Literatur gelegentlich vorkommende Sprechweise „mehrwertige Funktion" lehnen wir ab, weil Funktionen nach Definition eben gerade nicht mehrwertig sein können. Das natürliche Analogon zu NP ist damit die Klasse RelNP aller Relationen, die in Polynomialzeit durch nichtdeterministische Turingmaschinen berechnet werden können. Es ist nützlich, diese Klasse ohne Rückgriff auf Turingmaschinen zu definieren.

Definition 9.2
Ist $\mathcal{C}$ eine Mengenklasse, so ist $\text{Rel}\,\mathcal{C}$ die Klasse der Relationen $\rho \subseteq \Sigma^* \times \Sigma^*$, für die es ein $C \in \mathcal{C}$ und ein Polynom p gibt mit
$$\rho(x) = \{y : |y| \leq p(|x|) \wedge (x,y) \in C\}.$$
Außerdem setzen wir $\text{Fun}\,\mathcal{C} = \{\rho : \rho \in \text{Rel}\,\mathcal{C} \wedge \bigwedge_x (\text{card}\,\rho(x) \leq 1)\}$.

Die Klasse RelNP kann so verstanden werden: Eine Relation ρ gehört genau dann zu RelNP, wenn es eine NTM M mit Ausgabe gibt, so daß für jedes x die Menge der Ausgaben, die $M(x)$ auf akzeptierenden Pfaden erreicht, gerade mit $\rho(x)$ übereinstimmt. Unter den Relationen aus Rel$\mathcal{C}$ gibt es auch Funktionen. Diese bilden die Klasse Fun$\mathcal{C}$. Es sei an Lemma 4.10 erinnert, das bereits die nichtdeterministische Berechnung von Funktionen betrifft.

A. Selman bezeichnet die Klassen RelNP, FunNP, RelP und FunP mit NPMV, NPSV, NPMV$_g$ bzw. NPSV$_g$. NPMV ist bereits in [BLS84] eingeführt worden. Obwohl es eine lange Tradition in der Verwendung dieser Abkürzungen gibt, erlaube ich mir, davon aus zwei Gründen abzuweichen:

1. Nachdem die Mengenlehre eine klare Unterscheidung zwischen Funktionen und Relationen gegeben hat, sollte man nicht mehr von „mehrwertigen Funktionen" sprechen. Eine konsequente Auffassung von Funktionen als (spezielle) Mengen (geordneter Paare) macht auch Bildungen wie graph(f) oder set-f überflüssig. Man vergleiche dazu die entsprechenden Stellen des Anhangs.

2. Eine systematische Schreibweise, die zum Ausdruck bringt, wie die Funktionen- und Relationenklassen durch Anwendung der Operatoren Fun und Rel entstehen, ist gegenüber individuell erdachten Bezeichnungen zu bevorzugen.

Wir halten eine erste Beobachtung fest:

Satz 9.3
Für $\mathcal{C} \in \{\text{P}, \Theta_2^P, \Delta_2^P, \text{NP}\}$ gilt $\text{Fun}\,\mathcal{C} \subset \text{Rel}\,\mathcal{C} \subset \mathcal{C}$.

Beweis
Für $X \in \mathcal{C}$ ist die partielle charakteristische Funktion $\chi_X = X \times \{1\}$ in Fun$\mathcal{C}$.

9.1. FUNKTIONEN- UND RELATIONENANALOGA ZU P UND NP

Die Relation $X \times \{0,1\}$ ist keine Funktion, gehört also nicht zu $\text{Fun}\,\mathcal{C}$. Sie gehört aber zu $\text{Rel}\,\mathcal{C}$.
Die Funktion $\{(x, 0^{2^{|x|}}) : x \in \Sigma^*\}$ gehört zu P, aber nicht zu $\text{Rel}\Delta_2^P$, weil in polynomialer Zeit keine Werte exponentieller Länge berechnet werden können.
Wegen $\text{RelP} \subseteq \text{RelNP} \subseteq \text{Rel}\Theta_2^P \subseteq \text{Rel}\Delta_2^P$ folgen alle vier behaupteten Inklusionen $\text{Rel}\mathcal{C} \subset \mathcal{C}$. ∎

Wir beweisen eine weitere Inklusion, stellen aber eine Definition und ein Lemma voran.

Definition 9.4 [Sel78]
Für eine Funktion f definieren wir die sie kodierende Menge C_f wie folgt:
$$(0, x, bin(n)) \in C_f \longleftrightarrow |f(x)| \geq n,$$
$$(1, x, bin(n)) \in C_f \longleftrightarrow \text{das } n\text{-te Bit von } f(x) \text{ ist } 1.$$

Lemma 9.5 [Sel78]
1. Ist f polynomial längenbeschränkt, so ist $f \leq_{tt}^P C_f$.

2. Ist f polynomial längenbeschränkt, so ist $f \in \text{FP}^A \longleftrightarrow C_f \in \text{P}^A$ für jedes Orakel A.

Beweis
Zu 1. Ist q ein Polynom mit $f(|x|) \leq q(|x|)$, so kann man $(x,y) \in f$ entscheiden, wenn man die polynomial vielen Fragen $(0, x, bin(1)), \ldots, (0, x, bin(q(|x|)))$, $(1, x, bin(1)), \ldots, (1, x, bin(q(|x|)))$ an C_f stellt.
Zu 2. Diese Aussage ist vollkommen evident. ∎

Satz 9.6
$$\text{FunNP} \subseteq \text{F}\Theta_2^P.$$

Beweis
Sei $f \in \text{FunNP}$. Dann ist $f \in \text{NP}$, und damit ist auch $C_f \in \text{NP}$. Da f polynomial längenbeschränkt ist, etwa durch das Polynom q, kann $f(x)$ so berechnet werden: Zuerst listet man die Fragen $(0, x, bin(1)), \ldots, (0, x, bin(q(|x|)))$, $(1, x, bin(1)), \ldots, (1, x, bin(q(|x|)))$ auf. Dann stellt man diese Fragen an C_f und erfährt aus den ersten $q(|x|)$ Antworten, wie lang $f(x)$ ist, und aus den restlichen $q(|x|)$ Antworten, wie $f(x)$ aussieht. Dies ist eine $\text{F}\Theta_2^P$-Berechnung, denn die Fragen werden alle bestimmt, bevor die erste gestellt wird. ∎

Die Frage, ob für FunNP eine schärfere Inklusion gilt, wird mit Folgerung 9.9 und Satz 9.14 beantwortet. Die bisher gefundenen Beziehungen sind in Abbildung 9.1 zusammengestellt.
Beim tieferen Eindringen in die Beziehungen zwischen diesen Klassen werden

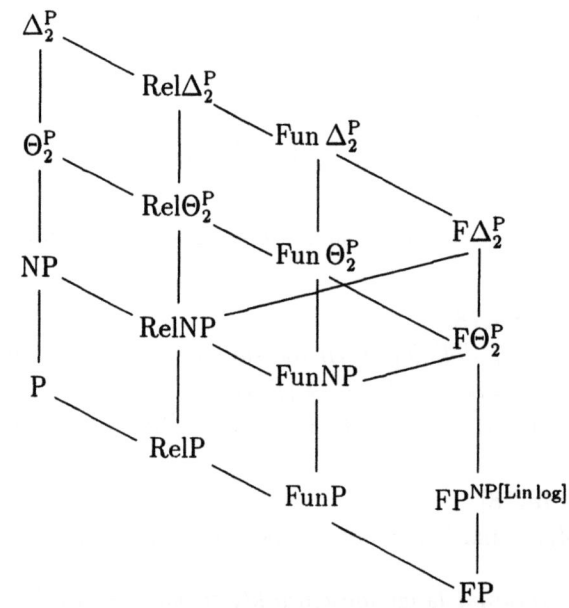

Abbildung 9.1: Funktionen- und Relationenklassen. Die Linien bedeuten die Inklusion oder die Relation $\subseteq_c$ (vgl. Def. 9.12).

wir zwei Überraschungen erleben. Die erste ist die, daß FP und FunP verschieden zu sein scheinen, und die zweite wird in Satz 9.10 behandelt. Zunächst zur ersten: Wenn P $\neq$ UP gilt, so wird der Unterschied zwischen FunP und FP dadurch verursacht, daß es Funktionen gibt, die in polynomialer Zeit entscheidbar, aber nicht in polynomialer Zeit berechenbar sind. Ein Kandidat für eine solche Funktion ist die Funktion, die jeder natürlichen Zahl die Menge ihrer Primfaktoren zuordnet. Es gilt der folgende Satz.

Satz 9.7 [GS88]
FP = FunP $\longleftrightarrow$ P = UP.

Beweis
Für die Richtung von rechts nach links sei $f \in$ FunP. Wie man unmittelbar verifiziert, ergibt sich hieraus $C_f \in$ UP und damit nach Voraussetzung $C_f \in$ P. Mit Lemma 9.5 folgt $f \in$ FP.
Für die Richtung von links nach rechts sei FP = FunP vorausgesetzt, und es sei $X \in$ UP. Dann gibt es ein $B \in$ P mit

$$x \in X \longleftrightarrow \bigvee_y \Big(|y| \leq p(|x|) \wedge (x,y) \in B\Big)$$

9.1. FUNKTIONEN- UND RELATIONENANALOGA ZU P UND NP

für ein passendes Polynom p. Damit ist die Funktion f', die durch $f'(x) = y \longleftrightarrow |y| \le p(|x|) \wedge (x,y) \in B$ definiert ist, in FunP und folglich in FP. Man beachte, daß f' partiell ist. Es ist aber leicht, eine Maschine, die f' in Polynomialzeit berechnet, so zu modifizieren, daß sie die folgende Funktion f in Polynomialzeit berechnet:

$$f(x) = \begin{cases} y1, & \text{falls } |y| \le p(|x|) \wedge (x,y) \in B \\ 0 & \text{sonst} \end{cases}$$

Damit kann man $x \in X$ in polynomialer Zeit feststellen, indem man überprüft, ob $f(x)$ auf 1 endet. ∎

Es gilt sogar noch mehr:

Satz 9.8 [Sel94]
$$\text{FunP} \subseteq \text{FP}^{\text{NP[Lin log]}} \longleftrightarrow \text{P} = \text{UP}.$$

Beweis
Die Richtung von rechts nach links ergibt sich aus dem vorigen Satz. Deshalb reicht es, die Implikation FunP $\subseteq$ FP$^{\text{NP[Lin log]}}$ $\longrightarrow$ P = UP zu zeigen. Sei $X \in \text{UP}$, und sei mit passendem p und $B \in \text{P}$ wie im vorigen Beweis

$$x \in X \longleftrightarrow \bigvee_y \Big(|y| \le p(|x|) \wedge (x,y) \in B\Big).$$

Die dort definierte Funktion f' gehört zu FunP und damit auch zu FP$^{\text{NP[Lin log]}}$. Deshalb gibt es eine deterministische Orakelmaschine M, die $f'(x)$ in polynomialer Zeit mit $c \cdot \log |x|$ Fragen an SAT berechnet. Wir betrachten nun den Berechnungsbaum $M^{()}(x)$, der alle potentiell möglichen Antworten auf die Orakelfragen in Betracht zieht, und erhalten eine in $|x|$ polynomiale Anzahl von Ergebnissen $y_1, \ldots, y_{q(|x|)}$. Ist unter diesen Ergebnissen ein z derart, daß $(x,z) \in B$, so ist $x \in X$, andernfalls ist $x \notin X$. Da dies insgesamt in polynomialer Zeit geleistet werden kann, ist $X \in \text{P}$. ∎

Folgerung 9.9
$$\text{FunNP} \subseteq \text{FP}^{\text{NP[Lin log]}} \longrightarrow \text{P} = \text{UP}. \quad \blacksquare$$

Dies zeigt, daß FunNP $\subseteq$ FΘ_2^{P} nicht verbesserbar ist, es sei denn P = UP. Daß auch FunNP $\subseteq$ FunP und FunNP $\subseteq$ RelP nicht gelten können, es sei denn P = NP, zeigt Satz 9.14. Wegen UP $\subseteq$ P$^{\text{NP[Lin log]}}$ könnte man versucht sein, FUP $\subseteq$ FP$^{\text{NP[Lin log]}}$ zu vermuten. Es scheint aber keine einfache Möglichkeit zu geben, diese Inklusion zu beweisen, und tatsächlich würde dies auch nach Satz 9.8 die spektakuläre Folgerung P = UP haben.

Wir kommen nun zur zweiten Überraschung, die dieser Abschnitt bietet. Während nämlich bekanntlich $P^{NP[Lin log]} = \mathcal{R}^P_{tt}(NP)$ gilt (s. Satz 6.22), ist keine Möglichkeit zu sehen, die analoge Beziehung $FP^{NP[Lin log]} = F\Theta^P_2$ für Funktionenklassen zu beweisen. Der folgende Satz zeigt vielmehr, daß diese Gleichheit sehr unwahrscheinlich ist.

Satz 9.10 [Sel94]
1. $F\Theta^P_2 = FP^{NP[Lin log]} \longrightarrow P = FewP$.
2. $F\Theta^P_2 = FP^{NP[Lin log]} \longrightarrow RP = NP$.

Beweis
Aus Platzgründen stellen wir nur den sehr eleganten Beweis der zweiten Aussage dar, die auch insofern gewichtiger als die erste ist, als RP = NP die Konsequenz $PH = ZPP^{NP}$ hat (dies folgt mit den Sätzen 10.14, 5.8 und 5.28). Es sei $F\Theta^P_2 \subseteq FP^{NP[Lin log]}$.

Wir zeigen SAT $\in$ RP und beschreiben eine RP-Akzeptierung wie folgt: Bei gegebenem F wird zunächst die Reduktion aus dem Beweis des Satzes 7.20 durchgeführt. Hat F n Variablen und ist F erfüllbar, so entstehen mit Wahrscheinlichkeit $1/8n$ Ausdrücke H, die genau eine erfüllende Belegung haben. Diese Belegung läßt sich jeweils in polynomialer Zeit berechnen, wenn $F\Theta^P_2 \subseteq FP^{NP[Lin log]}$ vorausgesetzt wird. Wir betrachten dazu die Menge

$S = \{(H, i) : H$ ist Boolescher Ausdruck, und i ist nicht größer als die Variablenzahl von H, und es gibt eine erfüllende Belegung von H, bei der die i-te Variable wahr ist.$\}$.

Es ist sofort klar, daß S zu NP gehört. Mittels S wird die Funktion *cand* für Boolesche Ausdrücke definiert:

$$cand(H) = c_S((H,1)) \ldots c_S((H,n)),$$

wobei n die Variablenzahl von H ist. Mit n Fragen an das Orakel S, die alle durch die Eingabe von vornherein feststehen, kann $cand(H)$ in polynomialer Zeit berechnet werden. Daher ist $cand \in F\Theta^P_2$. Folglich ist nach der Voraussetzung $cand \in FP^{NP[Lin log]}$, und $M^{()}$ sei eine Maschine, die *cand* mit einem Orakel aus NP berechnet. Wie bereits im Beweis von Satz 9.8 kümmern wir uns aber nicht um das Orakel, sondern betrachten den potentiellen Berechnungsbaum von $F\Theta^P_2$, der insgesamt polynomial viele Ausgaben liefert. Diese können daher alle in polynomialer Zeit (ohne Orakel) berechnet und daraufhin getestet werden, ob sie H erfüllen. Nun definieren wir die Funktion *sol* durch

$$sol(H) = \begin{cases} y & y \text{ ist lexikographisch kleinste Ausgabe von } M^{()}(H) \\ & \text{die } H \text{ erfüllt,} \\ e & \text{sonst} \end{cases}$$

9.2. VERFEINERUNGEN VON RELATIONEN

sol ist in FP und hat offenbar folgende Eigenschaft: Ist $H \notin$ SAT, so ist $sol(H) = e$, hat H genau eine erfüllende Belegung, so ist $sol(H) = cand(H)$ genau diese Belegung. Wird auf den Pfaden, auf denen $sol(H) \neq e$ ist, akzeptiert, so ergibt sich nach Satz 7.21 unmittelbar SAT $\in$ RP. ∎

Eine andere Konsequenz aus $F\Theta_2^P \subseteq FP^{NP[Lin\ log]}$ soll noch ohne Beweis angegeben werden. Die in [KF79] eingeführten Klassen mit beschränktem Nichtdeterminismus kann man so präzisieren: Für $f : \mathbb{N} \longrightarrow \mathbb{N}$ wird
$$NP(f) = \{X : \text{es gibt ein } B \in P \text{ mit } x \in X \longleftrightarrow \bigvee_y (|y| \leq f(|x|) \wedge (x,y) \in B\}$$
definiert. Dann gilt:

Satz 9.11 [JT95]
Für jedes monoton nichtfallende und in Polynomialzeit konstruierbare f und jedes $k \in \mathbb{N}$ gilt $F\Theta_2^P \subseteq FP^{NP[Lin\ log]} \longrightarrow NP(f) \subseteq NP(f/\log^k)$.

Man beachte auch die Aussage 2 von Satz 5.26.

Es sei noch auf die Arbeit [FGH$^+$96] hingewiesen, in der die Klasse RelcoNP studiert wird.

9.2 Verfeinerungen von Relationen

Bei den Relationen aus den betrachteten Relationenklassen interessiert man sich dafür, ob sie einfache **Verfeinerungen** haben.

Definition 9.12
*Wir nennen f eine **Verfeinerung** von g, wenn $f \subseteq g \wedge D_f = D_g$. $\mathcal{F}$ und $\mathcal{G}$ seien zwei Relationenklassen. Wir schreiben $\mathcal{F} \subseteq_c \mathcal{G}$ genau dann, wenn für jedes $f \in \mathcal{F}$ eine Verfeinerung $g \in \mathcal{G}$ existiert.*

Als erstes drängen sich die Fragen auf, ob die Verfeinerungen RelP $\subseteq_c$ FunP, RelNP $\subseteq_c$ FunP oder RelNP $\subseteq_c$ FunNP gelten. Wir zeigen zunächst weniger:

Satz 9.13
$$\text{RelNP} \subseteq_c F\Delta_2^P.$$

Beweis
Sei $\rho \in$ RelNP. Damit ist $\rho \in$ NP. Wir setzen $f(x) = \max \rho(x)$, wobei das Maximum bezüglich der lexikographischen Ordnung verstanden werden soll, und erhalten eine Funktion f, die eine Verfeinerung von ρ ist.
Wir zeigen $f \in F\Delta_2^P$. Die Menge $B = \{(x,z) : \bigvee_y ((x,y) \in \rho \wedge y \geq z\}$ gehört zu NP. Mit ihr als Orakel kann f in polynomialer Zeit durch binäres Suchen berechnet werden. ∎

Daß für RelNP die bessere Verfeinerung RelNP $\subseteq_c$ FP$^{NP[Lin\ log]}$ oder die Inklusion RelNP $\subseteq$ RelP nicht in Betracht kommen, wenn P $\neq$ NP ist, ist Teil der Aussage des Satzes 9.14.

Satz 9.14 [Sel94]
Folgende Aussagen sind paarweise zueinander äquivalent:

1. $P = NP$

2. $\text{Rel}\Delta_2^P \subseteq_c FP$

3. $\text{FunNP} \subseteq \text{RelP}$

4. $FP^{NP[\text{Lin log}]} \subseteq \text{RelP}$

5. $\text{RelP} \subseteq_c FP^{NP[\text{Lin log}]}$

Beweis
1 ⟶ 2
Ist $P = NP$, so ist $\Delta_2^P = P$ und damit $\text{Rel}\Delta_2^P = \text{RelP} \subseteq \text{RelNP} \subseteq_c F\Delta_2^P = FP$.
2 ⟶ 3, 2 ⟶ 4, 2 ⟶ 5
Die Aussagen 3, 4 und 5 sind Abschwächungen von Aussage 2. Man nehme Abbildung 9.1 zu Hilfe.
3 ⟶ 1
Sei $\text{FunNP} \subseteq \text{RelP}$. Wir betrachten die charakteristische Funktion c_{SAT} von SAT. Es gilt $c_{SAT} \in \text{FunNP}$ und damit nach Voraussetzung $c_{SAT} \in \text{RelP}$, also $c_{SAT} \in P$. Wegen $H \in \text{SAT} \longleftrightarrow (h,1) \in c_{SAT}$ folgt $\text{SAT} \in P$ und damit $P = NP$.
4 ⟶ 1
Sei $FP^{NP[\text{Lin log}]} \subseteq \text{RelP}$. Es gilt $c_{SAT} \in FP^{NP[\text{Lin log}]}$, und damit folgt $P = NP$ wie im vorigen Punkt.
5 ⟶ 1
Sei $\text{RelP} \subseteq_c FP^{NP[\text{Lin log}]}$. Die Relation

$$\text{sat} = \{(H,y) : H \text{ ist Boolescher Ausdruck mit der erfüllenden Belegung } y \}$$

gehört zu RelP und hat daher nach Voraussetzung eine Verfeinerung $s \in FP^{NP[\text{Lin log}]}$. Jetzt fahren wir wie im Beweis von Satz 9.8 fort und erhalten $s \in FP$ und damit $\text{SAT} \in P$. ∎

Bemerkung. Man erhält eine große Anzahl weiterer hierzu äquivalenter Inklusionen, wenn man in den Aussagen 3, 4 oder 5 die linke Seite vergrößert oder die rechte verkleinert, zum Beispiel $\text{FunNP} \subseteq FP$ oder $\text{FunNP} \subseteq \text{FunP}$. Die Bedeutung dieses Satzes besteht demnach darin auszusagen, daß einige erhoffte Beziehungen nur gelten (genauer sogar: genau dann gelten), wenn $P = NP$ gilt. So haben beispielsweise, falls $P \neq NP$ gilt, die Relationen aus $\text{Rel}\Delta_2^P$ keine Verfeinerungen in FP. Nicht einmal die Relationen aus RelP haben auch nur Verfeinerungen in $FP^{NP[\text{Lin log}]}$, geschweige denn in FP. Weniger

9.2. VERFEINERUNGEN VON RELATIONEN

verwunderlich ist es, daß unter der genannten Bedingung FunNP keine Teilmenge von RelP, FunP oder FP ist.
Nicht alle denkbaren Inklusionen, zum Beispiel $FP^{NP[Lin\,log]} \subseteq RelNP$, fallen unter den Satz 9.14. Diese Inklusion ist zu NP = coNP äquivalent, wie aus dem nächsten Satz hervorgeht. Auch in diesem Fall lassen sich aus der dritten Inklusion durch Vergrößerung der linken Seite und Verkleinerung der rechten (allerdings nur bis zu FunNP) eine Reihe weiterer zu den genannten äquivalente Inklusionen gewinnen.

Satz 9.15 [Sel94]
Folgende Aussagen sind paarweise zueinander äquivalent:

1. NP = coNP

2. $Rel\Delta_2^P \subseteq_c FunNP$

3. $FP^{NP[Lin\,log]} \subseteq RelNP$

Beweis
1 $\longrightarrow$ 2
Mit NP = coNP gilt $\Delta_2^P = NP$, und damit auch $F\Delta_2^P = FunNP$. Dies folgt so: Hat man eine Δ_2^P-Berechnung mittels einer Orakelmaschine $M^{(A)}$, so ist nach Voraussetzung auch $\overline{A} \in NP$. Also gibt es zwei Maschinen N_1, N_2, die A bzw. $\overline{A}$ im Sinne von NP akzeptieren. Nun wird die Δ_2^P-Berechnung in eine NP-Berechnung umgewandelt, indem die Orakelfragen nicht dem Orakel gestellt, sondern dem Unterprogramm $N_1 \| N_2$ (s. Anhang) gegeben werden. Diese Maschine gibt immer die richtigen Antworten, mit denen $M^{()}$ weiterrechnen kann. Es ergibt sich damit eine NP-Berechnung, die jedoch auf allen erfolgreichen Pfaden genau das gleiche Ergebnis liefert, also eine FunNP-Berechnung leistet.
Damit erhält man aus der Voraussetzung NP = coNP die Folgerung $Rel\Delta_2^P \subseteq RelNP \subseteq_c F\Delta_2^P = FunNP$.
2 $\longrightarrow$ 3
Die Aussage 3 ist eine Abschwächung von Aussage 2.
3 $\longrightarrow$ 1
Sei $FP^{NP[Lin\,log]} \subseteq RelNP$ und damit sogar $FP^{NP[Lin\,log]} \subseteq FunNP$. Sei A vollständig in Θ_2^P bezüglich $\leq_m^P$. Dann ist offenbar $c_A \in FP^{NP[Lin\,log]}$. Damit ist $c_A \in RelNP$. Wegen $(x, 1) \in c_A \longleftrightarrow x \in A$ und weil die linke Seite dieser Äquivalenz ein NP-Prädikat ist, ist $A \in NP$, also $\Theta_2^P \subseteq NP$ und damit NP = coNP. ∎

Beide Sätze lassen die Frage offen, ob sich Relationen aus RelNP zu Funktionen aus FunNP verfeinern lassen. Diese Frage greifen wir im Abschnitt 9.4

(Satz 9.40) wieder auf.
Zur Ergänzung geben wir noch einen Satz an, der die Inklusion $F\Delta_2^P \subseteq F\Theta_2^P$ betrifft. Die Äquivalenz der ersten und der vierten Aussage geht auf [Sel94] zurück.

Satz 9.16
Folgende Aussagen sind paarweise äquivalent:

1. $\Delta_2^P \subseteq \Theta_2^P$

2. $\mathrm{Rel}\Delta_2^P \subseteq \mathrm{Rel}\Theta_2^P$

3. $\mathrm{Fun}\,\Delta_2^P \subseteq \mathrm{Fun}\,\Theta_2^P$

4. $F\Delta_2^P \subseteq F\Theta_2^P$.

Beweis
$1 \longrightarrow 4$
Sei $f \in F\Delta_2^P$. Dann ist nach Lemma 9.5 die f kodierende Menge C_f in Δ_2^P und damit nach Voraussetzung in Θ_2^P. Weil nach dem gleichen Lemma $f \leq_{tt}^P C_f$ gilt, ist $f \in F\Theta_2^P$.
$4 \longrightarrow 3$
Sei $f \in \mathrm{Fun}\,\Delta_2^P$. Damit ist $c_f \in F\Delta_2^P$ (man beachte, daß f als Funktion eine Menge ist). Folglich ist $c_f \in F\Theta_2^P$. Dies zeigt $f \in \Theta_2^P$, und da f eine Funktion ist, ist $f \in F\Theta_2^P$.
$3 \longrightarrow 2$
Sei $\rho \in \mathrm{Rel}\Delta_2^P$. Wir setzen $r(x,y) = 1 \longleftrightarrow (x,y) \in \rho$. Da r zu $\mathrm{Fun}\,\Delta_2^P$ gehört, gehört es auch zu $\mathrm{Fun}\,\Theta_2^P$. Damit ist $\rho \in \mathrm{Rel}\Theta_2^P$.
$2 \longrightarrow 1$
Sei $X \in \Delta_2^P$. Dann ist $X \times \{1\} \in \mathrm{Rel}\Delta_2^P$ (sogar in $\mathrm{Fun}\,\Delta_2^P$) und damit gehört $X \times \{1\}$ zu $\mathrm{Rel}\Theta_2^P$. Damit ist aber $X \in \Theta_2^P$. ∎

Als Folgerung ergibt sich, daß Relationen aus $\mathrm{Rel}\Delta_2^P$ wohl kaum Verfeinerungen in $\mathrm{Fun}\,\Theta_2^P$ haben. Genauer:

Folgerung 9.17
$$\mathrm{Rel}\Delta_2^P \subseteq_c \mathrm{Fun}\,\Theta_2^P \longrightarrow \Delta_2^P \subseteq \Theta_2^P. \quad \blacksquare$$

9.3 Anzahl von Lösungen

Die vorhergehenden Kapitel beschäftigen sich ausschließlich mit der Komplexität von Entscheidungen. Am Beispiel von SAT soll verdeutlicht werden, daß

9.3. ANZAHL VON LÖSUNGEN

es außer dem Entscheiden von Mengen noch weitere wichtige Aufgabenstellungen gibt, deren Komplexität betrachtet werden kann, nämlich das Bestimmen der Anzahl von Lösungen und (im nächsten Abschnitt) das Konstruieren von Lösungen.

Wir gehen von dem Problem

$$\text{sat} = \{(H, y) : y \text{ ist erfüllende Belegung des Booleschen Ausdrucks } H \}$$

aus. Offensichtlich ist sat$\in$ P. Unter dem Entscheidungsproblem „satisfiability" versteht man nun nicht die Entscheidung von sat, sondern der Projektion[1] von sat auf die erste Komponente: SAT $= \{H : \bigvee_y((H, y) \in \text{sat})\}$. Bei gegebenem H nennt man y eine Lösung von H (in Bezug auf sat) genau dann, wenn $(H, y) \in$ sat gilt. SAT zu entscheiden, bedeutet, (mittels eines für alle H funktionierenden Algorithmus) zu gegebenem H festzustellen, ob H eine Lösung hat.

Ist dieses Problem gelöst, weiß man damit noch nicht, wie viele Lösungen H besitzt. Das **Zählproblem** Sat besteht nun darin, zu gegebenem H die Zahl der Lösungen zu bestimmen. Wir nennen diese Zahl $\#_{\text{sat}}(H)$. Es ist klar, daß man das Entscheidungsproblem lösen kann, wenn man das Zählproblem lösen kann. Das Entscheidungsproblem läßt sich also auf das Zählproblem Turing-reduzieren. Das Umgekehrte ist nicht klar.

L. Valiant hat einen Zugang zur Zählproblematik vorgeschlagen. Dabei wird jeder NPTM M eine Funktion acc_M zugeordnet, die definiert ist durch

$$acc_M(x) = \text{Anzahl der akzeptierenden Pfade von } M(x).$$

Damit definieren wir die wichtige Funktionenklasse

$$\#\text{P} = \{acc_M : M \text{ ist eine NPTM}\}.$$

Jedes Zählproblem, das auf die beschriebene Weise mit einem Problem aus NP zusammenhängt, gibt Anlaß zu einer Anzahlfunktion aus #P. Insofern ist #P ausreichend zur Beschreibung aller dieser Zählprobleme.

Man muß davon ausgehen, daß die Berechnung einer Funktion aus #P und damit die wirkliche Lösung eines Zählproblems eine Aufgabe von beachtlicher Schwierigkeit sein kann. Das sieht man schon an der oben getroffenen Feststellung, daß die Probleme aus NP auf die Berechnung von #P-Funktionen zurückgeführt werden können. Eine präzisere Einordnung von #P wird durch die Sätzen 9.32 und 9.33 gegeben.

---
[1] Man beachte, daß die Projektion polynomial beschränkt in der Länge von H ist, weil die Belegungen stets kürzer als H sind.

In [AJ93] werden die entsprechenden Untersuchungen für den logarithmischen Raum vorgenommen. Man vergleiche hierzu auch [HV95, AO94].
K. Wagner hat die Hierarchie PHCF der Zählfunktionen wie folgt eingeführt und rekursionstheoretisch charakterisiert [Wag86b]:

1. Alle $f \in \#P$ gehören zu PHCF.

2. Gehört g zu PHCF, so auch $acc_{M(g)}$ für jede NPOM M.

Als erste Eigenschaft von $\#P$ nennen wir eine algebraische Charakterisierung.

Definition 9.18
Ein **arithmetisches Geradeausprogramm** über einer Menge $\{x_1, x_2, \ldots\}$ von Variablen ist eine Folge $G = (p_1, \ldots, p_m)$ von arithmetischen Befehlen, die alle eine der folgenden Formen haben:

1. $p_i = 0$

2. $p_i = 1$

3. $p_i = x_j$ mit $j \leq i$

4. $p_i = 1 - x_j$ mit $j \leq i$

5. $p_i = p_j + p_k$ mit $j, k < i$

6. $p_i = p_j \cdot p_k$ mit $j + k \leq i$

7. $p_i = p_j|_{x_k=a}$, wobei $a \in \{0,1\}$ und $j < i$. Die Schreibweise $p_j|_{x_k=a}$ bedeutet, daß die Variable x_k in p_j durch a ersetzt wird.

Die Forderung $j + k \leq i$ im 6. Befehlstyp führt zu sogenannter **retardierter** Multiplikation. Sie ist dafür verantwortlich, daß jedes p_i ein Polynom höchstens i-ten Grades in den Variablen $x_1, \ldots, x_i$ ist.
Zur Semantik von arithmetischen Geradeausprogrammen legen wir zunächst fest: Hängt p_i von $x_1, \ldots, x_i$ ab und ist $w = a_1 \ldots a_i \in \{0,1\}^*$, so setzen wir $p_i(w) = p_i(a_1, \ldots, a_i)$. Nun sagen wir, daß das arithmetische Geradeausprogramm $G = (p_1, \ldots, p_m)$ das Polynom p_m berechnet, wir setzen also $G(w) = p_m(w)$ für $w \in \{0,1\}^m$.

Definition 9.19
Eine **uniforme Familie** arithmetischer Geradeausprogramme ist eine Funktion $G \in FP$, die jedem 0^n ein arithmetisches Geradeausprogramm $G_n = (p_1, \ldots, p_{m_n})$ zuordnet, das von den Variablen $x_1, \ldots, x_n$ abhängt und bei dem m_n polynomial in n beschränkt ist.

9.3. ANZAHL VON LÖSUNGEN

Die Klasse #P gestattet eine Charakterisierung durch arithmetische Geradeausprogramme.

Satz 9.20 [BF91]
Eine Funktion f gehört genau dann zu #P, wenn es eine uniforme Familie arithmetischer Geradeausprogramme G und ein Polynom r gibt, so daß $f(x) = G_{r(|x|)}(x)$ für jedes x gilt.

Beweis
1. $\longrightarrow$
Sei $f \in$ #P und M eine NTM mit $acc_M = f$. Sei $|x| = n$. Nach Satz 2.28 gibt es eine Boolesche Formel $H_n(x,y)$ der Form $H_n = C_1 \wedge \ldots \wedge C_m$ (m und $|y|$ sind polynomial in n beschränkt), so daß für jedes x der Länge n die Formel H_n genau so viele erfüllende Belegungen y hat, wie $M(x)$ akzeptierende Pfade hat, also genau $f(x)$. Jede Klausel C von H_n ist eine Disjunktion aus drei Literalen, etwa u, v, w, und hat folglich genau eine Belegung, die sie nicht erfüllt, nämlich $u = v = w = 0$. Schreibt man nun C als Disjunktion von Elementarkonjunktionen, so fehlt gerade $\sim u \wedge \sim v \wedge \sim w$: $C = (u \wedge v \wedge w) \vee (u \wedge v \wedge \sim w) \vee \ldots \vee (\sim u \wedge \sim v \wedge w)$. Nun interpretieren wir dies arithmetisch, indem wir $\wedge$ durch $\cdot$, $\vee$ durch $+$ und $\sim x$ durch $1 - x$ ersetzen. Es entsteht das Polynom $P_C = uvw + uv(1-w) + u(1-v)w + \ldots + (1-u)(1-v)w$. Offensichtlich gilt $P_C(a,b,c) = 1 \longleftrightarrow (a,b,c)$ erfüllt C. Das Polynom $f_n(x,y) = \prod_{i=1}^{m} P_{C_i}$ hat die Eigenschaft
$$f_n(x,y) = 1 \longleftrightarrow y \text{ erfüllt } H_n(x,y).$$
Für $|y| = q(n)$ erhält man daraus sofort $f(x) = \sum_{|y|=q(n)} f_n(x,y)$.
Es ist leicht einzusehen, daß $f(x)$ durch ein arithmetisches Geradeausprogramm entsteht. Zunächst kann man $f_n(x,y)$ in polynomialer Schrittzahl mit retardierter Multiplikation und ohne Benutzung der Befehle der 7. Art aufbauen. Ist $p_j = f_n(x, y_1, y_2, \ldots, y_{q(n)})$, so bildet man der Reihe nach die Befehle

$$p_{j+1} = p_j|_{y_1=0}$$
$$p_{j+2} = p_j|_{y_1=1}$$
$$p_{j+3} = p_{j+1} + p_{j+2}$$
$$p_{j+4} = p_{j+3}|_{y_2=0}$$
$$p_{j+5} = p_{j+3}|_{y_2=1}$$
$$p_{j+6} = p_{j+4} + p_{j+5}$$
u.s.w.

Damit ist nach insgesamt polynomial vielen Schritten (bezogen auf $|x|$) der Wert $f(x)$ als Polynom in den Bits von x aufgebaut.
2. $\longrightarrow$

Gegeben sei eine uniforme Familie G von arithmetischen Geradeausprogrammen. Es sei $G_n = (p_1, \ldots, p_{m_n})$ mit $m_n = r(n)$. Wir müssen zeigen, daß eine NTM M existiert, die bei Eingabe von $x = x_1 \ldots x_n \in \{0,1\}^n$ genau $p_{m_n}(x)$ akzeptierende Pfade hat. Dazu zeigen wir zunächst durch Induktion die
Behauptung: Für jedes $i \leq m_n$ gibt es eine NTM M_i, die bei Eingabe von $x = x_1 \ldots x_n$ genau $p_i(x_1, \ldots, x_n)$ akzeptierende Pfade einer Länge höchstens i hat.
Beweis
Induktionsbeginn Für den Beginn kommen die Befehlstypen 1 bis 4 in Betracht. In jedem der vier Fälle ist sofort klar, wie man eine entsprechende NTM mit der gewünschten Anzahl akzeptierender Pfade konstruieren kann.
Induktionsannahme Die Behauptung sei bis i bewiesen.
Induktionsschluß
Fall 1: $p_{i+1} = p_j + p_k$.
Dann leistet $M_{i+1} = M_j \| M_k$ das Gewünschte.
Fall 2: $p_{i+1} = p_j \cdot p_k$.
Dann leistet $M_{i+1} = M_j \circ M_k$ das Gewünschte.
Fall 3: $p_{i+1} = p_j|_{x_k=a}$.
Dann nimmt man als M_{i+1} die Maschine M_j, in der das Eingabebit x_k wie a behandelt wird. Auch die Behauptung über die Länge der Pfade ist klar: Nur bei der Multiplikation verlängern sich die Pfade. Da diese aber retardiert geschieht, bleibt die Längenbedingung erfüllt.□
Die gesuchte Maschine M arbeitet nun wie folgt: Bei Eingabe von $x_1 \ldots x_n$ wird zuerst $G_n = (p_1, \ldots, p_{m_n})$ berechnet. Danach wird M_{m_n} berechnet. Schließlich wird M_{m_n} auf $x_1 \ldots x_n$ angewendet. Alle drei Phasen geschehen in polynomialer Zeit. ∎

Wir wenden uns nun vollständigen Problemen von #P zu. Bereits L. Valiant hat gezeigt, daß #P vollständige Probleme hat, und zwar in folgendem Sinne:

Definition 9.21
$f \in$ #P heißt vollständig für #P genau dann, wenn sich jedes $g \in$ #P in polynomialer Zeit mit dem Orakel f berechnen läßt: $g \in \text{FP}^f$. Hierbei stellen wir uns vor, daß eine Orakelfrage z durch sofortige Bereitstellung des Funktionswerts $f(z)$ beantwortet wird.

Aus dem Beweis von Satz 2.27 folgt unmittelbar, daß $\#_{sat}$ vollständig in #P ist. Wir nennen noch ein weiteres Problem dieser Art, das aus der Algebra stammt und vordergründig nichts mit Komplexitätstheorie zu tun hat. Insofern kann man es als ein besonders natürliches #P-vollständiges Problem bezeichnen. Das bekannteste Problem, das in #P vollständig ist, ist *perm*. Die

9.3. ANZAHL VON LÖSUNGEN

Funktion *perm* ordnet jeder quadratischen Matrix mit Elementen aus $\{0,1\}$ ihre **Permanente** zu. Ist $A = (a_{ij})$ eine n-reihige quadratische Matrix mit Elementen aus $\{0,1\}$ und ist S_n die Menge der Permutationen von $\{1,\ldots,n\}$, so ist $perm(A) = \sum_{\sigma \in S_n} a_{1\sigma(1)} \ldots a_{n\sigma(n)}$ die Permanente von A.

Satz 9.22 [Val79]
Die Funktion perm ist vollständig in #P.

Der aufwendige Beweis kann in der Originalarbeit oder in [Pap94] nachgelesen werden. Ein interessantes Analogon für #L ist von E. Allender und M. Ogihara bewiesen worden [AO94]: Die Determinante als Funktion von Matrizen mit Elementen aus $\{0,1\}$ ist vollständig in #L.

9.3.1 Abschlußeigenschaften von #P und GapP

Die Klasse #P hat einige angenehme Abschlußeigenschaften.

Satz 9.23
1. *#P ist abgeschlossen gegenüber der Addition.*

2. *#P ist abgeschlossen gegenüber der Multiplikation.*

3. *Ist $f \in$ #P, $g \in$ FP, und ist g durch ein Polynom beschränkt, so ist die durch $\binom{f(|x|)}{g(|x|)}$ definierte Funktion in #P.*

Beweis
Sind $f, g \in$ #P, so gibt es Maschinen M, N mit $f = acc_M$ und $g = acc_N$.
1. Addition.
Die Maschine $K = M \| N$ arbeite bei Eingabe von x wie folgt: Zuerst wird nichtdeterministisch verzweigt. Auf dem einen Ast wird $M(x)$ und auf dem anderen Ast wird $N(x)$ realisiert. Insgesamt ist $acc_K(x) = acc_M(x) + acc_N(x)$.
2. Multiplikation.
Wir betrachten $M \circ N$ und legen fest, daß ein Pfad von $(M \circ N)(x)$ genau dann akzeptiert, wenn seine beiden Teilpfade in $M(x)$ und $N(x)$ akzeptieren. Es gilt offenbar $acc_{M \circ N} = acc_M acc_N$.
3. Binomialkoeffizienten.
Die Maschine N arbeitet bei Eingabe von x wie folgt. Zuerst berechnet sie den Wert $g(|x|)$. Weiter sei M eine Maschine, die bei Eingabe von x genau $f(x)$ akzeptierende Pfade erzeugt. Die Maschine N wendet nun $M^{g(|x|)}$ auf x an. Wir definieren hier, daß ein Pfad $y_1 \# \ldots \# y_{g(|x|)}$ genau dann akzeptiert, wenn $y_1, \ldots, y_{g(|x|)}$ alle akzeptieren und zusätzlich $y_1 \prec \ldots \prec y_{g(|x|)}$ gilt, wobei $\prec$ die Relation „lexikographisch kleiner als" bedeutet.
Man sieht unmittelbar, daß N bei Eingabe von x genau $\binom{f(|x|)}{g(|x|)}$ akzeptierende

Pfade hat. Also ist $acc_N(x) = \binom{f(|x|)}{g(|x|)}$, und daher $\binom{f(|x|)}{g(|x|)}$ in #P. ∎

Bemerkung
Die beiden ersten Aussagen dieses Satzes lassen sich wesentlich verschärfen. Die Beweise dafür sind im wesentlichen oben vorgezeichnet.

1. Ist $f \in$ #P und q ein Polynom, so ist die durch $\sum_{|y| \leq q(|x|)} f(x,y)$ definierte Funktion in #P.

2. Ist $f \in$ #P, und ist $g \in$ FP polynomial beschränkt, so ist die durch $\prod_{y=1}^{g(|x|)} f(x,y)$ definierte Funktion in #P.

Für die weiteren Darlegungen betrachten wir allgemeinere Abschlußeigenschaften.

Definition 9.24
Sei $g : \mathbb{N}^k\, dann\, \mathbb{N}$, und sei $\mathcal{F}$ eine Klasse von Funktionen, deren Wertebereiche Teilmengen von $\mathbb{N}$ sind. Wir sagen, daß $\mathcal{F}$ unter g abgeschlossen ist, wenn die Funktion h, die durch $h(x) = g(f_1(x), \ldots, f_k(x))$ definiert ist, immer dann zu $\mathcal{F}$ gehört, sobald $f_1, \ldots, f_k$ alle zu $\mathcal{F}$ gehören.
Eine Funktionenklasse $\mathcal{F}$ nennen wir $\mathcal{H}$-abgeschlossen, wenn $\mathcal{F}$ unter jedem $h \in \mathcal{H}$ abgeschlossen ist.

In [HVW95] sind jene Abschlußeigenschaften von #P charakterisiert worden, die bei jeder Relativierung gelten. Die einstelligen unter ihnen sind genau diejenigen, die sich als endliche Linearkombinationen von Binomialkoeffizienten in der Form

$$f(n) = c_0 \binom{n}{0} + c_1 \binom{n}{1} + \ldots + c_k \binom{n}{k}$$

mit $c_0, \ldots, c_k \in \mathbb{N}$ darstellen lassen.
Eine ganze Reihe wünschenswerter Abgeschlossenheitseigenschaften hat #P höchstwahrscheinlich nicht. Darüber gibt der folgende Satz Auskunft. Sehr viel mehr findet man in [OH93].

Satz 9.25 [OH93]
Folgende Eigenschaften sind paarweise äquivalent:

1. #P ist abgeschlossen unter beliebigen #P-Funktionen.

2. #P ist abgeschlossen unter beliebigen FP-Funktionen.

3. #P ist unter modifizierter Subtraktion[2] abgeschlossen.

---
[2]Wir erinnern an $a \dot{-} b = \max\{0, a-b\}$.

9.3. ANZAHL VON LÖSUNGEN

4. $\subsetneq P = UP$.

Beweis
$1 \longrightarrow 2$ und $2 \longrightarrow 3$.
Diese Implikationen sind trivial.
$3 \longrightarrow 4$.
Sei $A \in \subsetneq P$ akzeptiert durch die Maschine M nach der Vorschrift (vgl. Lemma 8.8)

$$x \in A \longleftrightarrow acc_M^1(x) = acc_M^2(x),$$
$$x \notin A \longleftrightarrow acc_M^1(x) > acc_M^2(x).$$

Wir setzen $h(x) = 1 \dotminus (acc_M^1(x) \dotminus acc_M^2(x))$ und haben $h(x) = 1$, wenn $x \in A$, und $h(x) = 0$ sonst. Weil nach Voraussetzung $h \in \#P$ gilt, gibt es eine Maschine N mit $h = acc_N$. Dies heißt, daß N die Menge A im Sinne von UP akzeptiert.
$4 \longrightarrow 1$.
Sei $\subsetneq P = UP$. Wir betrachten $h(x) = g(f_1(x), \ldots, f_k(x))$ mit $g, f_1, \ldots, f_k \in \#P$ sowie die Menge

$$A = \{(x, n_1, \ldots, n_k) : f_1(x) = n_1 \land \ldots \land f_k(x) = n_k\}.$$

Wenn $A_i = \{(x, n_1, \ldots, n_k) : f_i(x) = n_i\}$ gesetzt wird, so gilt $A = A_1 \cap \ldots \cap A_k$, und weil offensichtlich alle A_i zu $\subsetneq P$ gehören, ist wegen der Durchschnittsabgeschlossenheit von $\subsetneq P$ (Satz 8.10) auch $A \in \subsetneq P$. Damit ist nach Voraussetzung $A \in UP$. Sei M eine Maschine, die A im Sinne von UP akzeptiert, und sei N eine Maschine mit $acc_N = g$. Wir beschreiben eine Maschine K, die bei Eingabe von x wie folgt arbeitet: Sie rät $(n_1, \ldots, n_k)$ und wendet M auf das Tupel $(x, n_1, \ldots, n_k)$ an. Bei Akzeptierung (die dann auf genau einem Pfad passiert) wird N auf $(n_1, \ldots, n_k)$ angewendet. Damit erhält man $acc_K(x) = g(n_1, \ldots, n_k) = g(f_1(x), \ldots, f_k(x))$. Dies zeigt $h \in \#P$, das heißt, $\#P$ ist $\#P$-abgeschlossen. ∎

Die Subtraktion ist in dem Sinne eine *harte* Abschlußeigenschaft für $\#P$, daß der Abschluß von $\#P$ unter modifizierter Differenz bereits den Abschluß von $\#P$ unter einer beliebigen $\#P$-Funktion zur Folge hat. Es gibt weitere harte Abschlußeigenschaften dieser Art, zum Beispiel die (ganzzahlige) Division. Dagegen scheinen andere Abschlußeigenschaften nicht hart zu sein, etwa Abschluß unter Maximum, Minimum, Subtraktion von 1 oder Division durch 2. Wir geben ohne Beweis die Konsequenzen an, die gelten, wenn $\#P$ diese Abschlußeigenschaften hat. Die Ergebnisse stammen aus [OH93], die Aussage 3 geht auf J. Torán zurück.

Satz 9.26
1. Wenn #P abgeschlossen unter Maximum oder Minimum ist, so gilt C_P = SPP.

2. Wenn #P abgeschlossen unter Minimum ist, so gilt NP = UP.

3. Wenn #P abgeschlossen unter modifizierter Subtraktion von 1 ist, so gilt NP ⊆ SPP.

4. Wenn #P abgeschlossen unter Division durch 2 ist, so gilt ⊕P = SPP.

Für die #-Klasse der sogenannten Polynomialzeit-cluster-Maschinen hat S. Kosub [Kos99] gezeigt, daß sie unter Division abgeschlossen ist, während die Subtraktion von 1 für diese Klasse hart ist.

Eine wichtige Frage muß man nach dem Satz 9.25 wohl negativ beantworten, nämlich: Ist mit $f \in \#P$ stets auch $f \circ sgn \in \#P$? Dabei ist sgn die bekannte Signum-Funktion, die auch als die charakteristische Funktion der Menge der von 0 verschiedenen natürlichen Zahlen verstanden werden kann. Satz 7.20 läßt sich aber so interpretieren, daß es eine Funktion in #P gibt, die wenigstens „probabilistisch" eine Signum-Funktion ist. Was damit gemeint ist, wird ganz genau in der folgenden Formulierung des Satzes 7.20 deutlich.

Satz 9.27
Ist $f \in \#P$, so gibt es ein $g \in \#P$ und ein Polynom p mit

1. Ist $f(x) = 0$, so ist $card\{y : |y| = p(|x|) \land g(x,y) = 0\} = 0$.

2. Ist $f(x) > 0$, so ist $card\{y : |y| = p(|x|) \land g(x,y) = 1\} \geq 2^{p(|x|)}$.

Da auch die Abgeschlossenheit von #P gegenüber der Differenzbildung nach Satz 9.25 äußerst fraglich ist, ist die Klasse

$$\text{GapP} = \{f - g : f, g \in \#P\}$$

sicherlich von #P verschieden. Man beachte, daß GapP-Funktionen beliebige ganzzahlige Werte haben können. GapP ist ausführlich in [FFK94] untersucht worden. Der folgende Satz ist in impliziter Form bereits beim Beweis von GP=PP (Satz 8.6) verwendet worden.

Satz 9.28
$$GapP = \#P - \#P = \#P - FP = FP - \#P. \quad \blacksquare$$

Für GapP gelten alle Abschlußeigenschaften von #P (Satz 9.23). Darüber hinaus ist ein ausgesprochen starkes Abgeschlossenheitsergebnis bekannt.

9.3. ANZAHL VON LÖSUNGEN

Satz 9.29 [FFK94]
Sind $f, g \in \text{GapP}$ und ist g polynomial beschränkt, so ist die durch $h(x) = f((x, g(x)))$ definierte Funktion h in GapP.

Beweis
q sei ein Polynom, das g beschränkt: $g(x) \leq q(|x|)$. Die Behauptung folgt aus der Tatsache, daß $\binom{x}{k}\binom{m-x}{m-k}$ genau dann den Wert 1 annimmt, wenn $x = k$ gilt. Andernfalls verschwindet das Produkt (für $0 \leq x \leq m$ und $x \neq k$). Damit gilt nämlich

$$f((x, g(x))) = \sum_{i=0}^{q(|x|)} f((x, i)) \binom{g(x)}{i} \binom{q(|x|) - g(x)}{q(|x|) - i}.$$

∎

Während in Satz 9.26 für #P nur notwendige Bedingungen für bestimmte Abschlußeigenschaften formuliert werden können, erhält man in den gleichen Fällen für GapP notwendige und hinreichende Bedingungen. Im folgenden ist $\text{GapP}_+ = \{f : f \in \text{GapP} \land f > 0\}$.

Satz 9.30 [TTW93]
1. GapP_+ ist abgeschlossen unter Subtraktion von $1 \longleftrightarrow \text{C}_=\text{P} = \text{SPP}$.

2. GapP ist abgeschlossen unter min $\longleftrightarrow \text{C}_=\text{P} = \text{SPP}$.

3. GapP ist abgeschlossen unter max $\longleftrightarrow \text{C}_=\text{P} = \text{SPP}$.

4. GapP ist abgeschlossen unter Division durch $2 \longleftrightarrow \oplus\text{P} = \text{SPP}$.

9.3.2 Der #-Operator

In Abschnitt 8.6 sind Operatoren auf Mengenklassen behandelt worden. Auch # läßt sich als ein solcher Operator auffassen [Tod91a].

Definition 9.31
$f \in \# \cdot \mathcal{C}$ genau dann, wenn es eine Menge $C \in \mathcal{C}$ und ein Polynom p gibt, so daß $f(x) = \text{card}\{y : |y| \leq p(|x|) \land (x, y) \in C\}$.

Man überzeugt sich sofort, daß $\#\text{P} = \# \cdot \text{P}$ gilt. Auf verschiedene Schreibweisen für #-Klassen ist in [HV95] eingegangen worden. Einzig im Falle von #P halten wir aus Gewohnheitsgründen an der von L. Valiant eingeführten Schreibweise fest. In den übrigen Fällen halten wir uns ausnahmslos an die Operatorauffassung von #. Die Klasse $\# \cdot \text{NP}$ ist auch als spanP bekannt [Sch90, KST89].

Zuerst interessiert uns ein Vergleich der #-Klassen mit FP und $\text{F}\Delta_2^\text{P}$.

Satz 9.32
$$\#\mathrm{P} \subseteq \mathrm{F}\Delta_2^\mathrm{P}.$$

Beweis
Ist $f = acc_M$ für eine NTM M, so betrachte man die Menge
$$B = \{(x, 0^m) : acc_M(x) \geq m\}.$$

Offenbar ist $B \in \mathrm{NP}$. Es ist leicht einzusehen, daß man unter Benutzung von B als Orakel in polynomialer Zeit durch binäres Suchen die genaue Zahl $acc_M(x)$ bestimmen kann. ∎

Wie Satz 9.33 zeigt, ist eine Verbesserung der oberen Schranke auf FP nicht zu erwarten.

Satz 9.33 [Köb89]
$$\#\mathrm{P} \subseteq \mathrm{FP} \longleftrightarrow \mathrm{P} = \mathrm{PP}.$$

Beweis
1. $\longrightarrow$
Nach Definition 8.5 von PP gehört eine Menge X zu PP, wenn es ein $f \in \mathrm{FP}$ und eine NTM M gibt, so daß $x \in X \longleftrightarrow acc_M(x) > f(x)$. Ist $\#\mathrm{P} \subseteq \mathrm{FP}$, so gibt es eine DTM N, die bei Eingabe von x den Wert $acc_M(x)$ berechnet. Damit ist $acc_M(x) > f(x)$ in polynomialer Zeit entscheidbar und daher $X \in \mathrm{P}$, folglich $\mathrm{PP} \subseteq \mathrm{P}$.

2. $\longleftarrow$
Wir betrachten die Menge $A = \{(M, x, i, 0^k) : M$ ist eine NTM und $M(x)$ hat mindestens i Pfade der Länge $k\}$. Es ist klar, daß A zu PP gehört: Bei Eingabe von $(M, x, i, 0^k)$ simuliert man $M(x)$ k Takte lang und vergleicht die Zahl der akzeptierenden Pfade mit i, was in polynomialer Zeit aus der Eingabe berechnet wird. Wenn $\mathrm{PP} = \mathrm{P}$ vorausgesetzt wird, gehört A sogar zu P.

Nun sei $f \in \#\mathrm{P}$. Dann gibt es eine NTM N mit $f = acc_N$. Durch binäres Suchen mit dem Orakel A kann $f(x)$ berechnet werden. Wegen $A \in \mathrm{P}$ ist dies eine Polynomialzeitberechnung für f. ∎

Überraschenderweise sind die beiden Klassen $\# \cdot \mathrm{coNP}$ und $\# \cdot \Delta_2^\mathrm{P}$ identisch.

Satz 9.34 [Tod91a]
$$\# \cdot \mathrm{coNP} = \# \cdot \Delta_2^\mathrm{P}.$$

Beweis
Weil $\#$ ein monotoner Operator ist, braucht nur die Richtung von rechts nach links gezeigt zu werden. Sei $f \in \# \cdot \Delta_2^\mathrm{P}$. Dann gibt es ein $X \in \Delta_2^\mathrm{P}$, eine DPOM M, ein Polynom p und ein $A \in \mathrm{NP}$ derart, daß $M^{(A)}$ die Menge X in der Zeit p entscheidet und daß

$$f(x) = card\{y : |y| = p(|x|) \wedge (x, y) \in X\}.$$

9.3. ANZAHL VON LÖSUNGEN

Ferner seien q ein Polynom und N eine NTM, die A in der Zeit q akzeptiert. Ein Paar (x,y) mit $|y| = p(|x|)$ gehört genau dann zu X, wenn $M^{(A)}((x,y))$ akzeptiert. Letzteres ist genau dann der Fall, wenn Fragen $u_1, \ldots, u_k$ und $v_1, \ldots, v_m$ und Pfade $\alpha_1, \ldots, \alpha_k$ derart existieren, daß gilt:

1. $M^{()}((x,y))$ stellt genau die Fragen $u_1, \ldots, u_k$ und $v_1, \ldots, v_m$ und rechnet genau bei den Fragen $u_1, \ldots, u_k$ mit der JA-Antwort und genau bei den Fragen $v_1, \ldots, v_m$ mit der NEIN-Antwort weiter und akzeptiert,

2. $N(u_i)$ akzeptiert längs des Pfades α_i und verifiziert damit, daß $u_i \in A$ gilt $(i = 1, \ldots, k)$,

3. keine der Fragen $v_1, \ldots, v_m$ gehört zu A.

Die erste Bedingung ist ein P-Prädikat (man beachte, daß M ohne Orakel betrachtet wird), die zweite ist ebenfalls ein P-Prädikat, und die dritte ein coNP- Prädikat. Damit ist die Menge

$$B = \{(x, y, u_1, \ldots, u_k, v_1, \ldots, v_m, \alpha_1, \ldots, \alpha_k) : \text{es gelten die Bedingungen 1-3}\}$$

in coNP. Wir möchten gern, daß zu jedem y mit $(x,y) \in X$ *genau* ein Tupel $(x, y, u_1, \ldots, u_k, v_1, \ldots, v_m, \alpha_1, \ldots, \alpha_k) \in B$ existiert. Dies erreichen wir, wenn wir die zweite Bedingung durch die folgende ersetzen:

2'. $N(u_i)$ akzeptiert längs des Pfades α_i und verifiziert damit, daß $u_i \in A$ gilt $(i = 1, \ldots, k)$, und α_i ist der lexikographisch kleinste akzeptierende Pfad in $N(u_i)$.

Damit wird die zweite Bedingung ebenfalls zu einem coNP-Prädikat. Definiert man nun

$$C = \{(x, y, u_1, \ldots, u_k, v_1, \ldots, v_m, \alpha_1, \ldots, \alpha_k) : \text{es gilt 1, 2' und 3}\},$$

so ist auch C noch in coNP. Wegen der nunmehr erreichten eineindeutigen Zuordnung zwischen den y mit $(x,y) \in X$ und den zugehörigen Tupeln aus C folgt sofort $f \in \# \cdot \text{coNP}$. ∎

Selbstverständlich gilt $\#\text{P} \subseteq \# \cdot \text{NP} \subseteq \# \cdot \Delta_2^\text{P}$. Wie unwahrscheinlich es ist, daß sich diese Inklusionen umkehren lassen, zeigt der Satz 9.37. Für einen eleganten Beweis benötigen wir eine kleine Vorbereitung.

Definition 9.35
Für eine Funktionenklasse $\mathcal{F}$ wird die Mengenklasse $\text{U} \cdot \mathcal{F}$ wie folgt definiert:
$$X \in \text{U} \cdot \mathcal{F} \longleftrightarrow c_X \in \mathcal{F}.$$

Es gilt folgendes Lemma.

Lemma 9.36
1. $U \cdot \# \cdot P = UP$.

2. $U \cdot \# \cdot NP = NP$.

3. $U \cdot \# \cdot coNP = UP^{NP}$.

Beweis
Alle drei Behauptungen werden nach dem gleichen Schema bewiesen, wobei bei der dritten Behauptung auf Satz 9.34 zurückgegriffen wird. Deshalb reicht es, die erste Behauptung zu beweisen.

$$\begin{aligned} X \in U \cdot \# \cdot P &\longleftrightarrow c_X \in \# \cdot P \\ &\longleftrightarrow \text{es gibt ein } B \in P \text{ mit} \\ & c_X(y) = 1 \longleftrightarrow \text{es gibt genau ein } z \text{ mit } (y,z) \in B \\ &\longleftrightarrow X \in UP. \end{aligned}$$
∎

Satz 9.37 [KST89]
1. $\#P = \# \cdot NP \longleftrightarrow UP = NP$.

2. $\# \cdot NP = \# \cdot coNP \longleftrightarrow NP = coNP$.

Beweis
Die Richtung von rechts nach links beider Behauptungen ergibt sich durch Anwendung des #-Operators auf die rechten Seiten. Für die erste Behauptung hat man die leicht zu verifizierende Gleichheit $\# \cdot P = \# \cdot UP$ zu berücksichtigen. Die umgekehrte Richtung beider Behauptungen folgt durch Anwendung des U-Operators auf die linken Seiten unter Verwendung von Lemma 9.36. Im Fall der zweiten Behauptung folgt aus $NP = UP^{NP}$ wegen $coNP \subseteq UP^{NP}$ die Behauptung $NP = coNP$.
∎

In [CH89] wird gezeigt, daß $P = NP = P^{\#P}$ gilt, falls es ein $f \in FP$ und ein $\alpha < 1$ derart gibt, daß $f(H)$ für jeden Booleschen Ausdruck H eine Liste von höchstens $|H|^\alpha$ Zahlen aus der Menge $\{0, \ldots, 2^{|H|}\}$ darstellt, die $\#_{SAT}(H)$ enthält.

9.4 Konstruktion von Lösungen

Wenn man die Lösungen nur zählen kann, hat man damit noch kein Verfahren in der Hand, auch nur eine einzige Lösung zu konstruieren. In manchen Fällen läßt sich das bewerkstelligen. Wir behandeln dieses Problem in allgemeiner Form in Abschnitt 9.5, betrachten hier aber ein Beispiel, nämlich SAT. Um für einen gegebenen Booleschen Ausdruck H eine erfüllende Belegung zu konstruieren, fragt man, ob $H_0 \in$ SAT. Wenn ja, ist 0 das erste Bit einer

9.4. KONSTRUKTION VON LÖSUNGEN

erfüllenden Belegung. Andernfalls fragt man, ob $H_1 \in$ SAT ist. Wenn ja, ist 1 das erste Bit einer erfüllenden Belegung. Ist auch H_1 nicht in SAT, so ist H nicht erfüllbar. Auf diese Weise kann unter Ausnützung der Selbstreduzierbarkeit, die nicht für jedes NP-vollständige Problem bekannt ist, eine erfüllende Belegung bestimmen, wenn es eine gibt. Dies zeigt, daß das Konstruktionsproblem auf das Entscheidungsproblem reduzierbar ist.
Wir behandeln in diesem Abschnitt die Komplexität des Konstruktionsproblems und verweisen auf den Übersichtsartikel [JT97]

Definition 9.38
*Wenn die Maschine M die Menge $A \in$ NP in polynomialer Zeit akzeptiert, so nennt man f eine **Lösungsfunktion** für A bezüglich M (oder kurz: für M) genau dann, wenn $f(x)$ für $x \in A$ einen akzeptierenden Pfad y von $M(x)$ und für $x \notin A$ das leere Wort ausgibt.*
*φ nennt man eine **partielle Lösungsfunktion** für A bezüglich M (oder kurz: für M) genau dann, wenn $D_\varphi = A$ und wenn $\varphi(x)$ für alle $x \in A$ ein akzeptierender Pfad von $M(x)$ ist.*

Bemerkung. Wir heben hervor, daß Lösungsfunktionen für A nur in Bezug auf eine NPTM, die A akzeptiert, definiert sind. Wegen des Projektionssatzes (Satz 2.25) kann man Lösungsfunktionen für A ebenso gut bezüglich einer Menge $B \in$ P und eines Polynoms p definieren, für die A die durch p längenbeschränkte Projektion von B ist.
Nichtdeterministische Turingmaschinen, die für unendlich viele Eingaben wenigstens zwei Lösungen haben, können beliebig schwierige, sogar nichtberechenbare Lösungsfunktionen haben. Wichtiger ist aber die Frage nach einfachen Lösungsfunktionen. Die Unvermeidbarkeit des Durchmusterns für NP-vollständige Mengen würde beispielsweise bedeuten, daß für keine Maschine, die eine NP-vollständige Menge akzeptiert, eine Lösungsfunktion aus FP existiert. Man kann nun fragen, wie einfach eine Lösungsfunktion für eine Maschine werden kann, die eine NP-vollständige Menge akzeptiert. Satz 9.13 kann offensichtlich so umformuliert werden:
Satz 9.39
Polynomialzeit-Turingmaschinen haben stets Lösungsfunktionen in $F\Delta_2^P$. ∎

Lassen sich bessere Verfeinerungen erzielen? Beispielsweise könnte man nach Verfeinerungen in Fun Θ_2^P oder FunNP fragen. Der folgende Satz nimmt diese Frage auf, die schon im Anschluß an die Sätze 9.14 und 9.15 genannt worden sind.
Satz 9.40 [HNOS96b]
$$\text{RelNP} \subseteq_c \text{FunNP} \longrightarrow \text{PH} \subseteq \text{ZPP}^{\text{NP}}.$$

Beweis
Die Behauptung ergibt sich aus drei Aussagen, von denen zwei erst in späteren Abschnitten behandelt werden (selbstverständlich ohne Rückgriff auf Satz 9.40). Auch was die verwendeten Begriffe betrifft, wird der Leser auf die entsprechenden späteren Stellen verwiesen.
Es gelten folgende Aussagen.

1. Satz 10.29: Wenn RelNP $\subseteq_c$ FunNP gilt, so ist jede NP-Menge FunNP-selektiv.

2. Satz 10.30: Die FunNP-selektiven NP-Mengen gehören zu (NP $\cap$ coNP)/poly.

3. Satz 5.28: NP $\subseteq$ (NP $\cap$ coNP)/poly $\longrightarrow$ PH $\subseteq$ ZPP^{NP}.

Aus diesen drei Sätzen folgt direkt die Behauptung. ■

Sei RelNP$_k$ die Menge aller Relationen $\rho \in$ RelNP mit der Eigenschaft, daß für alle x die Ausgabemenge $\rho(x)$ höchstens k Elemente hat. Aus [NRRS98] zitieren wir:

Sei $k > 1$. Dann gilt RelNP$_k \subseteq$ RelNP$_{k-1} \longrightarrow \Sigma_2^P = \Pi_2^P$.

Welchen Kollaps RelNP $\subseteq_c$ Fun Θ_2^P oder RelNP $\subseteq_c$ FΘ_2^P hervorrufen, ist bisher anscheinend noch nicht untersucht worden. Es ist aber bekannt, welche Konsequenzen RelNP $\subseteq_c$ FP$^{\text{NP[Lin log]}}$ hat. In diesem Falle reicht die Polynomialzeithierarchie höchstens bis Σ_2^P, wie aus dem folgenden Satz geschlossen werden kann.

Satz 9.41 [Ogi96a]
Es sei $\epsilon < 1$. Dann gilt RelNP $\subseteq_c$ P$^{\text{FunNP}[\epsilon \cdot \log]} \longrightarrow$ PH $\subseteq \Sigma_2^P$.

Eine Reihe weiterer Aussagen über Lösungsfunktionen können wir im Zusammenhang mit der Klasse EASY machen. **Die NTM M hat eine einfache Lösungsfunktion** genau dann, wenn es ein $f \in$ FP so gibt, daß für jedes x die Berechnung $M(x)$ den akzeptierenden Pfad $f(x)$ hat. Im Anschluß an [HRW97] (dort findet man wesentlich mehr) definieren wir

$$\text{EASY} =$$

$= \{A :$ Jede NPTM M, die A akzeptiert, hat eine einfache Lösungsfunktion$\}$.

Die Inklusionen EASY $\subseteq$ P $\subseteq$ NP sind leicht zu sehen. Ferner gilt:
Satz 9.42
$$\text{EASY} = \text{NP} \longleftrightarrow \text{P} = \text{NP}.$$

9.4. KONSTRUKTION VON LÖSUNGEN

Beweis
Nur die Richtung von rechts nach links muß bewiesen werden. Sei P = NP, und seien $A \in$ NP und M eine NPTM, die A akzeptiert. Die Funktion max_M, die durch

$$max_M(x) = \text{maximaler akzeptierender Pfad von } M(x)$$

definiert ist, ist eine Lösungsfunktion für M, die nach Satz 9.39 in $F\Delta_2^P$, mithin nach der Voraussetzung in FP liegt. Also ist $A \in$ EASY. ∎

Aller Wahrscheinlichkeit nach ist sogar EASY $\subset$ P, wie der folgende Satz zeigt. Der Satz sagt aus, daß es unter der allgemein akzeptierten Voraussetzung P $\neq$ NP $\cap$ coNP eine Menge A gibt, für die gilt

1. $A \in$ P

2. Es gibt eine NPTM M mit

    (a) M akzeptiert A,

    (b) es gibt keine Möglichkeit, in polynomialer Zeit zu gegebenem x akzeptierende Pfade von $M(x)$ zu bestimmen.

Die Menge A ist also leicht entscheidbar, aber es gibt für sie eine Akzeptierung, für die die Bestimmung akzeptierender Pfade schwer ist.

Satz 9.43 [BD76]

$$P \neq NP \cap coNP \longrightarrow EASY \subset P.$$

Beweis
Ist P $\neq$ NP$\cap$coNP, so gibt es eine Menge $A \in$ (NP$\cap$coNP)$\setminus$P. Es seien M, N zwei NPTM mit $A = L(M)$ und $\overline{A} = L(N)$. Die Maschine $M \| N$ akzeptiert genau Σ^*. Gäbe es eine Lösungsfunktion $f \in$ FP für $M \| N$, so wäre $A \in$ P: Um nämlich $x \in A$ zu entscheiden, prüft man, ob $f(x)$ mit 0 beginnt. Wegen

$$x \in A \longleftrightarrow \text{jeder akzeptierende Pfad von } (M\|N)(x) \text{ beginnt mit } 0$$

ist damit $A \in$ P. ∎

Der folgende Satz gibt einige Bedingungen an, unter denen P = EASY gilt. Die Äquivalenz der ersten drei Aussagen geht auf A. Selman zurück [HRW97].

Satz 9.44
Folgende Aussagen sind äquivalent

1. P = EASY.

2. EASY *ist komplementabgeschlossen.*

3. Es gibt ein $A \in P$ mit $A \in$ EASY und $\overline{A} \in$ EASY.

4. $\Sigma^* \in$ EASY.

Beweis
Die Implikationen 1⟶ 2 und 2 ⟶ 3 sind klar.
3 ⟶ 4
Seien M, N_1, N_2 NPTM mit $\Sigma^* = L(M), A = L(N_1), \overline{A} = L(N_2)$. Wir bilden $M_1 = M \circ N_1$ und $M_2 = M \circ N_2$, wobei ein Pfad von M_1 bzw. M_2 jeweils genau dann akzeptiert, wenn beide Teilpfade akzeptieren (vgl. Anhang). Wegen $A, \overline{A} \in$ EASY gibt es Funktionen $f_1, f_2 \in$ FP, die Lösungsfunktionen für M_1 beziehungsweise M_2 sind. Wir setzen

$$g(x) = \begin{cases} 1.\ \text{Teilpfad von } f_1(x), & \text{falls } x \in A \\ 1.\ \text{Teilpfad von } f_2(x), & \text{falls } x \notin A. \end{cases}$$

Diese Funktion ist in FP und ist Lösung für Σ^* bezüglich M. Also ist $\Sigma^* \in$ EASY.

4 ⟶ 1
Wir zeigen die Kontraposition P $\neq$ EASY ⟶ $\Sigma^* \notin$ EASY und nehmen P $\neq$ EASY an. Dann gibt es ein $A \in$ P \ EASY. Für A gibt es eine NPTM M mit $A = L(M)$, aber es gibt keine Lösungsfunktion $f \in$ FP für A bezüglich M. Wir nehmen eine beliebige NPTM N für $\overline{A}$ hinzu und bilden $M \| N$. Wäre $\Sigma^* \in$ EASY, so gäbe es eine Lösungsfunktion $f \in$ FP für $M \| N$. Dann wäre

$$g(x) = \begin{cases} y, & \text{falls } f(x) = 0y \\ e, & \text{falls } f(x) = 1y \end{cases}$$

eine Lösungsfunktion für A bezüglich M. Das ist ein Widerspruch. ∎

Es ist überraschend, daß die Bedingung $\Sigma^* \in$ EASY auch mit der Verfeinerbarkeit von Relationen und mit der Invertierbarkeit von Funktionen zu tun hat. Wir führen die Klassen RelNP$_{total}$ = $\{\rho : \rho \in$ RelNP $\wedge D_\rho = \Sigma^*\}$ und FunNP$_{total}$ =$\{f : f \in$ FunNP $\wedge D_f = \Sigma^*\}$ ein. Offenbar gilt RelNP $\subseteq_c$ FP ⟶ RelNP$_{total}$ $\subseteq_c$ FP, aber die Umkehrung braucht nicht zu gelten.
Eine Funktion zu **invertieren** bedeutet, eine Verfeinerung der Relation f^{-1} zu bestimmen. Wir nennen eine Funktion **rechtschaffen**[3], wenn es ein Polynom q gibt, so daß für jedes x gilt: $|x| \leq q(|f(x)|)$. Nur in diesem Falle hat

---

[3] Im Englischen nennt man diese Funktionen „honest", was man mit „ehrlich, rechtschaffen" übersetzen kann. Oft hört man im Deutschen die erste Übersetzung, die ich aber vermeiden möchte, weil Ehrlichkeit eine gar zu menschliche Eigenschaft ist. Das trifft zwar auch für Rechtschaffenheit zu, aber die Bedeutung von „rechtschaffen" liegt wenigstens in der Nähe von „recht beschaffen", und dies scheint mir eine brauchbare Bezeichnung für das zu sein, was hier mit honesty gemeint ist.

9.4. KONSTRUKTION VON LÖSUNGEN

man die Chance, daß die Invertierung von f in FP gelingt. Denn andernfalls hat man gar nicht genügend Rechenzeit, um aus $f(x)$ ein Urbild x bestimmen zu können. Wir beginnen mit einer naheliegenden Charakterisierung von FunNP$_{total}$.

Satz 9.45 [HHN+93]
$$\text{FunNP}_{total} = \text{FP}^{\text{NP} \cap \text{coNP}}.$$

Beweis
1. $\supseteq$
Sei $f \in \text{FP}^A$ mit $A \in \text{NP} \cap \text{coNP}$. Damit existieren NPTM N_1 und N_2 für A beziehungsweise $\overline{A}$. Dann kann in einer Maschine M, die f in Polynomialzeit mit Orakel A berechnet, die Frage y an das Orakel durch Anwendung der Maschine $N_1 \| N_2$ auf y ersetzt werden. Die Maschine M arbeitet auf akzeptierenden Pfaden von N_1 so weiter, als hätte sie die Antwort JA bekommen. Auf akzeptierenden Pfaden von N_2 arbeitet sie so weiter, als hätte sie die Antwort NEIN bekommen. Die so beschriebene Maschine berechnet die totale Funktion f nichtdeterministisch und zeigt $f \in \text{FunNP}$.

2. $\subseteq$
Sei $f \in \text{FunNP}_{total}$. Dann ist $f \in \text{NP}$ (f als Menge geordneter Paare aufgefaßt). Wir betrachten die Menge
$B = \{(x, 0^i, a) : a \in \{0, 1\} \land \bigvee_u \bigvee_y (|uay| \le p(|x|) \land |u| = i \land (x, uay) \in f)\}$,
wobei p ein Polynom ist, das die Rechenzeit einer f berechnenden Maschine beschränkt. Die Menge B gehört nicht nur zu NP, wie sich unmittelbar aus der Definition ergibt, sondern auch zu coNP, weil wegen der Totalität von f gilt:
$$(x, 0^i, a) \in B \longleftrightarrow \bigwedge_v \bigwedge_z (|v| = i \longrightarrow (x, v\overline{a}z) \notin f).$$

Da $f(x)$ mit dem Orakel B bitweise in polynomialer Zeit berechenbar ist, ist $f \in \text{FP}^{\text{NP} \cap \text{coNP}}$. ∎

Satz 9.46 [FFNR96]
Folgende Aussagen sind äquivalent

1. $\Sigma^* \in \text{EASY}$.

2. $\text{RelNP}_{total} \subseteq_c \text{FP}$.

3. *Alle rechtschaffenen Surjektionen aus FP sind in FP invertierbar.*

4. $P = \text{NP} \cap \text{coNP} \land \text{RelNP}_{total} \subseteq_c \text{FunNP}$.

Beweis
1 ⟶ 2
Sei $\rho \in \text{RelNP}_{total}$. Wir konstruieren eine Maschine M, die wegen der Totalität von ρ die Menge Σ^* akzeptiert: Bei Eingabe von x wird auf Pfad y genau dann akzeptiert, wenn $(x,y) \in \rho$. Weil $\Sigma^* \in$ EASY ist, gibt es eine Verfeinerung von ρ in FP.
2 ⟶ 3
Sei $\text{RelNP}_{total} \subseteq_c$ FP. Dann ist für eine rechtschaffene Funktion aus FP die Relation f^{-1} in RelP, also erst recht in RelNP. Wenn f eine Surjektion ist, ist f^{-1} sogar in RelNP_{total}. Nach Voraussetzung hat dann f^{-1} eine Verfeinerung in FP, d.h. f ist in FP invertierbar.
3 ⟶ 4
Wir zeigen die Kontraposition (P $\neq$ NP $\cap$ coNP $\vee$ $\text{RelNP}_{total} \not\subseteq_c$ FunNP) ⟶ es gibt eine nicht in FP invertierbare rechtschaffene Surjektion aus FP.
1. Fall: P $\neq$ NP $\cap$ coNP.
Dann ist $\Sigma^* \notin$ EASY nach dem Beweis von Satz 9.43 . Dann gibt es eine NPTM M für Σ^*, die in FP keine Lösungsfunktion hat. Wir definieren die Funktion g durch $g(x,y) = x \longleftrightarrow M(x)$ akzeptiert längs y. Diese Funktion ist rechtschaffen und surjektiv. Eine Invertierung dieser Funktion wäre eine Lösungsfunktion von Σ^*, die es in FP nicht geben kann.
2. Fall: $\text{RelNP}_{total} \not\subseteq_c$ FunNP.
Dann gibt es ein $\rho \in \text{RelNP}_{total}$, das keine Verfeinerung in FunNP hat. Wie eben setzen wir $g(x,y) = x \longleftrightarrow (x,y) \in \rho$. Eine Invertierung von g wäre eine Verfeinerung von ρ. Da ρ nicht einmal in FunNP eine Verfeinerung hat, kann g erst recht nicht in FP invertierbar sein.
4 ⟶ 1
Da nach Satz 9.44 die Aussagen $\Sigma^* \in$ EASY und P = EASY äquivalent sind, reicht es zu zeigen, daß P = EASY aus der Aussage 4 folgt. Wir zeigen die Kontraposition EASY $\subset$ P ⟶ (P = NP $\cap$ coNP ⟶ $\text{RelNP}_{total} \not\subseteq_c$ FunNP).
Sei EASY $\subset$ P und P = NP $\cap$ coNP. Dann muß $\text{RelNP}_{total} \not\subseteq_c$ FunNP gelten, weil sonst mit Satz 9.45 $\text{RelNP}_{total} \subseteq_c \text{FunNP}_{total} = \text{FP}^{\text{NP} \cap \text{coNP}} = $ FP, damit $\Sigma^* \in$ EASY und also doch EASY = P gelten würde. ∎

Zum Vergleich geben wir noch den folgenden Satz ohne Beweis an.

Satz 9.47 [Sel94]
Folgende Aussagen sind äquivalent

1. SAT *hat eine Lösungsfunktion aus* FP.

2. RelNP $\subseteq_c$ FunNP.

9.5. SELBSTREDUZIERBARKEIT

3. *Alle rechtschaffenen Funktionen aus FP sind in FP invertierbar.*

9.5 Selbstreduzierbarkeit

Wir greifen in diesem Abschnitt die Frage auf, wann das Konstruktionsproblem auf das Entscheidungsproblem reduziert werden kann. Zuerst muß erklärt werden, was damit gemeint ist.

Definition 9.48 [MP79]
*Eine partielle Ordnung $\leq$ auf Σ^* heißt **polynomial fundiert und längenbeschränkt** genau dann, wenn es ein Polynom p gibt mit:*

1. *wenn C eine Kette mit dem maximalen Element x ist, so hat C höchstens $p(|x|)$ verschiedene Elemente,*

2. *wenn $x < y$ gilt, so kann zwar x länger sein als y, aber es ist $|x| \leq p(|y|)$.*

Die übliche Anfangswortrelation $\sqsubseteq$ auf Σ^* ist polynomial fundiert und längenbeschränkt.

Definition 9.49
1. *Die Menge A heißt **selbstreduzierbar** genau dann, wenn es eine DPOM $M^{()}$ mit $A = L(M^{(A)})$ gibt, wobei $M^{(A)}$ bei Eingabe von x nur solche Fragen an das Orakel A stellt, die bezüglich einer polynomial fundierten und längenbeschränkten partiellen Ordnung kleiner als x sind.*

2. *Die Menge A heißt **disjunktiv selbstreduzierbar** genau dann, wenn A selbstreduzierbar ist, so daß die Selbstreduktion mittels einer DPOM $M^{()}$ wie folgt geschieht: Entweder $M^{()}(x)$ stellt keine Frage an das Orakel, oder es berechnet eine Menge $f(x) = \{x_1, \ldots, x_m\}$ von Fragen, die bezüglich einer polynomial fundierten und längenbeschränkten partiellen Ordnung alle kleiner als x sind, so daß gilt:*
$$x \in A \longleftrightarrow x_1 \in A \vee \ldots \vee x_m \in A.$$

Ein schöner Übersichtsartikel über Selbstreduzierbarkeit und deren Konsequenzen ist [JY90]. Zur Illustration sei daran erinnert, daß SAT offenbar disjunktiv selbstreduzierbar ist. Diese Eigenschaft ist wesentlich für die Beweise einiger Sätze aus Kapitel 5, zum Beispiel Satz 5.27. Man beachte auch, welche Rolle die Selbstreduzierbarkeit im Satz 10.11 spielt.

Definition 9.50
Es sei $a \in P$ und p ein Polynom. Sei $A = \{x : \bigvee_y(|y| = p(|x|) \land (x, y) \in a)\}$ die
p-längenbeschränkte Projektion von a. Wir schreiben dafür kurz $A = \text{proj}_p(a)$.
Man beachte, daß zu einem A viele a und p mit $A = \text{proj}_p(a)$ existieren.
Das **Konstruktionsproblem** von A bezüglich a und p ist das Problem, eine
Lösungsfunktion f, das heißt, eine Verfeinerung der Relation a, zu berechnen.
Man sagt, **das Konstruktionsproblem von A bezüglich a und p ist auf
das Entscheidungsproblem A reduzierbar**, wenn eine Lösungsfunktion
$f \subseteq_c a$ existiert mit $f \in \text{FP}^A$.
Das Konstruktionsproblem von A ist auf das Entscheidungsproblem A reduzierbar, wenn es ein a und ein p derart gibt, daß das Konstruktionsproblem von A bezüglich a und p auf das Entscheidungsproblem A reduzierbar ist.

Die Überlegungen zu Beginn des Abschnitts 9.4 zeigen, daß das Konstruktionsproblem von SAT auf SAT reduzierbar ist. Dabei spielt die disjunktive Selbstreduzierbarkeit eine wesentliche Rolle. Wir zeigen zuerst, daß die disjunktive Selbstreduzierbarkeit hinreichend für die Reduktion des Konstruktionsproblems auf das Entscheidungsproblem ist. Nach A. Selman führen wir als Hilfsmittel die Mengen $\text{prefix}_p(a) = \{(x, u) : \bigvee_v((x, uv) \in a \land |uv| = p(|x|))\}$ ein.

Lemma 9.51
Für jedes Polynom p und jedes $a \in P$ gilt:

1. $\text{prefix}_p(a)$ ist disjunktiv selbstreduzierbar.

2. $A \leq_m^P \text{prefix}_p(a)$, wenn $A = \text{proj}_p(a)$.

3. Ist A disjunktiv selbstreduzierbar, so gibt es ein $a \in P$ und ein Polynom p mit $A = \text{proj}_p(a)$ und $\text{prefix}_p(a) \leq_d^P A$.

Beweis
Zu 1. Wir fixieren ein Polynom p und definieren folgende Halbordnung $\leq$ auf $\Sigma^* \times \Sigma^*$: $(x, u) \leq (y, v) \longleftrightarrow x = y \land v \sqsubseteq u \land |u| \leq p(|x|)$. Es gilt also beispielsweise $(x, 00) \leq (x, 0)$, wenn $p(|x|) \geq 2$ ist. Diese Halbordnung ist polynomial fundiert und längenbeschränkt.
Nun gilt $(x, u) \in \text{prefix}_p(a) \longleftrightarrow (x, u) \in a \lor (x, u0) \in \text{prefix}_p(a) \lor (x, u1) \in \text{prefix}_p(a)$, womit die disjunktive Selbstreduzierbarkeit von $\text{prefix}_p(a)$ (bezüglich der beschriebenen Halbordnung) gezeigt ist.
Zu 2. Es gilt $x \in A \longleftrightarrow (x, e) \in \text{prefix}_p(a)$.
Zu 3. Sei A disjunktiv selbstreduzierbar. Nach Definition 9.49 haben wir eine Maschine M, die diese Selbstreduktion bewerkstelligt. Wir machen auch von der Funktion f Gebrauch, die in dieser Definition vorkommt.

9.5. SELBSTREDUZIERBARKEIT

Die disjunktive Selbstreduzierbarkeit bezieht sich auf eine geeignete Halbordnung $\leq$, zu der es ein Polynom q gibt mit $y < x \longrightarrow |y| \leq q(|x|)$. Es folgt sofort: Ist C eine Kette mit dem maximalen Element x, so sind die Längen aller Kettenelemente durch $q(|x|)$ beschränkt. Ein solches q fixieren wir. Wir setzen $(x, y_1 \ldots y_m) \in a$ genau dann, wenn folgendes gilt:

1. Alle y_i, $1 \leq i \leq m$, haben die gleiche Länge $q(|x|)$.

2. Jedes y_i hat die Form $y_i = z_i 2^{n_i}$ mit $z_i \in \Sigma^*$ und $2 \notin \Sigma$.

3. $z_1 \in f(x) \wedge z_2 \in f(z_1) \wedge \ldots \wedge z_m \in f(z_{m-1})$.

4. $M^{(A)}(z_m)$ akzeptiert ohne weitere Frage an A.

Damit haben wir $a \in P$, und es gibt ein Polynom p mit $(x, y_1 \ldots y_m) \in a \longrightarrow |y_1 \ldots y_m| \leq p(|x|)$, weil M eine Polynomialzeitmaschine ist. Man beachte auch: $(x, y_1 \ldots y_m) \in a \longrightarrow x, z_1, \ldots, z_m \in A$.
Nun ist $(x, u) \in \text{prefix}_p(a)$ genau dann, wenn u die Form $u = y_1 \ldots y_k z$ hat, wobei alle y_i die gleiche Länge haben und jeweils eindeutig ein Wort $z_i \in \Sigma^*$ als längstes Präfix aus Σ^* festlegen, und für diese z_i gilt:

$$z_1 \in f(x) \wedge \ldots \wedge z_k \in f(z_{k-1}) \wedge \bigvee_{z_{k+1}} (z_{k+1} \in f(z_k) \wedge z \sqsubseteq z_{k+1}).$$

Diese Darstellung von u kann man in polynomialer Zeit erzeugen. Ist $z = e$, so ist $(x, u) \in \text{prefix}_p(a) \longleftrightarrow z_k \in A$. Ist $z \neq e$, so ist $(x, u) \in \text{prefix}_p(a) \longleftrightarrow \bigvee_{z_{k+1}} (z_{k+1} \in f(z_k) \wedge z \sqsubseteq z_{k+1} \wedge z_{k+1} \in A)$. Dies zeigt $\text{prefix}_p(a) \leq_d^P A$. ∎

Satz 9.52 [Sel88]
Ist A disjunktiv selstreduzierbar, so ist das Konstruktionsproblem von A auf A reduzierbar.

Beweis
Es seien $a \in P$ und ein Polynom p nach Aussage 3 von Lemma 9.51 gewählt, und $f \in FP$ sei eine Funktion, die die Reduktion $\text{prefix}_p(a) \leq_d^P A$ leistet. Die Funktion $\max_{(a,p)}(x) = \max_{lex}\{y : |y| \leq p(|x|) \wedge (x, y) \in a\}$, wobei wir $\max_{lex} \emptyset = e$ setzen, ist eine Lösungsfunktion von A bezüglich (a, p). Wir zeigen: $\max_{(a,p)} \in FP^A$. Wir bestimmen $\max_{(a,p)}(x)$ bitweise mit Hilfe von f:
Zuerst wird festgestellt, ob $(x, e) \in \text{prefix}_p(a)$. Dies ist genau dann der Fall, wenn in der Menge $f((x, e))$ wenigstens ein Element aus A vorkommt. Ist $(x, e) \notin \text{prefix}_p(a)$, so wird $\max_{(a,p)}(x) = e$ gesetzt. Andernfalls wird geprüft, ob $(x, 1) \in \text{prefix}_p(a)$ gilt. Dazu wird $f((x, 1))$ berechnet und wieder A befragt. Und so weiter. So läßt sich $\max_{(a,p)}(x)$ in polynomialer Zeit mit dem Orakel A

bestimmen. ∎

Nach den Aussagen 3 und 2 von Lemma 9.51 haben disjunktiv selbstreduzierbare Mengen A die Eigenschaft $A \equiv_d^P \text{prefix}_p(a)$ für passend gewähltes $a \in$ P und passendes Polynom p. Das hat sofort zur Folge:

Folgerung 9.53 [Ko83]
Die disjunktiv selbstreduzierbaren Mengen gehören alle zu NP. ∎

Die Reduzierbarkeit des Konstruktionsproblems von SAT auf SAT selbst ist wesentlich mit Hilfe der Selbstreduzierbarkeit von SAT bewiesen worden. Obwohl nicht für alle NP-vollständigen Probleme bekannt ist, ob sie selbstreduzierbar sind, gilt für sie doch der folgende Satz, der im wesentlichen aus den Überlegungen in [Sel88] folgt, wie J. Balcázar bemerkt hat.

Satz 9.54
Für jede NP-vollständige Menge ist das Konstruktionsproblem auf das Entscheidungsproblem reduzierbar.

Beweis
Es sei $A = \text{proj}_p(a)$ NP-vollständig und $a \in$ P. Dann gilt $A \leq_m^P \text{prefix}_p(a) \leq_m^P A$, und daher ist $\max_{(a,p)} \in \text{FP}^A$ genau so zu sehen wie im Beweis von Satz 9.52. ∎

Nach J. Balcázar können diejenigen Mengen aus NP genau charakterisiert werden, für die sich das Konstruktionsproblem auf das Entscheidungsproblem reduzieren läßt. Wir brauchen dazu einen neuen Begriff.

Definition 9.55
1. *Eine Maschine $M^{()}$ heißt **robust** genau dann, wenn sie für jedes Orakel die gleiche Menge entscheidet.*

2. *Eine Menge A heißt **selbsthelfend** genau dann, wenn eine robuste Orakelmaschine M mit $A = L(M^{(A)})$ derart existiert, daß $M^{(A)}$ in polynomialer Zeit arbeitet.*

Mit robusten Maschinen beschäftigen sich [Sch85b, HH90]. Ohne Beweis geben wir den folgenden Satz an.

Satz 9.56 [Bal90]
Das Konstruktionsproblem für $A \in$ NP ist genau dann auf A reduzierbar, wenn A selbsthelfend ist.

Nach K. Ko sind alle disjunktiv selbstreduzierbaren Mengen selbsthelfend. Damit folgt Satz 9.52 auch aus dem vorstehenden Satz. Wie steht es mit der Umkehrung? Diese gilt unter plausiblen Voraussetzungen nicht, wie der folgende Satz zeigt.

9.5. SELBSTREDUZIERBARKEIT

Satz 9.57 [HNOS96a]
Wenn $E \neq NE$ ist, gibt es ein $L \in NP \backslash P$ derart, daß das Konstruktionsproblem von L auf L reduzierbar, aber L nicht selbstreduzierbar ist.

Beweis
Aus $E \subset NE$ folgt nach dem Beweis von Satz 5.2 die Existenz einer schmalen Menge $T \subseteq 0^*$, die zu $NP \setminus P$ gehört. M sei eine normalisierte NPTM, die T in polynomialer Zeit p akzeptiert. Für jedes $i \geq 1$ sei w_i der lexikographisch größte akzeptierende Pfad von $M(0^i)$, falls $0^i \in T$, und sonst sei $w_i = 0^{p(i)}$. Die unendliche Folge $w = w_1 w_2 \ldots \in \Sigma^\omega$ definiert die P-selektive Menge (s. Abschnitt 10.3) $L = \{x : x \leq_{lex} w\}$, wobei $\leq_{lex}$ lexikographisch gemeint ist.
Behauptung $L \in NP$.
Beweis Sei k die kleinste natürliche Zahl mit $|x| \leq p(1) + \ldots + p(k)$. Dann ist

$$x \in L \longleftrightarrow \bigvee_{v_1} \ldots \bigvee_{v_k} \Big(x \leq_{lex} v_1 \ldots v_k \wedge$$

$$\bigwedge_i (v_i = 0^{p(i)} \vee v_i \text{ ist akzeptierender Pfad von } M(0^i)) \Big).$$

Dies zeigt die Behauptung □
Wir bestimmen jetzt zu x wie eben ein k und setzen $s(x) = w_1 \ldots w_k$. Dies ist eine Lösungsfunktion für L, für die gilt:
Behauptung $s \in FP^L$.
Beweis s kann durch binäres Suchen mit dem Orakel L berechnet werden.□
Damit ist das Konstruktionsproblem von L auf L reduzierbar. L kann nicht zu P gehören. Denn sonst wäre $s \in FP$ und damit $T \in P$, was der Aussage $T \in NP \setminus P$ widerspricht.
Daß L nicht selbstreduzierbar ist, folgt aus Satz 10.27. Denn zusammen mit der P-Selektivität von L würde sich daraus $L \in P$ ergeben, was nicht sein kann. ∎

Auf C.-P. Schnorr geht der folgende Selbstreduzierungsbegriff zurück [Sch79].

Definition 9.58
*Es sei $a \subseteq \Sigma^* \times \Sigma^*$ in P und $A = \text{proj}_p(a)$ mit einem Polynom p. Die Menge A heißt **bezüglich (a,p) s-selbstreduzierbar** genau dann, wenn es ein $g \in FP$ und eine polynomial fundierte und längenbeschränkte Halbordnung $\leq$ gibt, so daß für alle $x, y \in \Sigma^*$ und für alle $c \in \Sigma$ gilt:*
$$(x, cy) \in a \longleftrightarrow (g(x,c), y) \in a \text{ und } g(x,c) < x.$$

Ist A bezüglich (a, p) s-selbstreduzierbar, so ist A auch disjunktiv selbstreduzierbar, weil $x \in A \longleftrightarrow g(x, 0) \in A \vee g(x, 1) \in A$ gilt.

Satz 9.59

Ist A s-selbstreduzierbar bezüglich (a,p), so ist $\max_{(a,p)} \in \mathrm{FP}^A$.

Durch binäres Suchen mit dem Orakel A wird $\max_{(a,p)}(x) = y_1 \ldots y_m$ berechnet: Zunächst wird gefragt, ob $x \in A$ ist. Wenn nicht, ist $\max_{(a,p)}(x) = e$. Andernfalls wird geprüft, ob $y_1 = 1$ gilt. Dies ist genau dann der Fall, wenn $g(x,1) \in A$. So verfährt man weiter, bis $\max_{(a,p)}(x)$ berechnet ist. Dies zeigt $\max_{(a,p)} \in \mathrm{FP}^A$. ∎

Wir erwähnen zwei Konsequenzen hieraus. Die erste ist unmittelbar einzusehen.

Satz 9.60

Die Menge, die im Beweis des Satzes 9.43 angegeben worden ist, ist nicht s-selbstreduzierbar, es sei denn $\mathrm{P} = \mathrm{NP} \cap \mathrm{coNP}$.

Eine weitere Anwendung betrifft die 4-Färbbarkeit planarer Graphen. Eine **Färbung** eines Graphen (V, E) mit Farben aus der Menge F ist eine Abbildung $c : V \longrightarrow F$ mit $(i,j) \in E \longrightarrow c(i) \neq c(j)$. Bekanntlich ist die 3-Färbbarkeit planarer Graphen NP-vollständig [GJS76], aber die 4-Färbbarkeit planarer Graphen ist immer möglich [AW77], also ist dieses Problem trivialerweise in P. Wir definieren das Problem $4pc$ wie folgt: $(G, c) \in 4pc$ genau dann, wenn $G = (V, E)$ ein planarer Graph ist, dessen Knoten von 1 bis $|V|$ durchnummeriert (und damit in einer festen Ordnung) sind, und c sei eine Färbung der Knoten von G mit höchstens vier Farben, die in Form des Wortes $c(1) \ldots c(|V|)$ gegeben sei. Wir halten fest, daß $4pc \in \mathrm{P}$ gilt und definieren $4PC = \mathrm{proj}_{\mathrm{id}}(4pc)$.

Satz 9.61 [KV91]

$4PC$ ist bezüglich $(4pc, \mathrm{id})$ nicht s-selbstreduzierbar, es sei denn $\mathrm{P} = \mathrm{NP}$.

Beweis

Wäre $4PC$ bezüglich $(4pc, \mathrm{id})$ s-selbstreduzierbar, so wäre $\max_{(4pc,\mathrm{id})} \in \mathrm{FP}^{4PC} = \mathrm{FP}$.

Wir ordnen jedem planaren Graphen $G = (V, E)$ einen neuen planaren Graphen $G' = (V', E')$ zu, der wie folgt erklärt ist. Es sei $\bar{V} = \{m+1, \ldots, 2m\}$. Dann sei $V' = \{1, \ldots, m, m+1, \ldots, 2m\}$ und $E' = E \cup \{(i, m+i) : 1 \leq i \leq m\}$. Diese Abbildung ist offenbar in polynomialer Zeit berechenbar. Außerdem gilt: G ist 3-färbbar genau dann, wenn G' so 4-färbbar ist, daß alle neuen Knoten $1, \ldots, m$ die Farbe 4 bekommen. Damit gilt

G ist 3-färbbar $\longleftrightarrow 4^m \sqsubseteq \max_{(4pc,\mathrm{id})}(G')$.

Wäre nun $4PC$ s-selbstreduzierbar bezüglich $(4pc, \mathrm{id})$, so wäre $\max_{(4pc,\mathrm{id})} \in \mathrm{FP}$, und damit wäre die 3-Färbbarkeit planarer Graphen in P. Damit wäre $\mathrm{P} = \mathrm{NP}$. ∎

9.6 Optimale Lösungen

In diesem Abschnitt folgen wir im wesentlichen der Arbeit [HW96]. Ähnliche Untersuchungen sind in [VW95] enthalten.
Im folgenden wird mit $\leq$ die übliche lexikographische Ordnung auf Wortmengen bezeichnet. Ist $W \subseteq \{0,1\}^m$, so beziehen sich $\inf W$ und $\sup W$ auf diese Ordnung. Für nichtleere Mengen W ist $\inf W = \min W$ und $\sup W = \max W$, und für $W = \emptyset$ ist $\inf \emptyset = 1^m$ (als größte untere Schranke der leeren Menge) und $\sup \emptyset = 0^m$ (als kleinste obere Schranke der leeren Menge). Im Gegensatz dazu sind $\min \emptyset$ und $\max \emptyset$ nicht definiert. In manchen Fällen interpretieren wir die Wörter aus $\{0,1\}^m$ als Zahlen, indem wir das Wort u als Binärdarstellung einer Zahl $num(u)$ auffassen. Hierbei lassen wir im Gegensatz zur üblichen Praxis, aber durchaus verträglich damit, führende Nullen zu. Daß dadurch keine eineindeutige Beziehung zwischen Wörtern und Zahlen besteht, stört nicht.

Definition 9.62
Es sei $\mathcal{C}$ eine Klasse von Mengen.

1. *$f \in \min \cdot \mathcal{C}$ genau dann, wenn ein $C \in \mathcal{C}$ und ein Polynom p so existieren, daß gilt*
$$f(x) = \inf\{y : |y| = p(|x|) \wedge (x,y) \in C\}.$$
Wir schreiben auch $f = \min_{(C,p)}$ oder, wenn keine Verwechslungen möglich sind, $f = \min_C$.

2. *$f \in \max \cdot \mathcal{C}$ genau dann, wenn ein $C \in \mathcal{C}$ und ein Polynom p so existieren, daß gilt*
$$f(x) = \sup\{y : |y| = p(|x|) \wedge (x,y) \in C\}.$$
Wir schreiben auch $f = \max_{(C,p)}$ oder, wenn keine Verwechslungen möglich sind, $f = \max_C$.

In Anwendungsfällen muß man bei der Interpretation von $\max_{(C,p)}(x) = 0^m$ vorsichtig sein. Dies kann zweierlei bedeuten, nämlich „die maximale Lösung von x bezüglich (C,p) ist 0^m", oder „es gibt keine Lösung von x bezüglich (C,p)". Analog verhält es sich mit $\min_{(C,p)}(x) = 1^m$.
Da min· und max· monotone Operatoren sind, folgt sofort

$$\max \cdot \Delta_k^P \subseteq \max \cdot \Sigma_k^P \cap \max \cdot \Pi_k^P \subseteq \max \cdot \Sigma_k^P \cup \max \cdot \Pi_k^P \subseteq \max \cdot \Delta_{k+1}^P$$

sowie

$$\min \cdot \Delta_k^P \subseteq \min \cdot \Sigma_k^P \cap \min \cdot \Pi_k^P \subseteq \min \cdot \Sigma_k^P \cup \min \cdot \Pi_k^P \subseteq \min \cdot \Delta_{k+1}^P.$$

Darüber hinaus sind die min- und max-Klassen untereinander und mit den Klassen $F\Delta_k^P$ in folgender Weise vergleichbar:

Satz 9.63

1. $\max \cdot \Sigma_k^P \cup \min \cdot \Sigma_k^P \subseteq F\Delta_{k+1}^P$.

2. $\min \cdot \Sigma_k^P \subseteq \max \cdot \Pi_k^P$.

3. $\max \cdot \Sigma_k^P \subseteq \min \cdot \Pi_k^P$.

Beweis
Zu 1
Sei $f = \max_{(C,p)}$ mit $C \in \Sigma_k^P$, und sei $B = \Big\{(x,z) : \bigvee_y (|y| = p(|x|) \land y > z \land (x,y) \in C)\Big\}$. Offensichtlich ist $B \in \Sigma_k^P$, und f kann mit dem Orakel B durch binäres Suchen berechnet werden. Analog geht man für $\min \cdot \Sigma_k^P$ vor.
Zu 2
Sei $f = \min_{(C,p)}$ mit $C \in \Sigma_k^P$. Wir setzen $B = \{(x,z) : \bigwedge_y ((x,y) \in C \longrightarrow z \leq y)\}$. Offenbar ist $B \in \Pi_k^P$, was etwa mit Hilfe von Satz 3.8 direkt zu sehen ist. Wegen $\min_{(C,p)} = \max_{(B,p)}$ ist $f \in \max \cdot \Pi_k^P$.
Zu 3
Dies wird analog zu Aussage 2 bewiesen. ∎

Es sei angemerkt, daß M. Krentel die Klassen $\max \cdot \Sigma_k^P$ als Polynomialzeitklassen sogenannter alternierender min-max-Turingmaschinen beschreibt [Kre92].

Der Rest des Abschnitts ist den Beziehungen der min- und max-Klassen untereinander und zu den #-Klassen gewidmet. Hierzu machen wir Gebrauch von weiteren Operatoren, die ähnlich wie der Operator U Funktionenklassen in Mengenklassen abbilden. Verschiedenste Operatoren sind in die Komplexitätstheorie mit unterschiedlichen Zielen eingeführt worden ([Sch89, VW95, Tod91a]).

Definition 9.64
Es sei $\mathcal{F}$ ein Funktionenmenge.

1. $A \in S \cdot \mathcal{F} \longleftrightarrow \bigvee_{f \in \mathcal{F}} \bigwedge_x (x \in A \longleftrightarrow f(x) > 0)$.

2. $A \in C \cdot \mathcal{F} \longleftrightarrow \bigvee_{f \in \mathcal{F}} \bigvee_{g \in FP} \bigwedge_x (x \in A \longleftrightarrow f(x) \geq g(x))$.

Die Anwendung dieser Operatoren auf die min- und max-Klassen ergibt wieder einfach zu beschreibende Klassen.

Lemma 9.65
Ist $\mathcal{C}$ eine bezüglich $\leq_m^P$ abgeschlossene Mengenklasse, so gilt:

$$\begin{array}{lll}
U \cdot \max \cdot \mathcal{C} = \mathcal{C} & S \cdot \max \cdot \mathcal{C} = \exists \cdot \mathcal{C} & C \cdot \max \cdot \mathcal{C} = \exists \cdot \mathcal{C} \\
U \cdot \min \cdot \mathcal{C} = \text{co}\mathcal{C} & S \cdot \min \cdot \mathcal{C} = \text{co}\mathcal{C} & C \cdot \min \cdot \mathcal{C} = \forall \cdot \text{co}\mathcal{C}
\end{array}$$

9.6. OPTIMALE LÖSUNGEN

Beweis
Der Beweis aller Aussagen ist einfach. Als Beispiel beschränken wir uns auf den Beweis von $C \cdot \min \cdot \mathcal{C} = \forall \cdot \text{co}\mathcal{C}$. Es gilt

$$A \in C \cdot \min \cdot \mathcal{C} \longleftrightarrow \min_{(C,p)}(x) \geq g(x) \text{ für passend gewählte } C \in \mathcal{C}, p, g,$$
$$\longleftrightarrow \bigwedge_{y < g(x)} (x, y) \notin C$$
$$\longleftrightarrow A \in \forall \cdot \text{co}\mathcal{C}. \quad \blacksquare$$

Beim Studium der min- und max-Klassen interessieren eine Unmenge von Fragen, z.B.: Sind diese Klassen von FP verschieden? Ist $\min \cdot \text{P} = \max \cdot \text{P}$? Ist $\max \cdot \text{P} = \max \cdot \text{NP}$? Und so weiter. Es zeigt sich, daß außer den anfangs genannten Inklusionen keine weiteren gelten, es sei denn, die Polynomialzeithierarchie ist endlich. Wir geben zwei Sätze hierzu an und verweisen wegen weiterer Resultate auf [HW96].

Satz 9.66
Es sei $(\text{co})\text{NP} \in \{\text{NP}, \text{coNP}\}$ *und* $\text{op}_1, \text{op}_2 \in \{\max \cdot, \min \cdot \}$. *Folgende Aussagen sind paarweise untereinander äquivalent:*

1. $\text{FP} = \min \cdot \text{P} = \max \cdot \text{P} = \min \cdot \text{NP} = \max \cdot \text{NP} = \min \cdot \text{coNP} =$
  $= \max \cdot \text{coNP} = \text{F}\Delta_2^{\text{P}}$.

2. $\text{op}_1 \text{P} \subseteq \text{FP}$.

3. $\max \cdot \text{P} = \min \cdot \text{P}$.

4. $\text{op}_1(\text{co})\text{NP} \subseteq \text{op}_2 \text{P}$.

5. $\text{P} = \text{NP}$.

Beweis
1 $\longrightarrow$ 2,3,4
Dies ist trivial.
2 $\longrightarrow$ 5
Dies folgt mit Lemma 9.65 durch Anwendung von $C\cdot$ und unter Beachtung der leicht zu verifizierenden Beziehung $C \cdot \text{FP} = \text{P}$.
3 $\longrightarrow$ 5
Dies folgt mit Lemma 9.65 durch Anwendung von $S\cdot$.
4 $\longrightarrow$ 5
Dies folgt mit Lemma 9.65 durch Anwendung von $U\cdot$.
5 $\longrightarrow$ 1
Dann ist $\max \cdot \text{coNP} = \max \cdot \text{P}, \min \cdot \text{coNP} = \min \cdot \text{P}$, und nach Satz 9.14 ist $\text{FP} = \text{F}\Delta_2^{\text{P}}$, was die Gleichheit aller betrachteten Klassen nach sich zieht. $\blacksquare$

Ähnlich beweist man folgenden Satz, der eine Auswahl von Aussagen zusammenstellt, die zu der etwas schwächeren Aussage NP = coNP äquivalent sind.

Satz 9.67
1. $\max\cdot\text{NP} = \min\cdot\text{NP} = \max\cdot\text{coNP} = \min\cdot\text{coNP} = \text{F}\Delta_2^\text{P}$.

2. $\max\cdot\text{P} \subseteq \min\cdot\text{NP}$.

3. $\min\cdot\text{P} \subseteq \max\cdot\text{NP}$.

4. $\max\cdot\text{NP} = \min\cdot\text{NP}$.

5. $\text{NP} = \text{coNP}$.

Während sämtliche Beziehungen zwischen den min-max-Klassen im Sinne der beiden vorangegangenen Sätze durch äquivalente Relationen zwischen Mengenklassen charakterisiert sind, gestaltet sich das Studium der Beziehungen zwischen den min-max-Klassen und den #-Klassen schwieriger. Hier gilt, wie man leicht sieht, $\max\cdot\text{NP} \subseteq \#\cdot\text{NP}$ [KST89]. Dagegen kann man weder $\max\cdot\text{P} \subseteq \#\text{P}$ oder $\max\cdot\text{coNP} \subseteq \#\cdot\text{coNP}$ beweisen, noch kann man diese Inklusionen charakterisieren. Trotzdem lassen sich eine ganze Reihe von Aussagen beweisen. Beispielsweise gilt folgender Satz:

Satz 9.68
Es sei $\mathcal{C} \in \{\text{P}, \text{NP}, \text{coNP}\}$ und $\text{op} \in \{\max\cdot, \min\cdot\}$. Folgende Aussagen sind paarweise untereinander äquivalent:

1. $\text{FP} = \#\text{P} = \#\cdot\text{NP} = \#\cdot\text{coNP} = \text{F}\Delta_2^\text{P}$.

2. $\#\text{P} \subseteq \text{FP}$.

3. $\max\cdot\text{P} = \min\cdot\text{P}$.

4. $\#\cdot\mathcal{C} \subseteq \text{opP}$.

5. $\text{P} = \text{PP}$.

Für den Beweis und weitere Resultate sei auf [HW96] verwiesen. Die Inklusionen $\#\text{P} \subseteq \max\cdot\text{coNP}$ und $\#\text{P} \subseteq \min\cdot\text{coNP}$ konnten dort nicht charakterisiert werden. H. Spakowski und J. Vogel haben gezeigt, daß diese beiden Inklusionen zu $\subsetneq \text{P} \subseteq \text{coNP}$ äquivalent sind [SV99]. Relativierte Welten, in denen insbesondere die noch nicht charakterisierten Inklusionen wie $\min\cdot\text{P} \subseteq \#\cdot\text{NP}$? widerlegt bzw. ermöglicht werden, sind in [GW99] zu finden.

M. Krentels Anliegen in [Kre88] war die genaue Beschreibung von Optimierungsproblemen, wie sie sehr häufig mit NP-vollständigen (Entscheidungs-)Problemen zusammenhängen. Die Lösung eines Optimierungsproblems liefert

9.6. OPTIMALE LÖSUNGEN

in der Regel mehr Information als die Lösung des zugeordneten Entscheidungsproblems. Beispielsweise kann man sich bei Booleschen Ausdrücken nicht nur für ihre Erfüllbarkeit interessieren, das wäre das Entscheidungsproblem SAT, sondern etwa für eine lexikographisch größte erfüllende Belegung, also für die Berechnung der Funktion $\max_{sat}$. Für weit mehr und interessantere Anwendungsbeispiele vergleiche man [Kre88, GKR95].
Wir geben jetzt M. Krentels Definition der Klasse OptP an, weichen aber in einem kleinen Detail von seiner Darstellung ab. Seine Funktionen sind Abbildungen von Σ^* in $\mathbb{N}$, wir betrachten nur Abbildungen von Σ^* in Σ^*, wobei sich alle Vergleichsoperationen auf die lexikographische Ordnung beziehen. Dabei bleibt es uns unbenommen, Funktionswerte $f(x)$ nach Wunsch oder bei Bedarf als natürliche Zahlen in Binärdarstellung unter Nichtbeachtung eventuell führender Nullen zu interpretieren. Werden die Funktionswerte nicht als Zahlen aufgefaßt, haben führende Nullen sehr wohl eine Bedeutung, zum Beispiel bei $\max_{sat}$. Für eine NTM M mit Ausgabe bezeichnen wir mit $out_M(x,y)$ den Ausgabewert von $M(x)$ auf dem Pfad y und mit $out_M(x)$ die Menge aller Ausgaben der Berechnung $M(x)$.

Definition 9.69
Die Funktion $f : \Sigma^* \longrightarrow \Sigma^*$ gehört zu OptP genau dann, wenn es eine NPTM N, ein Polynom p und ein y gibt, so daß gilt

1. *N arbeitet in der Zeit p,*

2. *$out_N(x,y) = f(x)$,*

3. *$\bigwedge_z (z \in out_N(x) \longrightarrow z \leq f(x))$ oder $\bigwedge_z (z \in out_N(x) \longrightarrow z \geq f(x))$.*

Ist $l : \mathbb{N} \longrightarrow \mathbb{N}$, so ist
$\text{OptP}[l] = \{f : f \in \text{OptP} \wedge \bigwedge_x |f(x)| \leq l(|x|)\}$.

Man sieht ohne Schwierigkeiten: $\text{OptP} = \max \cdot \text{NP} \cup \min \cdot \text{NP}$.
In Analogie zu den Sätzen 9.25 und 9.26 sind Abschlußeigenschaften von OptP untersucht worden [OH93].
Auch hier fragen wir nach Vollständigkeit. Für den Vergleich von Funktionen im Sinne einer Reduktion verwendet man nach M. Krentel die **metrische Reduktion**.

Definition 9.70
Die Funktion f ist metrisch auf die Funktion g reduzierbar, $f \leq_{metr}^P g$, genau dann, wenn es Funktionen $h_1, h_2 \in \text{FP}$ gibt, so daß $\bigwedge_x f(x) = h_1(x, g(h_2(x)))$ gilt.
$\mathcal{R}_{metr}^P(\mathcal{F}) = \{g : \bigvee_f (f \in \mathcal{F} \wedge g \leq_{metr}^P f)\}$.

Wir halten die offensichtliche Tatsache fest, daß $F\Delta_2^P$ unter metrischer Reduktion abgeschlossen ist. Wichtig ist, daß $F\Delta_2^P$ bis auf metrische Reduktionen identisch mit max· P, max· NP, min· P und min· NP ist.

Satz 9.71
$F\Delta_2^P = \mathcal{R}_{metr}^P(\text{max· P}) = \mathcal{R}_{metr}^P(\text{max· NP}) = \mathcal{R}_{metr}^P(\text{min· P}) = \mathcal{R}_{metr}^P(\text{min· NP})$.

Beweis
Einerseits ist max· P $\subseteq$ max· NP $\subseteq F\Delta_2^P$ und deshalb wegen der Monotonie von $\mathcal{R}_{metr}^P$ auch $\mathcal{R}_{metr}^P(\text{max· P}) \subseteq \mathcal{R}_{metr}^P(\text{max· NP}) \subseteq \mathcal{R}_{metr}^P(F\Delta_2^P) = F\Delta_2^P$.
Andererseits ist, wie gleich gezeigt werden soll, $\max_{sat}$ metrisch vollständig in $F\Delta_2^P$ und damit $F\Delta_2^P \subseteq \mathcal{R}_{metr}^P(\max_{sat})$. Wegen $\max_{sat} \in$ max· P folgt $F\Delta_2^P \subseteq \mathcal{R}_{metr}^P(\text{max· P})$ und damit $\mathcal{R}_{metr}^P(\text{max· P}) = \mathcal{R}_{metr}^P(\text{max· NP}) = F\Delta_2^P$.
Durch Betrachtung von $\min_{sat}$ folgt ganz analog der Rest der Behauptung.
Wir zeigen noch $f \in F\Delta_2^P \longrightarrow f \leq_{metr}^P \max_{sat}$.
Wir betrachten eine nichtdeterministische Maschine M zur Berechnung von f, wie wir sie im Beweis von Satz 3.13 aus einer deterministischen Orakelmaschine für f konstruiert haben, hier allerdings zusätzlich mit Ausgabe.
Der maximale akzeptierende Pfad von $M(x)$ heiße $max_M(x)$ ($max_M(x)$ existiert für jedes x, weil f total ist). Kennt man $max_M(x)$, so ist es leicht, $f(x)$ in polynomialer Zeit zu berechnen: Man wendet M auf x längs des Pfades $max_M(x)$ an. Das heißt: es gibt ein $h \in$ FP mit $f(x) = h(x, max_M(x))$.
Nach dem Beweis des Satzes 2.27 ist ein $g \in$ FP vorhanden, so daß $g(x)$ ein Boolescher Ausdruck derart ist, daß eine eineindeutige Beziehung zwischen den erfüllenden Belegungen von $g(x)$ und den akzeptierenden Pfaden von $M(x)$ besteht und daß insbesondere $max_M(x) = \max_{sat}(g(x))$ gilt. Damit ist $f \leq_{metr}^P \max_{sat}$. ∎

Bemerkung Die Beziehung $F\Delta_2^P = \mathcal{R}_{metr}^P(\text{max· NP}) = \mathcal{R}_{metr}^P(\text{min· NP})$ stammt aus [Kre88]. Die zusätzliche Erkenntnis $F\Delta_2^P = \mathcal{R}_{metr}^P(\text{max· P}) = \mathcal{R}_{metr}^P(\text{min· P})$ und die Erkenntnis, daß $\max_{sat}$ und $\min_{sat}$ $\leq_{metr}^P$-vollständig in max· P bzw. min· P sind, setzt die Einführung der Klassen max· P und min· P aus [HW96] voraus.
Weitere Funktionen, die in den Klassen OptP und OptP[$Lin(\log)$] metrisch-vollständig sind, findet man in [GKR95].
Man könnte meinen, daß die Anwendung einer metrischen Reduktion nur eine Kleinigkeit ist. Daß sich in Wirklichkeit doch mehr dahinter verbirgt, zeigen die Sätze 9.66 und 9.67, denen zufolge die Polynomialzeithierarchie endlich ist, wenn max· P = $F\Delta_2^P$ oder max· NP = $F\Delta_2^P$ gilt.

Kapitel 10

Lowness und Highness

10.1 Die low- und die high-Hierarchie

U. Schöning [Sch83] hat die rekursionstheoretischen Begriffe der **lowness** und **highness**[1] auf polynomialzeitbeschränkte Berechnungen übertragen. Unter der plausiblen Voraussetzung $P \neq NP$ ergibt sich damit eine reiche Feinstruktur von NP.

Definition 10.1
Für $k \geq 0$ setzen wir:

1. $L_k = \{A : A \in NP \wedge \Sigma_k^{P,A} \subseteq \Sigma_k^P\}$.

2. $H_k = \{A : A \in NP \wedge \Sigma_{k+1}^P \subseteq \Sigma_k^{P,A}\}$.

Die Klassen L_k bilden die **low**-Hierarchie, die Mengen aus L_k heißen **low**$_k$. Die Klassen H_k bilden die **high**-Hierarchie, die Mengen aus H_k heißen **high**$_k$.

Die low_k-Mengen verhalten sich ähnlich wie die Mengen aus P, weil sie als Orakel für Σ_k^P so schwach sind, daß sie nicht zu einer Vergrößerung der Klasse führen. Die $high_k$-Mengen verhalten sich ähnlich wie die NP-vollständigen Mengen. Denn als Orakel für Σ_k^P bewirken sie eine Vergrößerung auf Σ_{k+1}^P. Zunächst halten wir fest, daß es sich hierbei wirklich um Hierarchien handelt, auch wenn wir nicht beweisen, daß sie echt sind (es könnte ja $P = NP$ sein).

Satz 10.2
Es gilt $L_0 \subseteq L_1 \subseteq \ldots$ und $H_0 \subseteq H_1 \subseteq \ldots$.

---
[1] Ich widerstehe der Versuchung, für diese sehr fest eingewurzelten Begriffe deutsche Übersetzungen zu verwenden.

Beweis
Sei $A \in L_k$. Dann ist $\Sigma_k^{P,A} \subseteq \Sigma_k^P$. Damit ist

$$(\Sigma_{k+1}^P)^A = \mathrm{NP}^{\Sigma_k^{P,A}} \subseteq \mathrm{NP}^{\Sigma_k^P} = \Sigma_{k+1}^P.$$

Dies zeigt $A \in L_{k+1}$.
Sei $A \in H_k$. Dann ist $\Sigma_{k+1}^P \subseteq \Sigma_k^{P,A}$. Damit ist

$$\Sigma_{k+2}^P = \mathrm{NP}^{\Sigma_{k+1}^P} \subseteq \mathrm{NP}^{\Sigma_k^{P,A}} = (\Sigma_{k+1}^P)^A.$$

Dies zeigt $A \in H_{k+1}$. ∎

Jetzt überlegen wir uns, daß die low-Hierarchie zur high-Hierarchie disjunkt ist, sofern nur $P \neq NP$ gilt.

Satz 10.3 [Sch83]
$$L_k \cap H_k \neq \emptyset \longleftrightarrow PH = \Sigma_k^P.$$

Beweis
1. Sei $A \in L_k \cap H_k$.
Dann ist $\Sigma_{k+1}^P \subseteq \Sigma_k^{P,A} \subseteq \Sigma_k^P$. Nach Satz 3.11 folgt $PH = \Sigma_k^P$.
2. Sei $\Sigma_k^P = \Sigma_{k+1}^P$.
Für beliebiges $A \in NP$ gilt dann

$$\Sigma_{k+1}^P = \Sigma_k^P \subseteq (\Sigma_k^P)^A \subseteq \Sigma_{k+1}^P.$$

Dies zeigt: Jede NP-Menge ist zugleich low_k und $high_k$. Also gilt sogar $NP = L_k = H_k$. ∎

Man kann darüber hinaus zeigen [Sch83], daß es Mengen in NP gibt, die weder low noch high sind, sofern nur die Polynomialzeithierarchie echt ist.
Die Klassen dieser Hierarchien lassen sich relativ leicht anderweitig charakterisieren.

Satz 10.4

1. $L_0 = P$.

2. $L_1 = NP \cap coNP$.

3. $H_0 = \{X : X \text{ ist } \leq_T^P\text{-vollständig in NP}\}$.

4. $H_1 = \{X : X \text{ ist } \leq_{sT}^{NP}\text{-vollständig in NP}\}$.

Beweis
1. $A \in L_0$ ist äquivalent zu $P^A \subseteq P$. Da letzteres äquivalent zu $A \in P$ ist, ist $L_0 = P$.

10.1. DIE LOW- UND DIE HIGH-HIERARCHIE

2. $A \in L_1$ ist äquivalent zu $NP^A \subseteq NP = NP^\emptyset$. Nach Satz 5.10 ist dies zu $A \in NP \cap coNP$ äquivalent. Damit ist $L_1 = NP \cap coNP$.
3. X ist in H_0 genau dann, wenn $NP \subseteq P^X$, d.h. genau dann, wenn $X \leq_T^P$-vollständig in NP ist.
4. Nach Definition von H_1 und unter Rückgriff auf Satz 5.10 ergibt sich

$$X \in H_1 \longleftrightarrow \Sigma_2^P \subseteq NP^X$$
$$\longleftrightarrow NP^{SAT} \subseteq NP^X$$
$$\longleftrightarrow SAT \leq_{sT}^{NP} X.$$

Letzteres heißt, daß $X \leq_{sT}^{NP}$-vollständig in NP ist. ∎

Satz 10.4 kann so interpretiert werden, daß L_0 der $\emptyset$-Grad von $\leq_T^P$ und L_1 der $\emptyset$-Grad von $\leq_{sT}^{NP}$ ist, während H_0 und H_1 die Grade der für NP vollständigen Mengen bzgl. $\leq_T^P$ bzw. $\leq_{sT}^{NP}$ sind. Dies läßt sich verallgemeinern. Es gibt für jedes k eine Reduktion $\leq_k$ derart, daß L_k der $\emptyset$-Grad und H_k der SAT-Grad bzgl. $\leq_k$ innerhalb von NP ist, nämlich[2]: $A \leq_k B \longleftrightarrow \Sigma_k^P(A) \subseteq \Sigma_k^P(B)$. In diesem Sinne sind die low-Mengen nahe an P und die high-Mengen nahe an den $\leq_T^P$- vollständigen Mengen.

Die Hierarchien können noch leicht verfeinert werden (wir schreiben im folgenden Orakel auch in Klammern anstatt hochgestellt):

Definition 10.5 [Sch85a, LS91]
$L_k^\Delta = \{A : A \in NP \land \Delta_k^P(A) \subseteq \Delta_k^P\}$.
$L_k^\Theta = \{A : A \in NP \land \Theta_k^P(A) \subseteq \Theta_k^P\}$.
Analog werden die Klassen H_k^Δ und H_k^Θ definiert.

Der folgende Satz läßt sich leicht verifizieren.
Satz 10.6
$L_{k-1} \subseteq L_k^\Theta \subseteq L_k^\Delta \subseteq L_k$. ∎

Die bisher definierten low- und high-Klassen sind gänzlich in NP enthalten. Wenn man auch andere Mengen auf diese Weise klassifizieren will, muß man zu den erweiterten low- und high-Klassen übergehen.

Definition 10.7
Die Klassen der erweiterten low- und high-Hierarchie sind wie folgt definiert (aus schreibtechnischen Gründen notieren wir hier die Orakel in Klammern und nicht hochgestellt):

1. *[BBS86]*
$EL_k = \{A : \Sigma_k^P(A) \subseteq \Sigma_{k-1}^P(SAT, A)\}$ für $k \geq 1$.
$EH_k = \{A : \Sigma_k^P(SAT, A) \subseteq \Sigma_k^P(A)\}$.

---
[2] $\mathcal{C}(X)$ ist die relativierte Klasse $\mathcal{C}^X$

2. *[LS91, AH92]*
$EL_k^\Delta = \{A : \Delta_k^P(A) \subseteq \Delta_{k-1}^P(SAT, A)\}$ für $k \geq 2$.
$EL_k^\Theta = \{A : \Theta_k^P(A) \subseteq \Theta_{k-1}^P(SAT, A)\}$ für $k \geq 2$.
$EH_k^\Delta = \{A : \Delta_k^P(SAT, A) \subseteq \Delta_k^P(A)\}$.
$EH_k^\Theta = \{A : \Theta_k^P(SAT, A) \subseteq \Theta_k^P(A)\}$.

Inhaltlich unterscheiden sich die erweiterten low- und high-Klassen von den low- und high-Klassen erheblich. Wir erläutern das für die low-Klassen. Während die lowness eines Orakels A für eine Klasse bedeutet, daß sich die Berechnungsfähigkeit dieser Klasse nicht vergrößert, wenn A als Orakel hinzugenommen wird, bedeutet die erweiterte lowness von A etwa bzgl Σ_k^P, daß der Zugriff, den Σ_k^P-Maschinen auf A haben, nicht besser ist als der, den bereits Σ_{k-1}^P-Maschinen mit zusätzlicher Zugriffsmöglichkeit auf SAT realisieren können. Das Beispiel QBF kann hier eine nützliche Verständnishilfe bieten: Selbstverständlich erweitert QBF als Orakel die Klasse P^{NP} beträchtlich, nämlich bis zu PSPACE. Aber darum geht es bei der erweiterten lowness nicht. Die Feststellung $\Delta_2^P(QBF) = P^{SAT,QBF} (= PSPACE)$ bedeutet, daß bereits eine P-Maschine mit QBF (und SAT) genau so viel anfangen kann wie eine P^{NP}-Maschine, und dies heißt, daß QBF zu EL_2^Δ gehört.
Andererseits ist aber wegen $P^{SAT,QBF} = P^{QBF}$ die Menge QBF auch erweitert high. Dies zeigt, daß ein Analogon von Satz 10.3 für die erweiterten Hierarchien nicht gilt.
Für Mengen aus NP verschwindet der Unterschied dieser lowness-Arten. Da nämlich ein Orakel $A \in NP$ in Anwesenheit des weiteren Orakels SAT überflüssig ist, sieht man unmittelbar, daß die erweiterten low-und high- Klassen zu den low- und high-Klassen werden, wenn man sie auf NP einschränkt. Ferner halten wir die leicht zu verifizierenden Inklusionen fest:

Satz 10.8
$EL_1 = EL_2^\Theta = EL_2^\Delta \subseteq EL_2 \subseteq \ldots \subseteq EL_k^\Theta \subseteq EL_k^\Delta \subseteq EL_k \subseteq \ldots$

In [SL94] wird gezeigt, daß alle Inklusionen in diesem Satz echt sind.

10.2 Einordnung konkreter Klassen

In diesem Abschnitt werden die lowness-Eigenschaften einiger konkreter Klassen behandelt. Sehr viel weitergehend wird hierüber in [Köb95] berichtet. Wegen unterer Schranken vergleiche man [AH92].
1. *Nichtuniforme Klassen*

10.2. EINORDNUNG KONKRETER KLASSEN

Satz 10.9 [BBS86]
$$\text{P}/\text{poly} \subseteq \text{EL}_3.$$
Die hieraus sich ergebende Folgerung $\text{NP} \cap \text{P}/\text{poly} \in \text{L}_3$ ist bereits aus [KS85] bekannt. In [AH92] ist die untere Schranke $\text{P}/\text{poly} \not\subseteq \text{EL}_2$ bewiesen worden. Deshalb kann das folgende Resultat von J. Köbler als die optimale Einbettung von P/poly in die erweiterte low-Hierarchie betrachtet werden.

Satz 10.10 [Köb94]
$$\text{P}/\text{poly} \subseteq \text{EL}_3^\Theta.$$
Hieraus ergibt sich unter Berücksichtigung von Satz 10.3 die Folgerung, daß $\text{PH} = \Theta_3^\text{P}$, falls es eine NP-vollständige Menge aus P/poly gibt. Dieses Resultat ist nicht so stark, wie wir es aus 5.27 kennen. Dies liegt daran, daß im Beweis dieses Satzes sehr stark von der Selbstreduzierbarkeit von SAT Gebrauch gemacht worden ist. Allgemein gilt der folgende Satz, der für $k = 0$ den Satz 5.27 als Folgerung gestattet.

Satz 10.11 [BBS86]
Die Menge A sei selbstreduzierbar. Wenn es eine dünne Menge S und ein $k \geq 0$ gibt mit $A \in \Sigma_k^\text{P}(S)$, dann ist $\Sigma_k^\text{P}(A) = \Sigma_{k+2}^\text{P}$.

Satz 10.10 läßt sich sogar noch etwas erweitern.

Satz 10.12 [Köb94]
$$(\text{NP} \cap \text{coNP})/\text{poly} \subseteq \text{EL}_3^\Theta.$$
Offensichtlich gilt $(\text{NP} \cap \text{coNP})/\text{poly} \subseteq \text{NP}/\text{poly} \cap \text{coNP}/\text{poly}$. In [HNOS96b] wird gezeigt, daß $\text{NP}/\text{poly} \cap \text{coNP}/\text{poly} \subseteq \text{EL}_3$ gilt.

2. Dünne Mengen
Über dünne Mengen ist folgendes bekannt. In [KS85] ist gezeigt worden, daß $\text{NP} \cap \text{SPARSE} \subseteq \text{L}_2$ gilt. Der folgende Satz verbessert dieses Resultat noch.

Satz 10.13
$$\text{SPARSE} \cap \text{NP} \subseteq \text{L}_2^\Theta.$$
Beweis
Sei $S \in \text{SPARSE} \cap \text{NP}$. Wir betrachten $census_S$ als Funktion von 0^* in 0^* und setzen

$$A = \{(0^n, 0^k) : S \text{ hat mindestens } k \text{ Wörter, die höchstens die Länge } n \text{ haben}\}.$$

Selbstverständlich ist $A \in \text{NP}$.
Behauptung: $census_S \in \text{F}\Theta_2^\text{P}$.
Beweis Bei Eingabe von 0^n ist der genaue census-Wert durch Befragen des Orakels A mit höchstens logarithmisch vielen Fragen in polynomialer Zeit bestimmbar.□
Behauptung: $\text{NP}^S \subseteq \Theta_2^\text{P}$.

Beweis Sei $X \in \text{NP}^S$, und sei $X = L(M^{(S)})$ für eine NPOM $M^{()}$, die in der Zeit p arbeiten möge. Damit sind dann auch die Längen der Fragen, die $M^{()}$ bei Eingabe x stellt, durch $p(|x|)$ beschränkt. Wir setzen

$$B = \{(x, 0^k) : \text{ es gibt } k \text{ Wörter } y_1, \ldots, y_k \in S \cap (\Sigma \cup \{e\})^{p(|x|)} \text{ mit}$$
$$x \in L(M^{\{y_1, \ldots, y_k\}})\}.$$

Offenbar ist $B \in \text{NP}$. Ferner gilt

$$x \in X \longleftrightarrow (x, census_s(0^{p(|x|)})) \in B.$$

Dies zeigt, daß X mit logarithmisch vielen Fragen an A und einer weiteren an B berechnet werden kann. □

Hieraus ergibt sich
$\text{P}^{\text{NP}^S[\log]} \subseteq \text{P}^{\text{NP}^S} \subseteq \text{P}^{\Theta_2^\text{P}} = \Theta_2^\text{P}$. Dies heißt, daß S zu L_2^Θ gehört. ∎

Als Folgerung ergibt sich der Satz 5.29. In [BBS86] ist SPARSE $\subseteq \text{EL}_3$ gezeigt worden, in [LS91] sogar SPARSE $\subseteq \text{EL}_3^\Theta$.

3. Probabilistische Klassen

Einige probabilistische Klassen sind low. Wegen ZPP = RP $\cap$ coRP $\subseteq$ NP $\cap$ coNP = L_1 sind alle ZPP-Mengen low_1. Am Ende von Abschnitt 7.5 ist erwähnt worden, daß PRIME $\in$ ZPP bekannt ist. Wäre das Primzahlproblem $\leq_{sT}^{\text{NP}}$-vollständig in NP, so wäre NP = coNP nach Satz 10.3.

In [Adl78] wird RP $\subseteq$ P/poly gezeigt. Dieses Ergebnis kann leicht auf BPP ausgedehnt werden.

Satz 10.14
$$\text{BPP} \subseteq \text{P/poly}.$$

Beweis
Sei $A \in \text{BPP}$. Wir wählen ein Polynom $q > id$ und können nach Satz 8.16 eine NPTM M finden, die A in einer Zeit p (p ist ein Polynom) mit Fehlerwahrscheinlichkeit höchstens $2^{-q(n)}$ akzeptiert. Dies bedeutet, daß von den $2^{p(n)}$ Pfaden von $M(x)$ bei einer Eingabe x der Länge n höchstens $2^{p(n)-q(n)}$ ein falsches Ergebnis erhalten. Betrachtet man alle Eingaben der Länge n, so kommen in allen Berechnungen insgesamt höchstens $2^n \cdot 2^{p(n)-q(n)}$ Pfade vor, die nicht das richtige Ergebnis liefern. Alle anderen Pfade liefern für **jedes** x das richtige Ergebnis. Es sei $f(n)$ der kleinste dieser Pfade. Es stört dabei überhaupt nicht, daß $f(n)$ eine hohe Berechnungskomplexität hat. Ausschlaggebend ist nur die Längenabschätzung $|f(n)| \leq p(n)$. Die Menge $B = \{(x, f(|x|)) : f(|x|) \text{ ist akzeptierender Pfad von } M(x)\}$ gehört offensichtlich zu P. Wegen

$$x \in A \longleftrightarrow (x, f(|x|)) \in B$$

10.2. EINORDNUNG KONKRETER KLASSEN

ist $A \in \text{P/poly}$. ∎

Hieraus ergibt sich mit Satz 10.10 die lowness-Aussage $\text{NP} \cap \text{BPP} \subseteq L_3^\Theta$. In Wirklichkeit kann man noch etwas mehr erreichen, wie S. Zachos und H. Heller gezeigt haben: $\Sigma_2^{\text{P}^{\text{BPP}}} \subseteq \Sigma_2^{\text{P}}$ [ZH84]. Dieses Ergebnis wiederum kann auf $\text{AM} \cap \text{coAM}$ erweitert werden:

Satz 10.15 [Sch88]
$$\Sigma_2^{\text{P}^{\text{AM} \cap \text{coAM}}} \subseteq \Sigma_2^{\text{P}}.$$

Beweis
Der Beweis geschieht unter Benutzung und in enger Anlehnung an den Satz 3.8. Wir zeigen $\Pi_2^{\text{P}^{\text{AM} \cap \text{coAM}}} \subseteq \Pi_2^{\text{P}}$, woraus natürlich die Behauptung folgt. Sei $A \in \Pi_2^{\text{P}^C}$ mit $C \in \text{AM} \cap \text{coAM}$. Dann sind sowohl C als auch $\overline{C}$ in $\text{AM} = (\wedge\vee, \vee^+\wedge)$, wobei die letztere Gleichung aus dem Beweis von Satz 8.26 bekannt ist. Nach Satz 3.8, der auch relativiert gilt, haben wir für ein geeignetes $B \in \text{P}^C$ (alle Quantifikatoren in diesem Beweis sind polynomial längenbeschränkt) $x \in A \longleftrightarrow \wedge_y \vee_z (x, y, z) \in B$. Sei $M^{()}$ eine Maschine, die B mit Orakel C entscheidet. Das Prädikat D sei wie folgt definiert:

$D(u, v, x, y, z) \longleftrightarrow$
u hat die Form $u = u_1 \# \ldots \# u_k$, und v hat die Form $v = v_1 \# \ldots \# v_l$, und $M^{(C)}(x, y, z)$ stellt genau die Fragen $u_1, \ldots, u_k, v_1, \ldots, v_l$, und genau die Fragen $u_1, \ldots, u_k$ werden bejaht, und genau die Fragen $v_1, \ldots, v_l$ werden verneint.
Damit können wir schreiben:

$x \in A \longleftrightarrow \wedge_y \vee_z (M^{(C)}$ akzeptiert $(x, y, z))$
$\longleftrightarrow \wedge_y \vee_z \vee_u \vee_v (D(u, v, x, y, z)$ und $u_1, \ldots \in C$ und $v_1, \ldots \in \overline{C})$.

Da nach Voraussetzung $C, \overline{C} \in (\wedge\vee / \vee^+\wedge)$ gilt, erhalten wir für passende $E, F \in \text{P}$

$x \in A \longrightarrow \wedge_y \vee_z \vee_u \vee_v (D(u, v, x, y, z) \wedge \wedge_s \vee_t (u, s, t) \in E \wedge$
$\qquad \wedge_{s'} \vee_{t'} (u, s', t') \in F)$
$x \notin A \longrightarrow \vee_y \wedge_z \wedge_u \wedge_v (\sim D(u, v, x, y, z) \vee \vee_s^+ \wedge_t (u, s, t) \notin E \vee$
$\qquad \vee_{s'}^+ \wedge_{t'} (u, s', t') \notin F)$,

also

$A \quad \in \quad (\wedge\vee\wedge\vee / \vee\wedge\vee^+\wedge)$
$\quad \subseteq \quad (\wedge\wedge\vee\vee / \vee\vee^+\wedge\wedge)$
$\quad \subseteq \quad (\wedge\vee / \vee\wedge)$
$\quad = \quad \Pi_2^{\text{P}}.$

Die erste Inklusion folgt durch Anwendung von Lemma 8.23 auf die jeweils mittleren beiden Quantifikatoren, und die zweite durch Abschwächung auf der rechten Seite und Zusammenfassung gleicher Quantifikatoren. ∎

In analoger Weise kann ein noch allgemeinerer Satz bewiesen werden:

Satz 10.16 [Sch89]
Für jedes $k \geq 1$ gilt

1. $\Sigma_2^{P,BP\cdot\Sigma_k^P \cap BP\cdot\Pi_k^P} \subseteq \Sigma_{k+1}^P$.

2. $\Sigma_2^{P,BP\cdot\Sigma_k^P} = \Sigma_{k+2}^P$. ∎

Aus Satz 10.15 ergibt sich sofort die
Folgerung 10.17
$$NP \cap coAM \subseteq L_2.$$

10.3 Selektivität

Nach dem rekursionstheoretischen Vorbild der *semirekursiven* Mengen von C. Jockusch hat A. Selman die P-selektiven Mengen eingeführt, ursprünglich mit dem Ziel, die verschiedenen Polynomialzeitreduzierungen auf NP voneinander zu unterscheiden.

Definition 10.18 [Sel79]
Die Menge A heißt P-selektiv genau dann, wenn es eine Funktion $f \in$ FP, einen P-Selektor, mit folgenden Eigenschaften gibt:

1. $f(x,y) \in \{x,y\}$,

2. $x \in A \vee y \in A \longrightarrow f(x,y) \in A$.
P-Sel *ist die Menge der P-selektiven Mengen.*

Es ist vollkommen klar, daß $P \subseteq$ P-Sel gilt, aber die Umkehrung ist weit davon entfernt zu gelten. Denn P-Sel enthält überabzählbar viele Mengen. Das sieht man so: Wir betrachten die Menge aller unendlichen Folgen $\phi : \mathbb{N} \longrightarrow \{0,1\}$, die wir mit Σ^ω bezeichnen, und führen die echte lexikographische Ordnung $\leq$ auf $\Sigma^* \cup \Sigma^\omega$ ein: $\alpha \leq \beta$ genau dann, wenn $\alpha \sqsubseteq \beta \vee \bigvee_{\gamma,\delta_1,\delta_2}(\alpha = \gamma 0 \delta_1 \wedge \beta = \gamma 1 \delta_2)$. Nun wählen wir eine der überabzählbar vielen unendlichen Folgen aus Σ^ω, etwa ϕ, und definieren $A = \{w : w \in \Sigma^* \wedge \phi \leq w\}$. Die Funktion $f(x,y) = \max\{x,y\}$ ist ein Selektor für A und gehört zu FP. Sie ist Selektor für alle A_ϕ, wobei ϕ beliebig gewählt werden kann. Das sind überabzählbar viele verschiedene Mengen. Daran sieht man, wie wenig der Selektor die Mengen A „entscheiden" kann.

Gibt es außer den Mengen der Form A_ϕ weitere P-selektive Mengen? Dazu wird in [HNOS96a] gezeigt: Wenn es eine P-selektive Menge gibt, die zu keinem A_ϕ $\leq_m^P$-äquivalent ist, so ist $P \neq PP$.

10.3. SELEKTIVITÄT

Die Aussage P $\subseteq$ P-Sel kann man nicht wesentlich verbessern. Dazu beweisen wir zunächst den folgenden

Satz 10.19
Es gibt entscheidbare Mengen, die nicht zu P-Sel gehören.

Beweis
Wir konstruieren eine Menge $A \in$ REC $\setminus$ P-Sel. Es sei FP $= \{f_0, f_1, \ldots\}$. Wir wollen A so konstruieren, daß keins der f_i Selektor für A ist. Dazu nehmen wir eine effektive Aufzählung $\Sigma^* = \{u_0, v_0, u_1, v_1, \ldots\}$ und richten es so ein, daß die Selektoreigenschaft von f_i gerade für das Paar $\{u_i, v_i\}$ gestört ist. Das erreichen wir, indem wir A wie folgt definieren:

$$u_i \in A \land v_i \notin A \quad \text{wenn} \quad f_i(u_i, v_i) = v_i$$
$$u_i \notin A \land v_i \in A \quad \text{wenn} \quad f_i(u_i, v_i) = u_i$$
$$u_i \notin A \land v_i \notin A \quad \text{wenn} \quad f_i(u_i, v_i) \notin \{u_i, v_i\}.$$

Diese Menge A ist natürlich entscheidbar. Soll nämlich $w \in A$ entschieden werden, so sucht man w in der Aufzählung von Σ^*. Ist $w = u_i$, so berechnet man $f(w, v_i)$ und entscheidet an Hand des Wertes, ob w in A liegt. Ist $w = v_i$, so berechnet man $f(u_i, w)$ und verfährt ebenso. ∎

Man kann mehr erreichen:

Satz 10.20
Ist $f \succ p$ für jedes Polynom p, so ist DTIME$(f) \not\subseteq$ P-Sel.

Beweis
Im Beweis des vorangegangenen Satzes reservieren wir für jedes n unendlich viele Paare (u_{ni}, v_{ni}). Die Definition von A wird so abgeändert:

$u_i \in A \land v_i \notin A$ wenn ein Programm für f_i in der Zeit $f(|u_i| + |v_i|)$ bestimmt werden kann $\land \; f_i(u_i, v_i) = v_i$

$u_i \notin A \land v_i \in A$ wenn ein Programm für f_i in der Zeit $f(|u_i| + |v_i|)$ bestimmt werden kann $\land \; f_i(u_i, v_i) = u_i$

$u_i \notin A \land v_i \notin A$ sonst.

Diese Menge A ist zwar in DTIME(f), aber nicht in P-Sel. ∎

Satz 10.21 [Sel79]
$$\text{SAT} \in \text{P-Sel} \longrightarrow \text{P} = \text{NP}.$$

Beweis
Es sei SAT $\in$ P-Sel, und sei $f \in$ FP ein Selektor von SAT. Mit H_0 und H_1 bezeichnen wir die Nachfolgerknoten von H im Selbstreduzierungsbaum von

H. Der Ausdruck H habe k Variablen. Um $H \in$ SAT in polynomialer Zeit entscheiden zu können, berechnen wir $H^1 = f(H_0, H_1)$, $H^2 = f(H_0^1, H_1^1)$, ..., $H^k = f(H_0^{k-1}, H_1^{k-1})$. Ist H erfüllbar, so auch H_0 oder H_1 und damit nach der Selektoreigenschaft von f auch H^1, u.s.w. Ist also H erfüllbar, so sind alle Ausdrücke der Folge $H^1, H^2, \ldots H^k$ erfüllbar. Im anderen Falle ist keiner dieser Ausdrücke erfüllbar. Dem letzten sieht man aber unmittelbar an, ob er erfüllbar ist. Damit ist SAT $\in$ P. ∎

Wenn die Analogie zur rekursionstheoretischen Situation vollkommen wäre, könnte man zeigen, daß in P-Sel Turing-vollständige Mengen für NP vorkommen, und damit hätte man einen Unterschied von $\leq_m^P$ und $\leq_T^P$ auf NP bewiesen. Leider ist dies nicht so, wie aus Satz 10.24 geschlossen werden kann. Denn aus SAT $\in$ P$^{\text{P-Sel}}$ und P-Sel $\subseteq$ P/poly (Satz 10.24) und P/poly = SPARSE (Satz 5.8) folgt $\Sigma_2^P = \Pi_2^P$ nach Satz 5.27.

Wir benötigen einige wenige graphentheoretische Vorbereitungen.

Definition 10.22
Ein Graph heißt **Turniergraph** *genau dann, wenn zwischen jedem Paar (x, y) von Knoten eine gerichtete Kante entweder von x nach y oder von y nach x führt. Eine Menge $D \subseteq V$ eines gerichteten Graphen (V, E) heißt genau dann* **dominierend**, *wenn für jedes $y \in V$ ein $x \in D$ existiert, so daß die Kante (x, y) in E vorkommt.*

Satz 10.23
Ein Turniergraph mit n Knoten hat eine dominierende Menge von höchstens $\log n$ Knoten.

Beweis
Es sei $indeg(x)$ die Zahl der im Knoten x endenden Kanten, und $outdeg(x)$ sei die Zahl der vom Knoten x ausgehenden Kanten. Dann gilt $\sum_{x \in V} indeg(x) = \sum_{x \in V} outdeg(x) = n(n-1)/2$. Es gibt einen Knoten y_1 mit $outdeg(y_1) \geq (n-1)/2$. Andernfalls wäre $\sum_{x \in V} outdeg(x) < n(n-1)/2$. Dieser Knoten y_1 dominiert also mindestens $(n-1)/2$ andere Knoten. Nehmen wir y_1 und die von ihm dominierten Knoten aus dem Graphen heraus, so verbleibt ein Restgraph, der noch höchstens $n/2$ Knoten hat. Nun wiederholt man das beschriebene Vorgehen und hat nach $\log n$ Schritten eine dominierende Menge $\{y_1, \ldots, y_{\log n}\}$ gefunden. ∎

Satz 10.24
$$\text{P-Sel} \subseteq \text{P/poly}.$$

Beweis
Sei $A \in$ P-Sel und $f \in$ FP ein Selektor für A, den wir uns symmetrisch

10.3. SELEKTIVITÄT

denken können[3] Wir beschränken uns jetzt auf $A_n =_{df} A \cap \Sigma^n$. Die Menge A_n betrachten wir als die Knotenmenge eines Turniergraphen, dessen Kanten durch $(x,y) \in E \longleftrightarrow f(x,y) = y$ definiert werden. Nach Satz 10.23 gibt es eine dominierende Menge $D_n \subseteq A_n$ mit $card(D_n) \leq \log card(A_n) \leq n$. Wir können feststellen

$$x \in A \longleftrightarrow \bigvee_y (y \in D_{|x|} \wedge (y \text{ dominiert } x)).$$

Nun sei $B = \{(x,W) : W \subseteq \Sigma^m \wedge card(W) \leq |x| \wedge \bigvee_{y \in W}(y \text{ dominiert } x)\}$. Weil „$y$ dominiert x" äquivalent zu $f(x,y) = x$ ist und weil $f \in \mathrm{FP}$, ist $B \in \mathrm{P}$. Setzt man $h(|x|) = D_{|x|}$, so ist klar, daß die Länge von $h(|x|)$ polynomial in $|x|$ beschränkt ist. Ferner können wir alles bisher Gesagte zusammenfassen zu

$$x \in A \longleftrightarrow (x, h(|x|)) \in B.$$

Dies zeigt aber $A \in \mathrm{P/poly}$. ∎

P-Sel scheint eine echte Teilmenge von P/poly zu sein, denn P-Sel läßt sich in der erweiterten low-Hierarchie weiter unten einbetten als P/poly: P-Sel$\subseteq \mathrm{EL}_2$ [ABG90]. Die Beziehung zwischen P/poly und P-Sel läßt sich noch genauer angeben:

Satz 10.25 [Sel82, Ko83]
$$\mathrm{P/poly} = \mathrm{P}^{\mathrm{P-Sel}}.$$

Die bisherigen Ergebnisse kann man auch so formulieren:

$$\mathrm{NP} \subseteq \mathcal{R}^{\mathrm{P}}_{\mathrm{m}}(\mathrm{P\text{-}Sel}) \longrightarrow \mathrm{P} = \mathrm{NP}.$$
$$\mathrm{NP} \subseteq \mathrm{P}^{\mathrm{P-Sel}} \longrightarrow \Sigma^{\mathrm{P}}_2 = \Pi^{\mathrm{P}}_2.$$

Dies legt sofort die Frage nahe, was passiert, wenn NP-Mengen auf P-selektive Mengen tt-reduzierbar sind. Dazu gibt es eine Reihe von Resultaten.

Satz 10.26
1. *[NS96]* $\mathrm{NP} \subseteq \mathcal{R}^{\mathrm{P}}_{\mathrm{tt}}(\mathrm{P\text{-}Sel}) \longrightarrow \mathrm{F}\Theta^{\mathrm{P}}_2 = \mathrm{FP}^{\mathrm{NP}[\mathrm{Lin \, log}]}$.

2. *[Ogi94, BKS95, TTW94]* $\mathrm{NP} \subseteq \mathcal{R}^{\mathrm{P}}_{\mathrm{btt}}(\mathrm{P\text{-}Sel}) \longrightarrow \mathrm{P} = \mathrm{NP}$.

Die erste Aussage hat einen Vorläufer: $\mathrm{NP} \subseteq \mathcal{R}^{\mathrm{P}}_{\mathrm{tt}}(\mathrm{P\text{-}Sel}) \longrightarrow \mathrm{NP} = \mathrm{RP}$ [Tod91b]. Dieses Resultat ergibt sich aus Aussage 1 dieses Satzes und Aussage 2 von Satz 9.10.
Die letzte Aussage ist in [AA94] weitgehend verschärft worden: Die Autoren

---
[3] also $f(x,y) = f(y,x)$. Ist f nicht symmetrisch, gehen wir zu $g(x,y) = \max\{f(x,y), f(y,x)\}$ über, wobei max lexikographisch gemeint ist. Auch g ist dann ein Selektor von A.

betrachten *quasi-lineare* tt-Reduktionen. Das sind solche, bei denen es ein c und ein $\epsilon > 0$ gibt, so daß, wenn f die reduzierende Funktion ist, die Stellenzahl der in $f(x)$ enthaltenen Booleschen Funktion durch $|x|^{1-\epsilon}$ beschränkt ist. Solche Reduktionen gehen also weit über btt-Reduktionen hinaus. Es wird gezeigt, daß P = $\mathcal{C}$ gilt, falls sich $\mathcal{C}$ mit solchen Reduktionen auf P-selektive Mengen reduzieren läßt, wobei $\mathcal{C}$ eine der Klassen NP, PP, $C_=$P oder $\oplus$P sein darf.

Ohne Beweis wollen wir eine schöne Charakterisierung von P erwähnen.

Satz 10.27 [BT96]
Eine Menge ist genau dann in P, wenn sie selbstreduzierbar und P-selektiv ist.
∎

Es gibt eine Reihe von Verallgemeinerungen der Selektivität. Man vergleiche dazu [Nic97]. Wir erwähnen die Multiselektivität von [HJRW97] und die *membership comparable sets* von M. Ogihara [Ogi94].

Definition 10.28
Die Menge A heißt polynomial m membership comparable (wir kürzen dies mit mmc ab), wenn es eine Funktion $g \in$ FP gibt, so daß $g(x_1, \ldots, x_m)$ für jedes $(x_1, \ldots, x_m)$ eine der 2^m Möglichkeiten für $(c_A(x_1), \ldots, c_A(x_m))$ ausschließt.

Man sieht leicht, daß P-selektive Mengen 2mc sind. M. Ogihara zeigt, daß diese Inklusion echt ist.

D. Sivakumar [Siv98] zeigt: Ist SAT Lin(log)-mc, so ist NP = RP. Im Hinblick auf die Frage, ob $F\Theta_2^P = FP^{NP[Lin\,log]}$ ist (vgl. Satz 9.11), ist das Ergebnis von J. Torán und V. Arvind von Interesse: $F\Theta_2^P = FP^{NP[Lin\,log]} \longleftrightarrow$ SAT ist Lin(log)mc [AT99].

Man kann Selektivität bezüglich anderer Klassen von Selektoren als FP betrachten. In diesem Sinne stellen wir hier für die Anwendung in Satz 9.40 eine Verallgemeinerung von Satz 10.24 bereit. Für diese Anwendungen lassen wir partiell definierte Selektoren zu.

Satz 10.29
Wenn RelNP $\subseteq_c$ FunNP gilt, so ist jede NP-Menge FunNP-selektiv.

Beweis
Es sei $A \in$ NP, und es sei M eine NPTM für A. Wir konstruieren einen Selektor aus FunNP für A: K sei eine Maschine, die bei Eingabe von $\{x, y\}$ die Berechnungen $M(x)$ und $M(y)$ parallel durchführt. Mit K assoziieren wir die Relation $\rho = \{(u, v) : K(u)$ akzeptiert auf dem Pfad $v\}$. Die Relation ρ hat nach Voraussetzung eine Verfeinerung $f \in$ FunNP. Die Maschine N soll so arbeiten: Bei Eingabe von $\{x, y\}$ berechnet sie zunächst $f(x, y)$. Ist $f(x, y) = z$, so prüft N, ob z eine Lösung von x bezüglich M ist. Wenn dies so ist, gibt N den Wert x aus, sonst den Wert y. Ist $f(x, y)$ undefiniert, so ist auch die von N berechnete Funktion undefiniert. Dies sichert, daß N einen Selektor von A berechnet, der selbstverständlich zu FunNP gehört. ∎

Satz 10.30
Die FunNP-selektiven NP-Mengen gehören zu $(\text{NP} \cap \text{coNP})/\text{poly}$
Beweis
Sei $A \in \text{NP}$, sei M eine NPTM für A, und sei $f \in \text{FunNP}$ ein Selektor für A. Wir verfahren zunächst wie im Beweis von Satz 10.24 und beschaffen uns wie dort durch Anwendung des Satzes 10.23 eine dominierende Menge $D_n \subseteq A_n$. Wie dort gilt

$$x \in A \longleftrightarrow \bigvee_{y}(y \in D_{|x|} \wedge (y \text{ dominiert } x)).$$

Nun setzen wir

$$B = \{(x, W, U) : W \subseteq \Sigma^m \wedge card(W) \leq |x| \wedge \bigvee_{y \in W}(y \text{ dominiert } x)$$
$$\wedge \bigwedge_{w \in W} \bigvee_{z \in U}(M(w) \text{ akzeptiert längs des Pfades } z)\}.$$

Beachtet man, daß „y dominiert x" äquivalent zu $f(x,y) = x$ ist und daß $f \in \text{FunNP}$, so ergibt sich sofort $B \in \text{NP}$. Wir können auch feststellen, daß $\overline{B} \in \text{NP}$ gilt. Dies sieht man so: Es gilt
$(x, W, U) \notin B \longleftrightarrow$
$\bigwedge_{w \in W} f(x, w) \neq x \vee \bigvee_{w \in W} \bigwedge_{z \in U}(M(w) \text{ akzeptiert nicht längs } z)$.
Die vorkommenden Quantoren sind polynomial beschränkt und daher nicht wesentlich. Insbesondere ist das Prädikat

$$\bigvee_{w \in W} \bigwedge_{z \in U}(M(w) \text{ akzeptiert nicht längs } z)$$

in P. Dagegen ist die Eigenschaft „$f(x,w) \neq x$" in coNP. Deshalb ist $\overline{B} \in \text{NP}$. Damit haben wir $B \in \text{NP} \cap \text{coNP}$. Setzt man $h(|x|) = (D_{|x|}, U)$, wobei U eine solche Menge ist, die zu jedem $w \in D_{|x|}$ einen akzeptierenden Pfad von $M(w)$ enthält, so ist klar, daß die Länge von $h(|x|)$ polynomial in $|x|$ beschränkt ist. Ferner können wir alles bisher Gesagte zusammenfassen zu

$$x \in A \longleftrightarrow (x, h(|x|)) \in B.$$

Dies zeigt $A \in (\text{NP} \cap \text{coNP})/\text{poly}$. ∎

Obwohl sich hieraus wegen Satz 10.12 für die FunNP-selektiven NP-Mengen nur EL_3-Lowness ergibt, gilt in Wirklichkeit mehr: Die FunNP- selektiven NP-Mengen gehören zu L_2 [HNOS96b].

10.4 Graphisomorphie

Wir betrachten in diesem Abschnitt nur ungerichtete Graphen $G = (V, E)$. Wenn ein solcher Graph n Knoten hat, wollen wir V in der Form $V = \{1, \ldots, n\}$

annehmen. Ein **Isomorphismus** von $G_1 = (V_1, E_1)$ auf $G_2 = (V_2, E_2)$ mit $V_1 = V_2 = \{1, \ldots, n\}$ ist eine eineindeutige Abbildung $\varphi : \{1, \ldots, n\} \longrightarrow \{1, \ldots, n\}$ mit $\bigwedge_{i,j}((i,j) \in E_1 \longleftrightarrow (i,j) \in E_2)$. Ist $G_1 = G_2$, nennt man φ einen **Automorphismus**. Sind G_1 und G_2 isomorph, schreiben wir auch $G_1 \cong G_2$. Mit $aut(G)$ bezeichnen wir die Automorphismengruppe des Graphen G. Wenn G ein Graph mit n Knoten ist, gibt es offensichtlich $n! \cdot (card(aut(G)))^{-1}$ verschiedene isomorphe Graphen. Deshalb ist

$$card\{(H, \varphi) : H \cong G \wedge \varphi \in aut(H)\} = \frac{n!}{card(aut(G))} \cdot card(aut(G)) = n!.$$

Damit ist für $T(G_1, G_2) =$
$\{(H, \varphi) : H \cong G_1 \wedge \varphi \in aut(H)\} \cup \{(H, \varphi) : H \cong G_2 \wedge \varphi \in aut(H)\}$
das folgende Lemma bewiesen.

Lemma 10.31
Sind G_1, G_2 Graphen mit je n Knoten, so gilt

$$card(T(G_1, G_2)) = \begin{cases} n! & \text{falls } G_1 \cong G_2 \\ 2n! & \text{falls } G_1 \not\cong G_2 \end{cases}$$

Wir brauchen noch ein kombinatorisches Lemma, das wir aus [Sch88] übernehmen. Eine lineare Abbildung H von Σ^m in Σ^m wird durch eine Boolesche m-reihige quadratische Matrix (a_{ij}) durch

$$y_i = (a_{i1} \wedge x_1) \oplus \ldots \oplus (a_{im} \wedge x_m)$$

definiert.

Lemma 10.32
Es sei $X \subseteq \Sigma^t$. Wir betrachten die Gleichverteilung auf der Menge der $(m+1)$-Tupel $(h_1, \ldots, h_{m+1})$ linearer Abbildungen von Σ^t in Σ^m. Für das Ereignis

$$E = \{(h_1, \ldots, h_{m+1}) : \bigvee_{x \in X} \bigwedge_i \bigvee_{y \in X} (x \neq y \wedge h_i(x) = h_i(y))\}$$

gilt:
Ist $card(X) > (m+1)2^m$, so ist $wkt(E) = 1$.
Ist $card(X) \leq 2^{m-1}$, so ist $wkt(E) \leq \frac{1}{4}$.

Beweis
Zu 1 Die Behauptung ergibt sich dadurch, daß genau $(m+1)2^m$ verschiedene $(m+1)$-Tupel im Bildbereich von $(h_1, \ldots, h_{m+1})$ vorkommen. Sobald X mehr als $(m+1)2^m$ Elemente hat, muß es zwei verschiedene geben, die auf dasselbe

10.4. GRAPHISOMORPHIE

Tupel abgebildet werden. Das heißt, es gilt für jedes $(m+1)$-Tupel linearer Abbildungen sogar $\bigvee_{x \in X} \bigvee_{y \in X} \bigwedge_i (x \neq y \wedge h_i(x) = h_i(y))$. Damit ist E das sichere Ereignis.

Zu 2 Wir halten zunächst ein beliebiges x und ein beliebiges h_j fest. Die Wahrscheinlichkeit dafür, daß ein beliebiger Vektor y bei h_j auf einen Vektor abgebildet wird, dessen i-te Komponente mit $h_j(x)_i$ übereinstimmt, ist genau $1/2$. Die Wahrscheinlichkeit dafür, daß dies für alle Komponenten gleichzeitig zutrifft, ist demnach $\frac{1}{2^m}$. Die Wahrscheinlichkeit dafür, daß es in X einen solchen Vektor y gibt, ist daher nicht größer als $\frac{card(X)}{2^m} \leq \frac{1}{2}$. Die Wahrscheinlichkeit dafür, daß es zu gegebenem x für alle h_j ein $y \in X$ so gibt, daß $h_j(x) = h_j(y)$ gilt, ist demnach nicht größer als $2^{-(m+1)}$, und die Wahrscheinlichkeit dafür, daß es ein $x \in X$ gibt, so daß für jedes h_j ein $y \in X$ existiert mit $h_j(x) = h_j(y)$, ist höchstens $card(X) 2^{-(m+1)} \leq 1/4$. ∎

O. Goldreich, S. Micali und A. Wigderson [GMW86] haben gezeigt, daß $\overline{GI}$ durch ein interaktives Beweissystem mit 2 Runden akzeptierbar ist, und nach S. Goldwasser und M. Sipser [GS86] sind interaktive Beweissysteme mit beschränkter Rundenzahl genau durch AM charakterisiert. Damit kann man den folgenden Satz formulieren, der auch direkt bewiesen werden kann [Sch88]:

Satz 10.33
$$GI \in coAM.$$

Beweis
Zur Vorbetrachtung knüpfen wir an das Lemma 10.31 an, demzufolge $T(G_1, G_2)$ eine der Kardinalzahlen $n!$ oder $2n!$ hat. Die Idee ist, $T(G_1, G_2)$ die Rolle von X aus Lemma 10.32 spielen zu lassen. Wir würden dazu m gern so wählen, daß die Ungleichungen

$$n! < 2^{m-1} < (m+1)2^m < 2n!$$

erfüllt sind. Dies ist zwar unerreichbar, setzt man jedoch $X = T(G_1, G_2)^n$, so ergeben sich die Ungleichungen

$$(n!)^n < 2^{m-1} < (m+1)2^m < (2n!)^n,$$

die durch $m = 1 + \lceil n \log n! \rceil$ erfüllt werden.
Wir beschreiben eine Maschine, die $\overline{GI}$ im Sinne von AM akzeptiert. Bei Eingabe von (G_1, G_2) mit zwei Graphen gleicher Knotenzahl n wird aus n zunächst m berechnet. Dann werden $x \in X$ und lineare Abbildungen $h_1, \ldots, h_{m+1} : \Sigma^m \longrightarrow \Sigma^m$, also $m+1$ m-reihige Boolesche Matrizen geraten. Danach wird ein $y \in \Sigma^m$ geraten.

Ist $G_1 \not\cong G_2$, so gilt nach dem ersten Teil von Lemma 10.32

$$(G_1, G_2) \notin \mathrm{GI} \longrightarrow \overset{+}{\bigvee_{(h_1,\ldots,h_{m+1})}} \bigvee_{x \in X} \bigwedge_i \bigvee_{y \in X} (x \neq y \wedge h_i(x) = h_i(y)).$$

Ist $G_1 \cong G_2$, so ist nach dem zweiten Teil von Lemma 10.32 in höchstens einem Viertel aller Fälle die betrachtete Bedingung erfüllt. Dies kann man so formulieren:

$$(G_1, G_2) \in \mathrm{GI} \longrightarrow \overset{+}{\bigvee_{(h_1,\ldots,h_{m+1})}} \bigwedge_{x \in X} \bigvee_i \bigwedge_{y \in X} \sim (x \neq y \wedge h_i(x) = h_i(y)).$$

Weil die i-Quantifikatoren polynomial beschränkt sind und deshalb irrelevant sind, ergibt sich $\overline{\mathrm{GI}} \in (\bigvee^+ \bigvee, \bigvee^+ \bigwedge)$. Dies heißt, daß $\overline{\mathrm{GI}} \in \mathrm{AM}$ oder, äquivalent dazu, $\mathrm{GI} \in \mathrm{coAM}$ gezeigt ist. ∎

Damit ergibt sich aus Satz 10.15, daß GI in L_2 liegt, was zuerst von U. Schöning bemerkt worden ist [Sch88]. Dies bedeutet, daß GI weit davon entfernt ist, in irgend einer Weise vollständig in NP zu sein, wenn die Polynomialzeithierarchie endlich ist. Dies ergibt sich aus Satz 10.3. Viele weitere interessante Details über das Problem GI finden sich in [KST93].

Das Problem GA, von einem gegebenen Graphen zu entscheiden, ob er einen nichttrivialen Automorphismus hat, gehört zu SPP [KST92].

Anhang A

Mathematische Grundlagen

A.1 Logische Grundbegriffe

Die aussagenlogischen Verknüpfungen sind $\sim, \wedge, \vee, \longrightarrow, \longleftrightarrow$. Für das ausschließende oder (exclusive or, XOR) verwenden wir $\oplus$. **Aussagenlogische** oder **Boolesche Ausdrücke** werden induktiv wie folgt definiert: Aussagenlogische Variablen und die Konstanten `falsch` und `wahr` sind aussagenlogische Ausdrücke, und wenn H_1 und H_2 aussagenlogische Ausdrücke sind, so auch ihre **Konjunktion** $(H_1 \wedge H_2)$, ihre **Disjunktion** $(H_1 \vee H_2)$, ihre **Implikation** $(H_1 \longrightarrow H_2)$, ihre **Äquivalenz** $(H_1 \longleftrightarrow H_2)$ und die **Negation** $\sim H_1$ von H_1.

Für $(p_1 \longleftrightarrow p_2) \wedge (p_2 \longleftrightarrow p_3) \wedge \ldots \wedge (p_{n-1} \longleftrightarrow p_n)$ schreiben wir abkürzend (hier ist die array-Form wichtig)

$$\begin{array}{rcl} p_1 & \longleftrightarrow & p_2 \\ & \longleftrightarrow & p_3 \\ & \vdots & \\ & \longleftrightarrow & p_n, \end{array}$$

was streng zu unterscheiden ist von $p_1 \longleftrightarrow p_2 \longleftrightarrow \ldots \longleftrightarrow p_n$.

Eine **Belegung** f der Variablen ist eine Abbildung der Menge der Variablen in die Menge $\{0,1\}$ der **Wahrheitswerte**. Dabei wird 0 als `falsch` und 1 als `wahr` interpretiert. Eine Belegung f läßt sich wie folgt auf die Menge aller Ausdrücke ausdehnen:

$$\begin{aligned} f(\sim H) &= 1 + f(H) \bmod 2, \\ f(H_1 \wedge H_2) &= \min\{f(H_1), f(H_2)\}, \\ f(H_1 \vee H_2) &= \max\{f(H_1), f(H_2)\}, \\ f(H_1 \longrightarrow H_2) &= \max\{1 + f(H_1) \bmod 2, f(H_2)\}, \\ f(H_1 \longleftrightarrow H_2) &= 1 + f(H_1) + f(H_2) \bmod 2. \end{aligned}$$

Ein Ausdruck, der bei jeder Belegung seiner Variablen wahr wird, heißt **Tautologie**. Zwei Ausdrücke H_1 und H_2 heißen logisch **äquivalent**, wenn $H_1 \longleftrightarrow H_2$ eine Tautologie ist. Die **Kontraposition** von $p \longrightarrow q$ ist die Implikation $\sim q \longrightarrow \sim p$, die zu $p \longrightarrow q$ logisch äquivalent ist. **Literale** sind Aussagenvariablen oder negierte Aussagenvariablen. Disjunktionen von Literalen nennt man auch **Klauseln**.

Ein Ausdruck H heißt **erfüllbar** genau dann, wenn es eine Belegung f gibt mit $f(H) = 1$.

Jeder Ausdruck $H = H(x_1, \ldots, x_n)$ induziert eine **Boolesche Funktion** ϕ_H durch die Festlegung $\phi_H(f(x_1), \ldots, f(x_n)) = f(H)$, wobei f eine Belegung der Variablen $x_1, \ldots, x_n$ von H ist.

non, et, vel, seq und *aeq* sind die bekannten Booleschen Funktionen, die durch das logische „nicht", das logische „und", das logische „oder", das logische „wenn...,dann" bzw. das logische „genau dann, wenn" induziert werden. Die Symbole $\bigvee$ und $\bigwedge$ bezeichnen den Existenzquantifikator (Partikularisator) bzw. den Allquantifikator (Generalisator). Wir definieren ferner die Quantifikatoren $\bigwedge_x^{ae}$ (gelesen: für fast alle x) und $\bigvee_x^{io}$ (gelesen: es gibt unendlich viele x) :

$$\bigwedge_x^{ae} E(x) \text{ gilt genau dann, wenn } \bigvee_y \bigwedge_x (y \leq x \longrightarrow E(x)).$$

$$\bigvee_x^{io} E(x) \text{ gilt genau dann, wenn } \bigwedge_y \bigvee_x (y \leq x \wedge E(x)).$$

Hierbei bedeutet $\leq$ die übliche Ordnung auf $\mathbb{N}$ oder die lexikographische Ordnung, wenn über Wörter quantifiziert wird. Andere Individuenbereiche kommen hier nicht vor.

Unter einem **Booleschen Schaltkreis** oder kurz unter einem **Schaltkreis** verstehen wir einen endlichen zyklenfreien gerichteten Graphen mit folgenden Eigenschaften:

1. Seine Knoten haben höchstens den Eingangsgrad 2. Knoten mit dem Eingangsgrad 0 heißen **Eingangsknoten**, Knoten mit dem Ausgangsgrad 0 nennt man **Ausgangsknoten**. Wir wollen nur Schaltkreise mit einem einzigen Ausgangsknoten betrachten.

2. Für jeden Knoten mit zwei Eingängen ist genau einer als linker und der andere als rechter Eingang festgelegt.

3. Den Eingangsknoten werden Boolesche Variablen zugeordnet. Eine und dieselbe Variable darf mehreren Knoten zugeordnet sein.

A.2. MENGEN, RELATIONEN, FUNKTIONEN

4. Den Knoten mit dem Eingangsgrad 1 ist die Boolesche Funktion *non* und den Knoten mit dem Eingangsgrad 2 sind in eindeutiger Weise Boolesche Funktionen aus der Menge $\{et, vel, seq, aeq\}$ zugeordnet.

Ist C ein Schaltkreis, und ist φ eine Belegung der in C vorkommenden Eingangsknoten, so kann der **Wert** eines beliebigen Knotens von C bei φ induktiv bestimmt werden:
Ist ein Eingangsknoten mit der Variablen x belegt, so ist sein Wert durch $\varphi(x)$ gegeben.
Ist ein Knoten mit *non* belegt und hat sein Vorgängerknoten den Wert ξ, so hat er den Wert $non(\xi)$.
Ist ein Knoten mit einer zweistelligen Funktion α belegt und haben sein linker und sein rechter Vorgänger die Werte ξ_1 bzw. ξ_2, so hat er den Wert $\alpha(\xi_1, \xi_2)$.
Der Wert $\varphi(C)$ des Schaltkreises C bei dieser Belegung φ ist der Wert des Ausgangsknotens.
Sei $A \subseteq \Sigma^n$ und sei C ein Schaltkreis mit n Eingangsknoten $x_1, \ldots, x_n$. Wir sagen, daß C die Menge A **entscheidet**, wenn für jede Belegung φ der Eingangsknoten gilt $c_A(\varphi(x_1), \ldots, \varphi(x_n)) = \varphi(C)$.

A.2 Mengen, Relationen, Funktionen

A.2.1 Mengen

$\mathbb{N}$ ist die Menge der natürlichen Zahlen $\{0, 1, 2, \ldots\}$, und wir setzen $\mathbb{N}_+ = \mathbb{N} \setminus \{0\}$. Soll die natürliche Zahl n einem Algorithmus eingegeben werden, wird sie, von Ausnahmen abgesehen, durch ihre Binärdarstellung $bin(n)$ dargestellt.
$A \subset B$ steht für die **echte** Inklusion $A \subseteq B \wedge A \neq B$.
$\mathfrak{P}(M) = \{X : X \subseteq M\}$ ist die **Potenzmenge** von M.
$A_1 \times \ldots \times A_n = \{(a_1, \ldots, a_n) : a_1 \in A \wedge \ldots \wedge a_n \in A_n\}$ ist das **kartesische Produkt** von $A_1, \ldots, A_n$.
Mit $\langle , \ldots, \rangle$ bezeichnen wir eine eineindeutige Abbildung von $(\Sigma^*)^n$ auf Σ^*, die mit all ihren Umkehrfunktionen in polynomialer Zeit berechenbar sein soll. Die gleiche Bezeichnung verwenden wir für $\mathbb{N}$ statt Σ^* (Cantornumerierungen), obwohl es sich um eine andere Funktion handelt. Häufig verzichten wir auch auf die Anwendung von $\langle \rangle$ und schreiben einfach geordnete Tupel auf.
$card(M)$ ist die **Kardinalzahl** von M, im endlichen Falle also die Anzahl der Elemente von M.
Die **charakteristische Funktion** c_A der Menge A ist definiert durch

$$c_A(w) = \begin{cases} 1 & \text{falls } w \in A \\ 0 & \text{sonst} \end{cases}$$

Die **partielle charakteristische Funktion** χ_A ist so definiert:
$$\chi_A(w) = \begin{cases} 1 & \text{falls } w \in A \\ \text{nicht definiert} & \text{sonst} \end{cases}$$

A.2.2 Relationen

Zweistellige Relationen zwischen den Mengen M und N sind Teilmengen von $M \times N$. Ist $\rho \subseteq M \times N$, so schreibt man auch $\rho(x) = \{y : (x,y) \in \rho\}$. Mit D_ρ bezeichnet man den **Definitionsbereich** $\{x : \bigvee_y ((x,y) \in \rho)\}$ und mit R_ρ den **Wertebereich** $\{y : \bigvee_x ((x,y) \in \rho)\}$ von ρ. Die **Inverse** von ρ ist $\rho^{-1} = \{(y,x) : (x,y) \in \rho\}$.

Gerichtete Graphen sind im wesentlichen Paare der Form (V, E), wo V eine zweistellige Relation über V ist. Statt $(x,y) \in E$ sagt man auch, daß eine Kante von x nach y führt. In der bildlichen Darstellung des Graphen werden die Elemente von V (die „Knoten") durch Punkte in der Ebene dargestellt, und für $(x,y) \in E$ zeichnet man einen Pfeil von x nach y. **Ungerichtete Graphen** sind Graphen (V, E) mit symmetrischem E. In diesem Falle ist mit (x,y) immer auch (y,x) in E, und in der bildlichen Darstellung zeichnet man für $(x,y) \in E$ eine Verbindungskante zwischen x und y ohne Pfeilspitze (die Kanten sind nicht „orientiert").

A.2.3 Funktionen

Funktionen $f : A \longrightarrow B$ sind Relationen $f \subseteq A \times B$ mit der Eigensschaft
$$\bigwedge_{x \in A} \bigwedge_{y,z \in B} \left((x,y) \in f \wedge (x,z) \in f \longrightarrow y = z \right).$$

Man schreibt $f(a) = b$ für $(a, b) \in f$. Der Definitionsbereich D_f und der Wertebereich R_f sind so definiert wie im Falle allgemeiner Relationen. Funktionen werden wie Mengen ohne Argument geschrieben. $f(n)$ ist der Wert von f an der Stelle n und nicht die Funktion f selbst.

Funktionen *sind* also von Haus aus Mengen, und es muß ihnen nicht erst, wie es häufig geschieht, ein „Graph" zugeordnet werden. Damit sind auch $f \subseteq g$, $f \cap g$ und $f \cup g$ für Funktionen sinnvoll. $f \subseteq g$ bedeutet, daß f eine Einschränkung von g oder, anders gesagt, daß g eine Fortsetzung von f ist. $f \cap g$ ist die Einschränkung von f und auch von g auf $D_f \cap D_g$, und $f \cup g$ ist im allgemeinen nur noch eine Relation.

$f \circ g$ ist eine Funktion, die durch $(f \circ g)(n) = g(f(n))$ definiert ist. Man beachte, daß die meisten Autoren die Operation $\circ$ gerade umgekehrt definieren.

Einige spezielle Funktionen

A.2. MENGEN, RELATIONEN, FUNKTIONEN   271

1. id ist die Identitätsfunktion $\text{id}(n) = n$ (für alle n).

2. $\log^*$ ist definiert durch $\log^* n = $ kleinstes k mit $\underbrace{\log\ldots\log(n)}_{k} \leq 1$.

3. Pol sei die Menge aller einstelligen Polynome, die von $\mathbb{N}$ in $\mathbb{N}$ abbilden.

4. Lin sei die Menge der linearen Funktionen, die von $\mathbb{N}$ nach $\mathbb{N}$ abbilden.

5. Für eine Funktion t sei $\text{Pol}(t)$ die Menge aller Funktionen f mit $f(n) = p(t(n))$ und $p \in \text{Pol}$.

6. Ebenso sei $\text{Lin}(t)$ die Menge aller Funktionen f mit $f(n) = l(t(n))$ und $l \in \text{Lin}$.

Für Funktionen f und g schreibt man

$f \leq g$ genau dann, wenn $\bigwedge_{n \in \mathbb{N}}(f(n) \leq g(n))$,
$f \leq_{ae} g$ genau dann, wenn $\bigwedge_{n \in \mathbb{N}}^{ae} f(n) \leq g(n)$,
$f \leq_{io} g$ genau dann, wenn $\bigvee_{n \in \mathbb{N}}^{io} f(n) \leq g(n)$.

Analog sind $<_{io}, <_{ae}, \geq, >_{io}, >_{ae}, \geq_{io}, \geq_{ae}$ definiert.

A.2.4 Asymptotisches Wachstum

Der Vergleich des asymptotischen Wachstums überall definierter Funktionen wird in der Literatur durch die O- und o-Notation beschrieben. Man definiert

$f \in O(g)$ genau dann, wenn es ein $c > 0$ gibt mit $f \leq_{ae} cg$,

$f \in o(g)$ genau dann, wenn für alle $c > 0$ gilt $f \leq_{ae} cg$.

Außerdem wird definiert

$$f \in \Omega(g) \longleftrightarrow g \in O(f),$$
$$f \in \omega(g) \longleftrightarrow g \in o(f),$$
$$f \in \Theta(g) \longleftrightarrow f \in O(g) \wedge g \in O(f).$$

Wir folgen hier einem Vorschlag von B. A. Trachtenbrot, dessen Relationen feinere Wachstumsvergleiche gestatten und die außerdem sehr suggestive Bezeichnungen haben.

$$f \prec_{io} g \longleftrightarrow \liminf_{n \to \infty} \frac{f(n)+1}{g(n)+1} = 0,$$

$$f \succeq g \longleftrightarrow \liminf_{n \to \infty} \frac{f(n)+1}{g(n)+1} > 0,$$

$$f \preceq_{io} g \longleftrightarrow \liminf_{n \to \infty} \frac{f(n)+1}{g(n)+1} < \infty,$$

$$f \succ g \longleftrightarrow \liminf_{n \to \infty} \frac{f(n)+1}{g(n)+1} = \infty,$$

$$f \asymp g \longleftrightarrow f \succeq g \wedge f \preceq g$$

Wir schreiben auch $f \succ_{io} g$ für $g \prec_{io} f$ etc.
Wegen

$$\liminf_{n \to \infty} \frac{f(n)+1}{g(n)+1} = 0 \longleftrightarrow \limsup_{n \to \infty} \frac{g(n)+1}{f(n)+1} = \infty$$

und

$$\liminf_{n \to \infty} \frac{f(n)+1}{g(n)+1} > 0 \longleftrightarrow \limsup_{n \to \infty} \frac{g(n)+1}{f(n)+1} < \infty$$

können diese Relationen auch mit Hilfe des oberen Limes definiert werden. Durch gleichzeitige Betrachtung des unteren und des oberen Limes läßt sich eine vollständige Beschreibung aller Möglichkeiten gewinnen, die den Wachstumsvergleich zweier Funktionen f und g betreffen.
Anschaulich gesprochen bedeutet $f \succ g$, daß f eine stärkere Wachstums-

	$l = 0$	$0 < l < \infty$	$l = \infty$
$h = 0$	$f \prec g$		
$0 < h < \infty$	$f \prec_{io} g \wedge f \preceq g \wedge f \succeq_{io} g$	$f \asymp g$	
$h < \infty$	$f \prec_{io} g \wedge f \succ_{io} g$	$f \succ_{io} g \wedge f \succeq g \wedge f \prec_{io} g$	$f \succ g$

Tabelle A.1: Wachstumsrelationen zweier Funktionen f und g. In der Tabelle bedeuten $l = \liminf_{n \to \infty} \frac{f(n)+1}{g(n)+1}$ und $h = \limsup_{n \to \infty} \frac{f(n)+1}{g(n)+1}$

ordnung hat als g (wir sagen auch: f wächst echt stärker oder wesentlich stärker als g), $f \succeq g$ heißt, daß die Wachstumsordnung von g diejenige von f nicht übersteigt, was man auch so ausdrücken kann: Es gibt ein $c > 0$ mit $f(n) + 1 \geq_{ae} c(g(n) + 1)$. $f \succ_{io} g$ heißt, daß f, eingeschränkt auf eine unendliche Teilfolge von Argumenten, echt stärker wächst als g, und $f \succeq_{io} g$ heißt, daß auf einer unendlichen Teilfolge von Argumenten die Wachstumsordnung von g durch die Wachstumsordnung von f beschränkt ist.
Beispiele

A.3. FORMALE SPRACHEN 273

1. $\log n \prec n$.
2. $2n \preceq n$.
3. Für $f(n) = n \cdot (n \bmod 2) + n^2 \cdot ((n+1) \bmod 2)$ und $g(n) = n^2 \cdot (n \bmod 2) + n \cdot ((n+1) \bmod 2)$ gilt gleichzeitig $f \prec_{io} g$ und $f \succ_{io} g$.
4. Für die eben definierte Funktion f und für $q(n) = n^2$ gilt gleichzeitig $f \preceq q$ und $f \prec_{io} q$ und $f \succeq_{io} q$.

Man beachte, daß die additive 1 im Nenner des Limesausdrucks nur zu sichern hat, daß die Quotienten $\frac{f(n)+1}{g(n)+1}$ existieren, was andernfalls an Nullstellen von g nicht gegeben wäre. Die additive 1 im Zähler verhindert, daß der Quotient dem Wert 0 zustreben kann, ohne daß dazu g wesentlich stärker wachsen muß als f. Beispielsweise möchte man für die konstanten Funktionen 0 und 1, die offenbar gleich stark, nämlich gar nicht, wachsen, die Beziehung $0 \asymp 1$. Ohne die additiven Einsen in der Definition erhielte man aber $0 \prec 1$.
Wenn die klassischen O- und o-Notationen ebenfalls in dieser Weise geändert wird (also z.B. $f \in O(g) \longleftrightarrow$ es gibt ein $c > 0$ mit $f + 1 \leq_{ae} c(g + 1)$), so erhält man

$$f \in O(g) \longleftrightarrow f \preceq g \text{ und } f \in o(g) \longleftrightarrow f \prec g.$$

Die gerade für die Hierarchiesätze wichtigen Beziehungen $f \prec_{io}$ und $f \preceq_{io} g$ können durch die O- und o-Notation nicht ausgedrückt werden.

A.3 Formale Sprachen

Ein **Alphabet** Σ ist eine endliche Menge, deren Elemente auch Buchstaben oder Symbole genannt werden. Die Menge aller **Wörter**, das heißt, aller endlichen Folgen über Σ, wird mit Σ^* bezeichnet. Das **leere Wort** wird mit e bezeichnet.
Die **Anfangswortrelation** $\sqsubseteq$ ist durch $u \sqsubseteq v \longleftrightarrow \bigvee_w (uw = v)$ definiert.
Die **lexikographische Ordnung** auf $\{0,1\}^*$ ist so definiert: $u < v$, wenn $|u| < |v|$ oder ($|u| = |v| \wedge u$ und v haben die Form $u = w0u_1, v = w1v_1$).
Für eine Klasse $\mathcal{C}$ von Sprachen über Σ^* definiert man $\text{co}\mathcal{C} = \{\overline{X} : X \in \mathcal{C}\}$, wobei $\overline{X} = \Sigma^* \setminus X$ bedeutet. Direkt aus der Definition folgt $\text{co}\mathcal{C} \subseteq \mathcal{C} \longleftrightarrow \text{co}\mathcal{C} = \mathcal{C}$.
Sprachen über Σ sind Teilmengen von Σ^*. Die Klassen der Chomskyschen Hierarchie sind REG (reguläre Sprachen), CF (kontextfreie Sprachen), CS (kontextsensitive Sprachen) und RE (rekursiv aufzählbare oder kurz aufzählbare Sprachen).

A.4 Turingmaschinen und Berechenbarkeit

Grundsätzlich wird die Berechenbarkeitstheorie als bekannt vorausgesetzt. Man vergleiche dazu z.B. [Wag94, Weg93, Sch97] oder [HU79, MY78, WW86]. Im folgenden soll aber das Allernotwendigste in Kürze zusammengestellt werden. Eine **nichtdeterministische Turingmaschine** M mit k Arbeitsbändern ist gegeben durch eine Relation $\delta \subseteq Z \times \Sigma \times \Delta^k \times Z \times \Delta^k \times \{+,-\}^{k+1}$. Ist δ eine (partielle) Funktion von $Z \times \Sigma \times \Delta^k$ in $Z \times \Delta^k \times \{+,-\}^{k+1}$, so ist M **deterministisch**. In Z gibt es einen **Anfangszustand** sowie einen **akzeptierenden** und einen **ablehnenden Endzustand**. Für einen Endzustand z ist $\delta(z, x, x_1, \ldots, x_k)$ für kein $(x, x_1, \ldots, x_k)$ definiert.
Statt $(z', y_1, \ldots, y_k, b, b_1, \ldots, b_k) \in \delta(z, x, x_1, \ldots, x_k)$ schreiben wir suggestiver $zxx_1 \ldots x_k \longrightarrow z'y_1 \ldots y_k bb_1 \ldots b_k$ und nennen dies einen **Befehl**. Dieser wird so interpretiert: Lesen die Köpfe von M im Zustand z auf dem Eingabeband x und auf den Arbeitsbändern $x_1, \ldots, x_k$, so werden auf den Arbeitsbändern die gelesenen Buchstaben durch $y_1, \ldots, y_k$ überschrieben, der Eingabekopf bewegt sich um b weiter und die Arbeitsköpfe bewegen sich um $b_1, \ldots, b_k$ weiter. Dabei bedeuten + einen Schritt nach rechts und − einen Schritt nach links. Die Maschine M wird auch mit der Liste aller ihrer Befehle identifiziert.
Die Turingmaschinen mit festem Eingabealphabet Σ einer bestimmten Klasse (z.B. deterministische Zweiband-Maschinen, nichtdeterministische Polynomialzeit-Turingmaschinen, deterministische Orakelmaschinen etc.) kann man jeweils durch eine **Gödelisierung** $(M_0, M_1, M_2, \ldots)$ beschreiben. Darunter versteht man eine eineindeutige Abbildung von $\mathbb{N}$ auf die Menge aller Turingmaschinen (Befehlslisten) der betrachteten Klasse, die ebenso wie ihre Umkehrfunktion berechenbar ist.

Berechnungen

Die momentane Situation einer Turingmaschine, gegeben durch Zustand, Kopfstellungen und Bandinschriften, beschreibt man durch ein Wort, das man **Konfiguration** nennt. Um Schreibarbeit zu sparen und die Übersichtlichkeit zu erhöhen, formalisieren wir dies nur für Maschinen mit einem einzigen halbunendlichen Arbeitsband, dessen Felder von 1 an numeriert sind. Es ist klar, wie man bei mehreren und beidseitig unendlichen Arbeitsbändern zu verfahren hat.
Konfigurationen sind Wörter aus $1\{0,1\}^* \# \Delta^* Z \Delta^*$. Eine solche Konfiguration $u \# vzw$ mit $u \in 1\{0,1\}^*, vw \in \Delta^*$ und $z \in Z$ bedeutet: Der Eingabekopf steht auf dem Feld m mit $bin(m) = u$, auf dem Arbeitsband steht das Wort vw, und der Arbeitskopf steht auf dem ersten Symbol von w. Die **Anfangskonfiguration** von M bei Eingabe von w soll mit $INIT(M, w)$ bezeichnet werden. Sie hat die Form $1 \# z_0$, wenn z_0 der Anfangszustand von M ist. Die Schreibweise

A.4. TURINGMASCHINEN UND BERECHENBARKEIT 275

$K \vdash_M K'$ bedeutet, daß die Konfiguration K' der Maschine M in einem Schritt aus der Konfiguration K hervorgeht. K' heißt auch eine direkte Folgekonfiguration von K bezüglich M. Man beachte, daß wegen des Nichtdeterminismus mehrere direkte Folgekonfigurationen existieren können. $K \vdash_M K'$ gilt genau dann, wenn K die Form $bin(m)\#vyzxw$ hat und eine der folgenden Aussagen gilt, wobei x_m der m-te Buchstabe der Eingabe ist:

1. $zx_mx \longrightarrow z'ab+$ ist ein Befehl von M und $K' = bin(m+b)\#vyaz'w$

2. $zx_mx \longrightarrow z'ab-$ ist ein Befehl von M und $K' = bin(m+b)\#vz'yaw$.

$K \vdash_M^i K'$ bedeutet, daß die Konfiguration K' der Maschine M in i Schritten aus der Konfiguration K entsteht, und $\vdash_M^*$ ist die reflexive, transitive Hülle von $\vdash_M$. Ist M eine nichtdeterministische Maschine und w eine Eingabe, so versteht man unter der **Berechnung $M(w)$ von M mit der Eingabe** w den Baum der Konfigurationen, dessen Wurzel die Anfangskonfiguration $INIT(M,w)$ ist und in dem jeder Knoten K als direkte Nachfolger alle direkten Folgekonfigurationen von K enthält. Bei deterministischen Maschinen sind Berechnungen also einfach Folgen von Konfigurationen.
Wir betrachten in diesem Buch grundsätzlich nur nichtdeterministische Turingmaschinen, deren Berechnungsbäume endlich sind und höchstens den Verzweigungsgrad 2 haben. Unter einer **nichtdeterministischen Polynomialzeit-Turingmaschine (NPTM)** verstehen wir eine nichtdeterministische Turingmaschine, für die es ein Polynom p derart gibt, daß für jedes w alle Pfade von $M(w)$ höchstens die Länge $p(|w|)$ haben.
Unter einem **Berechnungspfad** der nichtdeterministischen Berechnung $M(w)$ verstehen wir eine Folge $K_1 = INIT(M,w), K_2, K_3, \ldots$ von Konfigurationen derart, daß $K_i \vdash_M K_{i+1}$ für jedes $i \geq 1$ ist. Es sei darauf hingewiesen, daß manche Autoren nichtdeterministische Berechnungen mit Berechnungspfaden von $M(w)$ identifizieren. In dieser Terminologie gäbe es dann nicht die eine nichtdeterministische Berechnung $M(w)$, sondern so viele, wie $M(w)$ Pfade hat.
Eine nichtdeterministische Berechnung, die einen vollständigen Baum darstellt, dessen Pfade alle die gleiche Länge, etwa k, haben, heißt **normalisierte** (oder auch balancierte). Eine NTM heißt normalisiert, wenn jede Eingabe zu einer normalisierten Berechnung Anlaß gibt. Akzeptierende Endkonfigurationen kann es viele geben, doch wollen wir die Maschinen stets so wählen, daß sie bei akzeptierenden Berechnungen eine normierte Endkonfiguration END annehmen: Der Eingabekopf steht auf dem ersten Symbol der Eingabe, und die Arbeitsbänder sind leer, und der Zustand ist der akzeptierende Endzustand. Wird die Maschine zur Berechnung einer Ausgabe verwendet, die vereinbarungsgemäß auf dem ersten Band stehen soll, so soll zusätzlich zu dem eben

Gesagten der Kopf auf dem ersten Band auf dem ersten Symbol der Ausgabe stehen.
Eine deterministische Turingmaschine M **berechnet** die Funktion f genau dann, wenn gilt
1. $M(x)$ ist genau dann endlich, wenn $x \in D_f$,
2. Ist $M(x)$ endlich, so liefert diese Berechnung die Ausgabe $f(x)$.

Die Menge der **berechenbaren** Funktionen wird mit IP bezeichnet, die Menge der überall definierten berechenbaren Funktionen, die man auch **allgemeinrekursiv** nennt, wird mit IR bezeichnet.

Entscheiden und Akzeptieren

Die Maschine M **entscheidet** die Menge A genau dann, wenn M die Funktion c_A berechnet. Die Maschine M **akzeptiert** A, wenn sie die Funktion χ_A berechnet. Die nichtdeterministische Turingmaschine M akzeptiert die Menge A genau dann, wenn gilt
1. $x \in A \longrightarrow M(x)$ besitzt wenigstens einen Pfad α, der die Konfiguration *END* erreicht,
2. $x \notin A \longrightarrow M(x)$ besitzt keinen Pfad, der die Konfiguration *END* erreicht.

Eine Menge heißt entscheidbar (bzw. rekursiv aufzählbar) genau dann, wenn es eine Maschine gibt, die sie entscheidet (bzw. akzeptiert). Alle hier betrachteten Turingmaschinen haben ein ein für allemal fest gewähltes Eingabealphabet Σ. Man könnte ohne Schwierigkeiten das Alphabet $\{0,1\}$ wählen. Wir bevorzugen aber ein passend gewähltes Alphabet, das wir hier nicht konkret angeben, aber so wählen, daß konkrete Probleme wie SAT, GAP etc. bequem kodiert werden können.

Die Menge aller entscheidbaren (oder rekursiv entscheidbaren) Mengen bezeichnen wir mit REC, die Menge der aufzählbaren (oder rekursiv aufzählbaren) Mengen bezeichnen wir mit RE. Damit bestehen REC und RE und ebenso alle Komplexitätsklassen nur aus Teilmengen von Σ^*.

Operationen mit Maschinen

M und N seien nichtdeterministische Turingmaschinen mit dem Anfangszustand z_M bzw. z_N.

$M \| N$ ist diejenige Turingmaschine, die bei Eingabe von x in einem Schritt nichtdeterministisch die beiden Zustände z_M und z_N annimmt und im Zustand z_M die Berechnung $M(x)$, im Zustand z_N dagegen die Berechnung $N(x)$ anschließt.

$M \circ N$ ist diejenige Turingmaschine, die bei Eingabe von x zuerst die Berechnung $M(x)$ und danach die Berechnung $N(x)$ ausführt. Jeder Pfad von $(M \circ N)(x)$ hat die Form $\alpha\beta$, wobei α ein Pfad von $M(x)$ und β ein Pfad von $N(x)$ ist. Auf jedem Pfad $\alpha\beta$ merkt sich $M \circ N$ die beiden Teilpfade α und β

A.4. TURINGMASCHINEN UND BERECHENBARKEIT

(als Binärwörter) und den von $M(x)$ auf α sowie den von $N(x)$ auf β erreichten Endzustand und, wenn vorhanden, die Ausgaben auf diesen Teilpfaden. Welche Pfade von $(M \circ N)(x)$ akzeptieren sollen, wird je nach den beabsichtigten Anwendungen geignet festgelegt. Wir schreiben auch M^2 für $M \circ M$ und M^{k+1} für $M^k \circ M$.

Orakelmaschinen und Relativierung

Die **m-Reduzierung** ist so definiert:

$$A \leq_m B \longleftrightarrow \bigvee_{f \in R} \bigwedge_x (x \in A \longleftrightarrow f(x) \in B).$$

Die Tatsache, daß eine Menge A auf eine Menge B mittels f m-reduziert ist, kann man so interpretieren: Um von einem x zu entscheiden, ob es zu A gehört, berechnet man eine Frage $f(x)$ und stellt diese Frage an B. Das Element x gehört genau dann zu A, wenn $f(x)$ zu B gehört.
Eine wesentlich allgemeinere Möglichkeit, eine Menge A auf eine Menge B zu reduzieren, ist offenbar folgende: Um von einem Element x zu entscheiden, ob es zu A gehört, kann man einen Algorithmus mit der Eingabe x in Gang setzen, der nach einer Weile eine Frage an B stellt und mit der Antwort weiterrechnet. Es kann zu einer von der vorigen Antwort abhängigen zweiten Frage an B kommen und so weiter. Formalisieren kann man das durch den Begriff der Orakel-Turingmaschine (OTM). Wir werden auch kürzer einfach von Orakelmaschinen sprechen.
Eine **Orakelmaschine** $M^{()}$ ist eine Turingmaschine, die zusätzlich ein besonderes Band, das Frageband, hat. Die Zustandsmenge sei $Z \cup \{Q, P, N\}$ mit $Q, P, N \notin Z$. Q heißt der Fragezustand, und P und N heißen positiver bzw. negativer Antwortzustand. Solange sie nicht im Fragezustand ist, behandelt sie das Frageband wie ein normales Arbeitsband. Hat die Maschine l Arbeitsbänder und das Arbeitsalphabet Σ, so sind ihre Befehle $(3l+5)$-Tupel aus $(Z \cup \{P, N\}) \times \Sigma^{(l+1)} \times (Z \cup \{Q\}) \times \Sigma^{(l+1)} \times \{+, -\}^{(l+1)}$, die wir auch in der Form $zx_1 \ldots x_{l+1} \longrightarrow z'y_1 \ldots y_{l+1} b_1 \ldots b_{l+1}$ schreiben.
Zur Arbeitsweise einer Orakelmaschine $M^{()}$: Ist C eine beliebige Konfiguration von $M^{()}$ im Fragezustand, so sei C^+ bzw. C^- jene Konfiguration, die sich aus C ergibt, wenn das Frageband vollständig gelöscht wird und der Zustand Q durch P bzw. N ersetzt wird.
Eine Orakelmaschine kann nur wirklich arbeiten, wenn sie mit einer **Orakelmenge**, kurz einem **Orakel**, etwa A, ausgestattet ist. Wir haben es dann mit der Maschine $M^{(A)}$ zu tun. Die Arbeitsweise von $M^{(A)}$ haben wir dann beschrieben, wenn wir die Relation $\vdash_{M^{(A)}}$ beschrieben haben, die angibt, wann eine Konfiguration Folgekonfiguration einer anderen ist.
Ist C_1 eine Konfiguration von $M^{(A)}$, deren Zustand nicht der Fragezustand ist,

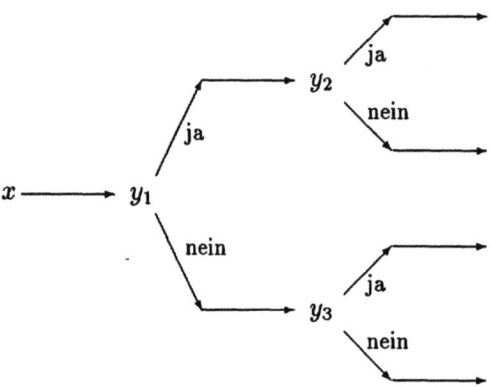

Abbildung A.1: Baum der potentiellen Berechnungen einer Orakelmaschine

so bedeutet $C_1 \vdash_{M^{(A)}} C_2$ nichts anderes als $C_1 \vdash_M C_2$.
Ist C eine Konfiguration im Fragezustand und ist y das Wort, das in dieser Konfiguration auf dem Frageband steht, so ist

$$C \vdash_{M^{(A)}} \begin{cases} C^+ & \text{falls } y \in A \\ C^- & \text{falls } y \notin A. \end{cases}$$

Das Programm einer Orakelmaschine wird ohne ein spezifisches Orakel definiert. Dementsprechend kann man das potentielle Berechnungsverhalten einer Orakelmaschine durch einen Baum wie in Abbildung A.1 darstellen.
Die horizontalen Kanten des Baumes bedeuten deterministische Berechnungsphasen, die mit „ja" und „nein" markierten Kanten deuten an, wie die Rechnung in Abhängigkeit von der Antwort auf die jeweilige Frage y_i fortzusetzen ist. Eine mit einem konkreten Orakel A ausgestattete Maschine muß genau einen der Pfade dieses Baumes realisieren. Enthält zum Beispiel A die Elemente y_1, y_2, so wird in der in der Abbildung A.1 dargestellten Situation der oberste Pfad realisiert, enthält A weder y_1 noch y_3, so wird der unterste realisiert, etc. Eine Orakelmaschine ist also eine Turingmaschine, die ein Unterprogramm zur Entscheidung von A verwendet, von dem sie sich allerdings nur für das Ein- und Ausgabeverhalten interessiert: Wenn sie eine Frage y an A stellt, das heißt, wenn sie y auf dem Frageband hat und in den Fragezustand übergeht, verfügt sie einen Takt später über die Antwort auf diese Frage, ohne daß zur Erlangung dieser Antwort Arbeit geleistet worden wäre. Dies ist keineswegs sinnlos. Ist etwa B die Menge, die von $M^{(A)}$ entschieden wird, so modelliert die Orakelmaschine genau jene Arbeit, die noch zur Entscheidung von B nötig ist, wenn man die Entscheidung von A schon leisten kann. Das ist genau der

A.4. TURINGMASCHINEN UND BERECHENBARKEIT

Reduktionsaufwand für die Zurückführung der Entscheidung von B auf die Entscheidung von A. Man bezeichnet das auch als eine **Berechnung relativ zu A** oder als eine durch A **relativierte Berechnung** . Berechnungen relativ zu A nennen wir auch Berechnungen in einer (durch das Orakel A definierten) **relativierten Welt**. Da es im übrigen auf den eigentlichen Entscheidungsprozeß von A überhaupt nicht ankommt, ist es sogar sinnvoll, unentscheidbare Orakel zuzulassen (was wir hier allerdings nicht zu tun brauchen).
Wir fassen das Gesagte in einer Definition zusammen:
A heißt **Turing-reduzierbar** auf B genau dann, wenn $A = L(M^{(B)})$. Dafür schreibt man auch $A \leq_T B$.

tt-Reduzierungen

Im Leistungsvermögen zwischen der m-Reduktion und der Turing-Reduktion ist die sogenannte **truth-table-Reduktion** (abgekürzt tt-Reduktion) $\leq_{tt}$ angesiedelt. Anschaulich kann sie als eine spezielle Art Turing-Reduktion aufgefaßt werden, bei der zwar im allgemeinen mehr als eine Frage gestellt werden, die jedoch nicht aufeinander aufbauen, sondern gleich aus der Eingabe berechnet werden. Das Ergebnis berechnet sich durch Anwendung einer Booleschen Funktion auf die Antworten auf diese Fragen. Wir vereinbaren eine feste eineindeutige Abbildung cod_1 der Menge aller Booleschen Funktionen auf Σ^* sowie eine feste eineindeutige Abbildung cod_2 der Menge aller endlichen Folgen von Wörtern über Σ auf Σ^*. Von beiden Funktionen setzen wir voraus, daß sie und ihre Umkehrungen in polynomialer Zeit berechnet werden können. In der folgenden Definition werden wir dann einen Funktionswert $f(x)$ als Kodierung einer endlichen Wortfolge auffassen, deren erstes Wort wiederum als Kodierung einer Booleschen Funktion interpretiert wird. Die Schreibweise

$$f(x) = \langle \alpha, x_1 \ldots x_n \rangle$$

bedeutet somit: $f(x) = cod_2(cod_1(\alpha), x_1 \ldots x_n)$. Dann gilt:
$A \leq_{tt} B$ genau dann, wenn es eine Funktion $f \in \mathbb{R}$ gibt, so daß für alle x gilt: Ist $f(x) = \langle \alpha, x_1 \ldots x_n \rangle$, so ist n gleich der Stellenzahl von α und $c_A(x) = \alpha(c_B(x_1), \ldots, c_B(x_n))$.
Als Spezialfälle betrachtet man die Reduzierungen $\leq_{btt}^P$, $\leq_c^P$ und $\leq_d^P$ sowie für jedes $m > 1$ die Reduzierung $\leq_{mtt}^P$. Wir gehen von $A \leq_{btt}^P B$ aus und nehmen an, daß diese Reduktion von einer Funktion f geleistet wird, für die wir $f(x) = \langle \alpha_x, y_1(x), \ldots, y_{n_x}(x) \rangle$ annehmen wollen. Dann sagen wir:

1. $A \leq_{btt}^P B$ genau dann, wenn es ein $k \in \mathbb{N}$ gibt, so daß alle α_x höchstens k-stellig sind.

2. $A \leq_{mtt}^P B$ genau dann, wenn alle α_x höchstens m-stellig sind.

280   ANHANG A. MATHEMATISCHE GRUNDLAGEN

3. $A \leq_c^P B$ genau dann, wenn für alle x gilt $\alpha_x(y_1,\ldots,y_{n_x}) = y_1 \wedge \ldots \wedge y_{n_x}$.

4. $A \leq_d^P B$ genau dann, wenn für alle x gilt $\alpha_x(y_1,\ldots,y_{n_x}) = y_1 \vee \ldots \vee y_{n_x}$.

Jede $\leq_{btt}^P$-Reduktion $A \leq_{btt}^P B$ mit $B \neq \emptyset, \Sigma^*$ kann in der Form $A \leq_{\alpha tt}^P B$ mit festem α geschrieben werden. Bei einer $\leq_{btt}^P$-Reduktion gibt es ein k, so daß alle α_x höchstens k-stellig sind. Wir können o.B.d.A. annehmen, daß alle α_x genau k-stellig sind. Damit gibt es 2^{2^k} verschiedene α_x, die bei der betrachteten Reduktion vorkommen können. Wir numerieren sie effektiv durch: $\alpha_1,\ldots,\alpha_{2^{2^k}}$. Nun setzen wir

$$\alpha(y_1,\ldots,y_{2^k},x_1,\ldots,x_k) = \alpha_y(x_1,\ldots,x_k),$$

wobei $y = y_1\ldots y_{2^k}$. Die ursprüngliche $\leq_{btt}^P$-Reduktion kann nun durch eine $\leq_{\alpha tt}^P$-Reduktion ersetzt werden. Wenn f die reduzierende Funktion für $A \leq_{btt}^P B$ ist und $f(x) = \langle \alpha_y, x_1,\ldots,x_k \rangle$ mit $y = y_1\ldots y_{2^k}$, so ist die neue reduzierende Funktion g gegeben durch $g(x) = \langle a_1,\ldots,a_{2^k},x_1,\ldots,x_k \rangle$, wobei die a_i so gewählt werden, daß $c_B(a_i) = y_i$. Dazu braucht man nur ein Element a in B und ein b außerhalb von B, und man setzt $a_i = a$ wenn $y_i = 1$ und $a_i = b$ sonst. Solche Elemente gibt es, weil $B \neq \emptyset, \Sigma^*$. Es ist klar, daß $g \in$ FP, wenn $f \in$ FP.

Ebenso kann man zeigen, daß jede $\leq_{btt}^P$-Reduktion $A \leq_{btt}^P \emptyset$ oder $A \leq_{btt}^P \Sigma^*$ als $\leq_{vel\,tt}^P$-Reduktion von A auf $\{0\}$ bzw. als $\leq_{et\,tt}^P$-Reduktion von A auf $\Sigma^* \setminus \{e\}$ aufgefaßt werden kann.

Immunität

Eine Menge X heißt **immun** bezüglich einer Mengenklasse $\mathcal{C}$ genau dann, wenn X keine unendliche Menge aus $\mathcal{C}$ als Teilmenge besitzt. Eine Menge X heißt **bi-immun** bezüglich einer Mengenklasse $\mathcal{C}$ genau dann, wenn weder X noch $\overline{X}$ eine unendliche Menge aus $\mathcal{C}$ als Teilmenge besitzt.

Literaturverzeichnis

[AA94] M. Agrawal and V. Arvind, *Polynomial-time truth-table reductions to P-selective sets*, Proceedings of the 9th Structure in Complexity Theory Conference, IEEE Computer Society Press, 1994, pp. 24–30.

[ABG90] A. Amir, R. Beigel, and W. Gasarch, *Some connections between bounded query classes and nonuniform complexity*, 5th Structure in Complexity Theory Conference, IEEE Computer Society Press, 1990, pp. 232–243.

[ABHH93] E. Allender, R. Beigel, U. Hertrampf, and S. Homer, *Almost-everywhere complexity hierarchies for nondeterministic time*, TCS **115** (1993), 225–241.

[Adl78] L. Adleman, *Two theorems on random polynomial time*, Proceedings of the 19th FOCS, IEEE Computer Society Press, 1978, pp. 75–83.

[AH87] L. Adleman and M.A. Huang, *Recognizing primes in random polynomial time*, Proceedings of the 19th STOC, ACM Press, 1987, pp. 462–469.

[AH92] E. Allender and L.A. Hemachandra, *Lower bounds for the low hierarchy*, JACM **39** (1992), 234–250.

[AHU74] A.V. Aho, J.E. Hopcroft, and J.D. Ullman, *The Design and Analysis of Computer Algorithms*, Addison-Wesley, Reading, Massachusetts, 1974.

[AJ93] C. Álvarez and B. Jenner, *A very hard log-space counting class*, TCS **107** (1993), 3–30.

[AKM92a] V. Arvind, J. Köbler, and M. Mundhenk, *Lowness and the complexity of sparse and tally descriptions*, Proceedings of the 3rd

International Symposium on Algorithms and Computation, Springer Verlag, 1992, Lecture Notes in Computer Science, Band 650, pp. 249-258.

[AKM92b] V. Arvind, J. Köbler, and M. Mundhenk, *On bounded truth-table, conjunctive, and randomized reductions to sparse sets*, Proceedings of the 12th Annual Symposium on Foundations of Software Technology and Theoretical Computer Science, Springer Verlag, 1992, Lecture Notes in Computer Science, Band 652, pp. 140-151.

[All86] E. Allender, *The complexity of sparse sets in P*, Proceedings of the Structure in Complexity Conference, Springer Verlag, 1986, Lecture Notes in Computer Science, Band 223, pp. 1-11.

[Alt76] D.A. Alton, *Diversity of speed-up and embeddability in computational complexity*, JSL **41** (1976), 199-214.

[Ang80] D. Angluin, *Counting problems and the polynomial hierarchy*, TCS **12** (1980), 161-173.

[AO94] E. Allender and M. Ogihara, *Relationships among PL, #L, and the determinant*, Proceedings of the 9th Structure in Complexity Conference, IEEE, 1994, pp. 267-278.

[AS92] K. Ambos-Spies, *On the structure of of the polynomial-time degrees of recursive sets*, STACS, Springer Verlag, 1992, Lecture Notes in Computer Science, Band 577, pp. 209-210.

[AT99] V. Arvind and J. Torán, *Sparse sets, approximable sets, and parallel queries to NP*, IPL **69** (1999), 181-188.

[AW77] K. Appel and Haken W., *Every planar map is 4-colorable*, Illinois J. of Mathematics **21** (1977), 429-467.

[Bab85] L. Babai, *Trading group theory for randomness*, Proceedings 17th STOC, 1985, pp. 421-429.

[Bal85] J.L. Balcázar, *Simplicity, relativizations, and nondeterminism*, SIAM JC **14** (1985), 148-157.

[Bal90] J.L. Balcázar, *Self-rducibility structures and solutions of NP problems*, Riv. Math **4** (1990), 431-441.

LITERATURVERZEICHNIS

[Bar65] J.M. Barzdin, *Complexity of the recognition of the symmetry predicate on Turing maschines (Russisch)*, Problemy Kibernetiki **15** (1965), 245–248.

[BBJ+89] A. Bertoni, D. Bruschi, D. Joseph, M. Sitharam, and P. Young, *Generalized boolean hierarchies and boolean hierarchies over RP*, 7th FCT, Springer-Verlag, 1989, Lecture Notes in Computer Science, Band 380, pp. 35–46.

[BBS86] J.L. Balcázar, R.V. Book, and U. Schöning, *Sparse sets, lowness, and highness*, SIAM JC **15** (1986), 739–747.

[BC94] D.P. Bovet and P. Crescenzi, *Introduction to the theory of complexity*, Prentice Hall, 1994.

[BC97] R. Beigel and R. Chang, *Commutative queries*, 5th Israeli Symposium on Theory of Computing and Systems, 1997, erscheint in Information and Computation, pp. 159–165.

[BCO93] R. Beigel, R. Chang, and M. Ogiwara, *A relationship between difference hierarchies and relativized polynomial hierarchies*, MST **26** (1993), 291–310.

[BCS92] D.P. Bovet, P. Crescenzi, and R. Silvestri, *A uniform approach to define complexity classes*, TCS **104** (1992), 263–283.

[BD76] A. Borodin and A. Demers, *Some comments on functional self-reducibility and the NP hierarchy*, Tech. Report TR 76-284, Department of Computer Science, Cornell University, Ithaca, July 1976.

[BD82] J.L. Balcázar and J. Díaz, *A note on a theorem by Ladner*, IPL **15** (1982), 84–86.

[BDG90] J.L. Balcázar, J. Díaz, and J. Gabarró, *Structural Complexity (2 volumes)*, Springer-Verlag, Berlin, Heidelberg, New York, 1990.

[Bei91a] R. Beigel, *Bounded queries to SAT and the boolean hierarchy*, TCS **84** (1991), 199–233.

[Bei91b] R. Beigel, *Relativized counting classes: Relations among thresholds, parity, and mods*, JCSS **42** (1991), 76–96.

[Bei94] R. Beigel, *Perceptrons, PP, and the polynomial hierarchy*, Computational Complexity **4** (1994), 339–349.

[Ber78]   P. Berman, *Relationships between density and deterministic complexity of NP-complete languages*, Proceedings 5th ICALP, 1978, Lecture Notes in Computer Science, Band 62, pp. 63–71.

[BF91]   L. Babai and L. Fortnow, *Arithmetization: A new method in structural complexity theory*, Computational Complexity **1** (1991), 41–66.

[BF98]   H. Buhrman and L. Fortnow, *Two queries*, Proceedings of the 13th Annual Conference on Computational Complexity, IEEE Computer Society Press, 1998, pp. 13–19.

[BG70]   R.V. Book and S.A. Greibach, *Quasi-realtime languages*, MST **4** (1970), 97–111.

[BG81]   C. Bennett and J. Gill, *Relative to a random oracle A, $P^A \neq NP^A \neq coNP^A$ with probability 1*, SIAM JC **10** (1981), 96–113.

[BG82]   A. Blass and Y. Gurevich, *On the unique satisfiability problem*, IaC **55** (1982), 80–88.

[BGS75]   T. Baker, J. Gill, and R. Solovay, *Relativizations of the P=?NP question*, SIAM JC **4** (1975), 431–442.

[BH77]   L. Berman and J. Hartmanis, *On isomorphisms and density of NP and other complete sets*, SIAM JC **6** (1977), 305–322.

[BH91]   S. Buss and L. Hay, *On truth-table reducibility to SAT*, IaC **91** (1991), 86–102.

[BHW89]   R. Beigel, L.A. Hemachandra, and G. Wechsung, *On the power of probabilistic polynomial time: $P^{np[\log]} \subseteq PP$*, 4th Structure in Complexity Theory Conference, IEEE Computer Society Press, 1989, pp. 225–227.

[BHZ87]   R. Boppana, J. Håstad, and S. Zachos, *Does coNP have short interactive proofs?*, IPL **25** (1987), 127–132.

[BKS95]   R. Beigel, M. Kummer, and F. Stephan, *Approximable sets*, IaC **120** (1995), 304–314.

[BLS84]   R.V. Book, T.J. Long, and A.L. Selman, *Quantitative relativizations of complexity classes*, SIAM JC **13** (1984), 461–487.

[Blu67]   M. Blum, *A machine-independent theory of the complexity of recursive functions*, JACM **14** (1967), 322–336.

[Blu71]   M. Blum, *On effective procedures for speeding up algorithms*, JACM **18** (1971), 290–305.

[Bor72]   A. Borodin, *Computational complexity and the existence of complexity gaps*, JACM **19** (1972), 158–174.

[Bor77]   A. Borodin, *On relating time and space to size and depth*, SIAM JC **6** (1977), 733–744.

[Bör92]   E. Börger, *Berechenbarkeit, Komplexität, Logik*, Vieweg, 1992.

[BRS95]   R. Beigel, N. Reingold, and D. Spielman, *PP is closed under intersection*, JCSS **50** (1995), 191–202.

[Bru92]   D. Bruschi, *Strong separations of the polynomial hierarchy with oracles: Constructive separations by immune and simple sets*, TCS **102** (1992), 215–252.

[BS79]   T. Baker and A. Selman, *A second step toward the polynomial hierarchy*, TCS **8** (1979), 177–187.

[BS85]   J.L. Balcázar and U. Schöning, *Bi-immune sets for complexity classes*, MST **18** (1985), 1–10.

[BT96]   H. Buhrman and L. Torenvliet, *P-selective self-reducible sets: A new characterization of P*, JCSS **53** (1996), 210–217.

[Cai88]   J. Cai, *With probability 1, a random oracle separates PSPACE from the polynomial time hierarchy*, JCSS **38** (1988), 68–85.

[CGH+88]   J. Cai, T. Gundermann, J. Hartmanis, L. Hemachandra, V. Sewelson, K. Wagner, and G. Wechsung, *The boolean hierarchy I: Structural properties*, SIAM JC **17(6)** (1988), 1232–1252.

[CGH+89]   J. Cai, T. Gundermann, J. Hartmanis, L. Hemachandra, V. Sewelson, K. Wagner, and G. Wechsung, *The boolean hierarchy II: Applications*, SIAM JC **18(1)** (1989), 95–111.

[CH89]   J. Cai and L.A. Hemachandra, *Enumerative counting is hard*, IaC **82** (1989), 34–44.

[CH90]   J. Cai and L.A. Hemachandra, *On the power of parity polynomial time*, MST **23** (1990), 95–106.

[CHW99] J. Cai, L.A. Hemaspaandra, and G. Wechsung, *Robust reductions*, Theory of Computing Systems **32** (1999), 625–647.

[CK96]   R. Chang and J. Kadin, *The boolean hierarchy and the polynomial hierarchy*, SIAM JC **25** (1996), 340–354.

[CKS81] A.K. Chandra, D. Kozen, and L.J. Stockmeyer, *Alternation*, JACM **28** (1981), 114–133.

[CM87]   J. Cai and G.E. Meyer, *Graph minimal uncolorability is D^P-complete*, SIAM JC **16** (1987), 259–277.

[CO97]   J. Cai and M. Ogihara, *Sparse sets versus complexity classes*, Complexity Theory Retrospective II (L.A. Hemaspaandra and A.L. Selman, eds.), Springer, 1997, pp. 53–80.

[Cob64] A. Cobham, *The intrinsic computational difficulty of functions*, Proceedings of the International Congress for Logic, Methodology and Philosophy of Science (Amsterdam), North-Holland, 1964, pp. 24–30.

[Con72] R.L. Constable, *The operator gap*, JACM **19** (1972), 175–183.

[Coo71] S.A. Cook, *The complexity of theorem proving procedures*, Proceedings of the 3rd STOC (1971), 151–158.

[Coo74] S.A. Cook, *An observation on time-storage trade off*, JCSS **9** (1974), 308–316.

[CS76]   A.K. Chandra and L.J. Stockmeyer, *Alternation*, Proceedings of the 17th FOCS, IEEE Computer Society Press, 1976, pp. 98–108.

[CS99]   J. Cai and D. Sivakumar, *Sparse hard sets for P: Resolution of a conjecture of Hartmanis*, JCSS **58** (1999), 280–296.

[Edm65] J. Edmonds, *Paths, trees, and flowers*, Canadian Journal of Mathematics **17,3** (1965), 449–467.

[FFK94] S. Fenner, L. Fortnow, and S. Kurtz, *Gap-definable counting classes*, JCSS **48** (1994), 116–148.

[FFKL93] S.A. Fenner, L. Fortnow, S. Kurtz, and L. Li, *An oracle builder's toolkit*, Proceedings of the 8th Annual Conference on Computational Complexity, IEEE Computer Society Press, 1993, pp. 120–131.

[FFNR96] S.A. Fenner, L. Fortnow, A.V. Naik, and J.D. Rogers, *On inverting onto functions*, Proceedings of the 11th Annual Conference on Computational Complexity, IEEE Computer Society Press, 1996, pp. 213–223.

[FGH+96] S.A. Fenner, F. Green, S. Homer, A.L. Selman, T. Thierauf, and H. Vollmer, *Complements of multivalued functions*, Proceedings of the 11th Annual Conference on Computational Complexity, IEEE Computer Society Press, 1996, pp. 260–269.

[FK92] M.R. Fellows and N. Koblitz, *Self-witnessing polynomial time complexity and prime factorization*, Proceedings of the 7th Structure in Complexity Theory Conference, IEEE Computer Society Press, 1992, pp. 107–110.

[For79] S. Fortune, *A note on sparse complete sets*, SIAM JC **8** (1979), 431–433.

[For94] L. Fortnow, *The role of relativization in complexity theory*, Bulletin of the EATCS **52** (1994), 229–244.

[FR96] L. Fortnow and N. Reingold, *PP is closed under truth-table reductions*, IaC **124** (1996), 1–6.

[Für82] M. Fürer, *The tight deterministic time hierarchy*, STOC **14** (1982), 8–16.

[Gal76] Z. Galil, *Hierarchies of complete problems*, AI **6** (1976), 77–88.

[GB91] R. Gavaldà and J.L. Balcázar, *Strong and robustly strong polynomial time reducibilities to sparse sets*, TCS **88** (1991), 1–14.

[GHS91] J.G. Geske, D.T. Huynh, and J.I. Seiferas, *A note on almost-everywhere-complex sets and separating deterministic-time-complexity classes*, IuC **92** (1991), 97–104.

[Gil77] J. Gill, *Computational complexity of probabilistic Turing machines*, SIAM JC **6** (1977), 675–695.

[GJ79] M.R. Garey and D.S. Johnson, *Computers and intractability: A guide to the theory of NP-completeness*, Freeman and Company, San Francisco, 1979.

[GJS76] M.R. Garey, D.S. Johnson, and L.J. Stockmeyer, *Some simplified NP-complete problems*, TCS **1** (1976), 237–257.

[GKR95] W.I. Gasarch, M.W. Krentel, and K.J. Rappoport, *OptP as the normal behavior of NP-complete problems*, MST **28** (1995), 487–514.

[GMW86] O. Goldreich, S. Micali, and A. Wigderson, *Proofs that release minimum knowledges*, Proceedings of MFCS, Springer-Verlag, Berlin Heidelberg New York Tokyo, 1986, Lecture Notes in Computer Science, Band 233, pp. 639–650.

[GNW90] T. Gundermann, N.A. Nasser, and G. Wechsung, *A survey on counting classes*, Proceedings of the 5th Structure in Complexity Theory Conference, IEEE Computer Society Press, 1990, pp. 140–153.

[Gol78] L. Goldschlager, *A unified approach to models of synchronous parallel machines*, 10th STOC (New York), ACM, 1978, pp. 89–94.

[Gol97] O. Goldreich, *A taxonomy of proof systems*, Complexity Theory Retrospective II (L.A. Hemaspaandra and A.L. Selman, eds.), Springer, 1997, pp. 109–134.

[Gru76] J. Gruska, *Descriptional complexity of languages — A short survey*, Proceedings of MFCS, Springer-Verlag, Berlin Heidelberg New York Tokyo, 1976, Lecture Notes in Computer Science, Band 45, pp. 65–80.

[GS86] S. Goldwasser and M. Sipser, *Private coins versus public coins in interactive proof systems*, 18th STOC, 1986, pp. 59–68.

[GS88] J. Grollman and A. Selman, *Complexity measures for public-key cryptosystems*, SIAM JC **17** (1988), 309–335.

[GW86] T. Gundermann and G. Wechsung, *Nondeterministic Turing machines with modified acceptance*, LNCS, vol. 233, Springer, 1986, MFCS 1986, pp. 396–404.

[GW87]   T. Gundermann and G. Wechsung, *Counting classes with finite acceptance types*, Computers and Artificial Intelligence **6** (1987), 395–409.

[GW99]   C. Glaßer and G. Wechsung, *Relativizing function classes*, Tech. Report 219, Universität Würzburg, 1999, erreichbar über http://www.informatik.uni-wuerzburg.de/reports/tr.html.

[Har73]   J. Hartmanis, *On the problem of finding natural computational complexity measures*, Proceedings of MFCS, High Tatras, 1973, pp. 95 –104.

[Hau14]   F. Hausdorff, *Grundzüge der Mengenlehre*, Leipzig, 1914.

[Hel84]   H. Heller, *Relativized polynomial hierarchies extending two levels*, MST **17** (1984), 71–84.

[Hem89]   L.A. Hemachandra, *The strong exponential hierarchy collapses*, JCSS **39** (1989), 299–322.

[Hem98]   H. Hempel, *Boolean hierarchies - on collapse properties and query order*, Ph.D. thesis, Friedrich-Schiller-Universität Jena, 1998.

[Hen65]   F.C. Hennie, *One-tape, off-line Turing maschine computations*, IaC **8** (1965), 553–578.

[Her90]   U. Hertrampf, *Relations among MOD-classes*, TCS **74** (1990), 325–328.

[Her95]   U. Hertrampf, *Classes of bounded counting type and their inclusion relations*, STACS, 1995, LNCS, Band 900, pp. 60–70.

[HH88]   J. Hartmanis and L.A. Hemachandra, *Complexity classes without machines: On complete languages for UP*, TCS **58** (1988), 129–142.

[HH90]   J. Hartmanis and L.A. Hemachandra, *Robust machines accept easy sets*, TCS **74** (1990), 217–226.

[HHH97]   E. Hemaspaandra, L. Hemaspaandra, and H. Hempel, *An introduction to query order*, Bulletin of the EATCS **63** (1997), 93–107.

[HHH98a]   E. Hemaspaandra, L. Hemaspaandra, and H. Hempel, *Query order and the polynomial hierarchy*, Journal of Universal Computer Science **4** (1998), 574–588.

[HHH98b] E. Hemaspaandra, L. Hemaspaandra, and H. Hempel, *What's up with downward collapse: Using the easy-hard technique to link boolean and polynomial hierarchy collapses*, SIGACT News **29** (1998), 10–22.

[HHH99] E. Hemaspaandra, L. Hemaspaandra, and H. Hempel, *A downward collapse within the polynomial hierarchy*, SIAM JC **28** (1999), 383–393.

[HHN+93] L.A. Hemaspaandra, A. Hoene, A. Naik, M. Ogiwara, A. Selman, T. Thierauf, and J. Wang, *Selectivity:Reductions, nondeterminism, and function classes*, Tech. Report TR-469, University of Rochester, Department of Computer Science, August 1993.

[HHR97] E. Hemaspaandra, L. Hemaspaandra, and J. Rothe, *Exact analysis of Dodgson elections: Lewis Carroll's 1876 voting system is complete for parallel access to NP*, JACM **44** (1997), 806–825.

[HHW99] L. Hemaspaandra, H. Hempel, and G. Wechsung, *Query order*, SIAM JC **28** (1999), 637–651.

[HIS85] J. Hartmanis, N. Immerman, and V. Sewelson, *Sparse sets in NP−P : EXPTIME versus NEXPTIME*, IaC **65** (1985), 159–181.

[HJRW97] L.A. Hemaspaandra, Z. Jiang, J. Rothe, and O. Watanabe, *Polynomial-time multiselectivity*, Journal of Universal Computer Science **3** (1997), 197–229.

[HLS+93] U. Hertrampf, C. Lautemann, T. Schwentick, H. Vollmer, and K.W. Wagner, *On the power of polynomial time bit-reductions*, Proceedings of the 8th Structure in Complexity Theory Conference, IEEE Computer Society Press, 1993, pp. 200–207.

[HNOS96a] E. Hemaspaandra, A.V. Naik, M. Ogihara, and A.L. Selman, *P-selective sets and reducing search vs self-reducibility*, JCSS **53** (1996), 194–209.

[HNOS96b] L. Hemaspaandra, A. Naik, M. Ogihara, and A. Selman, *Computing solutions uniquely collapses the polynomial hierarchy*, SIAM JC **25** (1996), 697–708.

[HPV77] J.E. Hopcroft, W. Paul, and L. Valiant, *On time versus space (and related problems)*, JACM **24** (1977), 332–337.

[HR97]   L.A. Hemaspaandra and J. Rothe, *Unambiguous computation: Boolean hierarchies and sparse Turing-complete sets*, SIAM JC **26** (1997), 634–653.

[HRW97] L.A. Hemaspaandra, J. Rothe, and G. Wechsung, *Easy sets and hard certificate schemes*, AI **34** (1997), 859–879.

[HS65]   J. Hartmanis and R.E. Stearns, *On the computational complexity of algorithms*, Trans. AMS **May** (1965), 285–306.

[HS66]   F.C. Hennie and R.E. Stearns, *Two-tape simulation of multitape Turing maschines*, JACM **13** (1966), 533–546.

[HS97]   L.A. Hemaspaandra and A.L. Selman, *Complexity Theory Retrospective II*, Springer-Verlag, New York Berlin Heidelberg, 1997.

[HU69]   J.E. Hopcroft and J.D. Ullman, *Some results on tape bounded Turing machines*, JACM **16** (1969), 168–177.

[HU79]   J.E. Hopcroft and J.D. Ullman, *Introduction to Automata Theory, Languages, and Computation*, Addison-Wesley, Reading, Mass., 1979.

[Hun76] H.B. Hunt, *On the complexity of finite, pushdown, and stack automata*, MST **10** (1976), 33–52.

[HV95]   L.A. Hemaspaandra and H. Vollmer, *The satanic notations: Counting classes beyond #P and other definitional adventures*, SIGACT News **26** (1995), 2–13.

[HVW95] U. Hertrampf, H. Vollmer, and K.W. Wagner, *On the power of number-theoretic operations with respect to counting*, Proceedings of the 10th Structure in Complexity Theory Conference, IEEE Computer Society Press, 1995, pp. 299–314.

[HVW96] U. Hertrampf, H. Vollmer, and K.W. Wagner, *On balanced vs. unbalanced computation trees*, MST **29** (1996), 411–421.

[HW96]   H. Hempel and G. Wechsung, *The operators min and max on the polynomial hierarchy*, Tech. Report Math/Inf/96/8, Friedrich-Schiller-Universität Jena, April 1996, erscheint 2000 im Internat. Journal of Foundations of Computer Science.

[HW97] E. Hemaspaandra and G. Wechsung, *The minimization problem for Boolean formulas*, Proceedings of the 38th FOCS, 1997, pp. 575–584.

[Imm81] N. Immerman, *Length of predicate calculus formulas as a new complexity measure*, JCSS **22** (1981), 384–406.

[Imm88] N. Immerman, *Nondeterministic space is closed under complementation*, SIAM JC **17** (1988), 935–938.

[JKL89] B. Jenner, B. Kirsig, and K.-J. Lange, *The logarithmic alternation hierarchy collapses:* $A\Sigma_2^L = A\Pi_2^L$, IaC **80** (1989), 269–288.

[JL76] N.D. Jones and W.T. Laaser, *Complete problems for deterministic polynomial time*, TCS **3** (1976), 105–117.

[JMT94] B. Jenner, P. McKenzie, and D. Thérien, *Logspace and logtime leaf languages*, Proceedings of the 9th Structure in Complexity Theory Conference, IEEE Computer Society Press, 1994, pp. 242–254.

[Joh1] D.S. Johnson, *The NP-completeness column: An ongoing guide*, Journal of Algorithms (1981-).

[Jon75] N.D. Jones, *Space-bounded reducibility among combinatorial problems*, JCSS **11** (1975), 68–85.

[JT95] B. Jenner and J. Torán, *Computing functions with parallel queries to NP*, TCS **141** (1995), 175–193.

[JT97] B. Jenner and J. Torán, *The complexity of obtaining solutions for problems in NP and NL*, Complexity Theory Retrospective II (L. Hemaspaandra and A. Selman, eds.), Springer-Verlag, 1997, pp. 155–178.

[JY90] D. Joseph and P. Young, *Self-reducibility: Effects of internal structures on computational complexity*, Complexity Theory Retrospective (A. Selman, ed.), Springer-Verlag, 1990.

[Kad88] J. Kadin, *The polynomial time hierarchy collapses if the boolean hierarchy collapses*, SIAM JC **17** (1988), 1263–1282, Erratum SIAM JC **20** (1991), 404.

[Kad89] J. Kadin, $P^{np[\log n]}$ *and sparse Turing-complete sets for NP*, JCSS **39** (1989), 282–298.

LITERATURVERZEICHNIS 293

[Kan81]   R. Kannan, *A circuit-size lower bound*, Proceedings of the 22th FOCS, IEEE Computer Society Press, 1981, pp. 304–309.

[Kar72]   R.M. Karp, *Reducibility among combinatorial problems*, Symposium on Complexity of Computer Computations (New York), Plenum Press, 1972, pp. 85–103.

[KF79]   C.M.R. Kintala and P.C. Fischer, *Computations with a restricted number of nondeterministic steps*, MST **12** (1979), 219–231.

[KL82]   R.M. Karp and R.J. Lipton, *Turing machines that take advice*, L'Enseignement Mathématique **28** (1982), 191–209.

[KMR90]   S. Kurtz, S. Mahaney, and J. Royer, *The structure of complete degrees*, Complexity Theory Retrospective (A. Selman, ed.), Springer-Verlag, 1990.

[Ko82]   K.-I Ko, *Some observations on the probabilistic algorithms and NP- hard problems*, IPL **14** (1982), 39–43.

[Ko83]   K.-I Ko, *On self-reducibility and weak p-selectivity*, JCSS **26** (1983), 209–221.

[Ko89]   K.-I Ko, *Relativized polynomial time hierarchies having exactly k levels*, SIAM JC **18** (1989), 392–408.

[Ko90]   K.-I Ko, *A note on separating the relativized polynomial time hierarchiy by immune sets*, R.A.I.R.O. Informatique Théorique et Applications **24** (1990), 229–240.

[Köb89]   J. Köbler, *Strukturelle Komplexität von Anzahlproblemen*, 1989, Dissertation.

[Köb94]   J. Köbler, *Locating P/poly optimally in the extended low hierarchy*, TCS **134** (1994), 263–285.

[Köb95]   J. Köbler, *On the structure of low sets*, 10th Structure in Complexity Theory Conference, IEEE Computer Society Press, 1995, pp. 246–261.

[Kos99]   S. Kosub, *A note on unambiguous function classes*, IPL **72** (1999), 197–203.

[Koz76]   D. Kozen, *On parallelism in Turing machines*, Proc. 17th FOCS, 1976, pp. 89–97.

[Kre88]   M.W. Krentel, *The complexity of optimization problems*, JCSS **36** (1988), 490–509.

[Kre92]   M.W. Krentel, *Generalizations of OptP to the polynomial hierarchy*, TCS **97** (1992), 183–198.

[KS85]   K.-I Ko and U. Schöning, *On circuit-size complexity and the low hierarchy in NP*, SIAM JC **14** (1985), 41–51.

[KST89]   J. Köbler, U. Schöning, and J. Torán, *On counting and approximation*, AI **26** (1989), 363–379.

[KST92]   J. Köbler, U. Schöning, and J. Torán, *Graph isomorphism is low for PP*, Journal of Computational Complexity **2** (1992), 301–330.

[KST93]   J. Köbler, U. Schöning, and J. Torán, *The graph isomorphism problem*, Birkhäuser, Boston, 1993.

[KSTT92] J. Köbler, U. Schöning, S. Toda, and J. Torán, *Turing machines with few accepting computations and low sets for PP*, JCSS **44** (1992), 272–286.

[KSW87]   J. Köbler, U. Schöning, and K. Wagner, *The difference and truth-table hierarchies for NP*, R.A.I.R.O. Informatique Théorique et Applications **21** (1987), 419–435.

[Kur64]   S.Y. Kuroda, *Classes of languages and linear-bounded automata*, IC **7** (1964), 207–223.

[Kur85]   S. Kurtz, *On sparse sets in NP−P: Relativizations*, SIAM JC **14** (1985), 113–119.

[KV91]   S. Khuller and V.V. Vazirani, *Planar graph cocloring is not self-reducible, assuming P≠NP*, TCS **88** (1991), 183–189.

[KW95]   J. Köbler and O. Watanabe, *New collapse consequences of NP having small circuits*, Proceedings of the 22nd ICALP, Springer-Verlag Berlin, 1995, Lecture Notes in Computer Science, Band 944, pp. 196–207.

[Lad75a] R.E. Ladner, *The circuit value problem is logspace-complete for P*, ACM SIGACT News **7** (1975), 18–20.

[Lad75b] R.E. Ladner, *On the structure of polynomial time reducibility*, JACM **22** (1975), 155–171.

[Lau83]   C. Lautemann, *BPP and the polynomial hierarchy*, IPL **17** (1983), 215–217.

[Lew73]   L.A. Lewin, *Universal search problems*, Problemy Peredatschi Informacii **9** (1973), 115–116.

[Lis76]   G. Lischke, *Natürliche Kompliziertheitsmaße und Erhaltungssätze I*, ZML **22** (1976), 413–418.

[Lis77]   G. Lischke, *Natürliche Kompliziertheitsmaße und Erhaltungssätze II*, ZML **23** (1977), 193–200.

[Lis87]   G. Lischke, *Relativizations of NP and EL, strongly separating, and sparse sets*, Journal Information Processing and Cybernetics **23** (1987), 99–112.

[Lis90]   G. Lischke, *Impossibilities and possibilities of weak separation between NP and exponential time*, Proceedings of the 5th Structure in Complexity Theory Conference, 1990, pp. 245–253.

[LLMP90]   A.K. Lenstra, H.W. Lenstra, M.S. Manasse, and J.M. Pollard, *The number field sieve*, Proceedings of the 22nd STOC, ACM Press, 1990, pp. 564–572.

[LLS75]   R.E. Ladner, N.A. Lynch, and A.L. Selman, *A comparison of polynomial time reducibilities*, TCS **1** (1975), 103–123.

[Lon82a]   T.J. Long, *A note on sparse oracles for NP*, JCSS **24** (1982), 224–232.

[Lon82b]   T.J. Long, *Strong nondeterministic polynomial-time reducibilities*, TCS **21** (1982), 1–25.

[LS91]   T. Long and M. Sheu, *A refinement of the low and high hierarchies*, Tech. Report OSU-CISRC-2/91-TR6, The Ohio State University, 1991.

[LV93]   M. Li and P.M.B. Vitányi, *An Introduction to Kolmogorov Complexity and its Applications*, Springer, Berlin Heidelberg New York Tokyo, 1993.

[Mah82]   S. Mahaney, *Sparse complete sets for NP: Solution of a conjecture of Berman and Hartmanis*, JCSS **25** (1982), 130–143.

[Meh77]   K. Mehlhorn, *Effiziente Algorithmen*, Teubner, Stuttgart, 1977.

[Mil76]   G. Miller, *Riemann's hypothesis and tests for primality*, JCSS **13** (1976), 300–317.

[MM69]   E.M. McCreight and A.R. Meyer, *Classes of computable functions defined by bounds on computation*, Proceedings of the STOC (1969), 79–88.

[Mol76]   R. Moll, *An operator embedding theorem for complexity classes of recursive functions*, TCS **1** (1976), 193–198.

[Moo64]   E.F. Moore, *Sequential Machines: Selected Papers*, Addison Wesley, Reading, Mass., 1964.

[MP79]   A.R. Meyer and M.S. Paterson, *With what frequency are apparently intractable problems difficult?*, Tech. Report MIT/LCS/TM 126, MIT, 1979.

[MS72]   A.R. Meyer and L.J. Stockmeyer, *The equivalence problem for regular expressions with squaring requires exponential space*, 13. SWAT, 1972, pp. 125–129.

[MS82]   B. Monien and I.H. Sudborough, *On eliminating nondeterminism from Turing machines which use less than logarithmic worktape space*, TCS **21** (1982), 237–253.

[MY78]   M. Machtey and P. Young, *An Introduction to the General Theory of Algorithms*, North-Holland, New York, 1978.

[Nic97]   A. Nickelsen, *On polynomially d-verbose sets*, Proceedings of the 14th STACS, 1997, LNCS Band 1200, pp. 307–318.

[NRRS98]   A.V. Naik, J.D. Rogers, J.S. Royer, and A.L. Selman, *A hierarchy based on output multiplicity*, TCS **207** (1998), 131–157.

[NS96]   A.V. Naik and A.L. Selman, *A note on P-selective sets and on adaptive versus nonadaptive queries to NP*, Proceedings of the 11th Structure in Complexity Theory Conference, 1996, pp. 224–232.

[Ogi94]   M. Ogihara, *Polynomial-time membership comparable sets*, Proceedings of the 9th Structure in Complexity Theory Conference, 1994, pp. 2–11.

[Ogi95]   M. Ogihara, *Sparse hard sets for P yield space-efficient algorithms*, Proceedings of the 36th FOCS, 1995, pp. 354–361.

[Ogi96a]   M. Ogihara, *Functions computable with limited access to NP*, IPL **58** (1996), 35–38.

[Ogi96b]   M. Ogihara, *The pl hierarchy collapses*, Proceedings of the 18th STOC, 1996, pp. 84–88.

[OH93]   M. Ogiwara and L.A. Hemachandra, *A complexity theory of feasible closure properties*, JCSS **46** (1993), 295–325.

[Orp83]   P. Orponen, *Complexity classes of alternating machines with oracles*, Proceedings of ICALP '83, 1983, Lecture Notes in Computer Science, Band 154, pp. 573–584.

[OW91]   M. Ogiwara and O. Watanabe, *On polynomial time bounded truth-table reducibility of NP sets to sparse sets*, SIAM JC **20** (1991), 471–483.

[Pap84]   Ch. H. Papadimitriou, *The complexity of unique solutions*, JACM **431** (1984), 492–500.

[Pap94]   Ch. H. Papadimitriou, *Computational Complexity*, Addison Wesley, Reading, Mass., 1994.

[Pat72]   M. S. Paterson, *Tape bounds for time bounded Turing machines*, JCSS **6** (1972), 116–124.

[Pau78]   W. Paul, *Komplexitätstheorie*, B.G. Teubner, Stuttgart, 1978.

[Pip79]   N. Pippenger, *On simultaneous resource bounds*, Proceedings of the 20th FOCS, 1979, pp. 307–311.

[PPST83]   W. Paul, N. Pippenger, E. Szemerédi, and W.T. Trotter, *On determinism versus non-determinism and related problems*, Proceedings of the 24th FOCS, 1983, pp. 429–438.

[PR80]   W. Paul and K.R. Reischuk, *On alternation II*, AI **14** (1980), 391–403.

[Pra75]   V. Pratt, *Every prime has a succinct certificate*, SIAM JC **4** (1975), 214–220.

[PS82]   Ch. H. Papadimitriou and K. Steiglitz, *Combinatorial Optimization: Algorithms and Complexity*, Prentice-Hall, Englewood Cliffs, New Jersey, 1982.

[PW85]   Ch. H. Papadimitriou and D. Wolfe, *The complexity of facets resolved*, Proceedings 26th FOCS, 1985, pp. 74–78.

[PY84]   Ch. H. Papadimitriou and M. Yannakakis, *The complexity of facets (and some facets of complexity)*, JCSS **28** (1984), 244–259.

[PZ83]   Ch. H. Papadimitriou and S. Zachos, *Two remarks on the power of counting*, LNCS, vol. 145, Springer-Verlag Berlin, 1983, 6th GI Conference in Theoretical Computer Science, pp. 269–276.

[Rab60] M.O. Rabin, *Degree of difficulty of computing a function and a partial ordering of recursive sets*, Hebrew University Jerusalem **TR2** (1960).

[Rac82] C.W. Rackoff, *Relativized questions involving probabilistic algorithms*, JACM **29** (1982), 261–268.

[Rei90] K.R. Reischuk, *Einführung in die Komplexitätstheorie*, B.G. Teubner, Stuttgart, 1990.

[Rog67] H.Jr. Rogers, *Theory of Recursive Functions and Effective Computability*, McGraw-Hill Book Company, New York, 1967.

[Ros67] A.L. Rosenberg, *Real-time definable languages*, JACM **14** (1967), 645–662.

[Rot93] J. Rothe, *Closure properties of GAP-definable classes*, Tech. Report Math/93/6, Friedrich-Schiller-Universität Jena, 1993, enthalten in *A promise class at least as hard as the polynomial hierarchy*, Journal of Computing and Information 1,92-107,1995.

[Rot99a] J. Rothe, *Complexity of certificates, heuristics, and counting types, with applications to cryptography and circuit theory*, Friedrich-Schiller-Universität Jena, 1999, Habilitationsschrift.

[Rot99b] J. Rothe, *Immunity and simplicity for exact counting and other counting classes*, R.A.I.R.O. **33** (1999), 159–176.

[Sav70] W.J. Savitch, *Relationships of deterministic and nondeterministic complexities*, JCSS **4** (1970), 177–192.

[Sav73] W.J. Savitch, *Maze recognizing automata and nondeterministic tape complexity*, JCSS **7** (1973), 389–403.

[SB84]	U. Schöning and R.V. Book, *Immunity, relativizations, and nondeterminism*, SIAM JC **13** (1984), 329–337.
[Sch76]	C.P. Schnorr, *The network complexity and the Turing machine complexity of finite functions*, AI **7** (1976), 95–107.
[Sch78]	T.J Schaefer, *The complexity of satisfiability problems*, 10th STOC, 1978; pp. 216–226.
[Sch79]	C.P. Schnorr, *On self-transformable combinatorial problems*, 1979, Manuskript.
[Sch82]	U. Schöning, *A uniform approach to obtain diagonal sets in complexity classes*, TCS **18** (1982), 95–103.
[Sch83]	U. Schöning, *A low and a high hierarchy within NP*, JCSS **27** (1983), 14–28.
[Sch84]	U. Schöning, *Minimal pairs for P*, TCS **31** (1984), 41–48.
[Sch85a]	U. Schöning, *Complexity and Structure*, Springer-Verlag, Berlin, Heidelberg, New York, Tokyo, 1985, Lecture Notes in Computer Science, Band 211.
[Sch85b]	U. Schöning, *Robust algorithms a different approach to oracles*, TCS **40** (1985), 57–66.
[Sch88]	U. Schöning, *Graph isomorphism is in the low hierarchy*, JCSS **37** (1988), 312–323.
[Sch89]	U. Schöning, *Probabilistic complexity classes and lowness*, JCSS **39** (1989), 84–100.
[Sch90]	U. Schöning, *The power of counting*, Complexity Theory Retrospective (A. Selman, ed.), Springer-Verlag, 1990, pp. 204–223.
[Sch97]	U. Schöning, *Theoretische Informatik-kurzgefaßt*, Spektrum Akademischer Verlag, Heidelberg, Berlin, Oxford, 1997, 3. Auflage.
[Sel78]	A. Selman, *Polynomial time enumeration reducibility*, SIAM JC **7** (1978), 440–451.
[Sel79]	A. Selman, *P-selective sets, tally languages, and the behavior of polynomial time reducibilities on NP*, MST **13** (1979), 55–65.

[Sel82]   A. Selman, *Reductions on NP and P-selective sets*, TCS **19** (1982), 287–304.

[Sel88]   A. Selman, *Natural self-reducible sets*, SIAM JC **17** (1988), 989–996.

[Sel90]   A. Selman, *Complexity Theory Retrospective*, Springer-Verlag, New York, 1990.

[Sel94]   A. Selman, *A taxonomy of complexity classes of functions*, JCSS **48** (1994), 357–381.

[SFM78]   J. Seiferas, M. Fischer, and A.R. Meyer, *Separating nondeterministic time complexity classes*, JACM **25** (1978), 146–167.

[Sha92]   A. Shamir, *IP=PSPACE*, JACM **39** (1992), 869–877.

[SHL65]   R.E. Stearns, J. Hartmanis, and P.M. Lewis, *Hierarchies of memory limited computations*, IEEE Conference on Switching Circuit Theory and Logical Design, 1965, pp. 179–190.

[Sim77]   J. Simon, *On the difference between one and many*, 4th ICALP, 1977, LNCS 52, pp. 480–491.

[Sip80]   M. Sipser, *Halting space-bounded computations*, TCS **10** (1980), 335–338.

[Sip82]   M. Sipser, *On relativization and the existence of complete sets*, Proceedings of the 9th ICALP, 1982, LNCS, Band 140, pp. 523–535.

[Sip83a]   M. Sipser, *Borel sets and circuit complexity*, 15th STOC, 1983, pp. 61–69.

[Sip83b]   M. Sipser, *A complexity theoretic approach to randomness*, 15th STOC, 1983, pp. 330–335.

[Siv98]   D. Sivakumar, *On membership comparable sets*, Proceedings of the 13th Annual Conference on Computational Complexity, 1998, pp. 2–7.

[SL94]   M. Sheu and T.J. Long, *The extended low hierarchy is an infinite hierarchy*, JCSS **23** (1994), 488–509.

LITERATURVERZEICHNIS

[SM73] L.J. Stockmeyer and A.R. Meyer, *Word problems requiring exponential time*, 5th STOC, 1973, pp. 1–9.

[SS77] R. Solovay and V. Strassen, *A fast Monte Carlo test for primality*, SIAM JC **6** (1977), 84–85, Erratum SIAM JC 7,118,1998.

[Sto77] L.J. Stockmeyer, *The polynomial time hierarchy*, TCS **3** (1977), 1–22.

[Sud75] I.H. Sudborough, *On tape-bounded complexity classes and multihead finite automata*, JCSS **10** (1975), 62–76.

[SV99] H. Spakowski and J. Vogel, *The operators minCh and maxCh on the polynomial hierarchy*, Tech. Report Math/Inf/99/22, Friedrich-Schiller-Universität Jena, August 1999.

[SW88] U. Schöning and K.W. Wagner, *Collapsing oracle hierarchies, census functions, and logarithmically many queries*, 5th STACS, Springer Verlag, 1988, Lecture Notes in Computer Science 294, pp. 91–98.

[Sze88] R. Szelepcsényi, *The method of forced enumeration for nondeterministic automata*, AI **26** (1988), 279–284.

[Sze92] A. Szepietowski, *On space functions constructed by twodimensional Turing machines*, Information Sciences **60** (1992), 177–183.

[Tod87] S. Toda, $\Sigma_2\text{-}SPACE(n)$ *is closed under complement*, JCSS **35** (1987), 145–152.

[Tod91a] S. Toda, *Computational complexity of counting complexity classes*, Ph.D. thesis, Tokyo Institute of Technology, 1991.

[Tod91b] S. Toda, *On polynomial time truth-table reducibility of intractable sets to P-selective sets*, MST **24** (1991), 69–82.

[Tod91c] S. Toda, *PP is as hard as the polynomial-time hierarchy*, SIAM JC **20** (1991), 865–877.

[Tor88] J. Torán, *Structural properties of the counting hierarchy*, Ph.D. thesis, Universidad Politècnica de Catalunya, Facultat d'Informàtica de Barcelona, Barcelona, 1988.

[Tra67] B.A. Trachtenbrot, *Komplexität von Algorithmen und Berechnungen (russisch)*, Universität Novosibirsk, 1967.

[Tra84]   B.A. Trachtenbrot, *A survey of russian approaches to perebor (brute-force search) algorithms*, Annals of the History of Computing **6(4)** (1984), 384–400.

[TTW93]   T. Thierauf, S. Toda, and O. Watanabe, *On closure properties of GapP*, Tech. Report 93TR-0002, Department of Computer Science, Tokyo Institute of Technology, February 1993.

[TTW94]   T. Thierauf, S. Toda, and O. Watanabe, *On sets bounded truth-table reducible to p-selective sets*, Proceedings 11th STACS, 1994, Lecture Notes in Computer Science, Band 775, pp. 427–438.

[Uma98]   C. Umans, *The minimum equivalent DNF problem and shortest implicants*, Proceedings 39th FOCS, 1998, pp. 556–563.

[Val76]   L.G. Valiant, *Relative complexity of checking and evaluating*, IPL **5** (1976), 20–23.

[Val79]   L.G. Valiant, *The complexity of computing the permanent*, TCS **8** (1979), 189–201.

[vEB83]   P. van Emde Boas, *Dominoes are forever*, Tech. Report 83-04, University of Amsterdam, 1983.

[Ver92]   N.K. Vereshchagin, *On the power of PP*, Proceedings 7th Structure in Complexity Theory Conference, 1992, pp. 138–143.

[Vol99a] H. Vollmer, *Introduction to Circuit Complexity*, Springer, Berlin Heidelberg New York, 1999.

[Vol99b] H. Vollmer, *Some aspects of the computational power of Boolean circuits of small depth*, Universität Würzburg, 1999, Habilitationsschrift.

[VV86]   L.G. Valiant and V.V. Vazirani, *NP is as easy as detecting unique solutions*, TCS **47** (1986), 85–93.

[VW95]   H. Vollmer and K.W. Wagner, *Complexity classes of optimization functions*, IaC **120** (1995), 198–219.

[Wag79]   K.W. Wagner, *On ω-regular sets*, IaC **43** (1979), 123–177.

[Wag86a] K.W. Wagner, *The complexity of combinatorial problems with succinct input representation*, AI **23** (1986), 325–356.

LITERATURVERZEICHNIS

[Wag86b] K.W. Wagner, *Some observations on the connection between counting and recursion*, TCS **47** (1986), 131–147.

[Wag87a] K.W. Wagner, *More complicated questions about maxima and minima, and some closures of NP*, TCS **51** (1987), 53–80.

[Wag87b] K.W. Wagner, *Number-of-query hierarchies*, Tech. Report 158, Universität Augsburg, October 1987.

[Wag89] K.W. Wagner, *Number-of-query hierarchies*, Tech. Report 4, Universität Würzburg, February 1989.

[Wag90] K.W. Wagner, *Bounded query classes*, SIAM JC **19** (1990), 833–846.

[Wag94] K.W. Wagner, *Einführung in die Theoretische Informatik*, Springer, Berlin Heidelberg New York, 1994.

[Wag98] K.W. Wagner, *A note on parallel queries and the symmetric difference hierarchy*, IPL **66** (1998), 13–20.

[Weg93] I. Wegener, *Theoretische Informatik*, B.G.Teubner, Stuttgart, 1993.

[Wil83] C.B. Wilson, *Relativized circuit complexity*, Proceedings of the 24th FOCS, IEEE Computer Society Press, 1983, pp. 329–334.

[Wra77] C. Wrathall, *Complete sets and the polynomial time hierarchy*, TCS **3** (1977), 23–33.

[WW86] K. Wagner and G. Wechsung, *Computational Complexity*, Deutscher Verlag der Wissenschaften and Reidel, Berlin and Dordrecht, 1986.

[Yap83] C. Yap, *Some consequences of non-uniform conditions on uniform classes*, TCS **26** (1983), 287–300.

[You90] P. Young, *Juris Hartmanis: Fundamental contributions to isomorphism problems*, Complexity Theory Retrospective (A. Selman, ed.), Springer-Verlag, 1990.

[Zac86] S. Zachos, *Probabilistic quantifiers, adversaries, and complexity classes*, Proceedings of Structure in Complexity Theory Conference, 1986, Lecture Notes in Computer Science, Band 223, pp. 383–400.

[ZH84]   S. Zachos and H. Heller, *A new characterization of BPP*, Foundation of Software Technology and Theoretical Computer Science (Bangalore), 1984, Lecture Notes in Computer Science, Band 181, pp. 179–187.

Autorenverzeichnis

Álvarez, C., 222

Adleman, L.M., 120, 180, 256
Agrawal, A., 261
Aho, A.V., 6, 55
Allender, E., 33, 177, 222, 225, 254, 255
Alton, D.A., 33
Ambos-Spies, K., 60
Amir, A., 261
Angluin, D., 208
Appel, K., 244
Arvind, V., 131, 261, 262

Börger, E., 6
Babai, L., 197, 223
Baker, T.P., 88, 90, 93
Balcázar, J.L., 6, 33, 60, 94, 124, 199, 242, 253, 255, 256
Barzdin, J.M., 34
Beigel, R., 33, 138, 151, 156, 162, 170, 173, 186–188, 261
Bennett, C., 93, 120
Berman, L., 5, 124, 125
Berman, P., 126
Bernstein, F., 124
Bertoni, A., 138
Blass, A., 167
Blum, M., 16, 17, 28
Book, R.V., 27, 94, 118, 212, 253, 255, 256
Boppana, R., 199
Borodin, A., 14, 31, 120, 235

Bovet, D.P., 6, 85, 91, 94, 179
Bruschi, D., 94, 138
Buhrman, H., 152, 262
Buss, S.R., 63, 137, 142, 143, 149, 152, 153

Cai, J., 93, 124, 127, 133, 136, 137, 153, 170, 177, 179, 232
Cantor, G., 124
Chandra, A.K., 73, 77–80
Chang, R., 138, 156, 162, 187
Cobham, A., 39
Constable, R.L., 31
Cook, S.A., 53, 55, 82, 164
Crescenzi, P., 6, 85, 91, 94, 179

Díaz, J., 6, 60, 199
Demers, A., 235

Edmonds, J., 39

Fürer, M., 32
Fellows, M.R., 180
Fenner, S.A., 124, 177, 217, 228, 237
Fischer, M.J., 33
Fischer, P.C., 54, 217
Fortnow, L., 88, 124, 152, 177, 187, 223, 228, 237
Fortune, S., 126, 128

Gács, P., 191
Gabarró, J., 6, 199
Galil, Z., 49
Garey, M.R., 6, 39, 40, 55, 244

Gasarch, W.I., 249, 250, 261
Gavaldà, R., 124
Geske, J.G., 33
Gill, J., 88, 90, 93, 120, 177, 183, 190
Glaßer, C., 248
Goldreich, O., 6, 199, 265
Goldschlager, L., 82
Goldwasser, S., 265
Green, F., 217
Greibach, S.A., 27
Grollman, J., 180, 214
Gruska, J., 14
Gundermann, T., 136–138, 153, 166–168, 173, 184, 187
Gurevich, Y., 167

Haken, W., 244
Hartmanis, J., 5, 17, 19, 25, 28, 35, 37, 118, 124–126, 136, 137, 153, 179, 242
Hausdorff, F., 135
Hay, L., 63, 137, 142, 143, 149, 152, 153
Heller, H., 93, 195, 257
Hemachandra, L.A., 69, 136, 137, 152, 153, 177, 179, 226, 232, 242, 254, 255
Hemaspaandra, E., 152, 156, 158, 162, 243, 258
Hemaspaandra, L.A., 6, 19, 124, 133, 138, 152, 156, 158, 162, 170, 179, 188, 222, 227, 229, 233–235, 237, 249, 255, 262, 263
Hempel, H., 152, 156, 158, 162, 245, 247, 248, 250
Hennie, F.C., 32, 34, 40
Hertrampf, U., 33, 86, 168, 170, 226
Hoene, A., 237
Homer, S., 33, 217
Hopcroft, J.E., 6, 37, 55, 107, 274

Huang, M.A., 180
Hunt, H.B., 53
Huynh, D.T., 33
Håstad, J., 199

Immerman, N., 83, 97, 118

Jenner, B., 86, 102, 217, 222, 233
Jiang, Z., 262
Jockusch C., 258
Johnson, D.S., 6, 39, 40, 55, 244
Jones, N.D., 49, 53
Joseph, D., 138, 239

Köbler, J., 63, 131, 132, 136, 147, 153, 179, 229, 230, 232, 248, 254, 255, 266
Kadin, J., 133, 152, 156
Kannan, R., 120
Karp, R.M., 44, 55, 120, 131, 133, 134, 153
Khuller, S., 244
Kintala, C.M.R., 54, 217
Kirsig, B., 102
Ko, K., 93, 94, 191, 242, 255, 261
Koblitz, N., 180
Kosub, S., 228
Kozen, D., 73, 77–80
Krentel, M.W., 69, 71–73, 149, 246, 248–250
Kummer, M., 261
Kuroda, S.Y., 98
Kurtz, S., 119, 124, 125, 177, 228

Laaser, W.T., 53
Ladner, R.E., 53, 60, 62, 63
Lange, K.-J., 102
Lautemann, C., 87, 191, 197
Lenstra, A.K., 180
Lenstra, H.W., 180
Lewin, L.A., 55
LewisII, P.M., 25, 28, 35, 37

AUTORENVERZEICHNIS

Li, L., 124
Li, M., 14
Lipton, R.J., 120, 131, 133, 134
Lischke, G., 17, 19, 94
Long, T.J., 122, 133, 212, 253, 254, 256
Lynch, N.A., 62, 63

Machtey, M., 274
Mahaney, S., 125, 126, 128, 133
Manasse, M.S., 180
McCreight, E.M., 33
McKenzie, P., 86
Mehlhorn, K., 6
Meyer, A.R., 33, 64, 65, 84, 121, 125, 239
Meyer, G.E., 153
Micali, S., 265
Miller, G., 180
Moll, R., 33
Monien, B., 97
Moore, E.F., 43
Mundhenk, M., 131

Naik, A.V., 233, 234, 237, 243, 255, 258, 261, 263
Nasser, N.A., 138, 173, 184, 187
Nickelsen, A., 262

Ogihara, M., 102, 127, 187, 222, 225, 227, 233, 234, 243, 255, 258, 261–263
Ogiwara, M., 127, 138, 156, 177, 226, 227, 237, 249
Orponen, P., 88

Papadimitriou, C.H., 6, 49, 55, 71, 72, 136, 153, 170, 171, 225
Paterson, M.S., 111, 239
Paul, W., 6, 105, 107, 111, 116
Pippenger, N., 105, 111, 121
Pollard, J.M., 180

Pratt, V., 180

Rabin, M.O., 23, 25
Rackoff, C.W., 179
Rappoport, K.J., 249, 250
Reingold, N., 186, 187
Reischuk, K.R., 6, 55, 116
Rogers, H., 61, 64
Rogers, J.D., 234, 237
Rosenberg, A.L., 27, 38
Rothe, J., 94, 138, 156, 179, 187, 189, 234, 235, 262
Royer, J.S., 125, 234

Savitch, W.J., 47, 48, 95
Schöning, U., 6, 33, 60, 63, 94, 102, 136, 147, 153, 179, 199, 202, 229, 232, 242, 246, 248, 251–253, 255–258, 264–266, 274
Schaefer, T.J., 59
Schnorr, C.P., 120, 243
Schwentick, T., 87
Seiferas, J.I., 33
Selman, A.L., 6, 14, 19, 62, 63, 93, 123, 180, 211–216, 218–220, 233–235, 237, 238, 240–243, 255, 258, 259, 261, 263
Sewelson, V., 118, 136, 137, 153
Shamir, A., 88
Shepherdson, J.C., 43
Sheu, M., 253, 254, 256
Silvestri, R., 85, 91, 94, 179
Simon, J., 183
Sipser, M., 29, 93, 179, 197, 265
Sitharam, M., 138
Sivakumar, D., 127, 262
Solovay, R., 88, 90, 93, 180
Spakowski, H., 248
Spielman, D., 186
Stearns, R.E., 14, 25, 28, 32, 35, 37, 40

Steiglitz, K., 6, 55
Stephan, F., 261
Stockmeyer, L.J., 64, 65, 68, 73, 77–80, 84, 156, 244
Strassen, V., 180
Sudborough, H.I., 49, 97
Szelepcsényi, R., 97
Szemerédi, E., 105, 111
Szepietowski, A., 37

Thérien, D., 86
Thierauf, T., 229, 237, 261
Toda, S., 5, 102, 171, 179, 206–208, 229, 230, 246, 261
Torán, J., 131, 173, 179, 185, 217, 227, 229, 232, 233, 248, 262, 266
Torenvliet, L., 262
Trachtenbrot, B.A., 31, 54, 271
Trotter, W.T., 105, 111

Ullman, J.D., 6, 37, 55, 274
Umans, C., 156

Valiant, L.G., 107, 173, 177, 221, 224, 225, 228, 229
van Emde Boas, P., 59
Vazirani, V.V., 173, 228, 244
Vereshchagin, N.K., 199
Vitányi, P.M.B., 14
Vogel, J., 248
Vollmer, H., 6, 86, 93, 222, 226, 229, 245, 246

Wagner, K.W., 15, 17, 33, 40, 43, 49, 63, 71–73, 86, 102, 136, 137, 140, 142, 143, 147, 149, 152, 153, 155, 156, 162, 184, 185, 222, 226, 245, 246, 274
Wang, J., 19, 237
Watanabe, O., 127, 132, 229, 261, 262

Wechsung, G., 124, 136–138, 153, 156, 158, 166–168, 173, 184, 188, 234, 235, 245, 247, 248, 250, 274
Wegener, I., 274
Wigderson, A., 265
Wilson, C.B., 132
Wolfe, D., 153
Wrathall, C., 68

Yannakakis, M., 136, 153
Yao, A.C., 93
Yap, C., 133
Young, P.R., 125, 138, 239, 274

Zachos, S., 72, 170, 171, 193, 195, 199, 257

Sachwortverzeichnis

äquivalent, 268
Äquivalenz, 267

Anfangszustand, 274

abgeschlossen, 46
abgeschlossen bzgl. $\leq_m^P$, 44
ablehnend, 274
Abzählmethode, 37
Adressenregister, 76
akzeptieren, 14, 20, 276
akzeptierend, 274
akzeptierender Teilbaum, 74
Akzeptierungstyp, 139
Akzeptor, 14
allgemein-rekursiv, 276
Alphabet, 273, 276
alternierend erreichbar, 82
alternierende Graphen, 82
alternierende Turingmaschine, 73
Anfangskonfiguration, 274
Anfangswortrelation, 273
Arbeitsband, 14
Arthur-Merlin-Klassen, 197
Asymptotik, 271
ATM, 73
aufzählbar, 273
Ausgabeband, 14
aussagenlogischer Ausdruck, 267
Automorphismus, 264
average case, 19

Befehl, 274

Belegung, 267
berechenbar, 276
Berechnung, 275
Berechnungspfad, 275
Beschleunigung, 25
beschränkte tt-Reduktion, 63
Beweis, 54
bi-immun, 280
binäres Suchen, 61
bitberechenbar, 86
Blattsprachenklasse, 86
blockrespektierend, 102
Blumsche Axiome, 16
Blumsches Maß, 16
Boolesche Funktion, 268
Boolesche Hülle, 135
Boolescher Ausdruck, 267
Boolescher Schaltkreis, 268
BPP-Theorem, 195
Buchstabe, 273

Cantornumerierung, 269
Census, 117
Charakteristik, 140
charakteristische Funktion, 269
Clique, 153

dünn, 117
Definitionsbereich, 270
deterministisch, 274
Disjunktion, 267
disjunktiv selbstreduzierbar, 239
dominierend, 260

SACHWORTVERZEICHNIS

DPOM, 88
Durchmustern, 54

Eingangsgrad, 107
Einweg-Funktionen, 180
endliche Invarianz, 19
Endzustand, 274
entscheiden, 14, 276
Ereignis, 181
erfüllbar, 268
Erreichbarkeitsproblem, 47
erweitert high, 253
erweitert low, 253
existentieller Zustand, 73

Fragehierarchie, 150
Funktion, 270

Gödelisierung, 274
Generalisator, 268
Geradeausprogramm, 222
Größe (einer Konfiguration), 15
Graph, 270

Halteproblem, 22
hart, 47
Hausdorffsche Hierarchie, 136
high, 251
honest, 236

immun, 94, 280
Implikation, 267
Intervall, 153, 164
invertieren, 236
isomorph, 124
Isomorphieproblem, 125
Isomorphismus, 264

Kardinalzahl, 269
kartesisches Produkt, 269
kettenrespektierend, 140
Klausel, 268

Komplexdurchschnitt, 138
Komplexität, 16
Komplexitätsklasse, 18
Komplexvereinigung, 138
Kompression, 25
Konfiguration, 274
Konjunktion, 267
Konstruktionsproblem, 240
kontextfrei, 273
kontextsensitiv, 273
Kontraposition, 268

Lösungsfunktion, 233
leeres Wort, 273
lexikographisch, 273
Literal, 268
logische Relation, 59
logspace-Hierarchie, 101
logspace-Problem, 43
logspace-Reduzierung, 45
low, 251

m-Reduzierung, 43, 277
Majoritätsfunktion, 201
Mehrheitsquantor, 193
membership comparable, 262
Mengenkörper, 135
Mengenring, 135
metrisch, 249
mind change, 159

Name, 19
natürliche Komplexitätsmaße, 17
Negation, 267
Nichtdeterminismus, 54
nichtdeterministisch, 274
nichtdeterministisch berechnen, 98, 212
nichtuniform, 120, 121
normalisiert, 275
NP-vollständig, 55

SACHWORTVERZEICHNIS

NPOM, 66
NPTM, 275

obere Schranke, 34
Operator, 199, 229, 246
Orakel, 277
Orakelmaschine, 277
Ordnung, 140
OTM, 277

p-Isomorphie, 124
P-NP-Problem, 43
P-selektiv, 258
paralleler Zugriff, 63
parallelisierbar, 82
Parallelität, 75
partielle charakteristische Funktion, 270
partielle Lösungsfunktion, 233
Partikularisator, 268
pathologische Maße, 17
Permanente, 225
Phase, 104
Polynomialzeitalgorithmus, 39
Polynomialzeitgrad, 60
Polynomialzeithierarchie, 64
Position, 108
Potenzmenge, 269
Problem, 14
Projektionssatz, 53, 64
promise-Klasse, 86, 176

Quantifikator, 268

Rückgrat, 104
Random-Orakel, 93
Raum, 15
Raum-Zeit-Problem, 43
Raumfunktion, 15
Raumhierarchie, 33
Raumkomplexitätsklasse, 18
raumkonstruierbar, 28

rechtschaffen, 236
regulär, 35, 273
Relation, 270
relative Berechnung, 279
relativierbar, 88
relativierte Berechnung, 279
relativierte Welt, 279
Ressourcenfunktion, 19
robust, 242
robust starke Reduktion, 123

s-selbstreduzierbar, 243
Schaltkreis, 268
schmal, 117
Segregator, 105, 111
selbsthelfend, 242
selbstreduzierbar, 239
Selbstreduzierungsbaum, 127
Selektor, 258
sensibel, 193
spanP, 229
sparse, 117
Sprache, 273
Spur, 34
Spurenmethode, 34
starke Reduktion, 122
starke Separierung, 93
Strategie, 108
Symbol, 273

tally, 117
Tautologie, 268
tt-Reduzierung, 63, 279
Turing-reduzierbar, 62, 279
Turingmaschine, 14
Turniergraph, 260

uniform, 120, 222
universeller Zustand, 73
untere Schranke, 34

Verfeinerung, 217

vollständig, 47

Wahrheitswert, 267
Wertebereich, 270
Wertfunktion, 74
worst case, 19
Wort, 273

Zählhierarchie, 185

Zählklasse, 163
Zählproblem, 221
Zähltyp, 163
Zeit, 15
Zeitfunktion, 15
Zeitkomplexitätsklasse, 18
zeitkonstruierbar, 32
zero error, 183
Zweiweg-Eingabeband, 14

MIX
Papier aus verantwortungsvollen Quellen
Paper from responsible sources
FSC® C105338

If you have any concerns about our products,
you can contact us on
ProductSafety@springernature.com

In case Publisher is established outside the EU,
the EU authorized representative is:
**Springer Nature Customer Service Center GmbH
Europaplatz 3, 69115 Heidelberg, Germany**

Printed by Libri Plureos GmbH
in Hamburg, Germany